CB019192

A Encantadora de Famílias

Também de autoria de Melinda Blau e Tracy Hogg

Os segredos de uma Encantadora de Bebês –
como ter uma relação tranquila e saudável com seu bebê

A Encantadora de Bebês resolve todos os seus problemas (sono, alimentação e
comportamento – do nascimento aos primeiros anos da infância)

Mais segredos da Encantadora de Bebês – para crianças de 1 a 3 anos

Títulos selecionados também de autoria de Melinda Blau

Families apart: ten keys to successful coparenting

Loving and listening: rebuilding the family after divorce

Parenting by heart

Nurturing good children now

The second family (com Dr. Ron Taffel)

Consequential strangers (com Dr. Karen L. Fingerman)

Watch me fly (com Myrlie Evers-Williams)

MELINDA BLAU
E TRACY HOGG

A Encantadora de Famílias

Estratégias infalíveis da Encantadora de Bebês para
melhorar a comunicação e a conexão com as pessoas que
você ama e construir uma família mais forte

Manole

Título original em inglês: *Family Whispering*

Copyright © 2014 Melinda Blau e Tracy Hogg (*in memoriam*)
Tradução para a língua portuguesa: Copyright © 2015 Editora Manole Ltda.
Todos os direitos reservados.
Publicado mediante acordo com a editora da obra original, Atria Books, uma Divisão da Simon &
Schuster, Inc.

Este livro contempla as regras do Novo Acordo Ortográfico da Língua Portuguesa.

Editor gestor: Walter Luiz Coutinho
Editora de traduções: Denise Yumi Chinem

Tradução: Soraya Imon de Oliveira (pré-textual, capítulos 1 a 4)
Maria Idalina Ferreira Lopes (capítulos 5 a 8)
Beatriz Bellucci (capítulos 9 a 12, pós-textual)
Produção editorial: Priscila Pereira Mota Hidaka e Cláudia Lahr Tetzlaff
Revisão: Depto. de traduções da Editora Manole
Adaptação de projeto gráfico e diagramação: Aline Shinzato da Silva
Capa: Ricardo Yoshiaki Nitta Rodrigues
Imagem da capa: Vetta/gettyimages

Dados Internacionais de Catalogação na Publicação (CIP)
(Câmara Brasileira do Livro, SP, Brasil)

Blau, Melinda
A encantadora de famílias : estratégias
infalíveis da encantadora de bebês para
melhorar a comunicação e a conexão com as
pessoas que você ama e construir uma família
mais forte / Melinda Blau e Tracy Hogg ;
[tradução Beatriz Bellucci, Maria Idalina
Ferreira Lopes, Soraya Imon de Oliveira]. --
Barueri, SP : Manole, 2015.

Título original: Family whispering : the baby
whisperer's commonsense strategies for
communicating and connecting with the people you
love and making your whole family stronger.
ISBN 978-85-204-4093-3

1. Famílias 2. Pais 3. Pais e filhos I. Hogg,
Tracy. II. Título.

14-11724   CDD-306.85

Índices para catálogo sistemático:
1. Família : Sociologia 306.85

Todos os direitos reservados. Nenhuma parte deste livro poderá ser reproduzida, por qualquer processo,
sem a permissão expressa dos editores. É proibida a reprodução por xerox.
A Editora Manole é filiada à ABDR – Associação Brasileira de Direitos Reprográficos.

É recomendável consultar um profissional antes de seguir as orientações contidas nesta obra. Os autores
e a editora não se responsabilizam por erros, omissões ou quaisquer consequências decorrentes da apli-
cação das informações contidas nesta obra.
Os nomes e as características que possam identificar as crianças e famílias citadas foram modificados.

Edição brasileira – 2015

Editora Manole Ltda.
Av. Ceci, 672 – Tamboré
06460-120 – Barueri – SP – Brasil
Fone: (11) 4196-6000
Fax: (11) 4196-6021
www.manole.com.br
info@manole.com.br

Impresso no Brasil
Printed in Brazil

Para Henry, Sam e Charlie,
com amor e admiração

Sumário

A família é o que importa
Reflexão da coautora

Nós podemos não ter tudo, mas juntos temos tudo.

— Autor desconhecido

A primeira parte do prólogo foi escrita antes de Tracy Hogg perder de maneira dolorosa e corajosa a batalha contra o câncer. Ela tinha 44 anos e, embora não tenha vivido para ver a publicação de *A Encantadora de Bebês resolve todos os seus problemas*, lançado em janeiro de 2005 nos Estados Unidos, passou vários meses planejando e discutindo "o livro da família", como o projeto era então chamado.

Os médicos disseram que meu câncer voltou. Neste momento, um livro sobre família parece mais importante do que nunca. Não sei o que faria sem a minha família. A família é a única coisa com que podemos contar. Ou, pelo menos, é dessa forma que deveria ser. Sorte a minha, pois assim é para mim. A minha família e outras pessoas queridas que são como membros da família estão me ajudando a lutar. *A família é o que importa*.

Sou uma Encantadora de Bebês, e não uma terapeuta familiar. Não tenho diploma em psicologia, mas tenho sido levada aos lares de muitas famílias. Elas me acolhem em suas vidas. Durmo em seus quartos de hóspedes ou nos quartos das crianças. Junto-me a todos para jantarmos na mesma mesa. Vou com elas fazer compras no mercado local. Sou convidada para ocasiões alegres, como a nomeação do bebê, um batizado ou o *bris* (celebração da circuncisão dos judeus, que temo não ser tão divertida para o menino). Também estou sempre por perto quando as coisas saem dos eixos: a desorientada mãe de primeira viagem que repreende o marido por ter comprado o tipo errado de queijo ou explode com a própria mãe que "está apenas tentando ajudar" ao arrumar o armário de roupas de cama.

Tenho ouvido e visto tudo isso. E, apesar de permanecer firme por causa do bebê, sempre alerto os novos pais que não se trata apenas *do bebê*. Quando um adulto ou casal resolvem ter uma criança, eles se tornam *uma família*. Em meus livros anteriores, discuti minha abordagem de "toda a família" — fazer seu bebê ou filho pequeno (1-3 anos) se tornar *parte* da família e não ser o "rei bebê". Os filhos não deveriam se tornar o único foco dos pais nem assumir o controle da casa. Na tomada de decisões — seja sobre proporcionar aulas de música para o pequeno João ou mudá-lo de escola — a família *toda* deve ser considerada.

Mesmo assim, os pais frequentemente não pensam em *toda a família*. Em vez disso, passam a se concentrar demais nos filhos e em seus próprios papéis em moldá-los. Quando o bebê ou filho pequeno não vence um determinado desafio ou dificuldade em particular, os pais pensam que a "falha" foi deles. E então a culpa se instala. Ficam aflitos com o que fizeram ou deixaram de fazer, ou com aquilo que deveriam ter feito. Acredite em mim, a culpa não faz bem a ninguém. Ela apenas nos impede de sermos bons solucionadores de problemas. Você se sente tão mal em relação a si mesmo que tende a não perceber o que está bem à frente. A culpa também torna a vida mais estressante, e, Deus sabe, os pais de hoje não precisam de mais estresse.

E aqui vai a notícia mais importante, mamãe e papai: sozinhos, vocês não controlam o modo como seus filhos "se transformam". Evidentemente, a forma como os pais educam os filhos é importante. Caso contrário, por que eu perderia tempo escrevendo três livros sobre isso? No entanto, nós também precisamos "ligar os pontos". A maneira como as crianças são educadas não é o único motivo que levou João a bater na cabeça de Carlos com um caminhão de brinquedo, ou que fez Clarissa começar a usar batom no 5º ano ou, ainda, que levou Adam a, de repente, se tornar um garoto de 14 anos "mal-humorado". O modo como eles agem também tem a ver com suas personalidades e amigos, e com tudo que esteja acontecendo na vida deles.

Este livro fala sobre "ligar os pontos". Não o vejo como um livro sobre criação de filhos, embora tenha certeza que vá ser lido principalmente por pais. Se a sua família é nova*, melhor. É quando o trabalho de base mais importante é feito — e quando a maioria dos pais está mais propensa a se abrir a novas ideias. Mas se você já está há bastante tempo na estrada, não se preocupe. Nunca é tarde demais — e é sempre uma boa ideia — desviar seu foco para toda a família.

O que espero que este livro lhe traga de útil? No mínimo, que faça você começar a ver o todo com todas as suas partes. Espero que você comece a prestar atenção às pequenas coisas do dia a dia, minuto a minuto, que em geral passam despercebidas — conversas, meneios de cabeça e gestos. Nesses momentos diários, você encontrará indícios sobre sua família e sobre quem é cada membro dela. Essas pequenas informações ajudarão você a fazer escolhas melhores e a lidar com qualquer problema que sua família tenha que enfrentar. Também espero que a ótica da família como um todo o ajude a se livrar da culpa.

---

* Ao dizer "nova", estou me referindo à idade da sua *família* — o tempo que vocês estão juntos, como um grupo — e não à sua idade ou à de seus filhos. Ambas não necessariamente seguem lado a lado. Algumas famílias adotivas, por exemplo, são muito novas e, mesmo assim, têm filhos que são bem mais velhos e pais experientes.

Entretanto, garanto que o objetivo não é ter uma família "perfeita" — não é isso! É ter uma família que apoie você e todos seus integrantes, seja qual for a circunstância que *vocês* sejam obrigados a lidar. Haverá dias em que você se sentirá radiante. Em outros, ficará pensando que não fez nada certo!

Mesmo que faça tudo que eu sugiro (e, admita, você não fará), a vida às vezes será desagradável ou difícil. Coisas difíceis e ruins acontecem em todas as famílias — até mesmo nas boas famílias —, coisas que nos pegam de surpresa e tiram o nosso chão. Entretanto, como minha querida avozinha sempre dizia, não é o que acontece na vida que importa e sim o que você *faz* com isso. Se você tem uma família cujos membros apoiam uns aos outros, tudo fica mais fácil.

Ao ler estas páginas, por favor, tenha em mente que:

Qualquer grupo constituído por pais e filhos vivendo juntos em uma casa pode ser qualificado como "uma família".

Se você é pai/mãe biológico(a), padrasto/madrasta, pai/mãe sem companheiro(a), pai/mãe adotivo(a), avô/avó que vive com um neto(a) adulto(a) ou um(a) tio(a) que cria os filhos de um(a) irmão(ã), saiba que quando digo "os pais" estou me referindo a você. Considero você e seus filhos "uma família", não importa o que sejam. Casais do mesmo sexo com filhos constituem famílias. Segundos casamentos criam vários *blends* de famílias misturadas. Até mesmo quando os pais não vivem juntos continuam sendo uma família — uma "família separada", termo cunhado por Melinda para lares de criação conjunta após o divórcio.

Sim, já vi tudo isso. Já participei de jantares do dia de ação de graças com "exs" e padrastos/madrastas e meios-irmãos(ãs) na mesma mesa — e admiráveis por conseguirem superar as diferenças! Também estive em casas onde viveram três gerações sob o mesmo teto — pais, filhos e netos. De fato, eu mesma cresci naquilo que poderia ser considerado um arranjo "não tradicional". Fui criada por meus avós. Minha mãe, Hazel, também foi criada pelos avós dela. E quando comecei a trabalhar, nos Estados Unidos, ela tomava conta das minhas filhas. Para nós, isso era "normal". Nenhuma de nós tem certeza sobre onde termina o "núcleo" de nossa família e onde começa o clã dos "parentes". Mas há sempre uma atmosfera de muito amor. Tias, tios, primos e primas — todos participam. E isso nos torna mais fortes.

Este é o quarto livro da série "A Encantadora de Bebês" e, de certo modo, é o mais importante para nós. Para bebês e crianças pequenas, a família é o universo. Conforme as crianças crescem e começam a ver o que o mundo tem a oferecer, ter uma família forte *as* torna fortes e assim elas podem lidar com a vida. Isso também acontece com os adultos. Todos nós precisamos contar com alguém. É por isso que o assunto deste livro não pode ser apenas sobre as crianças. Tem de ser sobre toda a família.

— Tracy Hogg

Sherman Oaks, Califórnia, agosto de 2004.

Eu era o lado esquerdo do cérebro da Tracy. Isso ficou evidente desde que nos conhecemos, em 1999. Peguei um voo da costa leste até a Califórnia, para que ela pudesse conhecer e avaliar "a escritora". De certo modo, eu também fui "avaliá-la", cética em relação ao burburinho em torno dela. Seus clientes de Hollywood a elogiavam demais, mas eu já havia entrevistado centenas de especialistas em criação de filhos. Quão diferente — e melhor — *ela* poderia ser?

Eu a encontrei no momento em que cheguei. Direto do aeroporto, ela me levou rapidamente a uma casa, em Valley, onde fomos recebidas por uma mãe desesperada e seu filho de três semanas chorando.

"Deixe eu segurar ele, querida", disse ela. Em alguns instantes, Tracy acalmou o bebê e reconfortou a mãe, que também chorava. Ao longo dos dez dias que se seguiram, também acompanhei de perto outras consultas e, entre as visitas, ouvia suas conversas com outras mães ao telefone. Durante as nossas sessões de trabalho, fiz inúmeras perguntas. "Como você lidou com *aquilo*?" ou "Por que você acredita que isso funciona?" Era um desafio fazer minhas anotações, porque Tracy sabia muito e raramente permanecia dentro do mesmo tópico. No meio de uma explicação sobre amamentação, ela iniciava uma discussão sobre sono.

Os bebês faziam progressos. As mães a adoravam — e por que não? Lá estava uma Mary Poppins da vida real que era capaz de descer sobre uma família e, de algum modo, mudá-la. Era doce e paciente, divertida e calorosa. As pessoas se abriam para ela — e de forma verdadeira. Ela sabia escutar muito bem e era ainda melhor em resolver problemas. Quando dizia "meus bebês", não era apenas porque tomava conta das crianças. Era porque ela tinha desenvolvido um *relacionamento* com as crianças e com suas famílias.

Em nosso 9º dia juntas, sentei-me na frente dela, em seu escritório, fazendo anotações e rabiscos, como tento fazer ao ouvir alguém falar. Enquanto ela tagarelava sobre a importância de estabelecer uma rotina estruturada ("Você sabe, querida, os bebês são como nós. Eles começam o dia comendo..."), eu distraidamente rabisquei um grande *E* na margem. Ela continuava tagarelando ("O problema é que os pais às vezes tentam fazê--los dormir, quando deveriam estimular uma atividade, nem que seja apenas olhar pela janela..."). Rabisquei um grande *A* perto do *E* ("...e *então* colocá-los para dormir"), seguido de um *S* e... bingo! Nascia o método E.A.S.Y. (O *Y* foi adicionado depois, para representar algo que toda mãe precisa: *time for You* [tempo para você].)

E foi assim que tudo começou. Durante as sessões de trabalho realizadas nos seis últimos anos, por telefone ou e-mail, além de pessoalmente, extraí o valor de uma vida de experiência e conhecimento de Tracy e dei--lhe forma com minhas próprias reflexões. Foi o melhor tipo de colaboração, em que ambas as partes tinham a percepção de que não haveria livro se uma delas faltasse.

Tracy e eu estávamos apaixonadas pela ideia de expandir a filosofia dela para o campo da família, a unidade maior da qual fazem parte os bebês e crianças pequenas. Esse era o curso natural, especialmente em uma época em que tantos pais pareciam *exageradamente* focados em seus filhos. Após anos discutindo a perspectiva da criança, Tracy sabia que era hora de direcionar os holofotes para a família.

Mais ainda do que em nossos primeiros três projetos, cujo conteúdo foi reunido quase exclusivamente com base na experiência dela, este livro contém minha redação e também minha pesquisa. Entre nós, tínhamos centenas de histórias. Ela vivera com famílias e eu entrevistara inúmeros pais e passara quase toda a minha carreira enfocando relacionamentos.

Contávamos uma para a outra as nossas próprias histórias de família, e uma conhecia a família da outra. Tracy ajudou minha filha com o nascimento de seu primeiro filho. Passei tempo com as filhas dela, Sara e Sophie, e conversei várias vezes com a mãe, a irmã e o irmão dela. O melhor de tudo foi conversar com a amada avó de Tracy, que tinha 95 anos quando este livro estava sendo escrito e até hoje vive bem forte, como a Rainha Mãe de sua própria família.

Tracy e eu diferíamos bastante quanto a nossas origens e problemas, mas sabíamos, com base em experiências pessoais e profissionais, que a família, ainda que complicada, é onde tudo começa e termina. De volta ao ano de 2004, a nossa intenção era ir além de bebês e crianças, para aplicar os princípios da Encantadora de Bebês a essa entidade mais ampla e brindar os leitores com conselhos simples, práticos e, às vezes, até contraintuitivos, que fornecessem suporte e fortalecessem a família como um todo. Uma década mais tarde, a ideia é mais importante do que nunca.

A Encantadora de Famílias fala essencialmente sobre entrega e permanecer conectado, como nos livros anteriores da série "Encantadora de Bebês". Só que, aqui, nós destacamos todo mundo e não só o bebê. A primeira metade do livro ajudará você a "enxergar" de modo diferente, a enfocar toda a família. A segunda metade ajudará você a colocar essa nova perspectiva em prática — "pensamento de família" — diante dos desafios do dia a dia e das mudanças inesperadas que a sua família tiver que enfrentar.

Para ajudar você a ter uma ideia do que é certo para a *sua* família, nós enriquecemos este livro com uma grande quantidade de perguntas. Tracy achava muito importante fazer as perguntas certas. As perguntas incluídas nestas páginas foram elaboradas para ajudar você a enxergar aquilo de que a sua família é particularmente constituída, como ela funciona, quais são seus pontos fortes e fracos, e o que você pode fazer para transformá-la num ponto de segurança e apoio para todos os seus membros.

Este livro será mais proveitoso se você dedicar tempo à manutenção de um "diário da família". Nesse diário, você deverá escrever suas respostas para diversas perguntas. Sempre que se deparar com os quadros cinza em forma de bloco de anotações, procure um caderno ou *tablet* onde possa registrar suas respostas. Também incluímos uma página exclusiva para as suas anotações, ao final de cada capítulo. Use-a também para anotar ideias. O ato de escrever intensificará a sua atenção e facilitará a resolução de problemas e, se necessário, a mudança de curso.

Outro benefício proporcionado pela manutenção do diário é permitir que você crie um documento exclusivo sobre a *sua* família — algumas ideias aqui, um pouco de informação ali — que se transformará em um registro vivo da evolução da sua família e que acabará revelando alguma coisa nova sobre vocês mesmos. Se você tem um(a) companheiro(a), respondam as perguntas juntos ou respondam sozinhos e depois comparem suas respostas.

As ideias contidas nestas páginas são oriundas de pesquisas recentes na área de ciências sociais e, talvez de modo mais significativo, diretamente das "trincheiras", a fonte de sabedoria favorita de Tracy. Por incrível que pareça, alguns de nossos entrevistados já estavam familiarizados com a Encantadora de Bebês. Nós conversamos com pais em um fórum on-line remanescente do *website* original de Tracy, e também com clientes antigos, pais de bebês e crianças pequenas que, em algum momento, receberam os cuidados dela. Esses veteranos da vida em família, muitos dos quais têm filhos que hoje estão chegando à adolescência, compartilharam o modo como as ideias e estratégias de Tracy foram úteis para suas famílias, à medida que seus filhos foram crescendo, bem como melhoraram suas vidas e relacionamentos. Mesmo quando os pais não aderiram a todas as técnicas de Tracy, todos aplaudiram sua abordagem de "toda a família", porque honrava as necessidades de todo mundo.

Por exemplo, uma das antigas clientes de Tracy, Viola Grant[*], uma produtora de Hollywood para quem Tracy trabalhou na ocasião do nascimento de seu primeiro filho, recordou que os conselhos de Tracy sobre família proporcionaram um alívio enorme após uma bronca severa que recebera do pediatra. "Dei uma festa, poucos dias após o nascimento de Simon, e o médico soube disso por meio de amigos meus que também eram

---

[*] Este e a maioria dos nomes são pseudônimos, porém as histórias são verdadeiras. Em alguns casos, houve modificação de detalhes. Alguns relatos foram editados a partir de múltiplas entrevistas, mas todos foram inspirados em circunstâncias da vida real.

pacientes dele. Então, ele me disse: 'Você devia estar na cama, grudada ao seu bebê.'"

"A primeira vez que me encontrei com Tracy, alguns dias depois, eu estava pirando. Contei-lhe que estava me debatendo com o conselho do médico. Não queria que meu bebê adoecesse, mas eu era uma pessoa muito social e não aceitava mudar minha vida. Ficar na cama não era para mim. Eu estava animada para que as pessoas viessem ver meu primeiro filho. Tracy me disse: 'Não se preocupe, querida. Esse bebê irá se adaptar à vida que *você* leva. Se é assim que as coisas acontecem na sua casa, seu bebê ficará bem. Você pode ir a restaurantes, e seu bebê estará bem. Se você se sente bem e sua casa parece boa para ele, ele estará feliz.' E ela estava certa. Hoje,

Mantenha um diário da família

Sempre que Tracy visitava uma nova família, se estivesse lá para estabelecer uma rotina ou resolver um problema, insistia com os pais para que escrevessem suas observações, não apenas para acompanhar os registros, mas para ajudar a identificar padrões. Para aproveitar melhor este livro, sugerimos manter um "diário da família", onde você irá:

- Responder as perguntas apresentadas ao longo do livro.
- Registrar observações e momentos "opa!" resultantes da sintonização com sua família.
- Estabelecer metas e lembretes sobre tentar algo diferente ou fazer uma discreta mudança de curso.

O ato de escrever estabelece a sua intenção e aumenta a probabilidade de você se mover em uma nova direção em vez de permanecer "estagnado".

meus filhos estão com 10 e 13 anos e conseguem lidar sozinhos com os adultos. Eles foram criados para ser parte integral da família — não as estrelas do núcleo familiar, apenas membros dele."

De uma forma ou de outra, conversas como esta estão incluídas na discussão sobre a dimensão do impacto que Tracy exerceu ao longo de sua vida tão breve, e o quanto sentimos falta dela. Com certeza, aquele seu "r" gutural típico de Yorkshire ficará para sempre em minha memória. Todos os dias, conto com as suas sábias ideias em minha própria vida e as transmito à minha filha, que já tem três filhos. Entretanto, sem Tracy ao meu lado, sinto que é errado continuar a escrever *como* Tracy. No passado, eu escrevia de modo a capturar a "voz" dela no papel, em parte usando suas expressões britânicas favoritas e enriquecendo as páginas com senso de humor, que era sua marca registrada. Agora, o jornalístico "nós" me parece mais adequado.

Esteja certo, porém, de uma coisa: tudo que está escrito nestas páginas está fundamentado na Encantadora de Bebês, cujos princípios vão além de bebês e crianças pequenas, e pelos quais seremos eternamente gratos a Tracy Hogg.

— Melinda Blau

Northampton, Massachusetts, janeiro de 2013.

Capítulo um

Mude seu foco

Do pensamento de pai/mãe ao pensamento de família

Uma família é uma unidade composta não só
de crianças, mas também de homens,
mulheres, algum animal ocasional e o
resfriado comum.

— Ogden Nash

Quando sua primeira filha nasceu, há 15 anos, Sara Green, hoje com 49 anos de idade, sabia intuitivamente que ter um bebê significava mais do simplesmente se tornar mãe. "Eu estava superconsciente, desde o momento em que a Katy nasceu, de que o Mike, a Katy e eu éramos uma *família*", lembra ela. "Era uma relação totalmente nova. E eu sabia que queria protegê-la."

Durante os primeiros dias, Sara afastava todo mundo. Queria manter o restante do clã sob controle, para que ela e Mike pudessem começar a definir *sua* família. Ela sabia que, em breve, eles iriam interagir com seus pais e irmãos, bem como os vários parentes, sem mencionar médicos, professores, orientadores, pais de outras crianças, clérigos e inúmeras outras pessoas que influenciariam os três. Mas, naquele momento, ela ainda não queria ouvir os comentários nem conselhos de ninguém.

"Isso causou alguns problemas com nossos parentes. Eles não entendiam por que alguém ia querer agir daquele modo." Sara permaneceu decidida e acabou valendo a pena. "Éramos nós três e tínhamos que descobrir o lugar de cada um e o que cada um precisava. Assim, quando as pessoas começassem a vir e perguntar o que poderiam fazer, eu conseguiria responder a todos."

E, para sua sorte, Sara tinha todos os instintos de uma encantadora de bebês. (Se você é um novo leitor ou quer recapitular os conceitos principais, veja o quadro lateral da p. 13.) Ou seja, Sara era uma pessoa atenciosa e dedicou tempo para se sintonizar às necessidades de Katy. Ela nunca se referia a Katy como "o bebê". Em vez disso, ela se referia à Katy como uma pessoa e enxergava esse novo membro da família como um indivíduo singular. Sara não saía correndo para "resolver o problema" de Katy quando ela chorava. Em vez disso, ela respirava fundo, se acalmava e dava a si mesma algum tempo para prestar atenção. Em pouco tempo, Sara começou a reconhecer os choros de Katy. E quando não conseguia fazê-lo, aprendia com os próprios erros e seguia adiante. Assim como fazem todas as encantadoras de bebês, Sara logo se aperfeiçoou na leitura dos sinais de Katy e compreendeu melhor quem era sua filha.

Aquela pessoa fascinante que Sara e Mike passariam a conhecer ainda melhor nos meses e anos que estavam por vir era, a princípio, o foco da atenção de todos. Entretanto, ao mesmo tempo em que se ocupava cuidando das necessidades de seu bebê e aprendendo a ser mãe, Sara sabia que Katy não poderia — nem deveria — ocupar o centro do palco para sempre. Uma questão maior e mais complexa era: como Katy se adaptaria ao drama da vida de casal de Sara e Mike? Como eles desviariam o foco, de modo a permitir que os três fossem participantes produtivos daquilo que certamente seria uma contínua aventura familiar?

Este desafio é o assunto deste capítulo.

Como pensar como uma encantadora de famílias

Como Tracy diria, vamos direto ao ponto. Em nossos livros anteriores, escrevemos: "Encantar bebês significa sintonizar, observar, ouvir e entender a partir da perspectiva da criança." Agora, estamos ampliando as lentes, pedindo para que você olhe para um cenário maior. Na sentença a seguir, substitua a palavra *criança* por *família inteira* e veja o resultado:

> *Encantar famílias significa sintonizar, observar, ouvir e entender a partir da perspectiva da família inteira.*

O que isso significa, exatamente? Nós já escrevemos três livros sobre criação de filhos para lhe ajudar a entrar em sintonia com seu filho. Este é um livro que também se baseia nos princípios da Encantadora de Bebês, todavia para lhe ajudar a entrar em sintonia com a sua família. Ele pede que você mude a sua perspectiva e passe do "pensamento de pai/mãe" ao "pensamento de família", e que tenha em mente um dos principais "segredos" para encantar famílias:

Os dez princípios fundamentais da Encantadora de Bebês

Se você não está familiarizado com o conceito da Encantadora de Bebês, aqui estão os princípios que fundamentam esta prática. Todos são igualmente aplicáveis à prática de "encantar famílias".

1. Ser respeitoso.
2. Ser paciente.
3. Ser consciente – prestar atenção.
4. Aceitar e abraçar o filho que você tem.
5. Permitir que todos os membros da família sejam importantes.
6. Ter calma.
7. Ouvir e observar.
8. Tolerar erros e aprender com eles.
9. Ter senso de humor.
10. Não ser perfeccionista – não existe o modo "certo".

A família inteira importa e não só o(s) filho(s).

O pensamento de família não necessariamente contradiz o pensamento de pai/mãe. Trata-se de outra perspectiva, mais expansiva, que lhe encoraja a enfocar a família em vez do filho e enxergar a si e a sua família como uma unidade. É uma forma de melhorar suas habilidades de "entrosamento familiar", de modo que você possa unir forças *com* seu companheiro e seus filhos para criar um lugar seguro, onde crianças *e* adultos se sintam importantes. Vocês — os pais — ainda estão no comando, e, claro, continuam a cuidar dos seus filhos e orientá-los. Entretanto, *cada um* é considerado e *cada um* — com o melhor de sua idade e capacidade — contribui para fazer a família funcionar.

E como é o pensamento de família na prática? Sara Green, que você conheceu no início deste capítulo, soube instintivamente como aplicá-lo quando sua filha nasceu. Embora ela tenha instantaneamente se encantado por aquela doce criatura em seus braços e tenha estado atenta a cada murmúrio e balbucio (pensamento de pai/mãe), ela também sabia que o bem-estar de cada um era importante, e não apenas o do novo bebê (pensamento de família). Passados três anos, quando Sara deu à luz um segundo bebê, Ben, ela tinha consciência de que a família inteira mudaria novamente, desta vez para acomodar o novo integrante. Depois que mais dez anos se passaram, Sara e Mike estavam sintonizados com seus dois filhos e conheciam suas respectivas qualidades e defeitos (pensamento de pai/mãe), mas também eram capazes de enxergar as etapas e mudanças inesperadas de acordo com a perspectiva da família como um todo. Cada vez que acontecia alguma coisa com um deles — Sara voltou a trabalhar, Katy entrou na pré-adolescência, Ben teve problemas com o melhor amigo, Mike perdeu o emprego — eles se importavam com o fato de que uma mudança envolvendo uma pessoa afetava a todos (pensamento de família).

Vamos voltar no tempo e retomar a história de uma família que começou a se formar no início da década de 1980. Nancy Sargent e Stephen Klein, ambos médicos especialistas em saúde comunitária, viviam em uma reserva indígena situada nas proximidades de uma cidade pequena, no sudoeste dos EUA. Seus filhos, Ellie e David, mal haviam completado 4 e 2 anos de idade, e Nancy já estava grávida de gêmeos. Nos últimos sete anos, os pais cuidavam juntos das crianças e trabalhavam em uma clínica local — uma decisão que tomaram tendo em mente as necessidades de todos (pensamento de família). Desde a faculdade de medicina, Nancy e Stephen sabiam que ambos valorizavam a família acima de tudo. Ambos queriam estar envolvidos nas vidas de seus filhos. Eles também queriam fazer parte de uma comunidade e viajar. Acreditavam nos benefícios de expor as crianças a diferentes culturas e isso pesou na decisão deles de aceitar o trabalho e viver na reserva.

Quando os gêmeos, Seth e Rachel, chegaram, eles pediram a vários parentes para virem de avião da costa leste e ajudá-los (pensamento de família). "Tivemos muito apoio da família", Nancy viria a se lembrar mais tarde. "Mas depois todos foram embora. Mesmo que um de nós ficasse sempre em casa, eu sabia que *tínhamos* que contratar uma babá."

A necessidade é problema de todos, não só de Nancy (pensamento de família). Para resolver o problema, ela recruta Ellie, dizendo à filha mais velha que elas precisam pregar um anúncio na agência do correio. Ellie a ajudaria a fazer um? No "panfleto" criado por Ellie, havia um desenho feito com giz de cera de seis cabeças pequenas — os Sargent-Klein vistos da perspectiva dela. Na parte de baixo, Nancy colou uma tira de papéis destacáveis que continham seu número de telefone. Um anúncio baseado no pensamento de família!

E deu certo. Eles encontraram uma nativa americana maravilhosa que trabalhou para eles até a família voltar para o leste — outra decisão tomada com ba-

Atitude PC em família

Em nosso livro *A Encantadora de Bebês resolve todos os seus problemas*, nós introduzimos a ideia de "atitude PC", ou seja, educar com paciência e consciência. Os mesmos princípios são aplicáveis ao entrosamento da família. Os adultos precisam ter calma e cultivar a diligência, enquanto os filhos precisam de demonstrações de como fazer isso. Não se desespere, pois a maioria de nós precisa de ajuda neste departamento. E nós também melhoramos com a prática.

Paciência. Ter uma família significa conviver com dramas diários. As coisas não necessariamente são resolvidas de forma rápida ou previsível. Você precisa persistir na longa jornada. A paciência nos ajuda a atravessar o dia e permanecer calmos durante as transições difíceis ou mudanças inesperadas. Ela nos lembra que, às vezes, qualquer um de nós pode esquecer, vacilar ou falhar.

Consciência. Direcionar toda a sua atenção para qualquer coisa que você faça lhe permite compreender como você e os outros enxergam o mundo e saber aquilo que faz cada pessoa se sentir confortável nele. A consciência – diligência — diz respeito a ver o todo mais amplo e usar essa sensibilidade para antecipar, planejar e fazer análises posteriores. É estar atento às oportunidades de aprendizado e não só aos momentos de ensinar.

se nas necessidades coletivas (pensamento de família). Embora amassem a vida na reserva — uma comunidade singular de anglo-americanos e americanos nativos — Nancy e Stephen queriam que os filhos estudassem em escolas melhores (pensamento de família). Além disso, seus próprios pais estavam envelhecendo e lhes pareceu importante viver mais perto deles, tanto para lhes dar suporte como para que seus filhos conhecessem os avós (pensamento de família). Então, intencionalmente, eles escolheram uma cidade onde havia um forte senso de comunidade, onde poderiam frequentar uma igreja e encontrar outras famílias com valores semelhantes de ativismo e boas ações (pensamento de família).

Por que mudar o foco é complicado

Não se engane, nós sabemos que é difícil aplicar o pensamento de família às atividades do dia a dia. Nas conversas sobre este livro, tínhamos de continuar a lembrar as pessoas de que as nossas perguntas eram sobre a família, e não sobre seus filhos ou a forma como eles eram criados pelos pais. E, para sermos totalmente honestas, aquilo era complicado até para nós. De vez em quando, durante as nossas conversas, também cometemos alguns deslizes no pensamento de família. Por que é tão difícil?

- Estamos acostumados a pensar em nós mesmos como indivíduos.
- Nós nos tornamos exageradamente centralizados nos filhos.
- Exigimos pouco de nossos filhos.

A seguir, fazemos uma abordagem mais estreita desses três aspectos e explicamos porque nós precisamos mudar o foco para o pensamento de família.

Estamos acostumados a pensar em nós mesmos como indivíduos. Em especial nos EUA, a nossa longa tradição de individualismo nos ensina que, se estabelecermos metas, conseguiremos realizá-las. Nas situações difíceis, devemos "arregaçar as mangas". Podemos fazer qualquer coisa se direcionarmos nossa mente individual para uma determinada tarefa. Tendemos a aplicar essa filosofia a tudo que fazemos, inclusive na criação de filhos. Acreditamos que podemos influenciar outras pessoas — crianças ou adultos — apenas com o que dizemos e fazemos. E quem pode nos culpar? Prateleiras lotadas de livros de autoajuda prometem nos colocar "no controle", como se fosse apenas uma questão de fazer "certo" ou adotar o "melhor" programa. Como se *houvesse* um modo melhor. Como se o futuro estivesse totalmente em nossas mãos. A vida, e certamente as famílias, não funcionam assim.

Por que devemos mudar o foco para o pensamento de família: em toda troca social, influenciamos uns aos outros. Ninguém age sozinho.

Nós não agimos *sobre* nossos companheiros ou filhos. Nós os afetamos, e eles também nos afetam. Todos os dias, nós interagimos uns com os outros e, às vezes, acabamos colidindo. Cada conversa é uma via de mão dupla, uma "elaboração conjunta" que modifica ambas as partes. Por exemplo, quando seu filho volta da escola para casa se queixando de um colega de classe, isto causa uma reação em você. Você poderá lembrar da sua própria infância. Pode ser decepcionante; talvez você queira que ele seja capaz de se defender. Talvez você o envolva em seus braços e o conforte. Ou, talvez, você diga: "Ah, Billy, não liga. Meninos da sua idade fazem essas coisas." Seja como for, o modo como você age e reage influenciará o que ele diz e faz em seguida. Em cada uma dessas trocas diárias, vocês dois estão elaborando juntos um *relacionamento*, uma entidade que é formada por aquilo que *cada* um acrescenta a ela. É um produto singular "de" vocês dois.

Se pensamos em nossa família meramente como um grupo de indivíduos, negligenciamos uma verdade essencial: uma família é uma coleção de relacionamentos que — idealmente — nos prepara para a vida e nos ajuda a crescer. Podemos pensar que estamos agindo sozinhos, mas, na realidade, tudo aquilo que fazemos é um projeto articulado, uma "ação conjunta". Cada indivíduo da sua família exterioriza algo diferente em você e vice-versa.

Desde o dia em que nascemos, todos os nossos pensamentos, opiniões e comportamentos são moldados em nossas interações com os outros. Por estarmos tão acostumados a nos vermos como "seres limitados", com corpos e mentes separados de outros seres limitados, é difícil aceitar a ideia de que até mesmo a nossa consciência é "elaborada em conjunto" nos relacionamentos.

Nas famílias, este "dar e receber" nos molda e determina nossa existência diária. Inúmeras conversas, trocas dentro *e* fora da família, afetam o que acontece entre você e seu companheiro (caso você tenha), entre você e seu filho e, se você tiver mais de um filho, entre os irmãos. Cada pessoa envolvida nessas conversas é uma *joint venture*, e não alguma coisa que você faz acontecer. Pensar que sozinhos podemos controlar um resultado limita a nossa compreensão e a nossa capacidade de conexão. Pior ainda, faz nos sentirmos sozinhos.

Nós nos tornamos exageradamente centralizados nos filhos. Quando Tracy emigrou da Inglaterra, no final da década de 1990, ela sentiu que os filhos estavam no comando. Quando uma mãe lhe dizia que "seguia o bebê" em vez de estabelecer uma rotina estruturada, Tracy exclamava: "Mas é apenas um *bebê*, querida! *Você* precisa ensiná-*lo*." E as incertezas... oh, as incertezas! Uma mãe disse a Tracy que não pretendia tirar seu bebê do colo durante os primeiros três meses de vida ("exatamente como fazem em Bali"), ao que Tracy respondeu: "Mas, querida, nós não estamos em Bali".

À medida que aqueles bebês iam crescendo, seus pais pareciam ficar desesperados para protegê-los de todas as tristezas, erros ou falhas. As mães que participavam dos grupos de mães e filhos organizados por Tracy se sentavam atrás de seus filhos pequenos durante uma empolgante representação de "The Itsy Bitsy Spider" [*A Dona Aranha*]. Não importava se as crianças de fato estivessem cantando — a maioria das crianças naquela idade ainda não canta — ou se estivessem apenas sentadas imóveis. Cada uma daquelas mães aplaudia e gritava "Bom trabalho!"

Aquilo que nós apelidamos de "epidemia da felicidade", há uma década, se transformou em uma explosão de *super*cuidados maternos/paternos. Em um extremo do *continuum* da criação dada pelos pais focada na criança, estão as ansiosas "mães-helicóptero". No outro extremo, estão as chamadas "mães-tigre". Essas mães aparentemente são diferentes, mas, em ambos os extremos, os holofotes estão apontando para as crianças e não para a família. Como resultado, vivemos aquilo que um jornalista do *New*

York Times chamou de "a era mais irritantemente focada nos filhos da história moderna".

Para ser justa, a ansiedade dos pais em relação a segurança, ego frágil e sucesso dos filhos tem sido alimentada, em parte, pela inundação de produtos e programas que prometem aprimorar e proteger as crianças. Há pais que, sem querer, agem como garotos-propaganda ("Você não vai interpretar a Caroline, na aula de balé de verão da sra. Fowler?"). A jornalista Nancy Gibbs, ao escrever sobre uma "reação negativa" ao "excesso de cuidados dos pais", descreveu a "insanidade" em história de capa da *Time* de 2009:

> *Nós compramos cupcakes macrobióticos e meias hipoalergênicas; contratamos tutores para corrigir uma "deficiência para segurar o lápis" em uma criança de 5 anos; instalamos internet de banda larga na casa da árvore, mas desmontamos o balanço após a segunda esfolada de joelho. Ficamos indecisos com relação a todas as escolas, parquinhos e campos esportivos — "pais-helicóptero", como nos batizaram os professores, um fenômeno que se dissemina entre pais de todas as idades, raças e religiões... Nós nos tornamos tão obcecados com o sucesso dos nossos filhos que a criação se transformou em uma espécie de desenvolvimento de produto.*

Admitida, a centralização extrema nos filhos é mais prevalente nos lares de classe média e alta, onde os pais possuem rendimentos disponíveis para custear aulas, experiências esportivas, viagens de família e tutores. Entretanto, em nossas entrevistas, descobrimos que os pais cujos rendimentos são baixos também sentem a pressão. "Sinto-me mal, porque não posso dar aos meus filhos as coisas que os amigos têm", disse-nos uma mãe, referindo-se aos tênis e aparelhos eletrônicos caros. Poucas semanas antes do Natal, ela hipotecou o carro para conseguir um empréstimo. Os presentes de Natal proporcionaram uma alegria momentânea aos seus oito filhos, porém a família sofreu quando a agência financeira mais tarde ameaçou reaver o carro.

Quando os filhos ocupam totalmente o seu campo visual e monopolizam seu tempo e sua energia, torna-se quase impossível sustentar uma perspectiva de família. Os adultos estão exaustos, conforme relata a jornalista Judith Warner em seu livro *Perfect Madness* ["A loucura perfeita", em tradução livre]. As mulheres entrevistadas por Judith eram vítimas de "um novo conjunto de pressões drenantes de vida". A relação conjugal sofre. As crianças pensam que o mundo gira em torno delas e, ao mesmo tempo, se sentem excessivamente pressionadas para apresentarem um bom desempenho. Os irmãos brigam entre si por "coisas". E o pior de tudo, a família — assim como uma criança abandonada em um orfanato — começa a definhar.

Não, isto não acontece em todos os lares, mas em muitos. Alguns pais — com certeza muitos dos clientes de Tracy — tomaram a "medida certa" em relação ao lugar de seus filhos na família e os veem como parte de um todo. Outros sentem que algo está errado, mas estão tão presos ao frenesi que não percebem o caminho que estão tomando.

"Sinto pena dos meus amigos e parentes americanos", diz Greg Perlman, que se mudou para a Europa há alguns anos, levando consigo a esposa, Amy, e a filha do casal, Sadie, que hoje tem 11 anos. "Quando vou aos Estados Unidos para visitá-los, vejo a escalada constante daquilo que as crianças conseguem, o quanto seus pais gastam com festas de aniversário, os tipos de brinquedos considerados necessidades e suas infindáveis preocupações com segurança. Alguns não percebem como a pressão está aumentando, mas notamos uma enorme diferença desde a nossa última visita. É quase como uma corrida armamentista."

Por que devemos mudar o foco para o pensamento de família: as crianças precisam de um sentido de família *mais do que precisam de holofotes.*

Após décadas surfando na onda da autoestima, os educadores e psicólogos concluíram que agir de acordo com seus próprios interesses não traz relações saudáveis nem uma boa vida. Mas fazer parte de uma família feliz, sim. Claro

---

Para refletir: A falha da autoestima

"O movimento da autoestima, em particular, e a ética do sentir-se bem, de um modo geral, têm a consequência nociva de produzir baixa autoestima numa escala em massa", escreve o psicólogo Martin Seligman em *Authentic Happiness* (A felicidade autêntica). "Amortecer o sentimento ruim tem tornado mais difícil para nossos filhos se sentirem bem e para as experiências fluírem. Evitar os sentimentos de fracasso tem tornado mais difícil para nossas crianças se sentirem superiores. Ao entorpecer a tristeza e a ansiedade justificadas, criou-se filhos que apresentam alto risco de depressão não justificado. Incentivando o sucesso fácil, foi produzida uma geração de fracassos muito caros."

---

que os pais devem cuidar e orientar seus filhos; os adultos *devem* estar no comando, protegendo e monitorando, sempre se esforçando para conhecer seus filhos e mantê-los seguros. Mas isto não é o mesmo que posicionar os filhos no centro do universo. É o oposto disso. Se ficarmos constantemente controlando em detalhes todos os movimentos de nossos filhos — vigiando, ajudando, observando, sugerindo, agendando, lembrando, interagindo e exigindo, além de ficar elogiando por permanecerem sentados – como eles podem aprender a fazer parte de algo maior? Se não lhes dermos papéis reais na família, como e quando eles aprenderão as habilidades necessárias para se tornarem independentes? Como poderão aprender a compartilhar e cooperar?

Se você quer que seus filhos se tornem adultos competentes e confiantes, você não deve apenas educá-los. Também deve "entrosá-los na família". Eles precisam sentir que são importantes não como meros indivíduos, mas como partes interessadas, participantes com direito adquirido no sucesso de uma entidade maior. Ser membro de uma família e contribuir para o bem comum constituem o treinamento básico para a vida. Isso ensina crianças *e* adultos a se autoenxergarem como seres humanos conectados com algo valioso a oferecer.

A propósito, é essencial ensinar essas habilidades aos seus filhos agora e não quando eles estiverem saindo de casa para fazer a faculdade... e isto, por sua vez, nos dá uma terceira explicação para o fato de as estratégias focadas na família serem difíceis para tantos pais hoje em dia.

Exigimos pouco de nossos filhos. Muitas vezes, não percebemos que eles *podem* nos ajudar de muitas formas significativas. Esse nem sempre foi o caminho. Durante séculos, as crianças eram vistas como trabalhadores, que contribuíam para a família. Eram vistas como adultos em miniatura, talvez menos maduros, mas não por isso menos capazes. Quanto mais filhos uma família tinha, maior era sua produtividade e seus rendimentos.

As crianças já trabalharam longas horas em fazendas, trabalhos de rua e nas fábricas. Em uma entrevista realizada em 1929, uma mãe explicou o motivo de dar trabalhos da fábrica para seus filhos fazerem em casa. "Todo mundo faz isso", disse ela. "Os filhos de outras pessoas ajudam — por que os nossos não ajudariam?" Ao ser indagada sobre o motivo que levou as crianças a abandonarem a escola cedo para irem trabalhar, outra mãe se mostrava "perplexa" com qualquer pessoa que questionasse algo que ela percebia como um "procedimento absolutamente natural", acrescentando: "Meu filho está na idade de trabalhar, por que não deveria fazer isso?"

Então, a infância passou por uma transformação. No decorrer de cinquenta anos, as crianças passaram de "úteis a inúteis", como coloca um sociólogo, de indivíduos que contribuíam para a família a pessoas "economicamente irrelevantes" e, por fim, "emocionalmente inestimáveis". Os pais estavam ganhando mais dinheiro, as famílias se tornaram menores e o *marketing* de massa estava se instalando por conta própria. Na década de 1930, a maioria das crianças com menos de 14 anos de idade estava na escola. Os pais — as mães, na verdade — passaram a assumir vários dos empregos que antigamente eram destinados às crianças. Os "bicos" ainda eram atribuídos a elas, não para ajudar as mães, mas para construir o caráter. Um artigo publicado em 1934 na revista *Parents* alertou os leitores para "tomarem cuidado e não sobrecarregarem os filhos com excesso de responsabilidades... pois isso poderia oprimi-los em vez de desenvolver uma força maior".

Infelizmente, hoje, as crianças se tornaram mais "inestimáveis", mais exaltadas. E pouco se fala sobre caráter. Alguns pais lutam contra a maré, fazendo seus filhos na verdade ganharem privilégios. Em muitos lares, porém, uma conduta livre é tão "absolutamente natural" quanto era o trabalho infantil há um século. Em um estudo contínuo sobre as famílias de classe média com pais que trabalham, os pesquisadores relatam que a maior parte do tempo das crianças após o horário escolar e antes de ir dormir (40%) é passada em atividades de lazer, em comparação aos 25% do tempo do pai e menos de 20% do tempo da mãe. O resto da noite é dedicado (nesta ordem) a comunicação, lição de casa e cuidados pessoais (como tomar banho e se vestir). Os "bicos", segundo concluíram os pesquisadores, "não aparecem no radar das crianças". Ironicamente, muitas mulheres se queixam de que os homens não ajudam muito em casa. Entretanto, não lhes ocorre pedir aos filhos para ajudar.

Por que devemos mudar o foco para o pensamento de família: todos os membros da família têm o papel de garantir que a família tenha tudo o que precisa para prosperar.

A família é o alicerce da humanidade. Para fortalecer a sociedade e tornar o mundo um lugar mais generoso, respeitoso e nobre, todos nós — crianças e adultos — precisamos dedicar tempo e energia para fazer nossas famílias funcionarem. A família é um "laboratório" para a vida e para uma boa cidadania. É onde você aprende a fazer parte de algo e a se tornar alguém com quem os outros podem contar. Os adultos moldam essas habilidades essenciais e, recebendo orientação, as crianças as desenvolvem como resultado de um bom "entrosamento familiar". Trabalhar duro, doar-se aos outros e persistir — viver em meio a frustrações e fracassos — constrói o caráter. Conforme explicamos no Capítulo 3, você aparece e é isso que faz você crescer.

Se você não está convencido de nós precisamos tirar o foco dos filhos e direcionar os holofotes para a família, considere o que os pesquisadores descobriram ao questionar adultos jovens que se autodescreveram como "hipermimados" quando crianças. Eles receberam coisas materiais demais (como roupas e brinquedos) e uma quantidade muito pequena de tarefas e regras; além disso, tinham pais "hiperdedicados" que lhes proporcionavam "diversão em excesso". Em essência, tiveram negada a oportunidade de desenvolver um senso de responsabilidade. Quase 1/3 dessas crianças mimadas se tornaram adultos jovens "deficientes em habilidades interpessoais". Números menores, mas ainda significativos dessas crianças, apresentaram problemas com excessos na alimentação e gastos exagerados. Quando se tornaram pais, foram mais propensos a serem hiperindulgentes consigo mesmos e com seus filhos.

O prognóstico não é muito melhor para os adultos que fazem tudo e não deixam as crianças fazerem nada. No livro de Judith Warner, as mães estavam cansadas, ansiosas e se sentiam culpadas, "e aparentemente não estava claro para ninguém que poderia haver outro caminho".

Mas existe outro caminho: focar na família. Pense nisto como uma cooperativa, uma empresa em que todos respeitam, reconhecem e se dão uns aos outros. Todos têm participação sobre o modo como a família opera, todos são importantes, todos fazem escolhas e todos cooperam. Desviar o foco das crianças faz que elas *desejem* contribuir, pois sabem que são necessárias e que também têm interesse em tornar a família melhor, mais forte e mais sólida. Isto, por sua vez, as beneficia como indivíduos, aumentando sua confiança e competência.

Ao focar na família, você continuará se surpreendendo com seus filhos, mas não será cegado por eles.

Praticando o pensamento de família em casa

Não é fácil sustentar o pensamento de família. Por alguma razão, estamos todos nadando em águas que giram ao redor dos filhos. Igualmente importante, a vida em família é complexa, um malabarismo perpétuo com o tempo e a energia de todos. A vida muitas vezes é tão agitada e há tanta pressão sobre adultos e crianças, que é difícil se concentrar em qualquer coisa além do próximo compromisso, horário de coleta e o que haverá para o jantar, além de manter o foco na família inteira. Não podemos prometer que o caminho será direto ou suave. Mas podemos lhe ajudar a dar o primeiro passo, que é *enxergar* de modo diferente.

Comece descrevendo sua família como um todo. Quais adjetivos ou frases curtas vêm a sua mente? Aqui vão algumas respostas que temos ouvido para a pergunta "Como é a sua família?"

Uma mãe, de Nova York (casada, um filho): "Aventureira, aberta, cuidadosa. Envolvida. Falante, excêntrica, dedicada, diferente."

Um pai, em Chicago (divorciado, um filho e uma filha): "Dispersa. Não consigo ver meus filhos com frequência. Complicada, amorosa, distante, batalhadora, enfatiza muito o êxito."

Uma mãe, na Califórnia (solteira, uma filha): "Amorosa, agitada, atlética. Somos como uma fortaleza contra o mundo."

Uma lésbica com parceira, de Massachusetts, recordando a família de origem (seis irmãos): "Disfuncional, trabalhadores de classe operária de ascendência irlandesa, cheia de gente, competitiva, totalmente dominada pelo pai, brava."

Um pai, na Flórida (casado, dois filhos): "Bastante unida. Os meninos são os melhores amigos, saem juntos e cuidam um do outro. Somos sensíveis uns aos outros. Nos divertimos juntos — e não é uma diversão artificial."

Esses exemplos são apenas retratos esboçados. Não contam tudo sobre os indivíduos em particular de cada família, seus relacionamentos ou as coisas com que têm que lidar (o contexto deles) — fatores que abordaremos no próximo capítulo. Mesmo assim, repetir de memória uma série de adjetivos é uma forma eficiente de começar a pensar em sua família como uma unidade.

Ser objetivo com relação a sua própria família pode ser intimidador. Entretanto, o primeiro exercício para o seu diário da família, na p. 27, "Como é a sua família?", lhe ajudará a focar naquilo que importa (seus valores), naquilo que você gosta de fazer em família (atividades) e em seus desafios (vulnerabilidades).

Reconhecidamente, é um pouco complicado responder da perspectiva da família inteira. Exemplificando, digamos que todos pratiquem algum esporte e todos vocês se engajam em conversas sobre esporte. Vocês vão a jogos, assistem esportes na TV e participam de passeios esportivos, em família. Talvez, o técnico seja o pai ou a mãe. Faria sentido então especificar os esportes como uma atividade. O espírito esportivo talvez devesse ser incluído também entre os valores da sua família. Por outro lado, talvez vocês sejam uma família que comparece aos jogos da *Little League* toda semana, para apoiar um filho que adora beisebol e entrou para a equipe. Nesse caso, um dos valores da sua família é apoiar os interesses uns dos outros, mas você pode não enxergar o campo de beisebol como uma atividade de família. Não há como errar neste exercício. Independentemente do que você escreva, você terminará o exercício com uma noção melhor de como vocês atuam como uma família.

Se possível, divirta-se fazendo este exercício ao envolver seu companheiro, caso tenha, e seus filhos. Deixe as coisas acontecerem, compartilhando suas próprias observações em voz alta com os demais membros da família, de uma forma bem alegre. "Já percebeu que nós nunca saímos de casa na hora certa?" ou "Eu sei que começamos a nos preparar para o Halloween antes de todo mundo." Então, pergunte: "Na sua opinião, o que nos descreve como uma família?". Anote o que cada um disser e não se surpreenda se cada um obtiver uma conclusão diferente.

Se tiverem problemas para chegar a um consenso, não se preocupem. No Capítulo 2, nós lhes ajudaremos a olhar para os "Três Fatores" — os elementos que combinam e interagem para tornar a sua família aquilo que ela é.

Como é a sua família?

Uma ou duas vezes por dia, durante a próxima semana, olhem para a sua própria família de maneira objetiva e percebam a sua complexidade e seus contornos. Tentem ver a sua vida juntos, da mesma forma como veriam um grupo de estranhos, e descrevam o que veem. Escrevam pelo menos dez adjetivos ou frases que capturem aquilo que a sua família lhes parece, a partir de seus próprios *valores* (aquilo em que vocês acreditam), *atividades* (atividades e lugares preferidos) e *vulnerabilidades* (seus desafios como família).

Para cada categoria, damos a vocês algumas sentenças abertas destacadas **em negrito,** bem como sugestões [entre colchetes], apenas para indicar por onde começar. Não se autolimitem. Usem palavras e frases que se ajustem a *sua* turma:

- *Valores.* Qual é a ética da sua família? O que vocês representam?
  "Em nossa família, é importante..." [Ter uma vida espiritual? Ser líder? Competir? Praticar boas ações? Ganhar dinheiro? Ser bem-sucedido? Ter boa aparência? Comer bem? Seguir regras? Viver do que se planta?]

- *Atividades.* Quais atividades vocês gostam de praticar em família? Que tipos de lugares os fazem felizes e lhes trazem as melhores lembranças? Onde você recarrega as energias?
  "Nossa família adora..." [Atividades ao ar livre? Praticar esportes? Ir ao cinema? Viajar? Ir à praia? Tocar instrumentos? Participar de serviços comunitários? Construir coisas? Ler? Viajar? Se reunir em casa, durante a noite? Fazer ações filantrópicas? Preparar refeições juntos?]

- *Vulnerabilidades.* Qual é o "calcanhar de Aquiles" da sua família?
  "Um ponto fraco da nossa família é..." [Uma pessoa controla tudo o que as outras fazem? É cada um por si? Nós não nos vemos com frequência? Nós nunca conversamos sobre nossos sentimentos? Nós nos sufocamos? Nós brigamos? Nós toleramos comportamentos abusivos? Temos poucos amigos ou parentes vivendo por perto? Temos problemas para tomar decisões? Somos rígidos? Nós nos sobrecarregamos com compromissos?]

Anotações sobre pensamento de família

Capítulo dois

O que é a sua família

Os Três Fatores

Abandone a ânsia de simplificar tudo, de procurar fórmulas e respostas fáceis... comece a pensar de modo multidimensional... não se deixe desanimar pela multiplicidade de causas e consequências que são inerentes a cada experiência... para apreciar o fato de que a vida é complexa.

— M. Scott Peck

Jane Wentworth, uma competente, extrovertida, ativa e dinâmica advogada especializada na área de entretenimento, ganhou uma companheira preciosa quando Caitlin, um bebê Anjo, chegou.* Quando Jane voltou a trabalhar, Caitlin estava sempre com ela. Jane costumava dizer ao marido, Bart, que ela "valia ouro". "Posso levá-la a qualquer lugar." E por três anos inteiros, ela assim o fez: levava a bebê para o escritório, para a academia e e a almoços com os amigos.

Jane estava grávida outra vez, quando Caitlin entrou na pré-escola. Um *timing* perfeito. E então veio Noah. Ao contrário de sua irmã mais velha, Noah era um bebê Sensível, que chorava bastante e era supersensível a barulho. Não se ajustava tão bem ao estilo de Jane.

Se você leu nossos livros anteriores, é possível que se lembre da discussão sobre "ajuste" — a noção de que certos traços temperamentais dos indivíduos se ajustam melhor ou pior a outros. Trata-se de um conceito normalmente aplicado ao relacionamento entre pais e filhos. Um psicólogo, ao se aprofundar na investigação dos motivos do mau comportamento de uma criança, poderia citar uma "falta de ajuste" como possível causa — a mãe é uma pessoa com muita energia e o filho é sensível, por exemplo. Conforme Tracy costumava dizer, ambos são "como água e óleo". Entretanto, se aplicarmos o pensamento de família, veremos que o "ajuste" também é uma questão familiar.

Ter um segundo filho causa um estresse significativo em qualquer família, e uma falta de ajuste adiciona ainda mais pressão, especialmente quando o primeiro filho é um bebê Anjo. Jane era uma mãe sensata, uma mulher acostumada a lidar com a própria vida de forma eficiente e organizada, do mesmo modo como exercia a sua profissão. Caitlin se ajustava

---

* Em nossos livros anteriores, para ajudar os pais a entrarem em sintonia com seus bebês, Tracy identificou cinco "tipos" de temperamento: o tipo *Anjo*, bem comportado; o tipo *Livro-texto*, tudo na hora certa; o tipo *Sensível*, melindroso; o *Enérgico*, ativo e agitado; e o *Irritável*, resmungão, do tipo "tem de ser do meu jeito". As crianças frequentemente são uma combinação desses tipos. Tracy também alertou sobre a necessidade de não estereotipar as crianças à medida que elas crescem. Embora você consiga ver vestígios do temperamento inicial, o ambiente continua moldando quem elas são.

perfeitamente, mas Noah destoava da ideia de sua mãe de um bebê "bonzinho".

Na verdade, ele não era. Tracy sempre dizia que alguns bebês são mais fáceis de amar à primeira vista do que outros. Noah era um desses outros. Analise bem o temperamento e as expectativas de Jane, e você terá uma boa combinação de fatores que pode fazer até mesmo a mãe de um segundo filho se sentir bastante insegura em relação à própria capacidade de criar uma criança. Um cenário como esse pode levar a uma enxurrada de problemas que não termina na primeira infância. Quantas vezes você já ouviu uma mãe se referir ao filho pré-adolescente ou adolescente como "o meu filho difícil", para explicar que, desde que nasceu, ele é difícil de lidar?

Entretanto, temperamento não é destino. E, mais importante, o futuro de qualquer relacionamento não depende apenas da mãe e do filho. Outros membros da família e tudo o que acontece ao redor deles também influenciam o ajuste.

Jane e Bart, casados há dez anos na época, compartilhavam uma sólida parceria e estavam comprometidos com a família. Ele, um *designer* gráfico bem-sucedido, era um companheiro simpático e prestativo, além de um pai bastante presente. Quando Noah nasceu, ele passou a voltar mais cedo do trabalho para casa, não só porque queria ter mais contato com o bebê, mas também, conforme ele mesmo explicou, porque "a família estava precisando" dele.

O temperamento radiante de Caitlin também ajudou. Além disso, ela amava a pré-escola (seu primeiro "contexto" fora da família) e tinha diversas experiências positivas por lá, o que, aparentemente, a inspirava a agir como uma "pequena mamãe". Isso, por sua vez, aprofundou a conexão dela com os pais. Sentindo-se segura e madura, ela continuou sendo extremamente amorosa com Noah. Rapidamente, ela se transformou na pessoa que mais conseguia fazer Noah sorrir.

Do mesmo modo, para a sorte dos Wentworth, a mãe e a irmã de Jane viviam por perto, e ambas se ofereciam para ajudar. Os amigos chegavam com caçarolas e se ofereciam para ajudar em alguma coisa. Outras mães recordavam de seus próprios bebês rabugentos que, agora, já estavam no ensino médio e "muito bem, obrigada". Esse enorme suporte permitia que

Jane tirasse um cochilo e, tão importante quanto, não encarasse o temperamento de Noah como uma afronta pessoal. Em vez disso, ela rangia os dentes, invocava a fala favorita de seu pai ("Isso também há de passar") e, pouco a pouco, abria seu coração.

Não tão por acaso, a família também teve recursos para contratar ajuda e consultar especialistas, quando o pediatra suspeitou de que uma parte da irritabilidade de Noah poderia ser causada por um refluxo. A "crise" inicial durou alguns meses, mas o tempo e tipo certo de orientação profissional ajudaram a família a seguir em frente.

Passados dez anos, Noah continua tímido. Ele se transformou em um verdadeiro "crânio", que os professores adoram e os colegas às vezes provocam. A irmã mais velha continua no seu pé. Ao longo dos anos, em especial durante as transições difíceis, Jane teve que lembrar a si mesma, com a ajuda de Bart, que Noah não era Caitlin, a qual ainda encara a maioria das situações com calma. Jane percebeu que o filho possui outros dons — ele já vence qualquer um da família no xadrez — e uma orientação diferente na vida. Desde que os pais lhe deem o espaço de que ele necessita para se acostumar com cada situação nova, ele geralmente reage bem.

Mas e se...?

A vida em família é um drama contínuo, dinâmico e sempre em transformação. O drama dos Wentworth poderia ter tido um fim totalmente diferente se os atores, suas interações ou o contexto fossem outros. Qualquer um dos três elementos poderia ter dificultado (ou até impossibilitado) para a família resistir à tempestade dos primeiros anos de vida de Noah e continuar seguindo em frente.

Vamos supor que os indivíduos envolvidos — os atores — fossem diferentes. E se Jane fosse alguém que resistisse à ajuda de outras pessoas ou, pior ainda, tivesse tendência à depressão? A chegada de Noah poderia tê-la feito mergulhar no desespero, independentemente do modo como Bart e outros familiares reagissem. Ela poderia ter se ressentido com Noah e se imaginado incapaz de lidar com ele. E se Noah tivesse sido uma criança Enérgica, Jane talvez medisse força com força. Ela poderia ter ignorado o temperamento dele ou tentado "torná-lo" mais parecido com a irmã mais velha. Qualquer uma dessas situações teria comprometido o relacionamento deles, o que, por sua vez, teria afetado toda a família.

E não esqueçamos de que esta história não é apenas sobre Jane e Noah. Outros dois membros do núcleo familiar tinham papéis importantes. O que teria acontecido se, em vez de dar apoio a Jane, Bart tivesse tido pena de si mesmo por ver a esposa sempre cansada, frustrada ou nervosa? E se Caitlin fosse uma criança Irritável, que tivesse parado de falar com a chegada do irmão ou tivesse ataques de birra tentando reconquistar a atenção da mãe?

Os atores sozinhos, porém, não determinam o desfecho. Seus relacionamentos — a interação entre eles, como falam e agem uns com os outros — também afetaram esse drama. E se Jane e Bart estivessem "patinando" como casal? E se ambos também estivessem imersos demais em fazer suas próprias carreiras profissionais alavancarem, para perceberem que seu relacionamento estava sofrendo? E se ambos passassem períodos cada vez maiores distantes de casa? Isso poderia ter enfraquecido suas conexões, prejudicando um ao outro e à filha, antes mesmo da chegada de Noah.

Por fim, considere o contexto familiar — os diversos palcos e cenários em que os membros da família existem. Imagine que, em vez de serem privilegiados, eles fossem uma família com dificuldades para colocar comida na mesa, não tivessem parentes morando por perto, não contassem com uma rede de apoio e seus recursos fossem escassos? E se eles não tivessem conhecimento o bastante para procurar ajuda profissional? E se não pudessem bancar isso?

Sem dúvida, essas são situações hipotéticas extremas. No caso de qualquer uma dessas possibilidades, na verdade, Jane e Bart talvez não tivessem permanecido juntos por tempo suficiente para terem um segundo filho. Todavia, nós contamos essa história sobre ajuste para reforçar a complexidade da vida em família e a necessidade daquilo que chamamos a ótica dos Três Fatores.

Como os Três Fatores interagem

Se você vê a vida em família como um drama contínuo, os Três Fatores estão sempre em ação: os *indivíduos* (os atores/membros da família); seus *relacionamentos* (o modo como interagem); e o *contexto* (o palco, ou os diversos ambientes e cenários em que a história se desdobra). O motivo pelo qual precisamos estar atentos a esses elementos é compreender o impacto coletivo que eles exercem. Perceber como os Três Fatores afetam sua família no dia a dia permite que você reaja de maneira diferente e faça a diferença. (Veja na p. 37 um quadro sobre o assunto.)

Na família Wentworth, a chegada de Noah e, ao mesmo tempo, a ida de Caitlin para a pré-escola mudaram tudo o que estava acontecendo "no palco" e fizeram o drama seguir em outra direção. Mudanças sempre fazem isso. Neste exato momento, a sua própria família pode estar vacilante diante de novas circunstâncias às quais todos têm que se adaptar: mudança de emprego; uma morte; um desastre natural que devastou a casa da família. Observar atentamente pela ótica dos Três Fatores faz você se lembrar de olhar para onde a reviravolta começou e, ao mesmo tempo, reconhecer que todos os Três Fatores sempre participam da ação.

E não se trata apenas de coisas importantes. Também podemos enxergar melhor as questões do dia a dia da família usando a ótica dos Três Fatores. Harry, hoje no 5° ano, irrita-se com o irmão pequeno, Oliver, porque sua carga de trabalhos escolares mudou. A mãe está descontente, porque os meninos estão brigando mais. Essa perspectiva mais ampla — pensamento de família — permite que você enxergue a complexidade da vida em família e pode ajudá-lo a compreender o motivo que leva sua família a agir, reagir e se adaptar — ou falhar em se adaptar.

Os Três Fatores, trabalhando juntos, *fazem sua família ser o que é.*

Vamos olhar cada um dos Três Fatores de forma mais detalhada:

- *Os indivíduos.* Cada um de vocês traz ao "drama" da família uma história, temperamento, mente e corpo em particular, bem como os papéis previamente desempenhados por cada um. E tais elementos, por sua vez, afetam as falas que vocês recitam, o modo como as transmitem e como atuam e reagem com relação aos outros atores. Juntos, vocês constituem as "partes" — os Eus que formam o todo — o Nós de vocês. A sua família não seria o que é sem cada um de seus membros.

Os membros individuais da família exercem um impacto considerável sobre a família como um todo. O bom senso nos diz que, se os membros da família são pessoas amorosas e compassivas, física e emocionalmente sadias, com capacidades de superação das dificuldades e de relacionamento satisfatórias, a família inteira é mais propensa a funcionar bem. Contudo, ao olhar pela ótica dos Três Fatores, fica claro que os traços individuais dos membros da família são apenas parte da história de sua família.

- *Os relacionamentos.* Conforme destacamos antes, um relacionamento é a soma de duas pessoas, uma entidade única que "pertence" a esses dois indivíduos. Não podemos olhar para os membros de nossa família apenas como indivíduos. Nós os moldamos, e vice-versa. Um parceiro apaixonado pode amolecer o coração de um pão-duro. Um vínculo forte entre pais e filhos pode ajudar uma criança a lidar com qualquer coisa que a vida coloque eu seu caminho. Do mesmo modo, se você se casa com alguém que tem filhos, "herda" um novo grupo de crianças e outros parentes. Você traz o seu "eu" para estes relacionamentos, mas cada um deles também trará partes diversas, às vezes novas, desse "eu". Nós somos aqueles com quem nos relacionamos, sobretudo intimamente.

Toda família consiste em múltiplos relacionamentos: relacionamento entre adultos (considerando a existência de um casal envolvido nos cuidados com os filhos), relacionamentos entre adultos e crianças, relacionamentos entre irmãos e laços com parentes. Todos se desenvolvendo e se desdobrando continuamente. Esses relacionamentos também são *inter*dependentes — afetam e podem modificar uns aos outros. Uma briga séria entre irmãos pode estressar até mesmo um casamento estável. Um relacionamento complicado entre adultos causa problemas na vida das crianças e nos relacionamentos com os parentes.

Os relacionamentos são tudo. Quando você se sente "seguro" — apoiado — em um relacionamento, é como se fizesse parte daquela unidade e estivesse disposto a estender seu "eu" individual. Você se sente conectado, ligado ao todo mais amplo. Não surpreende que ter bons relacionamentos também está ligado a saúde, felicidade, produtividade e sucesso de cada membro individual da família.

- *O contexto.* Você e seus entes queridos não existem no vácuo. Todas as famílias estão "embutidas" em um contexto — na verdade, um conjunto de contextos: os diversos palcos e arenas em que vocês exercem seus papéis individuais e coletivos. Sua casa é o contexto imediato da sua família, sobre o qual você exerce a maior parte do controle (leia mais sobre isso no Capítulo 6). Cada um de vocês também entra em uma variedade de contextos diferentes, tanto na vida real como virtual. Interpretam certos personagens (trabalhadores, atletas, estudantes) nesses diversos contextos, encontram outras pessoas e são influenciados por suas ideias e experiências. Considere, por exemplo, o modo como o ambiente escolar dos seus filhos e o seu ambiente de trabalho podem afetar o drama da família. Lição de casa em excesso ou jornadas de trabalho longas demais podem corroer pouco a pouco o tempo da família, comprometer o bem-estar individual ou atravancar alguns — ou todos — os seus relacionamentos. Os contextos físicos — vizinhança, comunidade, país — afetam o grau de segurança e privacidade que você pode esperar, os tipos de oportunidades que você tem para entreter-se ou rezar, aquilo que você pode comprar e, conforme sugerem os estudos, o modo como você se entrosa com a sua família.

A sua família também é afetada por contextos mais ou menos óbvios, como história e cultura — o que está acontecendo no mundo (economia, novas leis, guerras), qual é a "tendência" atual e o modo de pensar das pessoas no momento presente. É difícil de acreditar, por exemplo, que os pais eram alertados, na década de 1930, para não darem atenção demais aos filhos. Esses contextos mais amplos definem o que é "bom" e "ruim", o significado do que é ser um homem, uma mulher, uma criança, um casal, uma família e até o que significa ter um relacionamento. Em especial na era em que vivemos, saturada de mídia, em que imagens e ideias se infiltram em nossos lares 24 horas por dia e 7 dias por semana, é impossível nos separarmos desse entorno mais amplo, assim como um peixe de aquário não pode existir fora deste.

Em foco: a sua família pela ótica dos Três Fatores

Cada família é única, por isso é impossível retratar uma família "típica". Nós podemos, no entanto, ajudar você a enxergar o que faz a sua família ser o que é. Marque esta página e consulte-a sempre que precisar tomar um fôlego, dar um passo atrás e observar com a ótica dos Três Fatores, que ajudarão você a enxergar a sua família como um todo.

Os indivíduos

O que cada membro da família traz consigo.

Temperamento
Como cada pessoa se relaciona com as outras, vê o mundo, age e reage, se adapta à mudança?

História
O que as experiências anteriores ensinaram ou transmitiram a cada um? Como raça, nacionalidade, etnia, religião e/ou práticas espirituais se incorporam no sistema de crenças pessoais de cada membro?

Necessidades
Necessidades vão e vêm, dependendo da situação vivida por cada pessoa – questões de saúde, interesses, *hobbies*. Quais recursos são necessários a cada indivíduo, em termos de tempo, energia, atenção e dinheiro?

Os relacionamentos

Como os membros da família interagem e apoiam uns aos outros.

O casal
Como parceiros, como eles se comunicam, tomam decisões, negociam papéis, passam o tempo juntos, cuidam dos filhos, lidam com problemas? Se os pais vivem em casas separadas, eles continuam exercendo uma criação conjunta dos filhos?

Pais e filhos
Há respeito mútuo e consideração? O adulto aceita quem a criança é e transmite amor e limites?

Irmãos
Eles amam e apoiam uns aos outros? Competem? Protegem?

Outros relacionamentos
Se avós, tias e tios exercem algum papel na vida cotidiana da família (p. ex., cuidar das crianças, ajuda financeira), como esses relacionamentos afetam o núcleo familiar? Existem amigos próximos que, embora não sejam parentes, são considerados "da família"? Ou existem pessoas contratadas pela família (babá ou *au pair*)? Quais são os benefícios/desvantagens proporcionados por essas pessoas que não vivem com a família?

O contexto

O território compartilhado por todos, direta ou indiretamente.

A casa
O espaço de convivência da família promove crescimento, estimula o compartilhamento e proporciona privacidade?

Escola
As crianças se sentem apoiadas, confortáveis, aceitas?

Trabalho
Os pais trabalham por longos períodos ou à noite? Longas distâncias para chegar ao trabalho interferem no tempo dedicado à família? Relações negativas com colegas de trabalho afetam os ânimos em casa?

Parentes
Os parentes também fazem parte do contexto da família. Os membros do seu "clã" estão sincronizados com os valores da sua família? Eles apoiam as escolhas da sua família?

Círculo social
Outras conexões sociais – via amigos dos pais e das crianças, obrigações (colegas de trabalho, colegas de classe) ou escolhas (colega de *hobbies*) – enriquecem a vida em casa ou afastam os membros da família?

Vizinhança
É seguro e fácil interagir com os vizinhos? A comunidade é variada ou é constituída principalmente por uma classe ou grupo étnico? A sua família se ajusta a ela? Quais recursos essa comunidade proporciona – centro comunitário, igrejas, parques, *playgrounds*?

Momento histórico
Como o momento presente afeta a visão e as expectativas em relação a casamento, ter filhos e família? Quais elementos da cultura atrapalham ou sustentam a sua família?

Contextos diferentes/problemas diferentes

A socióloga Annette Lareau, que passou mais de uma década acompanhando de perto famílias da classe média, da classe operária e famílias carentes, identificou uma "divisão cultural entre a classe média e todos os demais". Isso não significou que as famílias da classe média eram necessariamente "melhores".

- As *crianças da classe média estavam imersas nas atividades conduzidas pelos adultos*. Os pais as tratavam como iguais, conversando, argumentando, explicando e discutindo ideias constantemente. Isso dava a elas um conhecimento de seus direitos, bem como uma vantagem na escola. Sua linguagem e habilidades sociais também lhes serviriam em fases bem mais tardias da vida. No entanto, pais e crianças estavam estressados e exaustos. As crianças negociavam constantemente com os pais; os irmãos brigavam mais do que aqueles que viviam em lares menos privilegiados. Eles passavam algum tempo com os parentes somente em ocasiões especiais.
- *Os pais da classe operária e os pais de famílias carentes preocupavam-se sobretudo em proporcionar o básico – conforto, comida, abrigo – e não em aperfeiçoar os filhos ou incentivá-los a isso*. Aqui, Lareau descobriu a existência de um forte senso de "família" e tempo compartilhado. Os irmãos eram próximos, e os parentes costumavam estar sempre por perto. Havia limites claros entre adultos e crianças. Os pais não tinham problemas para dar ordens, e as crianças raramente contestavam.
- *A classe era mais importante que a raça*. Embora todas as famílias de afrodescendentes tivessem que lidar com o racismo, as crianças negras da classe média eram mais semelhantes às crianças brancas da classe média do que aos afrodescendentes pertencentes aos grupos de baixa renda.

Ao mesmo tempo, o contexto é afetado pelos outros dois fatores. Por exemplo, 2011 foi um ano em que a maioria dos americanos avaliou seu atual contexto financeiro como sendo "ruim" ou "regular". Quase metade disse ter tido problemas financeiros nos 12 meses anteriores. Em algumas casas, em que havia problemas relacionados com dinheiro ou perda do emprego, o impacto do contexto foi considerável. Os pais estavam mais suscetíveis a terem depressão (um desfecho individual). Tiveram menos capacidade de se conectar com seus filhos, enfraquecendo, assim, o relacionamento. E, quando seus filhos foram avaliados, um ano depois, eles também mostraram sinais de desgaste individual. Eram menos propensos a compartilhar, a serem voluntários, cooperar ou respeitar as necessidades dos outros. E, de modo não surpreendente, eram igualmente menos propensos a apresentarem bom desempenho escolar ou a desenvolverem relacionamentos sadios por conta própria.

Nas famílias anteriormente descritas, as preocupações financeiras afetaram os relacionamentos e a capacidade funcional dos indivíduos. Entretanto, o mesmo estudo demonstrou que o contexto também pode ser minimizado. Em outras famílias incluídas no levantamento, ninguém entrou em depressão por causa das finanças. Os relacionamentos entre pais e filhos não se abalaram. Os Eus continuaram seguindo adiante. Algo os protegeu contra um contexto que acabou com outras famílias. Nós suspeitamos que, nas famílias menos suscetíveis, os membros individuais possuíam, de antemão, boa capacidade de superação e relacionamentos fortes, que agiram como boias salva-vidas que os impediram de afundar.

Como aprimorar o pensamento de família? Pratique!

O segredo para conservar esta visão ampliada da sua vida em família é a consciência. Aborde de forma consciente cada assunto do cotidiano da sua família e use sempre a sua ótica dos Três Fatores. Com a prática, o pensamento de família irá se tornar mais natural. Consequentemente, será mais fácil enxergar a complexidade e lembrar que:

O drama da sua família é sempre influenciado por aqueles que estão envolvidos (os indivíduos), pelo modo como eles falam e se comportam uns com os outros (seus relacionamentos) e pelo cenário em que tudo isso acontece (o contexto).

As estratégias descritas a seguir são projetadas para ajudar você a praticar, por meio da observação da outras famílias — fictícias e reais — e conversando com pessoas que se preocupam bastante com o entrosamento com a família. Pense em si mesmo como um médico holístico que sabe que, para determinar a condição de saúde do paciente, é preciso analisar o que está acontecendo no corpo e na mente dele, quem faz parte de sua vida, para onde eles vão e o que precisam tolerar todos os dias.

Assista à TV sob a ótica dos Três Fatores. Aplicar o pensamento de família a histórias de famílias reais ou fictícias ajudará você a aguçar a sua percepção acerca do modo como os Três Fatores interagem. Como a televisão é um meio de comunicação universal e dispensa a habilidade de leitura, é algo que a família toda pode discutir. Preste atenção nas famílias da TV, um dos principais temas dos seriados de comédia desde a década de 1950. Embora o objetivo desses programas seja entreter e atrair telespectadores — e zombar —, a televisão sempre nos diz muito sobre o modo como os relacionamentos e papéis da família são vistos, além dos tipos de problemas enfrentados por pais e filhos. Percorremos um longo caminho desde a era "higienizada" de seriados como *Papai sabe tudo*, em que os adultos eram retratados como espertos e controladores, enquanto crianças como Dennis, o Pimentinha, configuravam os "vilões". Em contraste, os seriados populares de hoje (ainda exibidos enquanto este livro estava sendo escrito), como *Modern Family*, *The Middle* e *Parenthood*, abordam temas como autismo, sexo na adolescência, preocupações financeiras, alcoolismo, pais homossexuais, transtornos alimentares, depressão, infidelidade — em resumo, questões reais que afetam a todos nós.

Preste bastante atenção aos programas que você e seus filhos assistem juntos e separados. A própria mídia em si constitui um aspecto poderoso do contexto. Você pode não perceber que o comportamento dos personagens fictícios nos dão ideias, boas e ruins, sobre como agir e o significado de ser pai/mãe ou de estar em um relacionamento. Pense nisso. Talvez você tenha experimentado seguir o conselho do *Dr. Phil*, ou tenha tentado uma abordagem diferente na divisão das tarefas domésticas ou para encerrar uma discussão com seu parceiro por causa de uma cena de *Parenthood*.

Quais tipos de ideias seus filhos ou seu parceiro extrai daquilo que assiste? Greg Perlman, que você conheceu no Capítulo 1, não é super-rigoroso quanto à restrição de tempo de televisão para Sadie, de 11 anos, entre outros motivos, em razão de seu contexto. Atualmente, eles vivem em Paris. Assistir a seus programas americanos favoritos dublados em francês ajuda Sadie a aprender o idioma e isso, por sua vez, facilita a vida dela em uma cultura tão diferente. Ela também é uma criança responsável e agradável, na maior parte do tempo. Ela não discute quando o pai insiste para ela fazer primeiro a lição de casa e as tarefas domésticas. Greg sabe que alguns programas afetam drasticamente o comportamento de Sadie.

"Você quase pode acertar o relógio para ver isso. Depois de programas como *Hannah Montana, Zack & Cody* e *As visões da Raven*, ela quase sempre age de forma rude e mimada e faz alguma coisa malcriada. Os programas seguem o mesmo padrão, retratando adultos caricaturais que não conseguem seguir seu próprio caminho e crianças que realmente se divertem fazendo os adultos de bobos."

Faça a mediação das mensagens antifamília assistindo aos programas *com* os seus filhos. Avalie as diversas falas da história e discuta os conteúdos censuráveis. Comece também a fazer seus filhos se tornarem conscientes dos Três Fatores. "Nós sempre assistimos *Modern Family* juntos", diz Sara Green, cujos filhos estão com 16 e 11 anos de idade. "As pessoas se amam e respeitam mutuamente. E elas são divertidas e disfuncionais de um modo que pode estar relacionado a todo mundo. Nós conversamos sobre suas personalidades e os tipos de relacionamentos que elas têm. Se houvesse uma terceira criança, quase poderíamos *ser* os Dunphy!"

Encontre um "mentor da família". Cada uma das autoras deste livro foi beneficiada pela sabedoria de alguém com uma perspectiva de longo prazo da vida e da família. Para Tracy, essa pessoa

Modern Family: para todos

Se você nunca assistiu esse seriado, saiba que se trata da história de três famílias relacionadas. Em uma casa, vivem o pai (Jay Pritchett); sua esposa (bem mais nova), a latina sexy Gloria Delgado; o filho sensível de 14 anos (Manny); e (na temporada de 2013) o novo bebê de Jay e Gloria. Em outra casa, vivem um filho de Jay (Mitchell) com o companheiro (Cameron Tucker) e uma menina vietnamita que é a filha adotiva do casal (Lily). Por fim, na terceira casa, vivem a filha de Jay (Claire) com o marido (Phil Dunphy) e seus três filhos (Haley, que é o filho popular; Alex, o inteligente; e Luke, o caçula "diferente"). Trata-se de um entrelaçamento cômico de personalidades e relacionamentos, apresentando assuntos como liberdade, responsabilidade, guerras de tarefas domésticas, fidelidade, honestidade, ciúmes, mães e sogras, tudo através das lentes da família. Os personagens dizem ou fazem algo e, em seguida, voltam-se diretamente para a câmera admitindo como se sentem de verdade. A julgar pelas críticas e prêmios conquistados pelo seriado, bem como pelo fato de mais de 7 milhões de fãs "curtirem" o seriado no Facebook, os telespectadores buscam ideias para lidar com questões relacionadas a suas próprias famílias. E, talvez, conforme sugerido recentemente a um repórter por Christopher Lloyd, um dos criadores do seriado, eles também "desejam que suas famílias se comuniquem de uma forma bem mais direta, exatamente do modo como fazem os personagens".

foi a avó dela, que sempre lhe ensinou que fazer parte de uma família era seu papel mais importante. No caso da Melinda, a mentora foi sua tia Ruth, que estava com 92 anos de idade quando este livro estava sendo escrito. A tia Ruth era uma mulher que, assim como sua mãe (a avó de Melinda por parte de pai), discursava como uma rainha matriarca, temperando sua conversa com verdades banais e sábias sobre família: "As pessoas não mudam, elas apenas se tornam mais intensamente aquilo que são, à medida que envelhecem." "Pela família, você se sacrifica." Conforme Ruth foi envelhecendo, mesmo com a memória recente começando a falhar, ela ainda conseguia se lembrar de sua infância e da infância de Melinda. Aquelas histórias e os álbuns de fotografia empoeirados que ela guardava no armário eram lembranças preciosas do passado histórico da família.

É maravilhoso vivenciar esse tipo de partilha com os pais ou avós, e alguns fazem isso. Mais frequentemente, a honra (que de fato é) vai para um parente menos emocionalmente ligado, como uma tia ou um tio. Esses "parentes esquecidos", como os chama o psicólogo Robert Milardo em seu livro *Forgotten kin*, podem ser grandes mentores da família. "No compartilhamento de experiências pessoais — e especialmente de histórias sobre os pais na primeira infância, adolescentes e adultos jovens", observa Milardo, "as tias e tios ajudam as sobrinhas e sobrinhos a terem uma perspectiva melhor dos membros da família." Se os seus pais não têm irmãos, talvez o mentor possa ser um velho amigo da família.

Os mentores da família costumam ser mais velhos, ainda que não necessariamente parentes de sangue — alguém que vive há mais tempo do que você e tem um sentido de urgência diferente em relação à vida, além de uma perspectiva mais ampla. É por isso que Zelda Fields, nascida em 1911, atrai tantas pessoas. Ela não é famosa, mas atrai muitos seguidores aonde quer que vá. Saudável e ativa aos 102 anos de idade, ela caminha aproximadamente 5 km por dia e, até pouco tempo atrás, costumava jogar tênis. Para manter a memória aguçada, ela recita poemas e dizeres que memorizou, palavras de sabedoria que falam de sua própria experiência. Zelda tem um jeito próprio de ultrapassar a complexidade. Você a ouve e acredita que ela sabe do que está falando. Quando seu genro sofreu um derrame, por exemplo, ela ficou aliviada após a primeira conversa que tiveram ao telefone: "Ele me disse, 'Bem, pelo menos não perdi a fala', o que me mostrou que ele já havia encontrado alguma coisa boa com relação ao derrame. Não importa o que lhe aconteça em sua vida, você tem que procurar a luz no fim do túnel." Isso, vindo de Zelda, não é um clichê.

Escolha um mentor da família cuja própria família você admire e que, aparentemente, seja uma pessoa que faz opções conscientes, bem pensadas, em vez de se basear somente naquilo que todos estão fazendo. Pode ser outro parente, um professor ou até alguém que seja mais novo do que você. Escolha alguém em quem você confia e que confie o bastante em você para falar honestamente, que esteja disposto a contar histórias sobre a própria família dele. Faça perguntas sobre o dia a dia e os pontos difíceis. Toda família tem ambos.

Faça o jogo da vovó para aguçar seu poder de observação em relação às famílias reais. Quando Tracy era uma menininha, ela e a avó saíam para fazer alguma coisa — uma caminhada ou compras. Digamos que elas cruzassem com uma atraente mulher usando um vestido vermelho. A vovó faria perguntas como: "De onde você acha que ela é?"; "Para onde você acha que ela está indo?"; "Por que ela está vestida assim?"; "Você acha que um marido a espera em casa? Filhos?"; "Você acha que ela *quer* fazer o que está fazendo?" A vovó incitava Tracy a procurar indícios — expressões na face da mulher, sua linguagem corporal, as pessoas com quem ela conversava, o lugar, o que as roupas ou compras diziam sobre ela. Isso ajudava Tracy a pensar sobre as escolhas das pessoas e seus diferentes rumos na vida. Também é uma forma eficiente de começar a olhar para as famílias, em especial se você presta atenção aos Três Fatores.

Imagine que vocês estão em um jantar. Na mesa ao lado, está sentada uma grávida loira com um adorável bebê de cabelos claros se contorcendo em seus braços. *Qual será a história dela?*, você se pergunta. Ela usa uma terninho de alfaiataria, brincos de ouro e traz um lenço no pescoço. Você suspeita que ela seja uma mulher bem-sucedida — seu contexto provavelmente lhe permite ter muitas "coisas". *Suas roupas são um pouco exageradas para um jantar.* Você também fica curiosa sobre o relacionamento dela com a criança. Será ela uma mãe que trabalha fora, pegou a filha na creche e agora está esperando o marido chegar com o filho mais velho? Então, mais uma vez, é possível que ela seja mãe solteira, a tia da criança ou apenas uma amiga.

A mulher faz o melhor que pode para proteger a garotinha daquilo que qualquer criança de 2 anos considera um bom momento: fazer barulho com os talheres e, então, atirá-los ao chão; derramar o sal; puxar um monte de guardanapos. A mulher olha um pouco constrangida. *Deve ser a mãe!* Será que ela vai acabar de uma vez com a palhaçada da criança ou puni-la, talvez dando um tapa na mão da menina? A resposta depende da personalidade de ambas — da mulher e da criança — e daquilo que usualmente acontece entre elas, bem como do dia que a mãe teve no escritório. Ela tira um livro de figuras da bolsa, para distrair a criança. Enquanto lê, ela para ao final de cada sentença, deixando que a menina complete com a palavra certa.

Na mesa ao lado, está sentado um menino de cabelos curtos e escuros. Ele está de cabeça baixa, suas pernas balançam sem parar e ritmicamente — é irritante —, batendo na estrutura metálica da cadeira em que está sentado. Ele olha para cima, para ver se a mulher está olhando. É apenas curiosidade? Ou ele também está com ela — um sobrinho, um filho bem mais velho de um antigo casamento, seria o filho de uma amiga ou filho dela mesmo? Será que ela o expulsou da mesa, ou ele apenas está tentando parecer mais velho sentando sozinho? Será que ele tem transtorno de déficit de atenção com hiperatividade (TDAH)? Ele está se sentindo ofuscado pela (talvez, inesperada) irmãzinha? Será que ele está tentando chamar atenção da mãe?

Mesmo quando a mulher olha severamente na direção do menino e diz "Saia daí agora", com os dentes cerrados, isso não responde todas as suas perguntas. Exercitando seu músculo do pensamento de família, no entanto, você se sentirá melhor percebendo o modo como os Três Fatores atuam, e isso facilitará a sua mudança para o pensamento de família.

Olhe para sua própria família pela ótica dos Três Fatores

No Capítulo 1, nós sugerimos que você se aproximasse dos valores, atividades e vulnerabilidades da sua família. Agora, para uma visão mais expansiva, considere como os Três Fatores interagem no drama de sua família. Pensem em um momento específico – talvez, pouco antes do jantar ou no café da manhã de domingo – quando estão todos juntos. Considerem os fatores atuantes nas ações e reações.

- *Os indivíduos.* Faça uma lista com os membros da sua família – os Eus que constituem seu Nós. Inclua qualquer um que viva com você ou exerça algum papel ajudando a sua família a seguir adiante (p. ex., uma avó que ajuda a cuidar das crianças quando você vai trabalhar; um ex, com quem você tenha filhos e que participa da criação; um enteado que aparece nos fins de semana). Em seguida, usando as perguntas apresentadas no quadro "Em foco" (p. 37) para guiá-lo, anote algumas palavras ou frases que descrevem o temperamento, a história e as necessidades, suas e dos outros membros da família. Na sua opinião, o que cada um traz para o drama da família? Qual é o papel exercido por cada um? (Nota: esse exercício é baseado na *sua* perspectiva pessoal. Saiba que aquilo que *você* pensa dos outros membros da família tem mais a ver com o que você é do que com aquilo que eles "realmente" são. Em outras palavras, a identidade está no olho do observador. Eles veem a si mesmos e a você diferentemente do modo como você vê a eles e a si mesmo. Tenha isso em mente, se depois for comparar suas observações com as do seu companheiro!)
- *Os relacionamentos.* Como os diversos relacionamentos dentro e fora da sua casa – casal, pais e filhos, irmãos, parentes, círculo social – afetam a sua família? Quais relacionamentos parecem ser os melhores? Quais são os mais desafiadores? Algum desses relacionamentos é problemático?
- *O contexto.* Em quais tipos de ambiente, incluindo a sua residência, está situada a sua família? De que forma os acontecimentos mundiais da atualidade – o "momento histórico" – afetam a sua família? E a cultura? Como as mensagens e imagens da mídia participam do seu dia a dia?
- Às vezes, pode parecer que um dos Três Fatores ocupa o centro do palco. É possível que um membro da família (um filho doente, a mãe demitida) ou um dos relacionamentos esteja mudando (irmãos mudam de série, pais discordam na tomada de uma decisão importante). Ou, talvez, o contexto ganhe muita importância (fusão da empresa em que você trabalha, mudança de carga horária escolar) e esteja afetando toda a família. O que está acontecendo *agora* na vida da sua família? Um dos Três Fatores lhe parece mais proeminente ou influente? Vocês conseguem lembrar de outra ocasião em que outro fator tenha ocupado a frente e o centro do palco?

Anotações sobre os Três Fatores

CAPÍTULO TRÊS

Indivíduos: crescer e aparecer

Desenvolver o R.E.A.L.

Eu sou o que sou graças ao que
somos todos nós.

— Definição de *Ubuntu*

Uma pessoa que segue a filosofia Ubuntu é
aberta e disponível aos outros; apoia os
demais; não se sente ameaçada pelo fato de
outros serem capazes e bons; possui uma
autoconfiança apropriada, que advém do
reconhecimento de si mesmo como parte de
um todo; e é diminuída pela humilhação ou
diminuição dos outros, quando os outros são
torturados ou oprimidos.

— Arcebispo Desmond Tutu

A família Hightower — formada por Corbyn, Larry e os três filhos — está vivendo o sonho americano, confortavelmente instalada em um elegante subúrbio, com catálogos de lojas chegando diariamente para incitá-los a consumir. Corbyn ganha muito dinheiro trabalhando como representante de vendas autônoma para uma empresa de produtos orgânicos, enquanto Larry, que é do ramo de tecnologia da informação (TI), fica em casa cuidando dos dois filhos menores, que ainda não começaram a frequentar a escola.

Voltemos no tempo alguns anos — 2008. Houve a queda da economia e a renda de Corbyn diminuiu em 90%. A princípio, os Hightower apenas pensaram em cortar gastos. Suas economias foram suficientes para sustentá-los durante o primeiro ano. Mesmo assim, Corbyn chegou a relatar (em um *blog* que, mais tarde, seria transformado em um livro de memórias) "começamos a separar tudo que podíamos vender no eBay. Tivemos a maior de todas as vendas de garagem. Demoramos alguns meses para aceitar que precisávamos abrir mão dos seguintes itens supérfluos: *delivery* de galão de água, academia, plano de saúde, compra de livros, *delivery* de hortifruti, TV a cabo e internet."

Embora eles também tenham se mudado para "um casarão velho caindo aos pedaços... a poucos passos da estrada de trem e do abrigo para os sem-teto", finalmente chegou o dia em que as economias acabaram e eles já não podiam pagar o aluguel. Por fim, "meio de brincadeira", Corbyn sugeriu que eles não só vendessem o Honda SUV prateado como também passassem a viver sem carro. "A brincadeira ficou séria", lembra Corbyn depois, "quando chegamos à conclusão de que isso de fato poderia funcionar. Poderia ser bom. Parecia ser a coisa certa a fazer."

Na Califórnia, eles não tinham que se preocupar com o inverno. Podiam encontrar tudo que precisavam dentro de um raio de aproximadamente 6 km. Eles apresentaram a ideia para as crianças (então, com 10, 3 e 2 anos de idade) como sendo "uma aventura".

"Acho que ambos nos sentimos tão aliviados com a decisão, que as crianças captaram nossos sentimentos positivos", diz Corbyn. "A primeira vez que fizemos um longo passeio de bicicleta em família, logo após a venda do carro, o meu filho mais velho disse 'Isto é INCRÍVEL! Não consigo acreditar que essa é a minha vida.'"

Não há nada de maravilhoso na pobreza, em vales-refeição ou em vasculhar lixeiras para complementar o que os Hightower cultivavam na garagem transformada em jardim. Nem tampouco é romântico ser pego por uma tempestade, a pé, com um pré-adolescente e duas crianças pequenas a tiracolo, ou ficar desamparado após perder o último ônibus. Entretanto, essa não é apenas uma história sobre uma família que, de repente, ficou à míngua.

Se você observar a situação dos Hightower pela ótica dos Três Fatores, verá que se trata de uma história sobre os membros de uma família reunindo forças para sobreviver a um período muito difícil e desafiador. Corbyn, então com 41 anos de idade, admite que "as mudanças mais dramáticas pelas quais passamos foram aquelas que nos foram impostas."

Como você desenvolve — e inspira — aquilo que é certo?

De fato, quando os indivíduos de uma família contam com aquilo que é certo — qualidades pessoais que inspiram cooperação e compromisso — *como uma unidade*, eles podem lidar com praticamente tudo. Eles "crescem e aparecem".

Não se trata apenas de uma frase de efeito. Com "crescer", queremos dizer que ambas as gerações vão se tornando cada vez mais maduras e competentes. Mas isso é só a metade. Você também tem que "aparecer" — apoiar, participar e dar o máximo de si. Você não deixa isso para o outro fazer. A sua família conta com você. E o mais interessado nisso também é você, pois ter uma família forte e resiliente também torna a sua vida melhor.

"Crescer e aparecer" é um círculo de reforço.

À medida que cresce, você se torna capaz de contribuir mais para o bem maior — você aparece. Ao aparecer, você ganha confiança e competência, e com isso amadurece mais — você continua crescendo. Não importa se você tem 5 ou 50 anos de idade, os mesmos princípios se aplicam.

Você aprecia a sua *inter*dependência — a filosofia africana de *ubuntu* (de acordo com a descrição dada pela frase de abertura do capítulo) — e não só a sua independência. No processo, você se transforma em uma pessoa melhor.

Desenvolvendo o R.E.A.L.

Então, qual é o segredo para desenvolver aquele sentimento de "estamos nisso juntos"? Desenvolver o R.E.A.L. Esse acrônimo nos lembra de quatro qualidades — **R**esponsabilidade, **E**mpatia, **A**utenticidade e **L**iderança com amor — que nos tornam pessoas melhores, de uma forma geral, e melhores nos relacionamentos, ao mesmo tempo que nos inspiram a contribuir para o bem maior.

O R.E.A.L. oferece aos membros da família uma bússola prática, emocional e espiritual que guia o modo como eles devem agir e reagir a qualquer coisa que a vida coloque em seu caminho. Embora os Hightower talvez não estivessem fazendo isso de maneira consciente naquele momento, ao lidar com sua situação financeira, eles desenvolveram o R.E.A.L.

Corbyn está legitimamente orgulhosa de seu próprio senso de *responsabilidade*. "Fico satisfeita por ser capaz de fazer esse esforço; por as coisas não estarem fáceis e nós ainda assim termos lutado; e por nós não sermos fracos nem termos pena de nós mesmos."

Os Hightower são a única família a chegar em Costco de bicicleta — pelo menos uma vez no maior aguaceiro. "'*É só chuva*', dissemos uns aos outros. '*Somos duros na queda, não somos?*', disseram as crianças." Os filhos dos Hightower — sem dúvida, inspirados nos pais — nunca se queixam por terem que carregar sacolas a longas distâncias ou irem no reboque da bicicleta levando mantimentos pesados no colo. Eles "aparecem", e isso os ajuda a crescer.

Os Hightower são totalmente dedicados uns aos outros. Eles ouvem e cuidam. Eles mostram *empatia*. Eles sempre tentam se colocar na posição um do outro. "Nós somos incrivelmente habilidosos", diz Corbyn referindo-se a si mesma e a Larry, "em evitar conflitos, tratando um ao outro de modo respeitoso, compassivo e tolerante."

Como o R.E.A.L. satisfaz nossas necessidades básicas

Temos quatro necessidades básicas:	Cada necessidade é mais bem atendida quando nos esforçamos para desenvolver:	E isso funciona assim:
FAZER PARTE	Responsabilidade	Contribuir quando precisam de sua ajuda confere a você um papel em algo maior que você mesmo.
SER VISTO	Empatia	É difícil se sentir invisível quando você se relaciona com seus entes queridos e sabe que é importante para eles.
ESTAR SEGURO	Autenticidade	Uma sensação de segurança advém de confiar que os outros dizem aquilo que querem dizer e que eles o aceitam como você é.
SER CUIDADO	Liderança com amor	Amor, bondade e afeto — dados e recebidos —ajudam você a crescer e lidar com a mudança.

Eles são honestos com os filhos — um aspecto essencial de *autenticidade*. E, por causa disso, as crianças não têm motivos para duvidar de que sua nova situação será de fato "uma aventura". Corbyn e Larry são quem são. Eles não enfeitam sua situação. Se os filhos os veem discutir, eles se asseguram de que eles também "testemunhem a solução do conflito".

Os Hightower procuram expressar bons sentimentos e emoções positivas, em vez de negatividade. Em resumo, eles *vivem com amor*, apresentam "o melhor de si" para o mundo. Larry, por exemplo, foi forçado a aceitar um emprego que paga muito pouco. "Ele quase nunca se queixa do trabalho", observa Corbyn, "apenas diz 'Hoje foi difícil', quando pergunto. E deixa por isso mesmo."

Desenvolver o R.E.A.L. não é o objetivo final. É uma prática, uma conduta de pensamento que os membros individuais da família podem ter naturalmente ou ainda precisar desenvolver. Quando adultos são exemplos do R.E.A.L., as crianças o aprendem gradualmente. Com o tempo, ambos se tornam melhores nisso. Todas as partes trabalham juntas. Alguém que se sente valorizado é mais propenso a contribuir quando há necessidade de ajuda, e mais propenso a liderar com amor.

Lembre-se ainda de que a sua família — toda família — está sujeita a mudanças. Quando um de vocês, um relacionamento em particular ou seu contexto muda (como ocorreu com os Hightower), para enfrentar a tempestade, todos têm que se adaptar. Sobretudo nestes momentos, responsabilidade, empatia, autenticidade e liderança com amor se tornam mais importantes do que nunca. Seja uma questão do dia a dia, uma situação desagradável, um pequeno problema ou algo mais catastrófico, quando os membros da família desenvolvem o R.E.A.L., de algum modo, conseguem extrair algo bom de uma situação ruim. São resilientes e se dispõem a trabalhar duro.

Desenvolvendo o R.E.A.L. com sua família

Então, como desenvolver o R.E.A.L.? A seguir, nós decompomos as quatro letras e, em cada qualidade, analisamos:

- *O resultado.* Explicamos por que responsabilidade, empatia, autenticidade e liderança com amor fortalecerão a sua família.
- *A dificuldade.* No dia a dia da vida em família, às vezes é difícil sustentar cada uma dessas qualidades e expressar o que há de melhor em nós mesmos. Há certas ocasiões em que viver em uma determinada cultura (o contexto mais amplo) tem seus próprios desafios.
- *A prática.* A meta é cultivar essas qualidades em você mesmo e, ao mesmo tempo, demonstrá-las em suas interações com os membros da família. Nesta seção, nós o incentivamos a *saber onde está* (avaliar quanta prática você necessita) e a *ser uma referência* (modelo de comportamento). Os *check-lists* e testes o ajudarão a lidar com a primeira parte. A sua "pontuação", apesar de não científica, lhe dará uma noção da sua capacidade para desenvolver responsabilidade, empatia, autenticidade e liderança com amor.

> *Somente quando você aceita o que é, consegue fazer aquilo que precisa ser feito e ser uma referência.*

Indivíduos: crescer e aparecer

Praticar os quatro aspectos do R.E.A.L. requer disposição, honestidade e esforço da sua parte. Sobretudo a princípio, é possível que essa seja uma tarefa solitária e você possa até ficar ressentido: *Por que sou o único [responsável, empático, autêntico]? Por que sou o único a liderar com amor?* Deixe isso passar e continue praticando.

De qualquer modo, se você tem um parceiro, compartilhe essas ideias com ele. Ainda melhor, leiam este capítulo juntos. Lembre-se, porém, de que essas qualidades são individuais. Você não pode fazer outra pessoa adotá-las. A meta aqui não é ensinar os outros membros da família a desenvolverem o R.E.A.L., mas sim dar o exemplo. *Mostre* a eles como a vida fica bem melhor quando você faz isso.

Se você se esforçar para cultivar essas qualidades em si mesmo, há uma boa chance de seu parceiro e seus filhos cultivarem também. Pode levar um tempo, mas você *é capaz* de treinar a sua mente e o seu coração para reagir e agir de modo diferente. O seu próprio crescimento pessoal e a saúde da sua família estão em jogo.

Responsabilidade

O resultado

Empregamos aqui a palavra *responsabilidade* em uma correlação com fidedignidade, uma palavra no mínimo mais difícil. Responsabilidade é ter disposição para dar o máximo de si, trabalhar para alcançar metas a longo prazo e fazer a coisa certa. Uma pessoa responsável é dedicada e envolvida, é alguém com quem podemos contar. E quando essa pessoa "aparece", mesmo quando isso é difícil, constrói o seu caráter. Indiscutivelmente, a responsabilidade é a base para ser um bom cidadão.

"Conscienciosidade" — um sinônimo — é um dos chamados Cinco Grandes traços da personalidade, que estão ligados a todo tipo de benefício na vida. Os indivíduos conscienciosos apresentam melhor desempenho na escola, no trabalho e em seus relacionamentos. De todos os Cinco Grandes (os outros são extroversão, amabilidade, abertura a novas experiências e estabilidade emocional), a conscienciosidade é também bastante associada à satisfação matrimonial a longo prazo.

Ter responsabilidade significa mais que manter a gaiola do hamster limpa ou colocar o lixo para fora. Também está relacionado a *reflexão* e *observação* daquilo que precisa ser feito. E isso inclui as pequenas coisas — notar que as plantas estão secas ou que falta papel higiênico no banheiro. Uma pessoa responsável diz "Acabei de beber o leite da última caixa que tinha" e vai até o mercado — ou, se for jovem demais para ir até lá sozinho, pelo menos leva o fato ao conhecimento de alguém mais velho. Está relacionado com perguntar "Posso ajudar você?", sem que lhe tenham pedido. Tem a ver com fazer e nem sempre receber uma recompensa por isso.

A responsabilidade nos impele a desenvolver os tipos de habilidades que precisamos para lidar com as pequenas coisas do dia a dia e ter coragem para enfrentar as dificuldades. Nós aguentamos firme, porque sabemos que devemos fazer isso. Aprendemos que podemos praticar, perseverar e melhorar, que podemos assumir riscos, sofrer decepções e até fracassar. O esforço e o comprometimento importam mais que o resultado. Conforme Stella McCartney, filha do famoso integrante dos Beatles, *Sir* Paul, explicou ao repórter do *New York Times*, que queria saber se ela havia considerado a possibilidade de pedir um empréstimo ao famoso, bem-sucedido e rico pai, quando iniciou sua carreira de estilista de moda: "Na minha família, não é assim que fazemos as coisas. Nós trabalhamos." Bom trabalho, *Sir* Paul.

A dificuldade

Deixadas ao sabor do acaso ou do capricho, as cargas do dia a dia não são divididas por igual na maioria dos lares. Um parceiro faz mais do que o outro e, conforme destacamos no Capítulo 1, as crianças praticamente não fazem nada. Depois de sexo e dinheiro, as tarefas da casa são o campo de batalha mais comum nos relacionamentos de casais. E não é surpresa que seja assim.

Acertou em cheio, você deve estar pensando. *Não consigo fazer eles colocarem a roupa suja no cesto, que dirá pensar naquilo que precisa ser feito para manter esta casa funcionando.* Você não está sozinho. Em quase todas as famílias que entrevistamos, um parceiro está enfurecido com o outro por "fugir dos deveres" e ambos estão constrangidos pela pouca participação dos filhos, ainda que em graus e versões diferentes. Alguém está sempre tentando "empurrar" a tarefa para outra pessoa, e a casa acaba se tornando um campo de batalha. A maior guerra ocorre entre os pais, mas isso é apenas parte do problema. Os filhos que crescem num lar desse tipo acabarão perpetuando o problema, e este é o motivo pelo qual as últimas gerações de famílias têm sido perseguidas pelas "guerras das tarefas domésticas", um problema enorme e incessante ao qual dedicamos todo o Capítulo 8.

A prática

Saiba onde você está. Antes de poder ajudar você a amenizar as guerras das tarefas na sua casa, é preciso que você reavalie sua atitude em relação à responsabilidade. Você sente que "faz o bastante" ou que "faz a maior parte"? Essa "parte" difere em cada casa — trabalhar fora, realizar tarefas domésticas, pagar as contas, cuidar dos filhos, cuidar das plantas, manter as coisas sob controle, preparar as refeições ou quaisquer outros "trabalhos" que se façam necessários para manter a família funcionando.

Se você acredita que faz a maior parte ou que faz o bastante e não pensa que poderia ou deveria fazer ainda mais, já se perguntou se você escolheu esse papel ou o assumiu sem contestação? Para ajudá-lo a responder esta pergunta, complete a Lista A ("Por que faço a maior parte") ou a Lista B ("Por que não faço ainda mais"). Seja honesto consigo mesmo e escolha a lista que tenha mais a ver com você.

Leia na seção a seguir aquilo que corresponde à lista que você respondeu. Quando tiver identificado qual é seu desafio, leia também a outra seção, para entender a perspectiva do seu parceiro.

Lista A. Se você marcou cinco ou mais afirmativas sobre "Por que faço a maior parte", a responsabilidade não é um traço que você necessariamente precisa cultivar. O seu desafio é se conter, repensar o seu papel e permitir que os outros contribuam.

Considere também as afirmativas por si mesmas. Você assume as responsabilidades da família porque é a sua natureza ou por ter sido levado a pensar que é você quem tem de fazer tudo e estar no controle? Você tem dificuldade em permitir que outros membros da família participem por causa de outros motivos — pena, medo, proteção? Ou trata-se de conveniência — você faz isso mais depressa e melhor? Quaisquer que sejam os motivos, considere o "preço" que você paga por ser *super*-responsável. Pode restar (ou, talvez, já exista) ressentimento. Pior que isso, você está privando os membros da sua família da chance de "crescer e aparecer".

Seja uma referência

- Crie um ambiente onde seu parceiro e filhos possam e queiram ser responsáveis. Se você está reclamando do fardo que é ter de fazer tudo, será que está realmente pronto para incentivar a responsabilidade? Você está "batendo na mesma tecla" com seu parceiro sem pedir aos filhos para contribuir? Avalie bem aquilo que a sua própria *super*-responsabilidade inconscientemente tem criado. Se você quer inspirar outros membros da família a se tornarem partes interessadas, deve *permitir* que a sua responsabilidade seja compartilhada.

- Ouça as sugestões dos demais membros da família. Deixe-os participar do modo *deles* e não conforme os seus próprios padrões. Quando você perceber que está ficando impaciente ou frustrado, pergunte a si mesmo "Qual *é* a importância disso?" E, em vez de supervisionar tudo o tempo todo, olhe para si mesmo e tente enxergar *por que* é tão importante para você que as coisas sejam feitas ao seu modo.

- Tenha calma. Muitas vezes, a pessoa que faz tudo é flagrada em meio ao impulso de resolver tudo. O acrônimo da Encantadora de Bebês, S.L.O.W. — parar (*Stop*), escutar *(Listen)*, observar (*Observe*) e então imaginar o que está acontecendo (*What's up*) —, foi elaborado para ajudar os pais a se sintonizarem com seus filhos pequenos. Mas a estratégia também faz maravilhas quando se trata da família inteira, por fazer você parar de se precipitar.

- Deixe os membros da família saberem que você precisa deles. Adultos *ou* crianças são mais propensos a contribuir para o bem maior quando acreditam que agregam valor à família. "Essa família não funciona sem você" é bem diferente de "Estou cansado de fazer tudo sozinho". A primeira afirmativa é baseada no pensamento de família, enquanto a outra é pessoal.

Lista B. Se você escolheu a lista "Por que não faço ainda mais", existe a possibilidade de você ter sido acusado (ou sentir secretamente) que faz

Lista A: por que faço a maior parte	Lista B: por que não faço ainda mais
Pense em seu parceiro e/ou filhos e marque todas as afirmativas que soarem verdadeiras.	Embora alguns itens também possam ser aplicáveis aos seus filhos, pense em seu parceiro e marque todas as afirmativas que soarem verdadeiras.

<table>
<tr><td>

☐ 1. É mais rápido fazer por minha conta.
☐ 2. Não quero começar uma briga ao pedir.
☐ 3. Faço isto melhor.
☐ 4. Não quero que a outra pessoa se sinta frustrada ou falhe.
☐ 5. É torturante ver como a outra pessoa faz isto.
☐ 6. A outra pessoa é propositadamente incompetente ou não quer aprender como fazer.
☐ 7. Cresci em uma casa onde exigiam que eu fizesse as tarefas domésticas.
☐ 8. Sinto pena de meu parceiro/filhos após um longo dia de trabalho/escola/atividades.
☐ 9. Não quero que os membros da minha família fiquem chateados comigo, então não peço.
☐ 10. Avalio o desempenho dos outros com base em minhas próprias habilidades e padrões.

</td><td>

☐ 1. Estou ocupado demais.
☐ 2. Meu parceiro faz isto melhor.
☐ 3. Cresci em uma casa onde não tinha que assumir responsabilidades domésticas.
☐ 4. Meu parceiro faz tudo antes que eu tenha a chance de fazer.
☐ 5. Não gosto quando me pedem.
☐ 6. Meu salário é maior (ou o único).
☐ 7. Sou supervisionado o tempo todo e/ou criticado por fazer tudo errado.
☐ 8. Simplesmente não quero fazer.
☐ 9. Se fizer mais do que faço, temo que meu parceiro vá esperar que eu faça ainda mais.
☐ 10. Tenho a intenção de fazer, mas acabo esquecendo.

</td></tr>
</table>

menos que deveria. Quantas das afirmativas ímpares você marcou? Elas sugerem que algo em você — sua personalidade, o modo como você foi criado, suas circunstâncias atuais (como um emprego exigente) — está obstruindo o seu caminho. As afirmativas de números pares sugerem que o seu senso de responsabilidade é, ao menos em parte, uma reação aos pedidos ou expectativas do seu parceiro. Reflita sobre esses dois pontos. Em especial, se você se sente injustiçado por seu parceiro, o seu próprio ressentimento pode ser um obstáculo que o impede de se comprometer totalmente com a sua família.

Seja uma referência

• Permaneça focado naquilo que significa ser parte de uma família. O dia a dia está cheio de decisões e tarefas difíceis que, sinceramente, ninguém quer fazer. Se esse fardo cai injustamente sobre os ombros de uma única pessoa, a família inteira sofre. Se você apoia a ideia de que cada indivíduo da família deve contribuir, então você também tem de contribuir, mesmo quando não está disposto!

- Lembre-se que ser responsável é uma escolha. É uma opção que você escolhe para seu próprio benefício, pela saúde do seu relacionamento e para o bem da sua família. Ainda que haja discussões entre você e seu parceiro, você acabará descobrindo se está indo no caminho de "crescer e aparecer" — e, provavelmente, por quê. Mesmo que você esteja sendo alvo de uma dura crítica, sempre poderá escolher como reagir.

- Faça o que tem que ser feito. Em outras áreas da sua vida, como no trabalho ou na comunidade, você provavelmente é responsável. Você faz as coisas simplesmente apenas porque elas precisam ser feitas. Você ajuda em tarefas difíceis ou desagradáveis. E, se você é corredor ou outro tipo de atleta, aprendeu a deixar a fadiga para trás ou a fazer uma série de exercícios chatos e repetitivos para construir seus músculos. Aplique os mesmos padrões para conduzir a sua vida familiar.

Empatia

O resultado

Dito de forma simples, a empatia é a habilidade de se colocar no lugar de alguém. A empatia está relacionada ao amor, no qual nós (teórica e idealmente) temos a empatia mais profunda por aqueles a quem mais amamos. Entretanto, se você já esteve presente na cena de um acidente ou desastre natural, ou já assistiu a um filme triste, sabe que também pode sentir empatia por um estranho.

A empatia é parte instinto e parte aprendizado. Não teríamos sobrevivido como espécie sem ela. Os seres humanos são totalmente vulneráveis ao nascer e se tornam autossuficientes bem mais tarde que outros animais. Eles precisam que seres humanos mais velhos cuidem deles. O primeiro choro do seu bebê tem o propósito de solicitar empatia. Quando você respondeu a esse choro, o bebê lentamente começou a aprender que seu comportamento exercia efeito sobre os outros.

A empatia é a base sobre a qual a conexão é construída. Trata-se de uma complexa interação que envolve observação, reflexão, memória, conhecimento e raciocínio, todos combinados para dar a você (conforme colocado por uma definição científica) "uma ideia dos pensamentos e sentimentos dos outros". Portanto, no melhor dos cenários, a empatia nos permite avaliar o ponto de vista do outro, facilitando a minimização das discussões e a resolução de discórdias. Em uma família, o benefício da empatia é enorme. Ela permite que os indivíduos se tornem mais pacientes e compreensivos. Se você é empático, tende a ter menos reações exageradas ou a não levar as coisas para o lado pessoal quando um membro da família diz ou faz algo que você não esperava ou não gostou. Você se torna mais disposto a cooperar quando "capta" o ponto de vista da outra pessoa.

A dificuldade

Não basta deixar a empatia ao acaso. Ela deve ser ensinada às crianças e praticada por toda a família. Há momentos em que estamos ocupados demais para nos sincronizarmos de verdade. Em outras ocasiões, simplesmente não a temos para dar. Digamos que seu parceiro tenha acabado de chegar do trabalho, parecendo preocupado e exausto, e que você tenha tido um dia infernal. A reação empática seria respirar fundo e dar um passo para trás. Em vez de repreendê-lo por ter esquecido de trazer o queijo que você lhe pedira para comprar, você diz "Sem problemas, darei um jeito." Mas reações como essa requerem controle, consciência e prática.

A cultura da criação superprotetora dos filhos e da competição social não ajuda. Se for apenas uma questão de quem vai ficar com a maior parte dos brinquedos, não seria surpresa que as vitórias de seus filhos às vezes parecessem suas próprias vitórias, ou que as derrotas deles também lhe deixassem arrasado. Ou que o comportamento do seu parceiro nos encontros sociais por vezes melhorasse o modo como você se sente em relação a si próprio. Quando tanta coisa está em jogo, em vez de sentirmos empatia, nós sentimos ansiedade. E, em vez de distribuir empatia, nós oferecemos simpatia ou piedade, que não são a mesma coisa.

Quando nos identificamos completamente e *sentimos* a dor de outra pessoa, em vez de apenas testemunhá-la, não podemos ser verdadeiramente empáticos, porque o nosso próprio desconforto ou ansiedade nos limitam. E, o que é ainda mais importante, você rouba do outro o seu processo de recuperação quando *sente* por ele. Decepções, erros, perdas e fracassos machucam, mas fazem parte da vida. Proteger um membro da família apenas torna o próximo baque mais difícil de lidar.

A prática

Saiba onde você está. Alguns de nós são naturalmente mais empáticos que outros. Em parte, trata-se de uma característica inata da pessoa. As personalidades impacientes e impulsivas muitas vezes têm baixo índice de empatia. Os cientistas também associam alguns grupos de genes à empatia, embora insistam que a biologia não seja a única responsável. Mas a empatia também tem a ver com aquilo que a vida lança sobre nós. O modo como você foi criado, aquilo que lhe foi ensinado e o seu histórico de relacionamentos podem determinar se o grupo de genes será ativado. Você pode ter uma noção geral do seu quociente de empatia (QE) fazendo o teste "Empatia: onde você está?", a seguir.

Independentemente da sua pontuação, a empatia vem e vai. Somos mais capazes de responder de forma empática em determinados momentos e com certas pessoas. Saiba quais são seus próprios fatores motivadores. Muitos de nós temos problemas para sermos empáticos, por exemplo, diante de um bebê berrando, um adolescente grosseiro, irmãos em guerra ou um parceiro constantemente atrasado. É particularmente difícil demonstrar empatia quando sua atenção está em outro lugar ou se você está deprimido ou ansioso — suas próprias emoções entram no caminho. Se você não se sente confortável em determinadas situações sociais ou se é uma pessoa extremamente organizada e gosta que as coisas sejam do seu modo, isso também afetará a sua capacidade de empatia.

Todos nós sofremos com lapsos ocasionais. Mas fazer um balanço ao menos permite que você reconheça se apenas está tendo um dia ruim, se a situação evoca sentimentos relacionados ao seu passado ou se você precisa trabalhar para se tornar mais empático de um modo geral. Preste atenção às suas reações quando outras pessoas vivenciam emoções fortes. Por exemplo, seu filho está chorando porque não entrou para a orquestra. A sua reação dependerá do seu estado emocional naquele momento e de tudo que você aprendeu e vivenciou no passado. Talvez, *você* também pense que o ocorrido com seu filho foi injusto, afinal ele praticou e se esforçou para dominar as partes mais difíceis. Ele não deveria ser recompensado? Talvez, você se identifique *demais*. Você fez aulas de piano quando era criança. As suas respostas primitivas irão aparecer, assim como a sua consciência e as suas emoções. Preste mais atenção ao aqui e agora. A boa notícia é que nós podemos praticar e melhorar no quesito empatia.

Seja uma referência

- Trabalhe para transformar a empatia em sua reação padrão. Isso não significa permitir que o parceiro ou o filho magoe você ou outro membro da família. Não significa afrouxar os seus padrões de respeito. E certamente não significa sentir pena de alguém. Uma resposta empática coloca a fita em pausa. Permite que você rebobine, traga a outra pessoa para perto e reconecte. Isso diminui o problema.

Na casa dos Green, por exemplo, Katy, hoje com 12 anos, está estrelando seu próprio filme, *A crise pré-adolescente*. Nesses dias, é como se ela tivesse apenas dois estados de humor — chorona ou arrogante — a ponto de revirar os olhos e lançar uma explosão de respostas rudes típicas de uma pré-adolescente grosseira. A mãe, Sara, tem duas escolhas. Ela poderia imediatamente dar uma bronca do tipo "você não pode falar assim comigo", que com certeza pioraria a situação, uma vez que Katy se sentiria forçada a se defender e dar o troco, como os pré-adolescentes sempre fazem. Ou poderia transformar a empatia em sua reação padrão: respirar fundo e considerar o contexto mais amplo. Ela deve perguntar a si mesma se realmente quer impor suas regras a Katy nesse momento ou se seria melhor ter calma o bastante para se colocar no lugar da filha.

"Sempre que espero um minuto antes de reagir", diz Sara, "percebo o quão rejeitada, magoada e desapontada ela está se sentindo em relação aos amigos em quem ela acreditava que podia confiar. Esses são problemas reais no mundo dela, mesmo que eu não lhes dê importância". Sara deixa claro que Katy não pode descarregar sua angústia nos outros membros da família, mas dá à filha uma saída elegante: "Lamento por você estar tão aborrecida. Qualquer um ficaria bravo e aborrecido. Mas eu não mereço que você grite comigo. Então, por que você não faz algo para se

Empatia: onde você está?

O especialista em empatia Simon Baron Cohen concebeu um teste de 60 itens, amplamente usado para determinar o quociente de empatia (QE) das pessoas. Um terço das afirmativas destina-se apenas a preencher os espaços em branco e não tem nada a ver com empatia. Um terço sugere que você é uma pessoa empática se "concordar" ou "concordar em parte". Mas se você "concordar" ou "concordar em parte" com o terço restante, o seu QE diminuirá. Entretanto, esta adaptação lhe dará uma noção dos tipos de comportamentos sugestivos e não sugestivos de empatia. Em qual coluna está a maioria das suas respostas?

Empatia ou...	...Nem tanto
☐ Tenho facilidade de dizer se outra pessoa deseja participar de uma conversa.	☐ Tenho dificuldade para explicar aos outros aquilo que entendo com facilidade, quando eles não entendem na primeira vez que explico.
☐ Eu realmente gosto de me importar com outras pessoas.	☐ Tenho dificuldade em saber o que fazer em uma situação social.
☐ Consigo captar rapidamente quando alguém diz algo e, na verdade, quer dizer outra coisa.	☐ As pessoas costumam me dizer que, nas discussões, vou longe demais para mostrar onde quero chegar.
☐ Tenho facilidade para me colocar no lugar de outra pessoa.	☐ Não fico muito incomodado quando me atraso para encontrar um amigo.
☐ Sou bom em prever como alguém irá se sentir.	☐ Sempre tenho dificuldade para julgar se uma atitude é grosseira ou não.
☐ Sou rápido para reconhecer quando alguém, em um grupo, está se sentindo constrangido ou desconfortável.	☐ Em uma conversa, costumo enfocar em meus próprios pensamentos, e não naquilo que a pessoa que me ouve pode estar pensando.
☐ Não tenho a tendência de considerar as situações sociais confusas.	☐ Quando era criança, gostava de cortar minhocas para ver o que acontecia.
☐ As pessoas me dizem que sou bom em entender como elas se sentem e o que estão pensando.	☐ Tenho dificuldade para entender por que algumas coisas aborrecem tanto as pessoas.
☐ Posso dizer com facilidade se alguém está interessado ou entediado com aquilo que estou dizendo.	☐ Quando digo algo que ofende alguém, penso que é problema da pessoa e não meu.
☐ Quando converso com as pessoas, costumo falar sobre as experiências delas e não das minhas próprias experiências.	☐ Quando alguém me pergunta se gostei do corte de seu cabelo, respondo com sinceridade, mesmo quando não gosto.
☐ Detesto ver um animal sentindo dor.	☐ Nem sempre consigo entender por que alguém se sentiu tão ofendido por um comentário.
☐ Fico triste ao ver, em um programa de televisão, pessoas sofrendo.	☐ Sou muito franco e algumas pessoas veem isso como grosseria, ainda que eu não faça de propósito.
☐ Os amigos costumam conversar comigo sobre os problemas deles, pois dizem que eu os entendo muito bem.	☐ Consigo tomar decisões sem ser influenciado pelos sentimentos das pessoas.
☐ Consigo perceber quando estou sendo intrometido, sem que a outra pessoa o diga.	
☐ Consigo perceber de forma rápida e intuitiva o modo como alguém está se sentindo.	

(continua)

Empatia ou...	...Nem tanto
☐ Tenho facilidade para imaginar sobre o que outra pessoa pode estar querendo conversar.	☐ As pessoas às vezes me dizem que fui longe demais com uma provocação.
☐ Não exercito conscientemente as regras de situações sociais.	☐ Outras pessoas muitas vezes dizem que sou insensível, embora nem sempre eu saiba o porquê.
☐ Sou bom em prever o que outras pessoas farão.	☐ Quando vejo um estranho num grupo, penso que cabe a ele se esforçar para ser aceito.
☐ Costumo me envolver emocionalmente com os problemas de um amigo.	☐ Não costumo me envolver emocionalmente ao assistir filmes.
☐ Normalmente, sou capaz de aceitar o ponto de vista de outra pessoa, mesmo que eu discorde dela.	

acalmar e, depois, nós podemos conversar." Ser empática e reconhecer o inferno pré-adolescente particular de Katy abre "espaço" para a filha entrar.

• Fique em seu próprio barco. Uma boa empatia implica separar o próprio e o outro, a sua agenda e o destino do outro. Quando os casais participam de um *workshop* do psicólogo David Schnarch, o guru da intimidade sugere que, em vez de se imaginarem no mesmo barco, precisam se visualizar viajando em barcos separados que seguem pelo mesmo rio. Pense em sua família como uma unidade interdependente, uma pequena esquadra de barcos seguindo uma jornada em comum.

A vida do seu parceiro e a vida de seus filhos não são a sua vida.

Você poderia pensar "Estou apenas tentando [ajudar, orientar, direcionar]." Mas "fazer por alguém" é diferente de "estar com alguém". Sintonize, ouça sem julgar e tente ver a situação a partir da perspectiva do outro. Isso forma a base para um relacionamento sólido, construído com respeito e cuidado mútuo. Do mesmo modo, ao reconhecer os sentimentos do outro e ajudá-lo a organizar suas emoções, faça escolhas diferentes ou tente outro caminho; desse modo, todos saem ganhando. Você permanece em seu próprio barco. E o outro percebe que, embora possa ter desperdiçado tempo, você não o abandonou. Isso aumenta a probabilidade dele continuar tentando.

A jornada do seu filho rumo à empatia: o a 10 anos

Use as informações a seguir para estabelecer expectativas realistas. Saiba do que seu filho *pode* ser capaz e descubra formas criativas para nutrir a capacidade de empatia dele.

Bebês e crianças pequenas (0-2 anos)	Crianças em idade pré-escolar (3-4 anos)	Crianças do ensino básico (5-10 anos)
• *Onde eles podem estar.* Dentro de 24 horas após o nascimento, os bebês fazem contato visual e mostram uma preferência por rostos humanos, que os ajudam a desencadear a empatia de seus cuidadores. Os sinais rudimentares de empatia emergem em algum momento após 18 meses, quando eles começam a reconhecer a angústia nos outros e a formar ligações com brinquedos e cobertores ou outros objetos de proteção. Eles podem sentir orgulho e constrangimento, mas têm pouco controle interno. • *O que você pode fazer.* Atenda às necessidades para estabelecer confiança no ambiente deles, e mostre	• *Onde elas podem estar.* Elas podem ter menos explosões emocionais, maior controle e tolerância à frustração. São capazes de esperar por um biscoito, capazes de brincar sozinhas. Possuem uma noção rudimentar de si mesmo, contudo a sua autoimagem, do modo como é, baseia-se no que os outros pensam delas. Elas entendem mais do que conseguem expressar. Querem agradar e, ao mesmo tempo, não têm ideia de que os outros têm perspectivas diferentes. Isso surge por volta dos 4 anos de idade, na maioria das crianças. • *O que você pode fazer.* Continue o tipo de criação descrito na primeira coluna. Repetidamente, lembre-as de serem educadas. Não responda quando elas não forem ou quando choramingarem. Ignore os ataques de birra. Use a imaginação vívida delas para brincar de atuar. Incorpore histórias sobre os outros na fantasia. Durante um passeio de trem, fale sobre como os outros "passageiros".	• *Onde elas estão.* Dos 5 até os 6 ou 7 anos de idade, as crianças são capazes de reconhecer as perspectivas dos outros, mas não conseguem se colocar no lugar de outra pessoa. Entre 8 e 10 anos, elas reconhecem a diferença entre fazer apenas algo (um comportamento) e querer fazer isso (com intenção). Aos 10 ou 11 anos, a maioria das crianças reconhece e considera os pontos de vista dos outros, mas isso não significa que queiram sempre ser gentis ou ajudar. Sua crescente autoestima advém do modo como elas se saem. Elas têm consciência das diferentes habilidades encontradas nelas mesmas e nos outros. São capazes de resolver problemas e encontrar abordagens alternativas, mas precisam aprender essas habilidades. • *O que você pode fazer.* Exija mais delas. Quanto melhor elas se sentirem em relação a si mesmas ao aprenderem novas habilidades e participarem da família, maior é a probabilidade de se sentirem generosas em relação aos outros. Adote uma política de tolerância zero quanto a interromper os outros, expressar falta de respeito e de cortesia. Trabalhe nas habilidades organizacionais que estiverem frouxas. Elogie-as somente quando merecerem. Respeite seus temores que, nessa fase, são baseados no que acontece

64

que se trata de um lugar seguro. Converse com eles, cante e dance. Explique o que eles estão vendo, mesmo que você pense que eles ainda não entendem. Não grite nem os envergonhe. E não os elogie demais. Comece falando sobre as emoções e como os outros se sentem. Mostre a eles como são as emoções indicando rostos alegres ou tristes em livros e outras mídias.

se sentem. Faça brincadeiras que exijam paciência e espera. Se o seu filho bater em outra criança, explique como isso faz o outro se sentir. Use livros e programas de TV para falar sobre cuidar ("Vê como a irmã mais velha ajudou o irmãozinho?"). Até mesmo as crianças pequenas podem entender a noção de que ajudar os outros faz ambas as partes se sentirem bem. "Flagre-as" sendo empáticas, mesmo que elas não percebam que foram: "Eu estava tão cansado quando chegamos em casa do supermercado. Aposto que você percebeu e por isso me ajudou a trazer todos aqueles pacotes. Não foi bom saber que você facilitou isso para mim?"

nas vidas delas durante a sua ausência. Identifique e reflita as emoções nas trocas diárias ("Você deve ter ficado orgulhoso quando a sra. Foster lhe pediu para carregar a bandeira"; "Entendo que você tenha ficado desapontado por Robby não tê-lo convidado para ir na casa dele hoje à tarde"). Trabalhe deliberadamente no controle de impulsos e na necessidade de recompensa imediata. Tente apenas ouvir. Não ofereça uma solução nem um prêmio de consolação por cada decepção ou perda. Compartilhe mais do seu próprio dia, em vez de apenas se concentrar no que aconteceu a elas. Lembre-as de perguntar como foi seu dia e também de perguntar a outras pessoas como foi o dia delas. ("Como foi a sua viagem a Paris, vovô?") Traga empatia para suas conversas do dia a dia. Se uma criança mais velha ajudar voluntariamente um irmão mais novo que está se esforçando bastante para dizer uma palavra, reconheça: "Esta realmente foi uma boa atitude da sua parte, Tyler, porque você viu que Elijah estava tendo problemas e o ajudou." Além disso, exponha-as a situações na comunidade em que elas possam ser úteis – arrecadar dinheiro para a Unicef, participar com você de uma campanha de alimentos, doar ou cozinhar para um evento de caridade.

- Molde e discuta as ações empáticas. As crianças não desenvolvem empatia antes dos 4 anos de idade (ver p. 64-65), todavia ações simples deixam alguma impressão. Repare quando alguém está triste. Defenda os oprimidos, seja na vida real ou na mídia. Quando um personagem da TV ou alguém nos noticiários demonstrar empatia, discuta sobre isso. Fale sobre o modo como você disse à sra. Smith, que mora no fim do quarteirão, que ela parecia estar melhor desde a cirurgia. Mencione que você dedicou um minuto extra do seu dia atarefado para agradecer a alguém cujos serviços você raramente agradece, ou para dar uma mão a alguém que estava precisando. Quando ouvir alguma coisa sobre a morte de um parente ou membro da comunidade, sugira que a família toda se reúna para escrever um cartão de condolências. É maravilhoso o modo como esses pequenos momentos não só fazem a outra pessoa se sentir notada e cuidada, como também modificam aquele que demonstra empatia. Trata-se de outro daqueles círculos de autorreforço.

No devido tempo e conforme as oportunidades forem surgindo, todos se tornarão mais empáticos.

Autenticidade

O resultado

Um dos pequenos conselhos favoritos de Tracy era "Diga o que pensa e pense no que diz". Ela não estava se referindo apenas a ser fiel a sua palavra, embora isso seja uma parte da autenticidade. Você também deve falar a *sua* verdade aos outros e viver segundo os *seus* valores, não importa o que as outras pessoas façam ou digam. Isso demanda coragem, prática e honestidade. A autenticidade não é algo que possa ser alcançado com perfeição ou o tempo todo. Mas é certamente algo pelo que você deve se empenhar em sua família.

A autenticidade está associada a relacionamentos melhores, a sentir-se de bem com a vida. As pessoas autênticas tendem a ter emoções altamente positivas e pouco negativas. Na Inglaterra, uma equipe de pesquisadores concluiu que a autenticidade é "um dos fatores preditivos mais fortes do bem-estar em geral". Pessoas que alcançam pontuações maiores na "Escala de Autenticidade" também lidam bem com os Cinco Grandes traços de personalidade. Elas tendem a ser mais extrovertidas, amáveis, conscientes, abertas e emocionalmente estáveis. Em outros estudos, a autenticidade foi associada ao "bem-estar psicológico", que deriva do sentimento de independência e da aceitação de quem você é, ter capacidade de superação, vivenciar crescimento pessoal; ter um sentido de propósito na vida e usufruir de relacionamentos positivos com outras pessoas.

Isso, é claro, não significa que a autenticidade *causa* os traços positivos, que melhoram a vida. Ninguém sabe se a autenticidade leva ao bem-estar ou se o bem-estar lhe dá coragem para ser mais verdadeiro consigo mesmo e com os outros. Pode ser as duas coisas. De qualquer forma, está claro que a autenticidade é uma peça importante da equação da felicidade, especialmente quando se trata da sua família.

Quando os membros da família em idade escolar identificam as qualidades da família, uma comunicação aberta e honesta está (de modo não surpreendente) presente em cada lista. Conforme a explicação de um pesquisador, "[A autenticidade é] mais do que não mentir, é uma ausência de manipulação." Os pais se apresentam como pessoas reais, que às vezes se sentem indispostos e cometem erros. Os adultos conversam entre si com respeito, e conversam com os filhos usando um tom apropriado, como se eles entendessem. E quando os pais se enganam ou comportam-se mal, eles pedem desculpas. Eles criam um ambiente onde é seguro ser quem você é.

A dificuldade

Não é fácil ser autêntico nem sustentar a autenticidade. Como adultos, trazemos conosco o nosso próprio conjunto de regras, que aprendemos de nossas famílias e da cultura. *Jamais deixe-os vê-lo suar a camisa. Não lave roupa suja em público. Ninguém gosta de bebê chorão. Não fique abrindo o seu coração para as pessoas.* Ansiosos por nos adaptarmos, tendemos a prestar mais atenção em nossos exteriores — quer estejamos fazendo o tipo "certo" de trabalho e usando aquilo que achamos que "eles" irão gostar. E, não sendo quem realmente somos, ensinamos nossos filhos a fazerem o mesmo.

Você talvez tenha crescido em uma família em que as necessidades raramente eram reconhecidas. Você arranjou problemas dizendo em voz alta o que sentia ou via. Hoje, você talvez se pegue acreditando que os sentimentos não importam ou que dizer o que sente não é educado. A verdade poderia ferir os sentimentos de outra pessoa, provocar ciúmes em alguém ou desencadear uma briga. Até mesmo nas interações com seus confidentes mais queridos, você corre o risco de ouvir "a comissão" na sua cabeça, uma conspiração de demônios particulares que sussurram e alertam: *Não diga nada. Você devia ter vergonha de si mesmo! Eles não o amarão nem aceitarão. Você será rejeitado, abandonado.*

O que nos aconteceu quando éramos crianças não é o único motivo que nos leva a gastar tempo e energia tentando não "balançar o barco". Quando se vive numa cultura consumista do tipo "mais é melhor" como a nossa, fica fácil confundir vontades com necessidades. Somos bombardeados 24 horas por dia, 7 dias por semana, com mensagens que nos fazem sentir que precisamos de tudo. É difícil resistir à sirene convocando para os mais recentes lançamentos de moda, eletrônicos, mídia e equipamentos de última geração, além das atividades, aulas, planos de autoaperfeiçoamento, inscrições e assinaturas. E não vamos esquecer de contabilizar os custos embutidos no estresse e na exaustão, com intermináveis planejamentos, agendamentos e cancelamentos, caronas e adiamentos.

Aquele que termina com mais brinquedos *não é* o melhor. Na avalanche de estudos realizados sobre o que faz as pessoas felizes, o dinheiro é o que *menos* importa. De acordo com um estudo, é exatamente o oposto: perseguir metas materiais contribui para depressão, insegurança e problemas de convivência. Assim, parte de uma vida autêntica consiste em perguntar a nós mesmos *É isso que eu realmente desejo para a minha família ou estou comprando as ideias de outra pessoa sobre o que as famílias devem fazer?*

A prática

Saiba onde você está. Comece respondendo o teste sobre autenticidade da p. 70. Em seguida, continue a leitura a partir daqui. As suas respostas a itens específicos sugerem onde você está em relação a três aspectos de autenticidade.

As afirmativas 2, 7, 10 e 12 medem a "autoalienação". Se você colocou 1, 2 ou 3 nessas afirmativas, está mais ou menos em contato consigo mesmo. Entretanto, se você se atribuir um 5, 6 ou 7, estará mais inclinado à autoalienação. Isso significa que a sua consciência e experiência real nem sempre dançam a mesma música. As vítimas de trauma tendem a ser autoalienadas, assim como as crianças com pouca esperança. Elas param de sintonizar suas próprias necessidades. A maioria dos indivíduos autoalienados também atinge altos níveis de classificação de estresse e ansiedade.

Os itens 1, 8, 9 e 11 refletem se a sua figura pública corresponde a sua figura privada. Ninguém sai por aí exibindo seus segredos mais profundos, assim como ninguém diz o que tem em mente o tempo todo. Contudo, se você se identificou fortemente com uma dessas afirmativas (pontuando-as com 5, 6 ou 7), suas emoções, pensamentos, valores e crenças estão sincronizados com o que você diz e com o modo como você age e reage na maior parte do tempo.

Os itens 3, 4, 5 e 6 medem o quanto você é influenciado pelos outros e se você aceita as crenças deles como sendo suas. Todos nós seguimos a maioria e cedemos, às vezes. Há ocasiões em que nós não falamos o que pensamos, porque queremos evitar confrontos. Entretanto, se você se identificou fortemente com essas afirmativas (pontuando-as com 5, 6 ou 7), talvez queira trabalhar para se tornar menos inclinado à vontade ou às opiniões dos outros. De forma típica, as pessoas que constantemente concordam com os outros e, de modo mais significativo, *sentem* como se estivessem sendo falsas, também tendem a relatar uma autoestima mais baixa e mais depressão.

Isso também ajuda a identificar o tipo de bagagem que você carrega desde a infância. Vergonha, culpa, medo e duvidar de si mesmo são inimigos da autenticidade. Por exemplo, o pai de Gilda Benson, que fracassou repetidamente em numerosos negócios de risco, descarregou sua raiva em Gilda e na mãe dela. "Ela era o capacho dele e ele me depreciava e constrangia constantemente", conta Gilda relembrando a infância. "Eu cresci

---

O quão autêntico você é?

Os itens listados a seguir foram adaptados da Escala de Autenticidade usada por pesquisadores.* Neste formato, não constitui uma medida "científica", mas pode ser usada para ajudá-lo a entender como a autenticidade pode atuar na sua vida cotidiana. Para cada afirmativa, atribua a si mesmo uma pontuação entre 1 (não me descreve) e 7 (me descreve muito bem). Em seguida, leia o significado das suas respostas na p. 69.

____ 1. Penso que é melhor ser você mesmo do que ser popular.
____ 2. Não sei como realmente me sinto por dentro.
____ 3. Sou fortemente influenciado pela opinião dos outros.
____ 4. Costumo fazer o que os outros me dizem para fazer.
____ 5. Sempre sinto que preciso fazer o que os outros esperam que eu faça.
____ 6. Outras pessoas me influenciam bastante.
____ 7. Sinto como se não me conhecesse muito bem.
____ 8. Sempre sou fiel àquilo em que acredito.
____ 9. Sou verdadeiro comigo mesmo, na maioria das situações.
____ 10. Sinto que não tenho contato com meu "eu real".
____ 11. Vivo de acordo com meus valores e crenças.
____ 12. Sinto-me alienado em relação a mim mesmo.

* Esta escala foi publicada em "The authentic personality: a theoretical and empirical conceptualization and the development of the authenticity scale," Alex M. Wood et al., *Journal of Counseling Psychology,* 55:7, 2008. © 2008 American Psychological Association.

---

sentindo que ninguém jamais desejaria conhecer ou amar quem sou de verdade."

Gilda inconscientemente trouxe aqueles sentimentos negativos para dentro do seu primeiro casamento. Com uma culpa permanente e vergonha de fazer qualquer coisa por si mesma, Gilda comprava uma roupa nova e imediatamente retirava as etiquetas e escondia as sacolas de compras para que Stan não as visse. Durante anos, ela se moldou na mulher que pensava que *ele* desejava. Somente as necessidades dele importavam. Ela permitiu que ele ditasse as regras, até no modo de pentear seu cabelo. Ela oferecia jantares fartos aos clientes dele e, depois que a festa acabava, ela cuidava da limpeza enquanto ele ficava sentado no sofá.

"Quando Stan me deixou, foi um golpe esmagador, porém me fez acordar para a realidade. A minha vida era uma mentira." Com a ajuda de um terapeuta, Gilda começou a entender que não tinha de levar seus "inimigos" dentro de si para o segundo casamento. Hoje, como mãe solteira de uma criança de 7 anos, ela às vezes ainda luta contra os demônios de sua infância, mas sabe melhor como fazer para não ouvi-los.

Seja uma referência

• Preste atenção aos momentos reveladores da verdade nas suas interações diárias. Em *Lying* ("Mentir"), o observador social Sam Harris sustenta que dizer a verdade é como segurar "um espelho na frente da vida de alguém — pois o compromisso de dizer a verdade requer que se preste atenção ao que a verdade é em todos os momentos".

Todo dia, nos deparamos com circunstâncias, desafios e decisões que nos pegam desprevenidos. Quando respondemos de forma autêntica, damos um passo enorme no sentido de melhorar a vida, ainda que isso nem sempre seja confortável.

Um amigo que você *acha* que conhece faz um comentário racista que você considera ofensivo. Você diz alguma coisa? Você admite que tem uma opinião diferente?

Um pensamento desagradável surge por si só na sua consciência: *Hum... tenho desmaiado toda noite. Será que estou bebendo demais?* Você responde a verdade?

Os ataques de birra do seu filho estão piorando. Você associa esse comportamento à sugestão do professor dele para que você o submeta ao teste de TDAH?

Você sempre tem uma escolha: enterrar a cabeça na areia ou lidar com as situações de cabeça erguida. Você pode automaticamente fazer o que seria esperado de você ou pode perguntar a si mesmo: *O que realmente importa para mim? As decisões que estou tomando são autênticas?* Este tipo de pergunta não é para covardes, e sim para contribuir para uma vida melhor e uma família mais forte.

• Pratique a escuta atenta, que inspira autenticidade nos outros. A autenticidade não diz respeito apenas à exposição das suas próprias verdades. Tem a ver com deixar os outros também dizerem suas próprias verdades e serem quem são. Significa escutar, mesmo quando você não gosta do que o outro tem a dizer, mesmo que seja desconfortável. A "escuta concentrada", como também a chama o mestre budista David Xi-Ken Astor, requer que você esteja totalmente presente e permite que estabeleçamos uma conexão. Escutar, diz ele, é uma "benção que damos aos outros". A pesquisa sustenta o espiritual: as pessoas tendem a ser mais autênticas quando o seu "eu próprio" é aceito pelos outros. Isso faz perfeito sentido. Ao aceitar parceiros e filhos, nós lhes enviamos uma mensagem não falada: *Não há problema em ser você mesmo. Eu escutarei sem julgar. Não quero negar seus sentimentos. Sou uma pessoa com quem você pode se sentir seguro para compartilhar.*

O princípio da Encantadora de Bebês é respeito e aceitação. Tracy sempre recomendava que seus clientes traçassem um "círculo de respeito" em torno de cada membro da família, para lembrarem a si mesmos de que são seres humanos individuais. Você não pode mudar os membros da família. Você tem que encontrá-los onde eles estiverem. Caso contrário, você inconscientemente comprometerá o relacionamento e limitará o crescimento dessa pessoa.

- Faça escolhas que lhe permitam viver de maneira autêntica, como uma família. Aquilo que você valoriza e em que acredita deve estar sincronizado ao modo como você emprega seu tempo, energia e, em especial, seu dinheiro. Os pais de classe média entrevistados por Annette Lareau (ver quadro, p. 39) acreditaram que *deveriam* exaurir os filhos com oportunidades intermináveis de enriquecimento, sem se importarem se isso fosse à custa deles próprios. Eles tenderam a fazer escolhas "automáticas e inconscientes". O remédio? Usar os recursos da família de maneira pensada e consoante com seus valores.

Sejamos claros aqui. Não há nada inerentemente errado em gastar o dinheiro que você ganha para nutrir talentos ou tornar sua vida mais agradável ou fácil. Mas matricular um filho em aulas sem ele estar preparado para isso é *falta de autenticidade*. Comprar coisas para manter as aparências é *falta de autenticidade*. Gastar aquilo que você não tem é *falta de autenticidade*, para não dizer estressante e potencialmente perigoso para o bem-estar da família. O segredo é a vigilância e a consciência. Pense naquilo que você pode bancar e naquilo que lhe permitirá viver de maneira autêntica (ver "Falar sobre dinheiro", p. 206-209).

Ademais, encontre meios para enriquecer sua família por meio da conexão, e não pelo consumismo. "O mais difícil", admite Corbyn Hightower, "é quando temos que dizer casualmente às crianças que 'não podemos ir lá' ou 'não podemos fazer aquilo', quando aparentemente é um pedido tão pequeno, um desejo simples que não deveria deixar de ser atendido". Mas ao não aceitar a realidade e gastar o dinheiro que não tinham, os Hightower não só estariam sendo não autênticos, como também trariam um impacto pior sobre a família. Em vez disso, eles descobriram formas de estarem juntos e criar sua própria diversão, o que é bem melhor, como eles puderam comprovar, do que ir aos restaurantes preferidos da família ou ao *shopping*.

Liderança com amor

O resultado

Não podemos exagerar o conceito de amor e todo o bem que ele proporciona, além daquilo que temos. Os pesquisadores associam o amor e o afeto a uma melhor saúde mental e a famílias mais fortes. Liderar com amor é transformar cuidado e apoio na sua primeira resposta. Você ama incon-

Respostas enfocadas na família autêntica

É preciso coragem para ir contra a cultura. Em especial, se você vive em uma comunidade onde o consumo faz parte do dia a dia, arme-se com respostas. Aqui vão algumas sugestões. Pense em outros incidentes em que você tenha se sentido pressionado por outro pai ou mãe, e decida agora como você poderia responder da próxima vez.

"Não, não daremos um celular para Jonas quando ele completar 10 anos."

"Sally, você não precisa de tênis novos apenas porque todas as crianças estão usando um tipo diferente."

"Desculpe, treinador. Sean não poderá jogar neste fim de semana, porque planejamos uma viagem para comemorar o aniversário de casamento de 70 anos de seus bisavós."

"Tenho certeza de que a sua Daisy ama fazer parte da equipe de elite de futebol, mas nós sentimos que não estamos tendo tempo suficiente em família para passar com Madison, do jeito que as coisas estão."

"Em vez de enviar Carl para o programa de artes de sábado, ele passará esse tempo na casa do avô, onde pode aprender com um antigo profissional."

"Decidimos não participar do clube de tênis neste verão. Queremos passar mais tempo envolvidos com os projetos da vizinhança, como os jardins comunitários, estando em contato com vários tipos diferentes de pessoas, e isso fará bem a todos nós."

dicionalmente. Você ama mesmo quando está desapontado com o comportamento dos outros, mesmo que eles o façam ficar com raiva. Você pode precisar de tempo para reagrupar e reenergizar a si mesmo, mas ainda liderará com amor. E você acabará perdoando e pedindo perdão, porque reconhece que se trata de uma via de mão dupla.

Liderar com amor também significa que, a menos que aprenda de outro modo, você conduz os membros da família com base no que eles dizem. Você confia neles, porque os conhece. Você acredita que as ações deles não são motivadas por egoísmo nem ganância ou com o objetivo de prejudicar você. Em resumo, eles são inocentes até que se prove o contrário. Afinal de contas, se nos dispomos a proporcionar a indivíduos completamente estranhos o benefício da dúvida em um tribunal, por que não fazer o mesmo em casa?

Sugerir que você lidere com amor não significa que você nunca irá argumentar ou que sempre irá desejar a mesma coisa. Não significa entulhar seus sentimentos nem encobri-los (o que não seria autêntico). Mas tem como restrição que você evite os comentários impensados ou grosseiros.

Liderar com amor também é melhor para *você*. Você pode ficar com raiva — afinal, você é humano. Mas as pessoas que conseguem se conter e não lançar insultos agressivos nem se tornarem abusivas se sentem melhor em relação a si mesmas, além de serem melhores em estabelecer e manter suas conexões, em comparação com aqueles que as perdem repetidamente. O maior resultado é a solidariedade em família, um senso de que estamos juntos nisso.

A dificuldade

A liderança com amor está fortemente ligada à empatia, à amabilidade, a ter uma mente aberta e uma gama de outros traços positivos, mas também é uma questão de autocontrole. No calor do momento, você tem que reconhecer e controlar as suas emoções e, ao mesmo tempo, usar sua mente consciente *antes* de reagir. Nós não somos todos igualmente dotados. Alguns são naturalmente mais impulsivos do que outros, e é difícil para essas pessoas monitorar o que dizem ou fazem.

É fácil liderar com amor quando, por exemplo, seu filho pequeno corre para os seus braços e declara "Mamãe, eu te amo taaanto!" É fácil liderar com amor quando você está passeando com seu filho de 8 anos e ele automaticamente segura a porta para um cliente que está saindo do restaurante ao mesmo tempo que vocês. E é fácil expressar empolgação e gentileza com seu parceiro quando ele chega cedo em casa e surpreende você com uma garrafa de champanhe, sem motivo algum, ou percebe que a porta da frente está precisando de pintura e faz isso, sem que lhe peçam, apenas para ser útil.

Mas, e quanto aos outros momentos, quando seu filho pequeno está tendo uma crise de choro ou grudado a você o dia todo? Ou quando a filha pré-adolescente está entediada porque o irmão foi brincar na casa de um coleguinha e quer que você jogue Monopoly com ela? Ou seu parceiro chegou em casa de mau humor? E até quando você mostra o seu lado mais amoroso e os membros da sua família estão tão enrolados em suas próprias emoções que talvez nem percebam. Nesses momentos, é difícil controlar suas emoções e continuar liderando com amor, porque parece que você não está chegando a lugar nenhum.

Também é desafiador liderar com amor quando *você* teve um dia ruim — digamos, uma série de decepções no trabalho; uma tarefa particularmente difícil que demandou muita energia mental; interações com o pai que está envelhecendo e se recusa a aceitar a ajuda que precisa. Nesses momentos, você vivencia algo que o psicólogo Roy Baumeister chama de "esgotamento do ego" — você apenas não tem como liderar com amor. A sua energia está no nível mais baixo, dificultando a regulação dos seus pensamentos, sentimentos e ações. Assistindo aos participantes de um estudo agonizarem entre a escolha de um rabanete ou de um biscoito recém-saído do forno, por exemplo, Baumeister concluiu que "a força de vontade... parecia ser como um músculo que poderia sofrer fadiga com o uso". A teoria dele nos ajuda a entender por que a vida em família é tão frequentemente um teste de autocontrole.

Considere a seguinte cena típica. Farley, de 9 anos de idade, começou a frequentar uma escola nova. Isso representa uma mudança de vida que lhe exige conhecer estranhos, lidar com suas diferenças, aprender novas rotinas e assumir o trabalho mais difícil do 4º ano — tudo isso drena as reservas de autocontrole dele. Quando ele chega em casa, está esgotado — mal-humorado, relutante em ouvir e cheio de desculpas para fazer a lição de casa. Segundo a teoria de Baumeister, não é o estresse que está fazendo Farley perder a linha e bater a porta do banheiro quando lhe pedem para tomar banho antes de ir jantar. É o fato de o nível de energia dele ser mínimo *naquele momento*. Liderar com amor demandará um esforço considerável da parte da mãe, Regina, porque esse tipo de situação esgotará as reservas dela também. Entretanto, Regina é adulta. Embora seja um desafio, ela tem de tomar as medidas certas para aumentar suas chances de conseguir liderar com amor. E, felizmente, existem várias formas de fazer isso.

A prática

Saiba onde você está. A sua capacidade de liderar com amor pode ser facilmente esgotada, mas também pode ser acumulada. Assim como outros aspectos do R.E.A.L., nós não começamos todos ao mesmo tempo. Faça o teste da p. 78 para ver de que modo você se compara aos outros quando se trata de autocontrole, que ajuda você a controlar suas emoções e aumenta a probabilidade de você vir a ser capaz de liderar com amor.

O fato é que muitas coisas acontecem nas famílias: o seu parceiro esquecerá de descartar o material reciclável. Seu filho vai querer assistir TV, em vez de se vestir. Sua filha adolescente lhe empurrará o formulário de autorização para viagem da escola, mesmo que você já tenha dito inúmeras vezes que ela não deve deixar para a última hora. Em cada caso, pode ser um desafio liderar com amor.

Tenha a certeza, porém, de que ninguém consegue liderar com amor *o tempo todo*. Entretanto, é algo em que você pode se aprimorar. Consciência e prática podem ajudar você a se engajar no tipo de diálogo interno que o incentiva a alcançar uma resposta gentil.

Seja uma referência

• *Pense antes de falar ou agir.* Faça uma pausa, lembre o que seu parceiro ou seus filhos significam para você, e pergunte a si mesmo:

> *O que preciso fazer agora para melhorar este relacionamento?*

Mantenha essa pergunta em sua mente no decorrer da leitura. Retomaremos essa ideia. Ela lhe lembrará de considerar aquilo que *você* pode fazer *naquele momento* para aprofundar sua conexão, em vez de distanciar vocês dois. Gritar ou entrar na sala batendo o pé pode fazer você se sentir temporariamente bem, mas restringir esses impulsos e fazer uma pausa para apresentar uma reação compassiva é o segredo para o bem-estar individual e para sustentar relacionamentos saudáveis.

- *Saiba quando as suas próprias reservas estão baixas e reponha-as.* Assim como as empresas de linhas aéreas dizem aos adultos que viajam com crianças para colocarem as máscaras de oxigênio em si mesmos primeiro e só depois auxiliarem os outros, essa recomendação também se aplica aos relacionamentos familiares. Se você não consegue "respirar", fica difícil se concentrar em qualquer outra coisa ou pessoa. Como as nossas reservas de energia são limitadas, nós nos esgotamos ao tomar conta dos outros, ao nos concentrarmos no trabalho, ao resolvermos problemas e, ao mesmo tempo, quando temos que restringir a nós mesmos das reações exageradas.

  Você não pode evitar o esgotamento do ego. Diariamente, a maioria de nós tem responsabilidades em abundância. Mas você pode aprender a ler os sinais. Explosões exageradas de sentimento ou reações inapropriadas devem ser interpretadas como um sinal vermelho. Falta de consideração, irritação e picuinhas estão entre os sinais mais sutis de que as suas reservas estão baixas. Fome e fadiga são os prováveis culpados. Do mesmo modo, se você tem dor de cabeça ou dores cervicais, uma coluna problemática ou dores de estômago, ou se o seu trabalho é estressante ou você passa pouquíssimo tempo sem fazer nada ou passa tempo demais diante de uma tela, pode ser mais difícil liderar com o que há de melhor e mais amoroso em você.

  Preste atenção nesses sinais e siga as sugestões que você daria a alguém que estivesse se sentindo esgotado. Durma quando estiver cansado, pratique exercício para fazer seu sangue circular, coma para alimentar seu corpo e sua alma. Evite aquilo que drena, passar tempo demais diante de uma tela, açúcar e outras substâncias que são prejudiciais. Cuidar do seu bem-estar físico beneficiará a sua mente e o seu lado espiritual. Busque

Medindo o autocontrole

Este teste é baseado em uma escala de autocontrole bastante utilizada, desenvolvida por uma equipe de sociólogos, em 2004.* Esta versão lhe dará uma noção dos tipos de itens que os sociólogos consideram para medir o autocontrole, e como você se compara a outras pessoas que também fizeram o teste.

O quanto cada uma das afirmativas a seguir reflete o modo como você *tipicamente* é? Na coluna de pontuação, atribua a si mesmo de 1 a 5 pontos, com 1 indicando *não reflete* e 5 *reflete muito*:

	PONTOS	PONTUAÇÃO REAL
1. Sou bom em resistir a tentações.	____	____
2. Tenho dificuldade para romper com maus hábitos.	____	____
3. Sou preguiçoso.	____	____
4. Digo coisas inapropriadas.	____	____
5. Faço certas coisas que são ruins para mim, se forem divertidas.	____	____
6. Recuso aquilo que me faz mal.	____	____
7. Queria ter mais autodisciplina.	____	____
8. As pessoas diriam que tenho uma autodisciplina de ferro.	____	____
9. Prazer e diversão às vezes me impedem de concluir o trabalho.	____	____
10. Tenho dificuldade para me concentrar.	____	____
11. Sou capaz de trabalhar efetivamente para alcançar metas a longo prazo.	____	____
12. Às vezes, não consigo parar de fazer alguma coisa, mesmo sabendo que é errado.	____	____
13. Costumo agir sem pensar em todas as alternativas.	____	____

Para os itens 1, 6, 8 e 11, copie os pontos que você atribuiu na coluna "pontuação real".

Para os itens 2, 3, 4, 5, 7, 9, 10, 12 e 13, converta seus pontos (5 = 1; 4 = 2; 3 = 3; 2 = 4; 1 = 4) antes de copiá-los na coluna "pontuação real".

Some sua "pontuação real". De acordo com a psicóloga June Tangney, que também participa como autora neste teste, a média dos pontos para "uma amostra diversificada de alunos universitários" está em torno de 39. Entretanto, um "alto" nível de autocontrole em um estudante universitário pode ser diferente daquele observado em um adulto na faixa dos 40 anos de idade. Cerca de 68% das pessoas marcam entre 31 e 48 pontos. Uma pontuação inferior a 31 indica um nível de autocontrole abaixo da média. Uma pontuação acima de 48 indica um alto nível de autocontrole.

* O teste foi desenvolvido por June P. Tangney, Roy F. Baumeister e Angie Luzio Boone, e originalmente publicado no *Journal of Personality* 72:2, Abril de 2004, como "High self-control predicts good adjustment, less pathology, better grades, and interpersonal success." © Blackwell Publishing, 2004.

apoio social fora da família também. Jantar ou jogar tênis com um amigo ajudará você a repor suas reservas.

- *Abrace toda forma de espiritualidade que ajudar você a se sentir conectado com algo maior.* Não é por acidente que a "espiritualidade" e a "religião" aparecem não só nos estudos sobre famílias seguras como também nos estudos sobre saúde, depressão e solidão. Ser espiritual é se sentir conectado a algo maior e ter uma bússola moral. Em muitas famílias, a espiritualidade vem da adoração — 92% dos americanos acreditam em Deus. Algumas frequentam igrejas regular ou ocasionalmente, ou celebram ritos de passagem e feriados de determinadas religiões em particular. Outras não possuem conexão com nenhuma prática espiritual organizada. Mesmo assim, dedicam um tempo para fazer uma pausa e agradecer. Elas criam algum tipo de espaço sagrado em que todos desaceleram e se desconectam do cotidiano.

Seus filhos podem revirar os olhos quando você faz uma pausa antes das refeições para agradecer. Eles podem ficar inquietos durante uma cerimônia de acender velas ou se recusarem a vestir suas melhores roupas para ir ao culto de domingo. Algum dia, eles podem rejeitar essas práticas. Mas, enquanto isso, criar um espaço sagrado e discutir o que é certo e errado pelo menos os expõe a um modo de ser que os ajuda a aprender a liderar com amor.

Se você se sente oprimido pelas informações apresentadas neste capítulo, apenas deixe essas ideias rodearem em

Família perfeita ou família R.E.A.L.

Qual é a diferença?

Uma família perfeita tem a ver com...

POSE E PERCEPÇÃO

Aqueles que se esforçam para atingir a perfeição geralmente estão mais preocupados em satisfazer um ideal externo – a fantasia da cultura, de seus pais, de seus amigos e da sua própria infância – daquilo que uma família "deveria" ser. A energia é empregada para manter uma boa aparência para quem estiver de fora ver, e se espera que os membros da família permaneçam alinhados.

Uma família R.E.A.L. tem a ver com...

AÇÃO E SATISFAÇÃO

É claro que nenhuma família é perfeita! Quando os membros da família são R.E.A.L. – responsáveis, empáticos, autênticos e lideram com amor – trabalham com aquilo que têm. Eles aceitam que a vida em família pode ser difícil, imprevisível, bagunçada e que demanda esforço. As famílias R.E.A.L. honram as necessidades individuais, conhecem seus pontos fortes e fracos, e seus membros trabalham juntos para fortalecer a família.

seu cérebro. Pouco a pouco, desenvolver o R.E.A.L. se tornará uma escolha cada vez mais fácil e automática. Você sentirá a diferença em si mesmo. Idealmente, você tem um parceiro ou outros adultos que o apoiam em sua vida, e que também lutam para serem responsáveis, empáticos e autênticos, bem como para liderar com amor. Entretanto, mesmo que apenas *você* desenvolva o R.E.A.L., isso fará a diferença. Os outros membros da família irão perceber isso. Vocês se tornarão uma família R.E.A.L., mas não serão uma família "perfeita" (ver no quadro da p. 79 a diferença entre ambos os tipos). Cada um de vocês irá enfrentar melhor as situações. Seus relacionamentos serão fortalecidos. E, como uma família, vocês estarão mais bem preparados para qualquer coisa que a vida — seu contexto — reserve a vocês.

Essa transformação provavelmente não ocorrerá da noite para o dia. Enquanto isso, dê os primeiros passos. Conforme observou Vincent van Gogh, "Coisas grandiosas são feitas por uma série de pequenas coisas reunidas".

O que é R.E.A.L. em relação à sua família?

Cada família, uma mistura única dos Três Fatores, difere de todas as outras. Até mesmo as famílias que funcionam melhor, as famílias mais felizes e as famílias mais amorosas não são R.E.A.L. do mesmo modo. Nós temos modos pessoais de fazer as coisas, condições e desafios exclusivos, sem mencionar os hábitos previamente estabelecidos e crenças antigas, e tudo isso é misturado no caldeirão da família. De que modo o significado das letras "R.E.A.L." funcionam em sua família?

- Você e seu parceiro possuem um senso de responsabilidade? Você pede alguma coisa aos seus filhos?
- A empatia é exemplificada e ensinada? Você é mais empático em relação a um membro da família em particular? Você confunde empatia com pena?
- Você fala com seu parceiro e filhos de maneira autêntica? Considere as suas palavras e o seu tom. Você diz o que pensa e pensa no que diz? A sua família vive uma vida autêntica?
- Você tenta conscientemente dar o melhor de si no dia a dia? Você é um exemplo de autocontrole? A sua família tem um espaço para a espiritualidade? Você pratica compaixão, perdão e aceitação?

Anotações sobre desenvolver o R.E.A.L.

CAPÍTULO QUATRO

Relacionamentos: sua prioridade número 1

As questões de conexão

Viva sem fingir,
Ame sem depender,
Ouça sem ficar na defensiva,
Fale sem ofender,
Dê sem querer nada em troca,
Construa sem despedaçar.

— Nina Roberta Baker

Olhando novamente as fotos excitantes da cena, Elizabeth Weil, então com 43 anos de idade, não conseguia acreditar que "quisera fugir". Mas lá estava ela, a uma altura de mais de 3.000 m acima do nível do mar, com os sogros, o marido e as duas filhas do casal, indo acampar "no meio do nada aos pés do Lago Chickenfoot". Tendo crescido em um agradável subúrbio de Boston, aquela não era a concepção que tinha de ótimas férias em família. Entretanto, ela sabia que casamento envolve compromisso. Essa viagem era o modo dela de apoiar o lado amante da natureza e da vida ao ar livre de seu marido, filho de esquerdistas de Berkeley.

Ironicamente, seu relacionamento torturante com a vida ao ar livre na Califórnia do Norte coincidiu com a conclusão de seu livro — *No Cheating, No Dying* (Sem trair, sem morrer) —, uma obra autobiográfica sobre sua busca junto com o marido, ao longo de um ano, por meios de melhorar um casamento que já era "bom". Quando a ideia veio pela primeira vez à mente de Liz, ela avaliou que sempre tinha sido "dedicada". Ela, assim como a mãe, era uma pessoa extremamente ativa e eficiente. Por que não dedicar o mesmo tipo de esforço e energia ao seu relacionamento? Com um pouco de persuasão para convencer Dan a embarcar nessa ideia, ambos começaram a trabalhar em exercícios de autoajuda, expuseram suas almas em *workshops* para casais e visitaram diversos terapeutas. Mesmo que fosse uma experiência por vezes desconfortável e que provocasse alguns conflitos, ela esperava que o processo lhe permitisse "olhar o motor do casamento para ver se estava funcionando bem".

O exame, ela escreveu mais tarde, levou à conclusão de que "o compromisso tem dois eixos: dedicação e obrigação". Felizmente, ela exercitou ambas naquele dia no Lago Chickenfoot. Embora tenha permanecido dentro da barraca durante a maior parte da tarde jogando War com a filha de 6 anos, dando pouca atenção ao cenário e menos ainda aos mosquitos, ela demonstrou perseverança militar ao longo do dia. "Desidratada e imunda, achei aquilo o auge do ridículo do casamento". E, mesmo assim, guardou isso para si.

Para sua surpresa, porém, Dan a puxou para um canto mais tarde naquela noite. "Eu sei que esse lugar não seria sua primeira escolha para passar as férias", disse ele, olhando-a nos olhos. "Mas fico muito feliz em saber que você é capaz de fazer isso por mim". O momento a deixou aturdida:

Fazer isso por ele. Poxa vida. Senti meu rosto relaxar. Eu não tinha que querer estar lá, e nós nem precisávamos discutir daquele jeito artificial praticando a escuta ativa, como havíamos aprendido na aula sobre o matrimônio — começar pelo lado positivo, espelhar-se nas emoções do outro, comprometer-se. Eu podia simplesmente fazer essa coisa desconfortável para o meu marido bonitão e queimado de sol porque era muito importante pra ele. Apenas isso. Mais nada.

Teria sido o ano de leitura e pesquisa ou todas aquelas oficinas para casais? Ou apenas um salto de desenvolvimento, por estar quase completando 40 anos e obtendo um novo tipo de maturidade? Teria sido o fato de que Dan se uniu a ela na busca por um casamento melhor? Ou talvez tudo isso? O que quer que tenha sido que trouxe a Liz um novo ponto de vista sobre seu casamento, foi como se ela tivesse milagrosamente virado em algum tipo de esquina cósmica.

Poucos de nós temos o tempo ou a determinação para embarcar voluntariamente em uma jornada como a de Liz Weil, dedicando um ano inteiro ao aprimoramento matrimonial. A história dela, porém, enfatiza um clichê sobre o estado de nossas uniões e também o motivo pelo qual famílias harmoniosas priorizam o relacionamento:

A vida em família melhora quando se está bem no relacionamento. E se você prioriza, pratica e diz a verdade a si mesmo, melhora a sua participação no relacionamento.

Por que priorizar a conexão?

Os relacionamentos são tudo. Vale a pena se esforçar para aprimorá-los.

Embora os Três Fatores atuem juntos e cada um contribua para a mistura que constitui a família, os relacionamentos formam o alicerce sobre o qual a sua família e toda a humanidade estão. Nós mesmos descendemos dos primeiros seres humanos que perceberam que a união era uma boa ideia. Eles sobreviveram por milênios, usando sua força e conhecimento combinados para afastar os mastodontes lanosos e juntar qualquer coisa que encontrassem, matassem ou produzissem. Mais do que qualquer outro fator, seus relacionamentos garantiram que a tribo resistisse e sua descendência distante — nós — um dia viesse a caminhar pela Terra.

OK. Hoje é um pouco mais complicado. A nossa consciência e nossas perspectivas estão bem além daquelas de nossos ancestrais, e continuam se ampliando. Contudo, a mesma essência social nos impele a buscar relacionamentos. Hoje, como no passado, precisamos dos outros para sobreviver e nos desenvolver. As pessoas que se relacionam melhor encontram mais satisfação na vida em família.

Dizer que relacionamentos são tudo é ecoar uma série de pesquisas que sempre chegam à mesma conclusão: vínculos mais próximos exercem um impacto *físico* mensurável sobre os nossos cérebros e corpos. Os relacionamentos saudáveis estão ligados ao bem-estar geral, felicidade, maior produtividade e sucesso. Eles podem ajudar os adultos a curar feridas antigas, estabelecer o cenário para os futuros relacionamentos dos filhos, e — mais importante — ajudar os membros da família a lidar com qualquer coisa que a vida lhes reserve. Com pessoas queridas por perto, você tem uma fonte imediata de apoio e oportunidades para crescer.

Dentre todos os relacionamentos, os laços de família são os mais importantes. São os vínculos mais duradouros e íntimos. Vocês compartilham a vida cotidiana, as responsabilidades, o espaço físico e as ocasiões especiais uns com os outros. Esteja você enfrentando as demandas do dia a dia ou lidando com o inesperado, fica mais fácil com uma pessoa querida segurando a sua mão.

Ser bom em relacionamentos

Se você é bom em relacionamentos, é bastante seguro apostar que você...

1. Sabe quem *você* é.
2. Está disposto a ir além.
3. Tenta, embora nem sempre com êxito, obter o "melhor" de si mesmo.
4. Tem senso de humor.
5. É capaz de lidar com suas próprias emoções (são as únicas que você pode controlar).
6. Pratica o R.E.A.L.: é responsável, empático, autêntico e lidera com amor.
7. Aceita o outro e resiste à necessidade de "ajustá-lo".
8. Sabe onde você termina e o outro começa (limites).
9. É capaz de identificar o que as pessoas têm a oferecer e, portanto, sabe quem satisfará melhor cada uma de suas necessidades.
10. Tem curiosidade sobre a outra pessoa.

A pressão e os riscos são maiores na família também. Nos dias atuais, espera-se que os nossos principais relacionamentos — companheiro(a), filhos, pais, irmãos — nos supram aquilo que antigamente era encargo de uma comunidade inteira. Quando os laços de família são seguros, porém, podem ser uma fonte de conforto e satisfação pessoal. Você se sente amado e amando; sente-se competente e grato. Isso não significa que jamais terá conflitos nem dias em que desejará sair correndo e se esconder de todo mundo. Ter bons relacionamentos torna mais provável que, nos momentos difíceis, você seja capaz de respirar fundo e procurar o melhor que há dentro de si (o seu lado "racional", como descrevemos no Capítulo 9). Em seus dias bons, você lembrará a si mesmo que não veio para persuadir, controlar nem mudar e sim para aprender a ser autossuficiente mas, ao mesmo tempo, ter relacionamentos familiares "bons o bastante" para lhe dar (nas palavras de Liz Weil) "a força e coragem necessárias para encarar o mundo".*

Os desafios de todo relacionamento

Pode parecer estranho considerar globalmente todos os relacionamentos juntos, do modo como estamos fazendo neste capítulo. Como você pode comparar a dinâmica entre dois adultos com aquilo que acontece entre um adulto e uma criança ou entre duas crianças? E, conforme apontamos no próximo capítulo, até mesmo os relacionamentos adultos não são comparáveis. As "regras" para ser um filho adulto ou um tio são diferentes das regras para ser companheiro ou cunhado.

Entretanto, quando você olha os relacionamentos usando a ótica dos Três Fatores, torna-se claro que os relacionamentos também têm muito em comum. Para todas as diferenças existentes entre os diferentes tipos de relacionamentos, há também princípios básicos verdadeiros sobre *todos* os seus laços de família.

---

* Em psiquiatria, conforme referido por Liz, uma "mãe boa o bastante... ama o filho o bastante para que ele cresça e se transforme em um adulto emocionalmente saudável." Weil emprega o termo *casamento bom o bastante* em seu livro para enfatizar que "a meta é a saúde mental, definida como coragem e flexibilidade para viver a vida — e não felicidade."

Todo relacionamento é uma via de mão dupla. O modo como um relacionamento se desenvolve depende em parte daquilo que *você* acrescenta a ele e do modo como você reage ao que a outra pessoa oferece. Existe um dito antigo que vale para adultos e crianças: você recebe aquilo que dá. Se Liz Weil tivesse começado a se queixar e criticar naquela tarde, no Lago Chickenfoot, sem dúvida teria conseguido uma resposta bem diferente do marido. *Nós sempre vamos para a casa dos seus pais. Por que você não pode passar alguns dias acampando com os meus? Como você pode ser tão egoísta?* Esse tipo de "dar e receber" tão negativo não só teria piorado a parceria entre Liz e Dan, assim como a discórdia entre eles, por sua vez, teria "contaminado" suas filhas e os pais dele, tornando o contexto do passeio bem diferente para todos.

Cada relacionamento revela um lado diferente em você. Dois relacionamentos, seja qual for o tipo, nunca são iguais. Conforme explicamos no Capítulo 1, cada relacionamento é uma "elaboração conjunta", uma entidade única que consiste num misto de personalidade, expectativas, vivência anterior (individualidade de cada um) e necessidades de cada pessoa no "momento presente" (o contexto). Nenhum relacionamento lhe dá tudo, mas cada um oferece um conjunto especial de dádivas e desafios. O modo como você age, o que diz, o que está disposto a dar e até quem você é também mudam de um relacionamento para outro. Você não só assume um papel diferente (digamos, cônjuge *versus* mãe/pai) como também exibe diversos aspectos de si mesmo. Um verso que hoje é bastante recitado em casamentos captura essa fluidez: "Eu te amo não só pelo que você é, mas por quem eu sou quando estou com você".

Toda interação com outra pessoa alimenta ou mata de fome o relacionamento. Nos melhores relacionamentos, ambas as pessoas se sentem amadas e aceitas pelo que são. E cada um conscientemente faz escolhas que beneficiam a sua união. O autocontrole de Liz Weil melhorou a parceria do casal, assim como a empatia de Dan — o reconhecimento por parte dele do quão difícil era para ela estar numa viagem de acampamento. Naturalmente, com crianças, os adultos têm que assumir a liderança, entretanto, as crianças aprendem a dar o que recebem dos pais. Em um bom relacionamento de qualquer tipo, ambos conversam e agem de modo respeitoso um com o outro, e isto nutre a conexão existente entre os dois. Ambos são gentis um com o outro; escutam, prestam atenção e apoiam um ao outro. Cada "parceiro", seja adulto ou criança, sente que importa para o outro — sente que é importante, valorizado, estimado e que o outro conta com ele. Os dois dizem coisas boas um ao outro e, quando não dizem, não é um comportamento predominante.

Os relacionamentos são um alvo móvel. Eles sofrem pequenas mudanças a cada dia, conforme as duas partes envolvidas vão ficando mais velhas, interagem com outros e lidam com a vida. Em todos os nossos livros sobre criação de filhos, escrevemos "Quando você pensa que conseguiu, tudo muda". Ao longo de um dia, um ano ou uma década, um determinado relacionamento, envolvendo uma criança ou um adulto, se desdobra de formas inimagináveis. Você não pode interromper esse movimento perpétuo. Faz parte da vida cotidiana. Em toda troca, porém, você pode fazer uma escolha consciente, todos os dias, para acomodar essas mudanças e assim "alimentar" o relacionamento.

O seu comportamento é o único aspecto de qualquer relacionamento sobre o qual você tem controle. A sua parte é metade da equação. Você não pode — nem deve tentar — manipular ou controlar a outra pessoa. E, mesmo assim, aquilo que você faz e diz pode mudar a dança entre vocês. É por isso que dedicamos um capítulo inteiro ao assunto "desenvolva o R.E.A.L.". Possuir tais qualidades e monitorar o seu próprio comportamento ajudará você a liderar com o seu lado melhor e mais honesto, bem como a inspirar os outros a liderarem com o que há de melhor neles (ver quadro "Lembrete: desenvolva o R.E.A.L. em seus relacionamentos").

Lembrete: desenvolva o R.E.A.L. em seus relacionamentos

Para manter os laços, você deve se esforçar para ter:

Responsabilidade. Aja como adulto. Conheça suas particularidades e use o autocontrole para expressar sentimentos negativos de uma forma construtiva. Quando se sentir oprimido, peça um tempo.

Empatia. Coloque-se no lugar do outro. Uma perspectiva diferente da sua não é errada. Tente entender por que o outro pensa de forma diferente. Se não souber, pergunte.

Autenticidade. Seja você mesmo, fale a sua verdade. Caso contrário, em vez de se sentir *parte* do relacionamento, você se sentirá sufocado ou irá querer fugir dele.

Liderança com amor. Dê o melhor de si mesmo e espere o melhor do outro. Não há garantias, mas liderar com aquilo que é positivo aumenta as suas chances de obter uma resposta positiva.

Faça um balanço

Você provavelmente já sabe bem aquilo que poderia fazer para melhorar seus relacionamentos. Em um dia qualquer do ano 2012, na verdade, perguntamos aos usuários do Facebook "Qual é a coisa mais importante que você aprendeu sobre lidar com relacionamentos — com uma criança ou um adulto?". Você verá no quadro relacionado que as respostas dadas foram surpreendentemente semelhantes aos resultados de uma pesquisa sobre o que é preciso para manter bons relacionamentos. As sugestões deles não lhe parecem familiares? Você mesmo não poderia contribuir com alguns indicadores?

No que se refere a conselhos de relacionamento, a complicação está em colocá-los em prática. Em todo relacionamento, há três elementos envolvidos: você, o outro e o relacionamento criado por ambos. Trata-se de um emaranhado de emoções, personalidades e necessidades. Um conjunto de diretrizes é ótimo, mas se você realmente será capaz de implementar os conselhos em seu relacionamento dependerá da sua própria consciência no momento e da sua capacidade de se acalmar o suficiente para tomar uma atitude que seja benéfica para a relação.

Conforme explicaremos em detalhes nas pp. 106-116, nós ensinamos você a fazer boas escolhas adotando o mantra "Dizer a verdade a si mesmo", que pode ser aplicado não somente em seus relacionamentos mas em qualquer dilema familiar. Entretanto, aqui, começaremos com as "perguntas sobre a relação", que tornarão você mais consciente de:

Quem você se torna em cada relacionamento, o que a outra pessoa oferece e o que cada um de vocês faz aflorar no outro.

Não importa se você está lidando com uma criança ou um adulto. Essas perguntas o ajudarão a ver onde está acertando e errando. É o tipo de informação que você precisa para poder dizer a verdade a si mesmo e fazer escolhas conscientes. As perguntas são naturalmente dirigidas a você, por ser o único que pode controlar a si mesmo.

Antes de continuar a ler, todavia, nós sugerimos que você separe alguns minutos para fazer o exercício descrito a seguir. Esse exercício incentivará

Conselhos de relacionamento das trincheiras

Tracy costumava usar os fóruns da Encantadora de Bebês para reunir informações "de trincheira". A seguir, são listadas as respostas dadas por usuários do Facebook que foram solicitados a identificar "a coisa mais importante que aprenderam sobre lidar com relacionamentos – com uma criança ou um adulto".

Compaixão.

Não esperar que seja perfeito.

Não problematizar coisas pequenas. A maioria dessas coisas *é* pequena.

Comprometimento.

Empatia pelos esforços do outro.

Pessoas com quem você pode contar, paciência e visualizar um panorama amplo.

Senso de humor.

Quando se tem um filho, você acorda todas as manhãs e pensa se gostaria de continuar sendo pai/mãe ou o comprometimento impossibilita esse questionamento tão absurdo? Os relacionamentos são definidos em grande parte pelo comprometimento.

Não se perder.

Comprometimento, compromisso, apoio, positividade (essa palavra existe?) e, quando não se tem algo bom a dizer, não dizer nada.

Não dar conselhos não pedidos.

Amar de maneira incondicional é realmente difícil.

A melhor coisa que aprendi sobre os relacionamentos íntimos de qualquer pessoa: um relacionamento *só* precisa fazer sentido para as partes envolvidas e não para mim nem para qualquer outro. O que quer que funcione para eles... funciona. E ponto.

---

você a pensar sobre quem você quer ter mente ao rever as dez perguntas sobre a relação.

As dez perguntas sobre conexão

1. Você leva em conta o seu "eu" e as suas próprias questões na equação do relacionamento? Conhecer a si mesmo é um aspecto essencial da construção dos relacionamentos. Com cada conexão, emergem diferentes aspectos do seu Eu. Com seu filho, você poderia dar carta branca para o seu lado acolhedor e divertido. Em um relacionamento complicado com um adulto, o seu lado ciumento e bravo pode emergir. Um irmão pode destacar seu lado competitivo ou protetor, às vezes ambos. E uma tia idosa querida e sábia pode trazer à tona um lado mais jovial, curioso e dependente.

Quem está na sua lista de relacionamentos?

Faça uma lista dos membros da família mais próximos, incluindo seu companheiro (se tiver), filhos, um ex (se criarem em conjunto um filho), pais (se fizerem parte da sua vida diária). Depois de ler explicações e exemplos de cada uma das dez perguntas sobre relação, retome as perguntas em si e aplique-as individualmente a cada um dos membros da sua família. Deixe espaço nesta seção do seu diário. Você pode querer voltar depois para dar outra olhada ou, talvez, adicionar nomes de outras pessoas que participam dos seus dramas de família – irmãs, irmãos, tias, tios, avós, primos, sobrinhos, amigos íntimos e indivíduos sem parentesco que afetam a sua vida em família. Embora os laços de família sejam o assunto deste livro e figurem de forma mais proeminente na história da sua vida, as perguntas sobre relação também poderiam ser aplicadas a qualquer um dos seus relacionamentos – com seu chefe, uma babá, uma empregada ou um amigo próximo.

Entretanto, você nunca é um produto concluído. À medida que nossos vários relacionamentos familiares se desenvolvem, estudos mostram que vamos moldando nossas crenças em relação à outra pessoa e ao relacionamento. E, por vezes, "as virtudes se tornam defeitos", conforme coloca um psicólogo. Você passa a se sentir sufocado pela mesma pessoa que era tão atenciosa quando vocês se encontraram pela primeira vez. A mulher que inicialmente o impressionou por seu pensamento racional agora lhe parece obcecada por organização, e seus princípios o deixam desconfortável. O filho que o divertia com suas diabruras quando criança, hoje o irrita com suas travessuras de adolescente. Então, se você notar que está ficando cada vez mais ríspido, na defensiva ou distante em um relacionamento e gostaria de restaurar um senso de bem-estar, pergunte a si mesmo quais novas atitudes ou sentimentos estão surgindo ultimamente. Você talvez tenha que olhar no espelho.

Ler a lista "O que está acontecendo comigo?", na próxima página, poderá ajudá-lo a se colocar em evidência. O que suas respostas lhe dizem? Você precisa cuidar melhor de si mesmo? Você está se desgastando? Se você estiver física, mental ou emocionalmente desgastado, será mais difícil enxergar qualquer situação a partir da perspectiva do outro. Entretanto, se você estiver bem disposto, flexível e consciente, irá se tornar mais "merecedor do relacionamento". E isto, por si só, fará você se sentir bem em relação a si mesmo que, por sua vez, também irá melhorar seus laços.

2. Você pensa bem no que vai dizer ao iniciar uma conversa e escuta a resposta da outra pessoa? Como a vovó sempre dizia, você pega mais moscas com mel. O modo como você inicia uma conversa influencia o modo como o seu companheiro ou filho responde. Quando você é gentil e respeitoso, tende a receber o mesmo deles. A seguir são apresentadas duas listas de frases possíveis para iniciar uma conversa:

O que está acontecendo comigo?

Se você estiver se sentindo incomodado e perdendo a paciência com todo mundo, pergunte a si mesmo:

☐ Estou com responsabilidades demais?

☐ Tenho assumido compromissos demais?

☐ Estou tentando mudar algo que está fora do meu controle?

☐ Estou esperando que os outros me façam sentir completo ou feliz?

☐ Estou fisicamente bem?

☐ Sofri algum trauma que não estou reconhecendo?

Lista 1	Lista 2
Eu posso ajudar.	Eu avisei.
Posso mostrar a você, se quiser.	Você fez de novo.
Sei como se sente.	Estou certo/você está errado.
Eu te amo.	É culpa sua.
Estou do seu lado.	Não quero escutar isso.
Farei isso por você.	Você me deixa louco.
Estou ouvindo.	Você é tão [complete a frase].
Sinto que...	Você devia...
Desculpe-me por ter interrompido você.	Você nunca/sempre...
Preciso me acalmar.	Já chega, não vou ficar aqui.
Eu perdoo você.	Quem você pensa que é?

Você não precisa ser nenhum cientista para descobrir qual lista tem mais chances de levar a uma conversa explosiva e qual conduz a uma interação mais positiva. A boa comunicação é o coração de toda relação forte. É melhor agir com benevolência e um desejo verdadeiro de conhecer o outro. É isso que abre a porta.

Pratique as frases de início de conversas. Em uma folha de papel, escreva o título "Frases boas para iniciação de conversas" e copie as frases da Lista 1. Acrescente outras que lhe pareçam boas. Coloque a folha no seu espelho ou na cozinha, em um lugar que você com certeza a veja todos os dias. Melhor ainda se os outros membros da família também a virem.

Quando a outra pessoa responder, procure realmente escutá-la. Um método popular em *workshops* para casais, a "escuta ativa", envolve um dos membros do casal repetir o que o outro diz.

Seu filho diz "Realmente não quero visitar a vovó hoje", e você responde "Ouvi dizer que você não quer visitar a vovó". Seu companheiro diz "Toda vez que você grita comigo por causa das tarefas domésticas é como se eu voltasse a ter 10 anos e você fosse a minha mãe", e você então diz "Ouvi dizer que, quando grito com você, é como se você voltasse a ter 10 anos e eu fosse a sua mãe".

A escuta ativa é uma forma artificial de conduzir uma conversa, mas ajuda a sensibilizar ambas as partes em relação à perspectiva do outro. Também desacelera a ação e traz maior foco para o momento. E quanto mais consciência e comprometimento você tiver nas conversas, maior a probabilidade de que elas não fujam do controle.

3. Você procura o ponto ideal? Existe um ponto em todo relacionamento onde as expectativas que ambos têm em relação ao outro estão corretas — o "ponto ideal". Se as expectativas são muito baixas, nós não crescemos. Permanecemos apenas em nossa zona de conforto, evitando riscos que, embora assustadores, em geral também melhoram a vida. Se as expectativas são muito altas, estamos exigindo demais de nós mesmos ou do outro.

Em um artigo publicado no *New York Times*, resumindo uma pesquisa sobre expectativas, a jornalista Alina Tugend apareceu com uma fórmula de senso comum: "Aparentemente, é melhor ter baixas expectativas em relação ao que está fora do nosso controle, expectativas realistas em relação ao que até certo ponto podemos controlar, e expectativas elevadas em relação a nós mesmos".

As expectativas em relação aos nossos relacionamentos também caem nessas três categorias. Quando suas expectativas estão alinhadas à realidade — na medida certa — fortalecem um relacionamento. Quanto menor for o "hiato ideal/real", que é a diferença entre o que você espera e a realidade, melhor você se sentirá em relação à vida. Quando se trata de relacionamentos, se você aceita quem a outra pessoa é e sabe o que pode realmente esperar dela, tem menos chances de desperdiçar energia tentando transformá-la em algo que ela não é e talvez nunca seja.

A empatia pode ajudar você a encontrar o ponto ideal. Quando você esperar ou exigir algo de um membro da família, tente se imaginar do outro lado. Ouça o que você normalmente diz a essa pessoa, o modo como diz isso e que tipo de mensagens não ditas você transmite. Como você se sentiria se estivesse do outro lado — pressionado e estressado? As palavras ou a mensagem recebida fariam você querer se esforçar mais ou parar de tentar? Colocar-se no lugar dos outros pode inspirar você a adotar um tom diferente, repensar suas expectativas e encontrar um meio-termo mais confortável.

É como uma mulher extrovertida casada com um homem antissocial uma vez destacou: "Aprendi o que ele consegue tolerar e que não adianta forçá-lo. Se nós recebemos amigos e saímos tanto quanto eu gostaria? Não, mas nós também não nos isolamos tanto quanto ele gostaria."

Encontrando o ponto ideal: o que é razoável?

Esperar que os filhos aceitem responsabilidades adequadas para a idade deles.

Demonstrar suas necessidades para o companheiro ou aos pais.

Argumentar/chegar a um acordo com um filho mais velho ou outro adulto.

Explicar as regras para uma criança, em vez de partir do princípio de que ela as conhece (ou que entenderá na primeira vez).

Aceitar que a outra pessoa pensa diferente de você.

Esperar que seu companheiro e seus filhos se interessem por quem você é.

Reconhecer que uma pessoa não pode ser tudo para você.

Perceber que, às vezes, as pessoas nos desapontam, as coisas dão errado.

Ter um plano B, para o caso de as coisas não acontecerem como você previu.

Concordar em às vezes "discordar". Até mesmo os casais que são *masters*, aqueles de casamentos duradouros, nunca resolvem 100% de seus conflitos.

---

4. Você sente a mesma curiosidade por aqueles que ama e por pessoas pouco conhecidas? Em um casal, o impulso de fazer perguntas um ao outro às vezes diminui com o passar do tempo. Com os filhos (e nossos próprios pais), nós costumamos partir de pressupostos, em vez de perguntar. Conforme as crianças começam a flertar com a adolescência, se nós não fomos curiosos até então, elas relutam em responder nossas perguntas, por isso é melhor começar cedo. E com relação aos seus pais, conhecê-los é ainda mais complicado. Existe a bagagem de uma vida inteira interposta entre vocês, memórias de um tempo em que eles estavam no controle e você era obrigado a obedecê-los. Para abandonar esses papéis antigos, você precisa vê-los como *pessoas* e não só como mãe e pai.

Para descobrir coisas sobre aqueles que você ama, simplesmente pergunte. Fazer perguntas no decorrer de um dia de rotina e ouvir a resposta de uma criança ou adulto é uma forma de dizer "Estou interessado em você e em quem você está se tornando". Isso mantém a porta aberta. É por isso que muitos *workshops* para casais lembram que companheiros precisam compartilhar não só os grandes sonhos, triunfos e decepções como também as minúcias do dia a dia. Além de ensinar habilidades de comunicação, muitos desses seminários propõem exercícios para casais similares ao antigo "jogo do casamento", em que os competidores marcam pontos quando sabem informações aleatórias, como a música favorita de cada um.

A própria curiosidade em si é um traço positivo, capaz de enriquecer a vida. Pessoas curiosas são mais divertidas e melhores cúmplices. Na verdade, fazer perguntas é uma forma de alimentar os relacionamentos, porque faz os outros saberem que você está interessado em quem eles são. Descubra o que ele gosta e não gosta, aquilo que é importante para ela, como ele gosta de passar o tempo livre. Quais são os pratos favoritos dela, qual tipo de música ou sons da natureza o acalmam ou energizam; quais flores a fazem se sentir especial; quais paisagens ele gostaria de ver; quais tipos de cuidados a fazem se sentir amada e protegida; o que está na lista de afazeres dele? Você sabe qual é o sabor de sorvete preferido dela, se ele gosta de lençóis de linho ou de algodão? Você sabe o que está acontecendo no trabalho, na escola ou em um projeto que não tenha nada a ver com você? Você já perguntou qual é a melhor ou pior lembrança da infância dele? Quando criança, ele brincava bastante ao ar livre? Ela tem algum problema de saúde ou requer algum cuidado especial? Você sabe o que ele gostaria de fazer se fosse rico? Se os seus pais são idosos, você sabe mesmo quem eles são e como eles se sentem, ou você está muito ocupado tentando fazê-los viver ou agir como *você* pensa ser melhor? É melhor perguntar do que partir de pressupostos. (Ver no quadro "Um leque de possibilidades" algumas ideias sobre tópicos de conversas.)

Não se trata de um processo que seja meramente uma missão de descoberta de fatos intermináveis. É uma forma de dizer "Aceito você como você é agora. Aplaudo as nossas diferenças e quero aprender com você". Isso ajuda você a medir a melhor forma de interagir e se fazer entender por cada pessoa. Você sabe, por exemplo, qual membro da sua família tende mais a se abrir em uma conversa? Quem se sente mais confortável conversando ao fazer ou aprender algo junto? Quem faz anotações ou escreve histórias que revelam informação?

Um leque de possibilidades

Não há limite para as coisas que você pode aprender sobre outra pessoa – adulto ou criança. Os tópicos e perguntas a seguir abrangem uma parte significativa do território biográfico. No caso das crianças, faça adaptações de acordo com a idade. Em todos os casos, quanto mais você cruzar essas colinas e vales, mais saberá sobre o "O" – o outro. É uma jornada sem fim.

Domínio geral	Poderia ser aplicável a	Perguntas simples
Atitudes/crenças *Quais são as perspectivas e atitudes de "O"?* *No que "O" acredita, o que considera importante?*	Crianças, família, relacionamentos (atuais e antigos), dinheiro, trabalho, amor, sexo, animais de estimação, saúde, ambiente, responsabilidade social, tempo de lazer, religião/espiritualidade, vida social.	Você gosta de passar o tempo com outras famílias? Em sua lista de prioridades, onde está o trabalho? O que fez você querer se tornar mãe/pai?
Experiências *Quais momentos foram marcantes na história da vida de "O"?*	Primeiro, melhor/pior, mais surpreendente, mais modificador da vida, mais assustador, mais constrangedor de todos os relacionamentos, trabalhos, momentos.	Quantos anos você tem e quem lhe ensinou a [andar de bicicleta, cozinhar, ler, etc.]? Qual memória da sua infância melhor define sua família? Até hoje, qual foi sua maior realização?
Ambiente *Qual tipo de espaço faz "O" se sentir mais confortável? O que "O" faz para que este espaço seja como é?*	Casas/lugares/comunidade preferidos; relação com o espaço físico (limpeza/sujeira, organização/bagunça); envolvimento com a criação ou a proteção da casa (papel na decoração ou reforma); tipos de locais preferidos (rural/urbano, cuidado/rústico).	De quais formas os diferentes tipos de ambiente afetam você? Qual é a sua ideia de espaço ideal para viver – tamanho, decoração, localização? Você gosta de passar muito tempo em contato com a natureza?

(continua)

(continuação)

Domínio geral	Poderia ser aplicável a	Perguntas simples
Família *Quais aspectos da descendência e história de "O" estão infiltrados na vida que vocês vivem juntos, hoje?*	Memórias de infância, relacionamento com pais e irmãos, importância dos outros parentes, ideias/crenças/atitudes a que foi exposto quando era criança.	Qual é a coisa mais importante que sua irmã lhe ensinou? Seus pais discutiam muito? Na sua família, as crianças participavam das conversas dos adultos?
Interesses *O que cativa a atenção de "O"?* *O que "O" gosta de fazer, aprender, do que gosta de participar?*	Preferências, participação, conhecimento sobre esportes, música, filmes, livros, comida, restaurantes, meio social, cultura e como se relaciona com tudo isso.	Se, de repente, você tivesse uma hora extra todo dia, como a gastaria? Quais seções do jornal você gosta de ler primeiro? Existe algo que você sempre sonhou em fazer?
Relacionamentos *Quem mais faz parte da vida de "O"?*	Relacionamento com parentes, amigos, colegas da faculdade, colegas do exército, chefe, colegas de trabalho, professores, padres e outros que cruzam o caminho de "O", e a importância dessas pessoas em sua vida.	O que faz de alguém seu "melhor amigo"? Se nós nos mudássemos, você sentiria mais falta da presença de quem? Qual é a diferença entre os seus relacionamentos on-line e os relacionamentos da vida real?
Vitórias/conflitos *Quais desafios "O" teve que – ou quer – enfrentar?*	Saúde, carreira, façanhas ou provas físicas, discriminação, milagres.	Você acha que faz o bastante para se manter saudável? Se você soubesse que conseguiria ficar forte o bastante para participar de um triatlo, estaria disposto a dedicar tempo para treinar?

5. Você limita o seu conhecimento acerca do outro a suas próprias percepções e experiências? Observe aquele que você ama em outros contextos, com outras pessoas e em situações fora de casa. Uma mulher que entrevistamos, casada com um juiz, adorava assistir "o Meritíssimo" "atuar", porque uma parte diferente e menos familiar dele emergia. Você pode se sentir do mesmo modo ao observar seu companheiro em um coquetel ou ao ver seu filho ajudando um vizinho.

Aviso: observar uma pessoa querida sob uma nova luz também pode ser dissonante ("Por que ele não é assim *comigo?*"). Não leve para o lado pessoal. Em vez disso, absorva a nova informação e use-a para melhorar *seu* relacionamento com essa pessoa. Por exemplo, Bettina quase não reconheceu a filha Mary Lou, sempre avoada e distraída, ao observá-la na aula de karatê. A pequena garota mostrava foco, autocontrole e confiança, além de praticar em casa por sua livre e espontânea vontade. "Tive de perguntar a mim mesma, por que ela é tão diferente com o *sensei*? Percebi que, em casa, eu não lhe dava crédito por aquilo que podia fazer. Eu me preocupava apenas com o que ela não fazia". Ela começou a conversar com a filha de uma forma bem mais direta e autêntica, e o relacionamento delas foi melhorando gradativamente.

Parentes, amigos e conhecidos que sejam pessoas observadoras, equilibradas e honestas podem ser fontes valiosas de informação, *se você estiver disposto a ouvi-los*. Uma amiga psicóloga disse a Marie Daniels que estava preocupada com o filho dela de 7 anos, Christopher, "Ele estava se pendurando na varanda e, quando eu disse a ele 'Cuidado para não cair', ele respondeu 'Não me importo'".

Marie não levou imediatamente a sério as preocupações da amiga ("Você sabe como são os psicólogos — eles interpretam tudo"). Entretanto, quando o professor de Christopher também comentou sobre o comportamento negativo dele na escola, Marie percebeu que andava preocupada demais com seus próprios problemas para enxergar o filho com clareza. Ela e o marido tinham se separado havia pouco tempo. Evidentemente, a separação deles afetara Christopher mais do que ela havia notado. "Eu morria só de pensar que ele estava triste", admitiu ela que, todavia, percebeu que tinha que dar atenção ao que a amiga havia lhe contado para ajudar o filho a se adaptar à nova situação da família. Lidar com os sentimentos de Christopher — e com seus próprios — permitiu que ela fortalecesse sua conexão com o filho e o impedisse de se afastar dela.

Recorrer aos outros em busca de informação é especialmente importante à medida que os filhos se aproximam da adolescência. Um estudo conduzido em 2004 constatou que os pais que recorriam aos vizinhos, pais de colegas dos filhos, irmãos ou parentes estavam "de modo geral, mais bem informados acerca do paradeiro, companhias e atividades em que os filhos adolescentes estavam envolvidos".

Em alguns casos, a melhor informação sobre alguém é obtida da própria pessoa. "Os pais de Amy nunca discutiam na frente dela quando ela era criança", conta Greg Perlman falando da esposa, "então, ela pensava que seus pais não discutiam. Os meus pais não hesitavam em entrar em desacordo ou mostrar suas emoções na minha frente. Durante os primeiros anos de nosso casamento, quando eu expressava sentimentos negativos, ela sempre pensava que meu aborrecimento era com ela e, na verdade, eu estava aborrecido com uma situação". Na cabeça de Amy, qualquer emoção era "ruim" ou "assustadora".

Como Amy escutava e se dispunha a considerar a percepção dos outros — no caso, do marido dela — ela finalmente entendeu que não tinha nada a ver com ela. Greg dá vazão aos sentimentos com muita facilidade e frequentemente. Ele é assim. Agora, quando Greg começa a falar sobre um pai/mãe irritante que encontrou na escola de Sadie ou sobre qualquer outra ocasião desagradável ocorrida ao longo do dia, Amy tende menos a levar as queixas dele para o lado pessoal.

6. Você tira proveito dos momentos "oboé", interações do dia a dia que alimentam o relacionamento? As conversas e momentos compartilhados alimentam a conexão. Os pais às vezes cortam gastos e economizam para programar férias com a família, imaginando o momento como uma ocasião para todos se unirem e se relacionarem. Esse é um plano — as férias podem fazer bem à família, quando é possível bancá-las. Entretanto, férias não bastam para alimentar constantemente os relacionamentos familiares. Você tem de infundir na *vida diária* momentos cotidianos que sejam agradáveis para todos e nos quais a conexão com cada membro ocorra de maneira consciente. Pai e filho preparando o jantar. A mãe atuando como técnica de futebol do time do filho.

Além disso, descubra meios de apimentar a interminável rotina diária fazendo da própria jornada uma parte valiosa do evento. Os Sargent-Klein apelidaram esses momentos de "momentos oboé", um termo cunhado quando David parou de praticar ou acompanhar as aulas. "Nós sabíamos que ele estava farto daquilo, mas não podíamos fazê-lo desistir, porque foi quando o levamos lá que ele se abriu para nós. Nós não queríamos que os 'momentos oboé' acabassem!"

Infelizmente, os adultos costumam ser melhores em aproveitar os "momentos oboé" com os filhos do que uns com os outros, e têm de trabalhar mais para fazer esses momentos acontecerem. Lanie e Bill Allen, pais de quatro filhos, conscientemente estabeleceram "minisseções de tempo" em seus dias atarefados. Não há expectativa de conversas sinceras nem resolução de problemas. O objetivo é ficar juntos e reenergizar os laços, pois todo o resto emana disso. "Nós procuramos fazer coisas simples", diz Bill. "Ficamos acordados até um pouco mais tarde; tomamos cerveja na varanda da frente e conversamos sobre o dia. Fazemos compras juntos. Na noite passada, saímos para correr. O que você extrai de um relacionamento é aquilo que deposita nele".

7. Você analisa e se atenta? Como os relacionamentos estão em fluxo contínuo, temos que continuamente reunir boas informações, sobretudo quando um membro da família nos surpreende. Por exemplo, seu companheiro está mais irritado que o habitual. Ele grita se você esqueceu de lavar o carro; fala coisas sobre parar de lecionar e voltar a vender motos na loja em que trabalhava há 10 anos. Não faça pouco caso disso, achando que é "conversa de doido". Em vez disso, pense no que mais ele pode estar passando e naquilo que está acontecendo na vida dele. Pergunte a ele. Seja o que for, afetará você e o restante da família.

Ou quem sabe, sua filha de 9 anos tenha subitamente se tornado reservada, passando mais tempo em seu próprio quarto. Ela parece mal-humorada e não quer saber de nada. Será que ela está lidando com alguma questão antiga, um novo desafio em seu momento presente, alguma preocupação relacionada ao seu futuro? Alguma coisa lhe aconteceu, recentemente? Isso já ocorreu antes? Será que *você* fez algo que contribuiu para o que está acontecendo? Existe algo fora do relacionamento de vocês que possa tê-la afetado? A pressão aumentou na escola ou em alguma das outras atividades que ela pratica?

Essas mudanças às vezes resultam de uma mudança associada ao desenvolvimento. O seu filho quer andar de bicicleta sozinho pela cidade. Na sua cabeça, uma voz grita "Não!" A ideia assusta e você sente saudades daquele menininho doce que você adorava aninhar no colo. Mas, aí está você, confrontado por um pré-adolescente que é capaz de multiplicar frações e já consegue vencê-lo no tênis e no xadrez. Aceitar quem ele é agora irá melhorar o relacionamento entre vocês. Decida se e até onde o deixará ir de bicicleta, baseando-se no quanto ele se já mostrou responsável e no que ele é capaz de fazer no presente, e não no medo ou na saudade.

Conforme será destacado no Capítulo 9, tentar *não* enxergar a mudança não levará você a lugar algum e, pior, poderá causar problemas ainda mais graves. Digamos que o seu pai ultimamente esteja esquecendo as coisas. Sintonize. Observe o que está acontecendo. Ouça com atenção. Talvez, ele apenas esteja com muitas coisas na cabeça nos últimos dias, mas talvez ele esteja precisando de ajuda. É possível que você não estivesse esperando chegar a essa situação tão cedo, mas as coisas são como *são*. Quando você reconhece a mudança e está disposto a aceitar aquilo que o acompanha, é sempre melhor para o relacionamento — e para a família.

8. Você mais frequentemente aproxima do que afasta? Uma tarde, quando seu filho chegou todo orgulhoso mostrando um desenho que fizera, Callie estava tentando desesperadamente pôr seus *e-mails* em dia. Ela meramente desviou o olhar do laptop e disse numa voz sem emoção, quase robótica "Oh, que lindo, Juan". Mas Juan não se deixou enganar. "Você nem olhou, mãe!", gritou e foi bravo para o quarto.

Você já passou por isso, assim como todos nós. Na confusão do dia a dia, nós sem querer falhamos em "estar presentes" para as pessoas que amamos. Você meramente acena para seu companheiro que chega em casa do trabalho. Você se distrai com o filho pequeno que está em seu colo quando nota que ele está espalhando sal sobre a bancada inteira, e com o outro filho de 5 anos que está perto dele fazendo o trabalho de colagem "Este sou eu", que deve ser entregue no dia seguinte. A sua mãe telefona e você está preenchendo faturas. Você age como se estivesse escutando até ouvir uma voz no telefone dizer "Alô! Você ainda está aí?". E, claro, você não está.

Todos nós fazemos várias coisas ao mesmo tempo e é desse modo que passamos o dia — ou assim pensamos. Um estudo conduzido pela Universidade Stanford constatou que as "pessoas regularmente bombardeadas por várias correntes de informação eletrônica não prestam atenção, controlam suas memórias ou trocam de emprego do mesmo modo que aquelas que preferem concluir uma tarefa de cada vez". Ainda mais importante, esse "distanciamento", como é chamado pelo renomado pesquisador John Gottman, não traz nada de bom para a saúde de um relacionamento.

E o que você pode fazer? No momento em que uma pessoa querida — criança ou adulto — requisitar a sua atenção, literalmente vire a cabeça para ele. E se seus filhos nem olham quando você ou seu companheiro entra — uma realidade em muitos lares — chame sua atenção. Faça-os desligar a TV, o iPad ou o Game Boy. Até a lição de casa pode esperar.

O resultado é enorme. Essa interação momentânea em que você ouve e responde pode demorar apenas alguns segundos ou um minuto inteiro, mas faz toda a diferença em seus relacionamentos. Gottman descobriu que 4 em cada 5 casais que continuam juntos depois de 6 anos de casamento apresentam uma taxa de "aproximação" de 86% — ou seja, na maioria das vezes, quando o cônjuge pede um minuto de atenção, eles viram a cabeça, fazem contato visual e escutam. Com os filhos em especial — e também com os adultos — prestar atenção e responder demonstra que você se importa. E, se você pesar as duas opções — esvaziar a caixa de entrada *versus* demonstrar a uma pessoa querida que ela é importante para você — não há nem como competir.

Seja proativo e tente ainda eliminar as potenciais interrupções. A família Green, entre outros clãs unidos, estabelece regras para usar seus dispositivos. Não enviar nem checar mensagens ao entrar em casa. Não usar o celular quando estiver dentro do carro, exceto quando estiver sozinho (e, nesse caso, somente com fones de ouvido, lógico). Não atender o telefone de casa durante as refeições. Mesmo quando alguém ocasionalmente comete um deslize, a família ao menos tem suas prioridades definidas.

9. Você sabe quem lhe dá o quê? Todo relacionamento tem benefícios e custos. Ninguém lhe dá tudo. Você aprende algo diferente e colhe recompensas distintas. O seu relacionamento com uma criança de 8 anos, por exemplo, pode mantê-lo jovem e fazer você perceber o mundo de um modo diferente. Além disso, essa criança pode ser dotada de talentos incríveis que o deixam maravilhado, como uma bela voz melodiosa ou, talvez, ela seja extremamente compassiva e a presença dela acalme você. Mesmo assim, ela não é a pessoa em quem você confiaria se estivesse preocupado com um problema de saúde ou para quem confidenciaria que seu casamento está em crise.

Do mesmo modo, mesmo que o seu ex-cônjuge seja um ouvinte excelente na maior parte do tempo, pode não ser o adulto "certo" para procurar quando se trata de certos assuntos. Imagine que o seu filho adolescente diga algo que magoe você, e que essa não tenha sido a primeira vez. O pai dele seria logicamente a pessoa com quem conversar sobre isso — ele também ama o garoto. Entretanto, buscar ou não os conselhos do seu ex também depende daquilo que você conseguiu dele no passado. Se ele é uma pessoa empática que sempre oferece respaldo, uma verdadeira rocha em situações desse tipo, faz sentido envolvê-lo na discussão? Por outro lado, se ele se identifica com o comportamento do filho — talvez o menino o lembre do adolescente que ele mesmo foi — é possível que ele leve sua crítica para o lado pessoal. E, pior ainda, se no passado ele rejeitou seus sentimentos e o acusou de ser "sensível demais" ou "melodramático"

O que é dado e recebido?

Olhe profundamente para cada um dos seus relacionamentos importantes, para ver o que você recebe e o que você dá. Em especial, se você estiver passando por qualquer tipo de conflito, suas respostas podem ajudar a esclarecer o que precisa mudar.

Identidade. Em quem eu me transformo quando estou com essa pessoa? Em quem ela se transforma quando está comigo? Quais tipos de traços, valores, desejos e atitudes esse relacionamento faz surgir em mim? E nela? O que nós "criamos juntos"?

Autorreflexão. O que eu sentiria ao me ver pelos olhos do outro? Que tipo de espelho sou para ele?

Aprendizado. Qual informação/conhecimento/habilidade este relacionamento me proporciona? O que eu proporciono?

Novidade. Essa relação me conduz a novas experiências? Nela, eu tento expressar o meu lado mais curioso e expansivo?

Sustentação emocional. Eu sinto que recebo apoio? Eu dou meu apoio? Alguém me ouve? Eu ouço?

ou "controlador", conversar com ele sobre suas preocupações seria, como Tracy adorava dizer, "algo como comprar laranjas na loja de ferramentas".

10. Em meio a uma conversa potencialmente tensa, você se pergunta "Como desejo que essa discussão termine?" Essa pergunta é o ponto principal das trocas diárias que ocorrem na família. A chave do envolvimento positivo é dar o melhor de si. Cada vez que, dentro de si mesmo, você alcança uma resposta responsável, empática, autêntica e amável — uma resposta R.E.A.L. — você aumenta as chances de melhorar o relacionamento. Não é fácil, sobretudo quando uma farpa de raiva é arremessada na sua direção. Os ataques verbais ativam a mesma parte do seu cérebro responsável pelo processamento dos ataques físicos. Quando você diz "Aquilo realmente me feriu", não está exagerando. Além do mais, ser o alvo de um comentário ácido deflagra uma reação em cadeia. Você se sente vulnerável e isso lhe causa ansiedade. Então, ou você se torna uma pessoa carente, ou uma pessoa controladora, ou procura uma saída. Por outro lado, sendo racional até mesmo nesses momentos difíceis — perguntando a si mesmo *Onde quero que isso acabe?* — você consegue parar ou ao menos retardar a espiral descendente.

Isso fica mais fácil com a prática. Quanto mais você lembrar a si mesmo que o seu objetivo é fortalecer o relacionamento, mais você será capaz de agir desse modo. Por exemplo, seu companheiro a chama no escritório para dizer que limpou a gaiola do hamster — um trabalho que geralmente recai sobre você. Ele diz que sabe o quanto você detesta fazer isso. Você presume o melhor do que ele disse? Ou desconfia de um motivo mais profundo? Ele deve ter feito outra coisa que sabe que você não gosta, ou a está bajulando para pedir algo em troca. Você presume que está certa? Você fica irritada porque acha que ele quer um elogio? Uma resposta não muito amável passa por sua cabeça: *Eu nunca me vanglorio por ter limpado a maldita gaiola. O que ele quer, uma medalha?* Você já passou por isso e deixou escapar esse pensamento ríspido?

Como você lida com isso depende, em parte, do tipo de dia que você teve, da natureza do seu relacionamento até do momento e do grau de sincronismo das suas expectativas com a realidade. Mas:

Não importa o que esteja influenciando o momento, você sempre tem uma escolha.

Você pode brigar ou desligar o telefone de uma maneira amigável como "Daqui a pouco ligarei para você". Essa simples prorrogação pode lhe dar o tempo de parar e perguntar a si mesma *"Como quero que isso acabe?"* Provavelmente, você verá a situação de modo mais amplo. A limpeza da gaiola é uma das coisas de menor importância na sua lista de tarefas noturnas. E daí se ele se vangloriou disso? A parte importante é que ele *ouviu* você. E ainda lhe deu um presente: tempo extra. Ao entrar no escritório, em vez de atacá-lo, abrace-o amorosamente e diga "Obrigada, querido, isso foi tão gentil!" Ele irradiará orgulho e vocês dois se beneficiarão dos sentimentos positivos desse momento. Não se trata de se anular ou de engolir seus sentimentos. Trata-se de escolher o melhor caminho e fazer escolhas que, por fim, não só irão melhorar o relacionamento como farão você se sentir mais satisfeita consigo mesma.

Diga a verdade a si mesmo

Conforme dissemos no início do capítulo, os relacionamentos são tudo. Você se sai melhor em um relacionamento — em qualquer relacionamento — quando dimensiona corretamente as suas expectativas e se compromete a esperar, em vez de fugir. É útil rever de vez em quando as perguntas sobre relação, porém o verdadeiro segredo do sucesso de um relacionamento é dizer a verdade a si mesmo (DVSM).

Funciona assim: você está seguindo a vida no piloto automático e se depara com uma decisão, questão ou ação — sua própria ou de um membro da família — que o força a dizer a si mesmo, *Opa! Eu não esperava por isso. Não está certo. Não é confortável. Tenho que pensar sobre o significado disso.* Esses momentos em que dizemos *Opa!* podem nos pegar de surpresa — um telefonema trazendo notícias ruins; uma declaração ou ação da parte de um parente querido que desperta sentimentos fortes. Momentos desse tipo também podem acontecer quando uma ideia ou sentimento à margem de sua consciência de repente se torna impossível de ignorar. Eles podem acontecer quando é preciso enfrentar uma mudança ou exigência de um membro da família. Você pode ser capaz de reprimir seus sentimentos ou se afastar da outra pessoa (por um tempo). Ou suas emoções podem acabar sendo mais fortes. Você pode acabar explodindo ou se vingando — mandando seu filho ir para o quarto, dando um gelo em seu cônjuge, desligando o telefone na cara do pai/mãe ou do irmão/irmã. Nenhuma dessas alternativas tende a melhorar o relacionamento.

Quando momentos *Opa!* acontecem, a melhor opção é se distanciar da ação por alguns momentos para poder avaliar a sua

> ### Em foco: o mantra "dizer a verdade a si mesmo" (DVSM)
>
> *Olhe ao seu redor.* Reúna evidências.
> *Diga a verdade a si mesmo.* Admita o que *está acontecendo.*
> *Tome uma atitude.* Faça ou diga alguma coisa condizente com sua verdade e com seus valores, e que melhore o relacionamento e/ou a situação. Se não funcionar, volte à primeira etapa, recomece – e, dessa vez, faça outra coisa!

própria reação e decidir conscientemente como lidar com aquilo que está enfrentando. No entanto, você só poderá escolher como quer responder *se* disser a verdade a si mesmo.

O mantra "dizer a verdade a si mesmo" (DVSM) possui três etapas.

1. *Olhe ao seu redor.* Coloque-se fora da ação, como um observador neutro. O que exatamente está havendo? O que você vê? O que você ouve? O que conduziu a esse momento? Reúna evidências sobre cada um de vocês, para que você possa agir sobre o que *está acontecendo.* O que cada um de vocês estava fazendo pouco antes dessa interação? Há outros membros da família envolvidos, mesmo que indiretamente? Se tomar uma decisão lhe parece muito necessário, é de fato uma questão de vida ou morte — ou apenas lhe dá essa sensação agora?

2. *Diga a verdade a si mesmo.* Admita o que *está acontecendo.* Algum elemento novo, que você ainda não havia considerado, foi introduzido — uma mudança de desenvolvimento, outras pessoas, outras influências, o contexto? A situação é realmente nova ou passa uma sensação do tipo "já passamos por isso antes"? Você poderia ter previsto isso, se tivesse prestado mais atenção? Você poderia ter planejado melhor? Não se concentre no que está sentindo, mas sim na causa desse sentimento. Você está considerando tudo — sua motivação, sua contribuição para a situação, o significado disso para você, e se você tem controle sobre isso?

3. *Tome uma atitude.* Faça alguma coisa. Isto pode significar iniciar ou terminar, mudar o rumo ou agir de modo diferente, envolver-se mais ou não se envolver. O objetivo é descobrir a melhor forma de lidar com essa realidade em particular e fazer uma escolha consciente. Faça ou diga algo condizente com sua verdade e respeite o que você pode oferecer no momento, mas coloque o *relacionamento* em primeiro lugar. Se você der um passo errado ou tomar uma má decisão, sempre poderá fazer outra escolha mais tarde. Mas pelo menos dessa forma, você não está mais "emperrado" em uma situação ruim de isolamento.

Isso pode parecer uma tarefa para um super-humano. Entretanto, no calor do momento, o mantra DVSM inspira ao que o psicólogo Daniel Kahneman, ganhador do prêmio Nobel, chama de "pensar devagar". Nossos cérebros possuem dois sistemas para guiar nossas ações e reações. O sistema responsável pelo "pensar rápido", conforme Kahneman explica, "opera de forma automática e veloz, com pouco ou nenhum esforço e sem senso de controle voluntário". Em contraste, o "Sistema 2" é a parte de nosso cérebro que acessa nosso lado mais sábio. Envolve ações deliberadas, escolhas e concentração.

Embora o mantra DVSM nunca tenha sido submetido a testes científicos, sua eficácia é confirmada pelo trabalho do psicólogo James Pennebaker, um pesquisador que estuda o modo como as pessoas processam e lidam com "eventos negativos", desde um pequeno confronto até um trauma sério. O estresse tem consequências terríveis para nosso corpo, nosso sistema imune e nossa satisfação com a vida de um modo geral. Pennebaker descobriu que recuar é uma estratégia mais eficiente para lidar com o estresse do que repetir a história sem pensar ou, pior, deixar-se dominar pelos sentimentos ("imersão"). Quando você revive os momentos ruins, é fácil ficar preso em um ciclo de reflexão. Você fica relembrando o desconforto, os mesmos sentimentos ruins que não lhe ajudam a aprender nada sobre si mesmo nem sobre o outro. Mas se recua e usa sua energia e consciência para descobrir o *motivo*, isso acaba o ajudando a *transpor* isso. Pennebaker usa um exercício de escrita para ajudar as pessoas a se distanciar do evento e, então, tentar enxergá-lo mais nitidamente, como observadores neutros. Os mesmos princípios estão por trás do mantra DVSM.

Nem sempre é fácil ter essa percepção do momento e mudar o curso de ação. Até as pessoas que passaram por terapia ou fizeram oficinais de casais ou de pais e filhos têm dificuldade para se acalmar durante uma briga. Não importa se você está se sentindo oprimido ou se é você quem está atacando, esse *não* é o momento propício para resolver nada. Seja sensato e corajoso o suficiente para chamar o intervalo.

Diga à outra pessoa — adulto ou criança — que você precisa de tempo para se acalmar, mas deixe claro que você não está fugindo. Você apenas quer ter uma chance de "esfriar a cabeça" e organizar os pensamentos. Antes mesmo de tentar passar para o mantra DVSM, siga para o Plano D, a distração. Pegue um livro ou assista a um programa de TV divertido. Se você telefonar para um amigo, use a conversa para avaliar a realidade e não para desabafar ou fazer seu amigo ficar do seu lado. Quando estiver calmo, inicie a etapa 1.

É melhor dizer a verdade a si mesmo antes que um momento do tipo *Opa!* aconteça. É bem mais fácil olhar e rever seus relacionamentos quando você não se sente contra a parede e quando não estão todos irritados. Se você praticar o mantra DVSM regularmente e nas interações do dia a dia, isso fortalecerá o melhor que há dentro de você e será mais fácil fazer escolhas conscientes que alimentem o relacionamento, mesmo quando as coisas ficarem fora de controle.

Harriet e Gretchen: um relacionamento problemático

Em uma comemoração de feriado, os adultos estão reunidos na sala de estar, conversando, bebendo, comendo. Algumas crianças pequenas brincam no chão, mas a maioria das crianças maiores está se divertindo no porão. No sofá, Harriet está sentada com a filha de 9 anos, que não quer sair do lado dela. Basta olhar para a expressão em seu rosto para ver claramente que Harriet está um pouco constrangida. Ela quer que Gretchen seja como as outras crianças, que não chame tanta atenção por se comportar de modo diferente. Ela acredita que o comportamento antissocial da filha se reflete negativamente na percepção que os outros fazem delas.

Ela também se identifica com Gretchen. Harriet foi uma menina impopular nos tempos de escola, a *nerd* da turma e, mais tarde, uma *nerd* cientista, sendo que nenhuma das duas coisas era considerada legal. Ela era a última a ser escolhida para as equipes. No primeiro ano do ensino médio, sua suposta melhor amiga foi malvada com ela, diversas vezes. Olhando para Harriet hoje, você teria dificuldade para imaginá-la usando óculos com lentes grossas, sapatos confortáveis e saias que nunca se ajustavam em seu corpo magro. Agora ela usa lente de contato, tem o corpo esculpido pelas aulas de pilates e é uma cientista bem-sucedida que trabalha em uma empresa de biotecnologia. É difícil imaginá-la sendo impopular. Ela tem um círculo de bons amigos e leva uma vida muito feliz como mãe solteira, mas seu lado de adolescente excluída ainda faz parte de sua identidade. Na calada da noite, ela costuma pedir *Deus! Por favor, não deixe que Gretchen sofra como eu sofri.*

Agora, sentada ao lado de Gretchen na festa, Harriet tenta convencer a relutante filha de 9 anos, falando-lhe com uma voz artificial e melosa: "Querida, você não quer se juntar às outras crianças? Você adora jogar pingue-pongue. Acho que há uma mesa lá embaixo."

A filha de Harriet balança a cabeça e agarra o braço dela. "Quero que *você* venha comigo."

"Gretchen, pare com isso. Você é grande demais para agir assim", diz Harriet entredentes. Ela se solta dos dedos de Gretchen, se levanta e diz "Não posso. Tenho que ir ao banheiro." Gretchen começa a segui-la. Para distraí-la, Harriet lhe dá sua taça de vinho vazia. "Seja uma boa menina e, enquanto vou lá, encha a taça de novo para mim, tá bom?"

Harriet não é uma mãe ruim, mas suas expectativas são nitidamente confusas. Gretchen nunca foi uma criança extrovertida. Nesse momento, Harriet está tensa, preocupada e vê a si mesma na filha. Ela não tem a *intenção* de magoar Gretchen. No entanto, está tentando transformar a filha em alguém que ela não é. Não surpreende que a mãe de Harriet tenha feito o mesmo com ela. Sempre que Harriet chegava em casa chorando por causa das afrontas que sofria na escola, sua mãe lhe dizia para não ser tão chorona. Harriet não está levando em consideração seu passado agora. Tudo que ela sabe é que está preocupada, desconfortável e brava — e, pior de tudo, teme não encontrar nenhuma solução. Nada disso faz bem para o relacionamento dela com Gretchen.

Usando o DVSM para seguir adiante

À noite, quando está sozinha, Harriet repassa uma infinidade de momentos *Opa!* em sua cabeça: *O comportamento de Gretchen está piorando. E se ela estiver sofrendo provocações? Talvez, eu deva considerar uma terapia ou medicações. Tenho bebido mais ultimamente. Sinto que a vida está saindo do controle. Estou me transformando na minha mãe.* Harriet se sente presa nessa situação. Seu comportamento é a definição exata de insanidade: ela continua fazendo o que sempre fez e continua alcançando o que sempre alcançou — ansiedade. Enquanto isso, Gretchen continua a mesma e tudo isso está prejudicando seu relacionamento com a filha.

Harriet está imersa em desapontamento e constrangimento. Isso a impede de enxergar Gretchen com clareza e de ajustar suas próprias expectativas. Talvez ela não perceba que, em vez de melhorar a situação, está usando sua energia para controlar Gretchen. Ela não consegue enxergar que está abordando a filha de formas negativas — sem aceitar a criança que ela é, chegando às vezes até a afastá-la.

Suponha que rebobinássemos a câmera e reprisássemos essa cena em *slow motion*, para que Harriet pudesse ver o que realmente está acontecendo. Somente ao recuar e se distanciar do problema é que Harriet conseguirá ter real consciência da situação. Se visualizar a cena como expectadora, em vez de entrar em pânico ou desejar continuamente que Gretchen seja diferente, ela verá quem Gretchen é e o que está acontecendo com o relacionamento delas. Ainda melhor, ela poderá então ter coragem o bastante para fazer algo que fortaleça a ligação com sua filha.

Para mudar as coisas, Harriet precisa olhar com atenção o que acontece quando ela e Gretchen interagem, dizer a si mesma a verdade e, então, tomar uma atitude. Nesse caso, isso significa descobrir como agir melhor da próxima vez. Essa é a parte mais complicada. Entretanto, ao enxergar seu relacionamento com Gretchen do modo como ele realmente é, ela terá mais chances de perceber suas opções, as escolhas que fortalecerão a conexão entre as duas em vez de afastá-las. Imagine que nós pudéssemos acompanhar à medida que Harriet avança pelas etapas do DVSM.

O que Harriet viu quando voltou à cena da comemoração de feriado e olhou ao redor. "Estamos na festa. Gretchen não queria nem vir, mas eu não queria deixá-la com uma babá, e ela é nova demais para ficar sozinha. Cometi um erro ao trazê-la. Ela não conhece nenhuma das crianças que estão aqui. Ela está infeliz com a situação e, por isso, está me deixando infeliz. Também tenho passado por muito estresse no trabalho desde que eles contrataram aquele novo diretor, e isso tem me deixado mais irritada que o normal." Harriet tem que olhar para essa realidade e fazer a si mesma uma série de perguntas que a ajudarão a enxergar as coisas com mais clareza:

O que isso me diz sobre Gretchen?

O que isso me diz sobre mim?

Será que tentei manipular?

Eu estava sendo responsável, empática e autêntica? Liderei com amor?

Estou considerando as mudanças recentes que ocorreram na minha vida ou na dela?

O que Harriet percebeu ao dizer a verdade a si mesma. "Gretchen *sempre* teve dificuldade para se animar com novas situações sociais. Ela era uma criança que não saía do meu colo nas brincadeiras em grupo; uma criança que, na pré-escola, era a última a deixar a mãe ir embora. Não é razoável da minha parte esperar que ela, aos 9 anos de idade, seja supersociável. Na festa, Gretchen estava apenas sendo ela mesma e eu não quis aceitar. A verdade é que estou no meu limite — problemas demais no trabalho. Eu queria estar naquela festa sozinha, sem ter que me preocupar com que Gretchen se adaptasse ou se divertisse. Isso faz eu me sentir uma pessoa horrível. Para piorar as coisas, muitas vezes sou totalmente falsa com ela. Falo com ela como se fosse uma tola. Fico constrangida quando ela se pendura em mim. Tenho receio do que os outros pais pensarão de mim. Estou fazendo com ela aquilo que a minha própria mãe fez comigo. Tenho medo que Gretchen sinta que eu não a amo. Talvez, ela até entenda o que está acontecendo."

O que Harriet pode fazer melhor, na próxima vez. Primeiro, ela pode reconhecer por que o comportamento de Gretchen a ameaça, perguntando a si mesma:

De que modo isso me faz lembrar do passado?

Isso se deve a algo que está acontecendo no presente?

Sinto ansiedade quando contemplo nosso futuro?

Em vez de tentar mudar Gretchen, Harriet pode oferecer conselhos construtivos que permitam à filha ser ela mesma. Ela pode até conversar sobre como as coisas foram difíceis para ela, na infância. As crianças adoram ouvir as histórias de seus pais: isso as ajuda a ver a mãe e o pai como pessoas reais. O *processo* de compartilhar tradições de família dos pais e avós, observa o psicólogo Marshall P. Duke, ajuda as crianças a "crescer mais fortes e saudáveis".

Agora, sabendo o que sabe, Harriet também se preparará de forma diferente na próxima vez, fazendo com que Gretchen seja parte do processo. Em vez de tentar fazer Gretchen se comportar de modo diferente, ela pode usar sua energia para tornar a filha sua parceira no planejamento: "Vamos ao batizado de Dale, amanhã, e haverá muitas pessoas lá. Estou ansiosa para ir — alguns primos que não vejo há tempos estarão lá. Sei que festas grandes às vezes são difíceis para você, então vamos pensar em meios de tornar isso mais fácil, para que nós duas possamos aproveitar a ocasião.".

Se Gretchen disser "Não quero ir", Harriet tem opções: arrumar uma babá ou dizer à filha que ela não tem escolha. Nesse último caso, pode sugerir que Gretchen leve um livro ou jogo e pode ajudá-la a criar um plano como possibilidade: "Se as outras crianças estiverem fazendo algo que você não quer fazer, você poderá brincar sozinha."

Harriet também pode estabelecer regras, *antes* da ida ao batizado. Cabe a Gretchen se divertir, isso não cabe a Harriet. Ela não pode choramingar ou se queixar. Se Gretchen se sentir mais confortável conversando com adultos, tudo bem, desde que não os interrompa nem fique exigindo atenção. Na festa, se Gretchen começar a agir como sempre fez, Harriet pode mudar seus próprios passos. Ela pode dizer, com uma voz autêntica, "Gretchen, nós conversamos sobre isso. Você pode escutar em silêncio a minha conversa com Christine ou ler seu livro."

Encontrar o ponto ideal pode ser complicado em qualquer tipo de relacionamento, e é uma luta comum para todos os pais. Mas é também uma forma de aliviar o estresse. Harriet deve dimensionar corretamente suas expectativas. Sua filha, aos 9 anos de idade, não é uma criança muito sociável. Com ajuda, ela pode aprender a lidar melhor com reuniões sociais conforme for ficando mais velha, embora não haja garantias. É possível que situações que a tiram de sua zona de conforto jamais sejam fáceis para ela. Harriet precisa ensinar e orientar, e então recuar. Se as coisas não correrem de acordo com o planejado, ela terá que incentivar Gretchen a não desistir, sacudir a poeira e tentar algo diferente na próxima vez. Harriet precisa lembrar a si mesma constantemente: *não posso determinar nem prever o destino de Gretchen.*

Ao usar o DVSM para "desconstruir" um relacionamento entre pais e filhos, faça isso sozinho, como fez Harriet, ou compartilhe isso com outro adulto. Se o seu momento *Opa!* acontecer *com* um companheiro, no entanto, talvez não seja fácil fazer isso juntos. De qualquer forma, você pode sempre tentar passar por isso sozinho. Marla, por exemplo, dedica muita atenção às ocasiões especiais. Ela adora dar festas surpresas e procurar o presente perfeito. Larry, por outro lado, raramente se lembra do aniversário dela e, quando se lembra, tudo o que consegue dizer é "Querida, saia e compre algo maravilhoso para você. É por minha conta." Isso deixa Marla doida. Sentindo-se magoada e desapontada, ela reclama da "falta de atenção" e da "falta de consideração" de Larry. E eles seguem em frente.

Eles poderiam muito bem comparar uma gravação de suas brigas — apenas os detalhes seriam diferentes. Ela se enfurece e ele se afasta, com raiva e confuso. "Não entendo. Aqui estou eu, oferecendo o que você quiser", ele contra-ataca, "e você fica brava porque eu não trouxe nada para você. Você acha que sei ler pensamentos?"

Se Marla conseguir se conter e, em vez de disparar um discurso inflamado, fizer uma pausa e disser a verdade a si mesma, tudo irá mudar. Larry sempre foi "péssimo para dar presentes" e nem as dicas dela nem as discussões fizeram qualquer diferença ao longo dos dez anos em que eles vivem juntos. Ela pode *querer* que Larry faça o mesmo tipo de esforço que *ela* faz, mas isso não irá acontecer. Ele é quem é. Em qualquer relacionamento, cada pessoa pode contribuir apenas com o que é capaz de dar. Elas não são clones uma da outra.

Então, como Marla deve agir? Para começar, ela precisa aceitar seu marido, com verrugas e tudo. Em seu registro mental, ela tem uma longa lista do que ele *não* faz. Agora, ela tem que criar uma lista das coisas pelas quais deve agradecer, como a bondade e generosidade infinitas dele, ou por seu companheirismo em estar sempre ao lado dela. Ela precisa entender que suas expectativas são influenciadas por seu passado. Ela fora criada por um pai vendedor que lhe trazia presentes para compensar as longas ausências de casa. Para ela, os "presentes" simbolizavam "presença". Para que as coisas mudem, ela tem de enxergar sua própria situação com os olhos da maturidade. Se Marla então compartilhar suas novas ideias com Larry, escolhendo um momento em que ambos estiverem calmos e ouvindo também a verdade *dele*, com certeza a conexão existente entre eles será fortalecida.

Ao praticar o DVSM, lembre-se de que você não está buscando um acordo e sim procurando ter mais consciência para encontrar formas de melhorar o relacionamento. Nem sempre é agradável dizer a verdade a si mesmo. Você poderá descobrir sua impotência em uma situação particular. Você talvez tenha que aceitar que, embora esteja disposto a dedicar tempo e reflexão, não se trata de um problema que você possa resolver ou modificar sozinho. Ainda assim, é com isso que você tem de trabalhar. Como dizem os budistas, com a realidade não se argumenta.

Um teste experimental de DVSM

Aplique o mantra "dizer a verdade a si mesmo" a um incidente recente que tenha ocorrido em sua casa, envolvendo um membro da família. Use as instruções descritas na p. 107 para guiá-lo em cada etapa. Escreva o que você aprendeu. É provável que agora você possa responder a estas perguntas:

- O que isto me diz sobre a outra pessoa?
- O que isto me diz sobre mim?
- Será que tentei manipular?
- Eu estava sendo responsável, empático e autêntico? Liderei com amor?
- Estou considerando as mudanças recentes que ocorreram na minha vida ou na vida da pessoa?
- Esse incidente de algum modo me ameaça, faz eu me lembrar de meu passado, traz à tona o medo que sinto do presente ou me deixa ansioso quanto ao futuro?

Anotações sobre melhorar relacionamentos

CAPÍTULO CINCO

Laços familiares adultos

Por opção e por acaso

Pare de brigar com os seus familiares, cônjuge ou amigos.... Curta cada um deles. Pare de olhar para as falhas do outro. Comece a apreciar as qualidades de cada um. A vida é curta.... Quando a pessoa vai embora, você pode apreciar a qualidade de vida que tinham juntos, em vez de lamentar que você desperdiçou o tempo, que poderia ter feito melhor. Isso o confortará. E irá ajudá-lo a superar a perda e a tristeza.

– Gelek Rimpoche, em *Tricycle* ["Triciclo"]

Pense nos adultos presentes em seu último jantar importante de família (um feriado, uma ocasião especial ou uma data importante). Do outro lado da mesa, talvez na cabeceira, está o seu parceiro – o único relacionamento que você de fato escolheu. Em torno da mesa estão vários outros adultos, mais jovens e mais velhos que você. Alguns sempre fizeram parte de sua vida, foram destinados a você pelo acaso – os pais que o conceberam ou o adotaram, os irmãos que vieram antes e depois de você. Outros são parte de toda uma rede de pessoas que você herdou quando escolheu um companheiro – os pais e os irmãos dele ou dela, os parentes do seu parceiro.

Caso tenha um parceiro, ele é a pessoa mais importante, seu "codiretor". Se vocês têm um bom relacionamento, isso é um bom sinal para toda a sua família. Ler este livro com ele ou ela, por exemplo, é como fazer uma dieta juntos ou treinar para uma maratona. Ter uma visão conjunta e um compromisso mútuo, e juntos tentarem novas estratégias, aumenta sua probabilidade de fazer mudanças benéficas para todos vocês.

No entanto, o seu parceiro, observado pela ótica da família, não é o único personagem adulto influente à mesa nesse dia festivo. Seus pais, irmãos, sogros e cunhados são os *outros* membros importantes da família. Talvez não seja assim que você os veja, porque eles são atores coadjuvantes. Mas fazem parte de seu passado, e moldam o seu presente. Como avós, tias e tios, eles oferecem a seus filhos uma visão mais ampla da família e (em diferentes graus) são uma fonte potencial de amor e de inspiração para todos vocês. Quando esses vínculos são fortes e se apoiam mutuamente, as três gerações se beneficiam.

Neste capítulo, lidamos com os estreitos laços familiares adultos, por escolha própria e pelo acaso. Cada um desses relacionamentos exige um cuidado. Começamos com sugestões para continuar no rumo certo com o parceiro que você escolheu, como casal e como pais.* Na última parte do capítulo, oferecemos estratégias para cultivar (ou consertar) sua relação com os outros membros importantes da família.

---

* Se você tem um ex em sua vida, muitas dessas sugestões também se aplicam ao seu caso. Se você é pai ou mãe solteiro(a), leia as seções destinadas aos casais para rever seus relacionamentos anteriores, obter informações e planejar-se para o futuro, especialmente se está pensando em se casar novamente.

Seu relacionamento: ajustando o Eu de cada um

O casal ideal, caso existisse, nunca discutiria sobre tarefas domésticas. Eles sempre encontrariam um equilíbrio perfeito entre cuidar da sua própria pessoa e se apoiar mutuamente. Seriam felizes até que a morte os separasse. Claro que um casal assim não existe!

Alguns quase conseguem – são equilibrados na maior parte do tempo. Pensamos neles como "bem ajustados". Cada parte é madura e independente, tem uma boa estratégia de enfrentamento e habilidades de comunicação, além de um forte senso de identidade – um Eu sólido. Ao mesmo tempo, os dois também são *inter*dependentes. Eles se amam e se respeitam, e possuem valores semelhantes. Sabem que é importante manter-se próximos, permanecer interessados e surpreender um ao outro de vez em quando. Tomam decisões em conjunto, tendo sempre as necessidades de ambos em mente. Às vezes discutem, mas sabem como lidar com o conflito e raramente se esquecem do que os uniu em primeiro lugar. Em pé de igualdade, dizem mais coisas agradáveis um para ou outro do que coisas não tão agradáveis assim.

Eles são uma minoria. John Gottman, que pesquisa casamentos, considerou apenas 17% dos casais estudados como "os *masters*". A pesquisa de Gottman e de outros estudiosos sugere que esses casais experimentam melhores "resultados" na vida do que aqueles que não conseguem manter esse delicado equilíbrio entre o Eu e o Nós. Como indivíduos, esses parceiros *masters* tendem a viver felizes, realizados, emocionalmente estáveis e com vidas socialmente gratificantes. Eles normalmente estão em sincronia também como pais, sendo mais provável que seus filhos também tenham vidas felizes, produtivas e comprometidas.

Nenhum casal é bem ajustado o tempo todo, e ninguém é perfeito. Mesmo os casais *masters* de Gottman não conseguem resolver 69% de suas brigas. Por que isso é difícil?

- Somos humanos; as necessidades de um dos parceiros invariavelmente vão contra às do outro.
- Viver junto é um desafio, especialmente quando se tem filhos, uma fonte de estresse bem conhecida. Ter uma família significa assumir uma

tonelada de responsabilidades, ser confrontado diariamente a uma infinidade de escolhas e ter de tomar decisões em conjunto.

- A vida moderna é como uma roleta russa. Você nunca sabe... A qualquer momento, uma mudança de circunstância pode romper o equilíbrio (mais sobre mudança no Cap. 9).
- A maioria de nós tem pelo menos um pouco de medo da intimidade. Comprometer-se com outra pessoa é como fechar os olhos e se jogar para trás, tendo a certeza de que seu parceiro vai realmente ampará-lo. Permitir a nós mesmos que confiemos completamente parece arriscado. Isso reflete em nosso cérebro reptiliano, a parte que é tão antiga quanto os primeiros seres humanos, a parte que interpreta sentimentos primitivos, como o medo, como uma ameaça. Embora tenhamos evoluído desde então, a nossa reação automática a uma ameaça é semelhante à dos nossos antepassados diante de um tigre: lutar ou fugir.

Mesmo casais que ficam juntos por décadas têm momentos em que um se irrita ou contra-ataca. Nesses momentos, eles estão menos ajustados, caminhando ou para uma coexistência (permanecendo juntos, mas desconectados) ou para um conflito (luta).

Em diferentes graus de *coexistência*, um ou ambos os parceiros evitam a intimidade. Tudo está tranquilo na linha de frente, mas os Eus não estão conectados. Eles se dão bem, são educados um com o outro e pensam nas coisas que precisam ser feitas. Mas há uma distância subjacente entre eles. Seus barcos (ver p. 62) podem estar no mesmo rio, mas não necessariamente indo na mesma direção. Alguns casais em um estado de coexistência se concentram mais nas crianças do que em si mesmos. Suas decisões "surgem do nada", conforme relatado por um casal. Ou, na maioria das vezes, um dos parceiros decide o que deve ser feito, e o outro fica feliz por não ter essa responsabilidade. Vistos de fora, os parceiros que permanecem nesse polo podem parecer um casal feliz. Mas se você observar bem, a relação deles – a entidade que os dois criaram em conjunto – está definhando por falta de interesse e entusiasmo.

Em graus variados do *conflito*, um ou ambos os parceiros tornam-se ansiosos em relação à intimidade. Os Eus estão em desacordo. Eles podem discutir um com o outro, dar indiretas, fazer comentários maldosos, e esses são todos os sintomas de um relacionamento conturbado. Quando um deles acusa: "Você não me ama", o outro se retira ou contra-ataca. De qualquer forma, a mensagem implícita é: "Saia da minha frente!" Os casais que permanecem no polo do conflito muitas vezes têm dificuldades de chegar a um consenso ou até de "concordar em discordar". No extremo, a tomada de decisão é difícil; ou um deles pode intimidar o outro para que ceda.

Nem coexistência nem conflito deve servir como uma "dieta" constante. Das duas possibilidades, as repetidas indiretas são obviamente mais prejudiciais para um relacionamento e mais perniciosas para as crianças. Mas se ficarem muito tempo em um polo ou no outro, vocês correm o risco de ficarem estagnados nele. Desconectam-se e tornam-se distantes, ou se tornam incompatíveis e impacientes. De qualquer maneira, seus Eus não estão em sincronia, e vocês investem cada vez menos em apoiar um ao outro.

Restabelecendo o equilíbrio

Se nas descrições acima, vocês reconhecem sua própria dinâmica de casal, isso pode significar que a sua escala de satisfação conjugal diminuiu um pouco – ou muito. Não entrem em pânico. Isso não significa que vocês têm um relacionamento ruim ou sem futuro. Quase todos os casais passam por momentos difíceis e fases de esgotamento, conduzindo às vezes em uma direção ou em outra.

O desafio é prestar atenção quando vocês sentirem que o relacionamento está pendendo para qualquer um dos polos e restabelecer o equilíbrio.

Coexistência. Você saberá que está coexistindo quando estiverem fazendo coisas juntos como uma dupla, mas se, de fato, estiverem fazendo principalmente aquilo que lhes interessa. Vocês são muito mais colegas de quarto que parceiros românticos. Ir nessa direção é muitas vezes tão sutil e silencioso pode ser difícil de perceber. O seu Eu está obtendo o que ele precisa, e isso não é muito negativo, mas você pode se sentir solitário ou desconectado. No fundo de sua mente, algo parece estar errado. Talvez você esteja cansado de ser o único que [cozinha, lembra-se de comprar papel higiênico, leva as crianças ao médico], mas prefere não fazer nada a respeito. Você pode não ouvir tudo atentamente quando seu parceiro fala. Pode se tornar cada vez mais desconectado. Você arruma tempo para as crianças e faz suas atividades sozinho, mas não busca oportunidades para estarem juntos.

Tracy observou que parceiros podem ser lentamente levados a uma coexistência alguns meses depois da chegada de seu primeiro filho: "Quando o bebê nasce, a mãe passa a ficar mais em casa, e o pai começa a ficar até mais tarde no escritório ou a sair mais com os amigos." Algumas mulheres inicialmente sentem-se felizes com esse modo de conduzir as coisas, especialmente se a família e os amigos auxiliam com algumas tarefas ou se elas pagam alguém para ajudar. Mas, com o passar do tempo, muitas começam a se sentir como esta mãe de um recém-nascido e de uma criança de 4 anos: "Estou quase desistindo e fazendo tudo isso sozinha apenas porque, para ser honesta, é simplesmente mais fácil, e então há menos conflitos em nossas vidas familiar e cotidiana." Se ela realmente desistir, haverá uma boa chance de que ela e o marido acabem ficando estagnados na coexistência.

Conflito. É muito mais difícil ignorar o conflito. Mesmo que você tente passar por cima dos problemas de relacionamento, um acontecimento ou uma percepção podem acabar sacudindo você. Você experimenta um momento *Opa!* que o obriga a encarar que é preciso reconhecer alguma coisa. É hora de dizer a verdade a si mesmo.

No começo, Daria Wilkerson não estava alarmada com a decepção que sentiu quando o marido, Conrad, não conseguiu satisfazer suas expectativas, ou com as brigas que tinham. Foi seu estado de espírito cada vez mais frágil que a levou ao momento *Opa!* "Fiquei bastante deprimida", recorda. "Sabia que realmente precisava mudar algo na minha percepção das coisas."

Daria, 36 anos e mãe de Isaac de 3 anos, estava casada com Conrad há quase dez anos. Logo no início, os dois brigavam por causa de suas diferenças. Ela gosta da casa bem arrumada; ele pode deixar pratos se acumulando na pia. Ela toma decisões com facilidade – quando experimenta uma roupa e esta lhe agrada, compra a peça imediatamente – enquanto ele retorna à loja várias vezes antes de comprar algo. "Isso costumava me deixar louca", admite ela.

Daria se lembra: "Sempre quando pedia para Con fazer alguma coisa e ele não fazia ou não se lembrava de fazer, minha primeira reação era a de que ele não se importava, ou que estava sendo desrespeitoso. Minha reação padrão na maior parte do tempo era de raiva." O relacionamento deles começou a tomar a direção do polo do conflito.

Para piorar as coisas, a família vive em uma pequena ilha no Mediterrâneo, longe da Inglaterra, a terra natal de Daria. Eles têm alguns amigos, mas geralmente são apenas os três. Ele trabalha fora, e ela controla o ambiente doméstico. Nenhum dos dois fica muito tempo sozinho. Isso é muita pressão sobre um casamento.

Em um primeiro momento, Daria fez o que muitas mulheres fazem: julgar, reclamar, criticar, gritar, insistir – e a mais inútil de todas – tentar mudar a outra pessoa. A fantasia é a de que, um dia, ela conseguirá convencê-lo. Ele vai fazer do jeito dela, e eles terão uma relação melhor. A realidade é que quando o Eu do parceiro é confrontado dessa forma, brigas não só pioram, mas se tornam crônicas. Ele recua, e ela leva isso para o lado pessoal.

Felizmente, Daria percebeu que a raiva não foi apenas envenenando-a, como também foi separando-os ainda mais. Ela não podia fazer muita coisa sobre o fato de que Conrad trabalhava fora o dia todo – ele realmente *não poderia* estar mais disponível para cuidar de Isaac e da casa. Mas ela *poderia* avaliar a sua própria parte no problema e pelo menos mudar seu enredo. Disposição, leitura de livros de autoajuda e conversas com um bom terapeuta ajudaram a aliviar a depressão de Daria. A partir desse ponto de vista mais positivo, ela começou então a ver o Eu de Conrad sob outra ótica. Descobriu que não tinha de atacá-lo. Em vez disso, poderia dar um passo atrás e fazer uma autorreflexão. Agora ela sabe que ele não a ignora intencionalmente.

"Ainda tenho de pedir a ele várias vezes, porque Con é assim mesmo. Ele não tem consciência disso. No fim, ele acabará dando um jeito. Sou uma pessoa muito do tipo "faça isso agora", mas não posso esperar que ele seja como eu. Preciso abrir espaço para nós dois. Ele precisa de tempo para ruminar as coisas, seja para comprar um par de sapatos ou tomar uma decisão importante. É inútil para mim ficar zangada. Esse é o seu jeito de fazer as coisas. E eu só tenho que me lembrar disso."

Se o seu relacionamento patina... e não sai do lugar

Você e seu parceiro com frequência caminham na direção da coexistência ou do conflito? Vocês permanecem lá ou conseguem conduzir-se de volta para a harmonia? Se não, é provável que tenham esperado tempo demais. Sempre que sentirem que estão patinando, tomem *imediatamente* medidas para restabelecer o equilíbrio. O que fazer depende, é claro, do polo para o qual vocês estejam se dirigindo.

Se, como regra geral, vocês se inclinam mais para o polo da coexistência, tentem conversar sobre o que está acontecendo. Admita (caso se sinta assim) que está com medo; seu relacionamento parece estar caminhando para a condescendência. Já não há nenhuma faísca, nenhum senso de intimidade. Vocês são mais como companheiros de quarto. Para fazer uma mudança, admita para si mesmo e, em seguida, para o seu parceiro, que você se sente solitário ou desconectado. Caso tenha ocultado sua preocupação ou descontentamento por um tempo, talvez precise de um confronto para sair da inércia, uma discussão sobre algo insignificante ou sobre um problema importante que vocês varreram para debaixo do tapete por um tempo tão longo que, finalmente, obriga-os a serem autênticos e a conversarem sobre como cada um vive o relacionamento. Estar "nessa" sem dúvida evoca diferentes sentimentos para cada um de vocês.

Olhe também para a rotina de vocês. Será que há um tempo para o casal? Se não, comece a criar maneiras de passar mais tempo com seu parceiro. Lembre-se do que havia de mais atraente logo no início. Cative; tenha mais interesse pelo Eu do outro. Surpreendam-se um ao outro. Mandem as crianças para a casa de seus pais em um fim de semana. Corram ou façam compras juntos, como Lanie e Bill (p. 101).

Se não estão passando tempo juntos, ou pior, se parecem evitar isso, com quem você está, então? Não há nada de intrinsecamente errado em ter relações externas e interesses que não envolvem o seu parceiro. Mas isso

Casais: um delicado equilíbrio

Relacionamentos adultos estão em constante movimento. Seria maravilhoso se todos os casais pudessem ser equilibrados de forma pacífica e alegre – bem ajustados – o tempo todo, mas a vida real não é assim. Prestem atenção. Reconheçam os sinais de que estão tomando uma direção ou outra e adotem então medidas para restabelecer o equilíbrio.

Levados pela coexistência	Bem ajustados	Conflituosos
No limite extremo. Mais Eu do que Nós; a atmosfera de "a lua de mel acabou" está contaminando o relacionamento. Não há muita alegria ou paixão entre o casal. Muitas vezes, as decisões são tomadas de forma independente; muito distanciamento; cada um busca atividades independentes em detrimento do relacionamento; atividades "divertidas" são para as crianças.	**O ideal.** Eu e Nós são equilibrados; as decisões são sempre tomadas em conjunto; os problemas resolvidos juntos; sentimentos positivos ganham dos sentimentos negativos, pelo menos de 3 a 1. Há muita interação entre o casal e "banco de memórias"; cada parte consegue ver as situações a partir da perspectiva do outro.	**No limite extremo.** Os Eus disputam a posição e a importância – com frequência há um "vencedor" e um "perdedor"; um leque de discórdias pode abranger desde os aborrecimentos diários até discussões implacáveis e constantes. De qualquer forma, muita negatividade corrói o relacionamento; pontos de vista polarizados e arraigados dificultam a tomada de decisões e a resolução de problemas. O pior ambiente para as crianças.
O que fazer. Passem mais tempo juntos; inspire o relacionamento com novas ideias, novas atividades; ensinem um ao outro e explorem juntos; ajustem o foco na família – cuidar um do outro é tão importante quanto cuidar das crianças.	**O que fazer.** Tratem um ao outro com carinho. Sejam vigilantes e monitorem as mudanças em si mesmos e em seu ambiente. Mantenham vivo o interesse pelo outro; mantenham a chama acesa; permaneçam interessantes e interessados.	**O que fazer.** Aprendam como ouvir e falar um com o outro; encontrem maneiras de serem mais amáveis e respeitosos; perguntem se as expectativas de ambos, que podem causar decepção e/ou raiva, são irrealistas. Se estão nessa posição há muito tempo, talvez precisem de ajuda profissional.

também é importante para insuflar continuamente a relação com uma nova energia e novas ideias. Para um relacionamento se fortalecer, vocês precisam compartilhar experiências – coisas que fazem e experimentam *juntos*. Se, em vez disso, vocês fazem tudo com foco nas crianças ou passam a maior parte do tempo longe um do outro – no trabalho, em outro ambiente social – ou estão envolvidos com outra pessoa, afetivamente ou sexualmente, não há muito o que esperar ou construir.

Envolvam-se em um projeto conjunto. Tentem algo que nenhum dos dois já fez. Liz Weil, cuja história contamos no Capítulo 4, constatou que treinar com o marido para nadar nas águas geladas da Baía de São Francisco deu-lhes um senso comum de aventura.

Enquanto esperava por Dan para o primeiro dia de treinos, Liz escreveu: "Senti, pela primeira vez em anos, como se tivesse um encontro – um encontro de verdade, com alguém que poderia me deixar desconfortável ou me surpreender, não aquele programa de sempre, aquela opção sem graça das pessoas casadas." Vários meses depois, eles nadaram de Alcatraz até São Francisco. "Chegamos à Baía somente 1h15 antes da hora de retornar, e não fizemos mais do que a distância de uma agradável e modesta caminhada. Ainda assim, escapamos da nossa vida diária e mergulhamos no desconhecido. Juntos."

Se você e seu parceiro visitam com maior frequência o polo do conflito, abaixem o volume, ouçam um ao outro e vejam-se como advogados, e não como adversários. Aprendam a falar com respeito. Trabalhem conscientemente para enxergar as situações pelos olhos do outro. E quando as coisas começarem a ficar fora de controle, parem tudo e esfriem a cabeça até que cada um possa recuperar a calma.

Por exemplo, no calor de uma discussão recorrente sobre o trabalho de jardinagem, uma mulher sugeriu que ela e o marido "esquecessem os últimos cinco minutos". Seu parceiro concordou. Ambos conseguiram conter seus sentimentos de raiva e resistir a ter a última palavra ou estar "certo". Mais tarde, retomaram a conversa com uma nova atitude, como se a discussão negativa não tivesse acontecido. Não foi fácil, mas foi uma ideia tão simples e agradável – e que funcionou – que eles passaram a usá-la sempre desde então.

Estratégias para esfriar a cabeça evitam a culpa e interrompem o modelo de discussão "eu disse/você disse" que só tende a crescer. Liz Weil admite que ela e Dan nem sempre têm o tipo de "conversas habilidosas" que aprenderam em sua busca de um aperfeiçoamento do casamento. "Mas dez minutos ou uma hora ou um dia depois de começarmos a brigar, um de nós diz algo como: 'Então, precisamos fazer melhor do que isso', e temos de trabalhar com mais afinco para abandonar nossas posições arraigadas e alimentá-las com os pontos de vista de cada um."

Se vocês não sabem por onde ou como começar, inscrevam-se em um *workshop* para casais em que possam aprender certas habilidades para dissipar os conflitos. Se fazem isso há algum tempo, podem precisar também de um conselheiro, de um profissional que possa ajudá-los a voltar aos trilhos e lembrá-los de que suas desavenças afetam toda a família, e não apenas o seu relacionamento.

Frequentar um terapeuta por apenas seis sessões fez maravilhas com o casal Salma e Ari Awads. Salma estava ficando cada vez mais ressentida com o horário de trabalho do marido após o nascimento de seu segundo filho – um momento crítico em muitas famílias –, porque as responsabilidades aumentam drasticamente e, mais ainda nesse caso, porque o bebê tinha necessidades especiais. Às vezes eles brigavam e outras se evitavam. Não tinham praticamente nenhum momento de casal, e a conexão entre eles foi enfraquecendo. Salma e Ari não só não possuíam habilidades de comunicação, como precisavam de uma nova perspectiva em seu relacionamento.

Meses depois de tê-la conhecido, Salma escreveu este e-mail (resumido e levemente editado), compartilhando o que aprendeu na terapia:

> *Acho que uma das melhores coisas que trouxe comigo é o conhecimento de que cada um tem uma verdade diferente, uma realidade diferente. Mesmo um casal que vive a mesma experiência juntos terá opiniões diferentes sobre essa experiência compartilhada. Outra coisa que realmente guardei é a ideia de "sentar juntos em uma árvore". Quando dizemos ao nosso parceiro o que fazer, é como se o parceiro estivesse em uma árvore (em dificuldade), e nós estivéssemos no chão, gritando instruções com um megafone. O que não ajuda, porque o que ele realmente precisa é de alguém que suba na árvore e o "resgate". Mas quando reconhecemos as emoções e temos empatia para com o outro, então a parte de nosso cérebro responsável pela resolução de problemas se envolve. É assim quando estamos sentados na árvore juntos. Damos suporte em vez de instruções.*

Casamento: uma jornada

)s melhores casamentos, os parceiros
ntam manter um bom equilíbrio entre
ooiar o Eu de cada um e manter um Nós
rte. É preciso amor e trabalho, como Jim
oret, advogado e autor, observa em
ação ao seu trigésimo aniversário de
usamento:

*Como duramos três décadas? Eu a adoro.
Keri sempre foi solidária, porém, o mais
importante, encorajou-me a ser eu
mesmo. Nosso casamento tem sido uma
parceria. Juntos, somos amigos, amantes
e pais. Mas também temos nossos
próprios trabalhos e nossos próprios
amigos. Esse compromisso consciente
para manter nossa individualidade
fortaleceu nossa ligação como um casal.*

*A jornada nem sempre foi fácil e nem
sempre foi da maneira que qualquer um
de nós imaginou que seria. Houve um
tempo em que nosso próprio casamento
esteve ameaçado. No meio dessa jornada
tivemos uma breve separação. Nós dois
temíamos que não duraríamos dezessete
anos, e muito menos trinta. Mas
reatamos quando era mais difícil e
perseveramos. Em resumo, nós lutamos
um pelo outro. E eu sou muito grato por
termos conseguido.**

http://www.huffingtonpost.com/jim-moret/
still-the-one-on-our-30th_b_1536867.
html?ncid=wsc-huffpost-cards-image -cards-ima-
gem.

Independentemente de onde você está em relação aos dois polos, ser consciente e diligente ajudará. Visualize o espaço entre vocês e saiba que cada um o preenche com coisas diferentes. No caso de Jack e Nina, ele se queixou de que as constantes instruções e conselhos o faziam se sentir incapaz. "Mas eu só estava tentando ajudar – ou era o que eu pensava", diz Nina. O terapeuta deles deu a Nina uma tarefa: "Em vez de fazer comentários quando Jack fala, preste atenção aos *seus* pensamentos e reações. Na realidade, não fale nada, não pense; apenas ouça."

Uma semana depois, Nina percebeu o quanto ela queria controlar o marido em tudo. Ela se deu conta de como isso podia fazer Jack se sentir. "Mas há um problema", ela acrescentou. "Agora que *eu* não estou falando, nada está acontecendo no relacionamento. Jack não está falando."

"Você não pode esperar que Jack seja você", respondeu o terapeuta. "Ele vai ser no relacionamento de vocês aquilo que *ele* é, e não o que você é."

O terapeuta ajudou Nina a perceber que ela queria conselhos e apoio *de* Jack. Mas em vez de pedir diretamente, continuou oferecendo-os *a* ele, na esperança de que ele aprendesse com o exemplo dela. O terapeuta ajudou Jack a entender que Nina não o achava incompetente. Apenas queria ser vista. Ele só amoleceu quando, pela primeira vez em anos, viu o lado mais vulnerável de Nina. Ela precisava dele. E ele finalmente foi capaz de baixar a guarda. E para os dois, persistir na imagem de um "espaço entre" ajudou-os a lembrar que seu relacionamento era uma entidade da qual ambos deveriam cuidar e proteger – à sua própria maneira.

Se o seu relacionamento está definhando ou sob fogo cruzado, falem sobre isso e façam algo imediatamente. Pelo menos se esforcem para permanecerem abertos e comprometidos, honrar seu Eu e cuidar de seu Nós. O mais importante é lembrar que você *pode* sair do abismo.

Algumas perguntas sobre a "vida do casal"

Consultem a tabela na p. 126 para verem onde estão agora e o que podem fazer para manter seu relacionamento bem ajustado a maior parte do tempo. Em seguida, peguem seu diário da família para responder algumas perguntas sobre o que está acontecendo. Se a balança oscilou demais para coexistência ou para o conflito, ou se sua parceria permaneceu muito tempo em qualquer outra direção, pergunte a si mesmo:

- O que está me fazendo infeliz – pouco tempo juntos, irritação com o meu parceiro, nada de sexo, sem tempo para mim mesmo, falta de paixão, falta de privacidade, ou alguma outra coisa? Minha infelicidade está me levando à rejeição ou à fuga? Estou assustado?
- Estou preso a um determinado papel – sempre a reclamona, sempre o chefe, a vítima? Sou um "distanciador" que evita as coisas pesadas ou um "perseguidor" que está sempre pedindo reafirmação de amor e lealdade?
- Sinto-me como se estivesse lutando para me agarrar ao meu Eu? Meu parceiro é autoritário? Ou eu estou fazendo papel de mártir?
- Perdi o interesse em Nós como um casal? O quanto estou disposto a me esforçar para equilibrar a nossa relação? (Isso pode ajudar a examinar por que você escolheu esse parceiro e o que ainda mantém você aqui.)
- Estou buscando outras relações, e não o meu parceiro?
- Quanto tempo acho que é seguro para mim – para Nós – ficar nesse estado de desequilíbrio?

Trazendo os filhos para o seu relacionamento

Filhos trazem tanto alegria quanto estresse para a equação (ou coabitação) conjugal. Ter um filho significa que vocês não só são responsáveis um em relação ao outro, mas também que têm de desempenhar tanto o papel de parceiro quanto o de pai ou de mãe, dois importantes papéis da vida que podem entrar em conflito. Mesmo que as crianças se tornem menos dependentes em termos de cuidados físicos, elas competem por tempo, energia e atenção. Na pior das hipóteses, elas sugam sua energia e causam divergência entre vocês, e sua relação fica abalada. Na melhor, você e seu parceiro estão cientes do estresse e bem ajustados na maior parte do tempo. Seu relacionamento representa uma espécie de âncora da família e é promessa de boas coisas para o desenvolvimento de seus filhos.

O que é melhor para as crianças?

⊃ fim de separar o que é mais importante – relação entre os parceiros ou suas ompetências para educar –, um estudo ⍰eito em 2004 examinou mais de 1.300 ⍰amílias e as distribuiu em cinco tipos.

Em famílias *consistentemente solidárias* ⍰14%), os pais têm um bom relacionamento ⍰ boas competências para educar. A mãe é ⍰ensível às necessidades das crianças; o pai ⍰ambém se envolve.

Em famílias *consistentemente arriscadas* ⍰16%), a classificação dos parceiros foi baixa ⍰m ambos os aspectos.

Famílias *consistentemente moderadas* ⍰(43%) ficam em algum ponto entre esses ⍰dois extremos.

No entanto, em algumas famílias, a ⍰qualidade do relacionamento e ⍰competências para educar não andam ⍰juntos. São famílias com *bons pais e um mau casamento* (20%) ou famílias com *maus pais e um bom casamento* (7%).

Comparando os dois casos, o estudo concluiu que é melhor para as crianças quando os dois "subsistemas" são fortes. Mas se um deles é fraco, a relação pais-filho é mais importante que o vínculo marido-mulher. Outra pesquisa sugere que é também uma questão de grau. Embora ter pais amorosos, sensatos e sensíveis possa compensar um casamento morno, bons pais são muito menos protetores em lares onde os adultos se agridem constantemente ou, pior, usam as crianças como bodes expiatórios.

Bons parceiros dão bons pais. Isso não é uma simples fórmula – muitos fatores entram em conflito. Mas estudos consistentes sugerem que adultos em sintonia também estão mais propensos a serem sensíveis às necessidades dos filhos. Por sua vez, os filhos se sentem mais seguros e tendem a agir melhor.

Você não precisa ser um cientista para concluir que é melhor para os filhos viver em uma casa onde os pais se preocupam com eles e se dão bem. A boa notícia é que, em 57% das famílias, existe pelo menos uma "moderada" harmonia entre esses dois aspectos. Os adultos são bons pais *e* têm um relacionamento sólido.

O que pode ajudar você e seu parceiro a chegarem lá?

Desenvolva o R.E.A.L. Tenham senso de responsabilidade para com seus filhos e sua família. Desenvolvam a empatia; empenhem-se sempre em compreender a perspectiva do outro, e não a julgá-la. Sejam autênticos e honestos entre si e com as crianças. Procurem sempre liderar com amor. Porque vocês são humanos, e nunca serão 100% bem-sucedidos.

Cuidem dos seus próprios Eus *e, ao mesmo tempo, protejam o seu relacionamento adulto.* Das dez melhores práticas selecionadas depois de décadas de pesquisa a respeito de uma boa criação dos filhos, naturalmente amor e carinho ocupam a posição número 1. Talvez mais surpreendente, a gestão do estresse – lidar com os problemas que lhe sobrevêm – está em segundo, e as habilidades de relacionamento em terceiro. Os melhores pais que conhecemos são pró-ativos em todas as frentes.

Comprometam-se a cuidar dos filhos juntos. Os melhores pais se veem como pais responsáveis por uma criação conjunta. Estão juntos no mesmo barco. Ambos são capazes e estão dispostos a fornecer ajuda tangível (levar um filho às aulas de piano, comprar um novo par de tênis), informações práticas/orientação (ensinar como andar de bicicleta ou utilizar o micro--ondas), conforto emocional (consolo depois de uma grande decepção ou quando a criança tem medo) e orientação espiritual (falar sobre o que é importante e naquilo em que acreditam). Não se trata de controlar o tempo que cada um dedica, apenas de que a criança é cuidada por ambos os pais e que nenhum deles se prende a estereótipos de gênero.

A arte da criação conjunta

Por "criação conjunta" não queremos dizer que vocês devam sempre pensar e agir do mesmo modo. Afinal, vocês são duas pessoas diferentes, e é por isso que sua vida familiar é tão rica. Não importa se um expressa amor abraçando e o outro levando a criança a um jogo de futebol. Ambos oferecem boas coisas para os filhos, e a contribuição de um não precisa ser igual à do outro.

Por exemplo, à medida que Isaac Wilkerson for crescendo, ele poderá aprender praticidade com a mãe e ponderação com o pai. As personalidades individuais de Daria e Conrad e a maneira como encaram a vida são diferentes, mas eles também têm valores e objetivos em comum: guiar e proteger o filho, fortalecer sua própria relação, cuidar de sua família. Como diz o velho ditado, todos os caminhos levam a Roma.

Criação conjunta também requer prática e conhecimento. Stephen Klein, que você conheceu no Capítulo 1, destaca que nos três meses após o nascimento de seu primeiro filho, ele não compartilhava os cuidados da criança da mesma forma porque sua esposa, Nancy, estava em casa de licença-maternidade. "Eu tinha de trabalhar em período integral, por isso éramos como um casal tradicional. Nessa época, sempre que cuidava de Ellie, tinha de perguntar a Nancy o que fazer e obedecê-la. O tempo passado com os pequenos é importante. Estar com eles e conhecê-los faz diferença. Uma vez que Nancy e eu começamos a dividir o trabalho, eu então passava dias inteiros com Ellie. Compreendi então seus ritmos e sabia do que ela precisava. Não havia mais necessidade de perguntar."

Independentemente de os pais que adotam a criação conjunta viverem juntos ou não, as regras são as mesmas. Como Melinda escreveu certa vez sobre "famílias independentes", em que os pais formaram outras famílias: "Divórcio termina um casamento. Mas não termina uma família." Você pode dividir a criação dos filhos com seu atual parceiro ou com outro adulto sob um mesmo teto ou, ainda, com um ex ou um novo parceiro que vive

---

Dez dicas para o sucesso na criação conjunta

As dicas a seguir, originalmente concebidas como parâmetros para a criação dos filhos em lares separados, também se aplicam a qualquer família.* Na verdade, a atual pesquisa indica que a criação conjunta, independentemente da conformação da família, é um fator de proteção para as crianças. E ainda é bom para o casal, porque a responsabilidade é dividida de maneira equitativa.

1. *Cuide-se*. Lide com o que acontece com você; procure ajuda se não conseguir.
2. *Aja de forma madura*. Acesse o melhor de si mesmo; pense antes de agir.
3. *Ouça seus filhos*. Abra espaço para eles; não imponha simplesmente *sua* agenda.
4. Respeite um ao outro como pais. Foque no que cada um de vocês oferece às crianças.
5. *Divida o tempo à criação e educação dos filhos*. Ele não tem de ser igual, mas ambos devem dedicar um tempo.
6. *Aceite as diferenças um do outro*. Sua maneira não é melhor que a do seu do parceiro – é diferente.
7. *Comunique-se sobre (e com) as crianças*. Compartilhe informações; ajudem-se a estar sempre a par dos acontecimentos.
8. *Abandone os tradicionais papéis de gênero*. A mãe pode ensinar futebol; o pai pode pintar as unhas.
9. *Antecipe e aceite a mudança*. Seja vigilante e flexível; não entre em conflito com a realidade.
10. *Saiba que a criação conjunta é para sempre*. Ambos serão pais até que a morte os separe.

* Retirado de *Families Apart: Ten Keys to Successful Coparenting*, © 1994, Melinda Blau. Todos os direitos reservados.

em outros lugares, mas isso exige maturidade, consciência e habilidades. Mesmo que você seja uma mãe ou um pai solteiro por escolha e que nunca tenha tido um parceiro na criação dos seus filhos, a maioria das "dicas" do quadro da p. 133 também se aplica a você. A única diferença é que você não tem de ajustar seus esforços aos de outro adulto.

Os outros membros importantes da família: para o melhor ou para o pior

Normalmente, ao falar sobre os membros da família importantes em sua vida, você se refere apenas ao parceiro amoroso, aquele que escolheu para navegar rio abaixo, cada um em seu barco, de preferência. Com crianças a tiracolo, vocês formam uma pequena esquadra. Mas nesse rio e em outros mais distantes, há uma esquadra maior formada pelos *outros* membros importantes da família e para a qual seus barcos convergem: seus pais, irmãos e todos os parentes do seu parceiro. Independentemente da frequência com que vocês se veem ou de quão próximos sejam, eles são parte de vocês. Afetam quem vocês são, como vocês agem e como sua família avança. Eles são os personagens adultos em sua história de vida, aos quais Robert Frost se referiu quando escreveu:

> *Lar é o lugar onde, quando você precisa ir até ele,*
> *Eles têm de acolhê-lo.*

Os outros membros importantes da família podem proporcionar carinho, comunhão e apoio. Quando acolhem bem o homem ou a mulher que você escolheu, é melhor para o seu relacionamento e para os seus filhos. Quando você está se recuperando de uma recente crise familiar – alguém está doente ou passou por um rompimento difícil – poder contar com esses vários outros membros suaviza o golpe. Por outro lado, os parentes também podem ser uma fonte contínua de tensão. Em ambos os lados, essas relações podem ser prejudicadas por ciúme, mágoas antigas, choques envolvendo valores e o modo de criação dos filhos, agendas diferentes e ofensas, reais ou imaginárias.

Mas eis o problema: você não é obrigado a continuar trabalhando com um chefe arrogante ou jogando tênis com um mau perdedor; mas é muito mais difícil – e potencialmente problemático – afastar-se dos pais, dos irmãos ou de outros parentes. Mesmo que você não tenha escolhido esses parentes, você está ligado a eles, para o melhor ou para pior.

Seus pais – para o melhor. Seus pais adoram seus filhos como só os avós conseguem. Compartilham suas experiências de vida e transmitem tudo o que aprenderam com os pais *deles*. Não importa se você tem boas ou más notícias, é com eles que as compartilha em primeiro lugar. Ajudam a cuidar das crianças, fazem pequenas tarefas, contribuem quando o dinheiro está curto. Ouvem quando você tem um problema. Esperam até que lhes peça conselhos. Desejam o melhor para você.

Seus pais – para o pior. Sua ideia de "o melhor" difere da deles. Você gostaria que eles não dessem opiniões. Como eles viveram e foram pais em uma época diferente, nem sempre as sugestões parecem adequadas. Você se irrita quando fazem críticas veladas ("Será que a Robbie já não deveria estar comendo em um cadeirão?"). Magoa-se porque estão estragando as crianças – mantendo-as acordadas até tarde ou dando-lhes alimentos que você desaprova. E o apoio deles vem com pedidos implícitos ("Faça isso do meu jeito", "Goste mais de mim porque faço tudo isso por você").

Nossos pais sabem como manipular nossos cordões, porque, como dizem, foram eles que os amarraram. Não surpreende que as interações com a Mãe e o Pai também nos levem de volta à infância. Alguém competente e realizado com 40 anos de idade pode se sentir com apenas 14 na presença dos pais. Não é necessariamente porque os pais tratam a pessoa como criança – alguns fazem isso, outros não. É porque ambos retomam seus antigos papéis.

A família do parceiro – para o melhor. Os pais e irmãos de seu parceiro acolhem você na família. É muito bom ter outro grupo de idosos experientes e de pessoas da mesma geração que se aproximaram pelo casamento, especialmente porque você começa com a "ficha limpa": nenhuma bagagem desde a infância (pelo menos, não da *sua* infância). Você descobre coisas sobre seu parceiro, porque esses outros membros importantes da família do "lado" dele dividem histórias e fotografias com você. Ambas as gerações, a dos sogros e a dos cunhados e cunhadas, mostram grande afeição por seus filhos. Se um de seus pais faleceu, está ausente ou se você não se dá bem com a sua própria mãe ou pai, um desses membros pode ser um aliado bem-vindo. Um cunhado ou uma cunhada pode se tornar um querido confidente.

A família do parceiro – para o pior. Problemas com a família do parceiro não são apenas material de comédias e de novelas de televisão. É preciso tempo para conhecer esse bando de estranhos que se infiltrou em sua família, e a experiência vai desde a alegria até a tortura. Depois do dinheiro e do sexo, a família do parceiro faz parte da pequena lista de razões pelas quais os casais brigam. Uma recente história do seriado *Parenthood* capturou o que muitas vezes acontece. Jasmine convida a mãe, que acaba de ser demitida, para vir morar com ela até que consiga um novo emprego. Como a mãe se sacrificou por ela quando ela estava crescendo, agora Jasmine sente-se feliz por poder ajudá-la a voltar a "andar com suas próprias pernas". Mas Crosby, seu marido, sente-se como se estivesse sendo invadido.

Seus irmãos – para o melhor. Irmãos unem esforços e, na maioria das vezes, estão presentes na vida um do outro. De todos os laços familiares, relacionamentos entre irmãos são os mais duradouros. Eles fazem parte de sua infância e, muito tempo depois de seus pais terem partido, você os terá para comparar as memórias e refazer a história. Seus irmãos também são tios e tias de seus filhos, portadores da tradição familiar. Fazem para os seus filhos aquilo que suas tias e tios favoritos já fizeram para você. Por exemplo, uma irmã que trabalha com moda convida sua filha pré-adolescente para um sofisticado fim de semana de "menina grande". Um irmão compra para seu filho a coleção completa dos livros de Harry Potter e mostra-lhe os truques de mágica que aprendeu quando era menino. Tias e tios também trazem seus próprios filhos, os primos, para brincarem em sua casa com seus filhos, o que amplia e enriquece o seu círculo familiar.

Seus irmãos – para o pior. Só porque vocês cresceram na mesma casa, não significa necessariamente que são amigos, nem é uma pré-condição que vocês sejam obrigados a ter valores e interesses semelhantes. Irmãos se julgam e se criticam. Congelam você no tempo. Com 45 anos, você ainda é "o bebê" ou o "mandão". Ressentimentos guardados brotam repentinamente quando pais idosos e irmãos discutem sobre o que é necessário, quem vai fazê-lo e quem vai pagar por isso. Divergências do passado se infiltram no presente envolvendo também as crianças. Você olha para seu irmão que "finge lutar" com seu filho, e isso lhe relembra quantas vezes ele derrubou você e o manteve preso até que lhe prometesse que seria seu escravo. Quando vê sua irmã e sua filha falando baixinho, lembra-se do "Entrada proibida" preso na porta do quarto dela e de ouvir como ela e a amiga riam da "irmãzinha tonta".

Quando seus irmãos adultos se casam, você também tem de lidar com os parceiros deles, com os cunhados e cunhadas. Alguns logo se tornam companheiros, outros nem tanto. De todo modo, se você gosta deles, não importa. Seus barcos continuam fazendo parte da esquadra.

Traçando uma rota tranquila

Em um determinado dia, o relacionamento que você tem *realmente* com seus pais, com a família de seu parceiro, com seus irmãos e seus respectivos cônjuges vai para algum lugar entre o melhor e o pior. Isso depende, naturalmente, de como cada um de vocês está, de suas respectivas personalidades, das experiências passadas, de até que ponto aguenta o estresse e lida com os relacionamentos em geral e do que está acontecendo com a vida de cada um *nesse dia*. Mas isso também depende de suas escolhas. Certamente, lidar com a esquadra dos outros membros importantes da família que afetam a sua própria às vezes pode ser assustador. Mas você terá mais chances de trilhar na direção certa se tiver em mente este segredo-chave de relacionamentos adultos:

Em vez de gastar energia tentando mudar a outra pessoa, trabalhe para melhorar o relacionamento.

Comece aplicando as questões de conexão do Capítulo 4, especialmente para relacionamentos que se enquadram no extremo "para o pior". Diga a si mesmo a verdade. Está fazendo todo o possível para conhecer essa pessoa? Está com ciúmes? Muitas vezes, a competição é inevitável. Para não agir a partir de sentimentos ruins, você precisa, conscientemente, "re-ver" seus pais e irmãos com olhos adultos. Você está preso a velhas feridas? Consegue ver quem eles são hoje e reconhecer suas lutas? Junto com os familiares do parceiro e com os outros novos membros da esquadra, já fez julgamentos precipitados? Já reservou um tempo para encontrar interesses em comum?

Venha com coração e mente abertos. Você constrói uma relação compartilhando quem é e oferecendo o melhor de si. Seja agradável, respeitoso e empático. Basta dar pequenos passos. Faça um gesto gentil – por exemplo, recortar um artigo que a pessoa possa apreciar. Dê um pequeno presente. Ofereça-se para ajudar (e deixe isso claro). Surpreenda a pessoa com algo que você sabe que ela gosta. Agindo a partir do melhor de si mesmo, você também irá mudar *suas* atitudes e percepções. Verá ou aprenderá algo que não tinha visto ou pensado antes.

Concentre-se naquilo que está obtendo, não naquilo que quer. Uma mulher que chamaremos de a "Outra Avó" lamenta que sua nora tenha fotos dos pais *dela* sobre a lareira, mas nenhuma dela ou de seu marido. "Somos definitivamente 'os outros avós'", diz ela. "Nenhuma foto nossa – só da família dela. Ela tem seus pais em um pedestal. Eu fico constantemente magoada e engulo seco. Como seus pais se mudaram para longe, felizmente conseguimos ver muito nossos netos."

A Outra Avó precisa primeiro mudar seu foco. Ela já está recebendo de sua nora o que mais deseja: acesso e tempo com seus netos, o que é muito mais importante do que ser reverenciado. Seus netos estão começando a conhecê-la, e vice-versa. Isso é um presente que certamente ela quer manter. Então, em vez de competir com os pais de sua nora, sua energia seria mais bem gasta conhecendo essa jovem mulher.

Além disso, se a Outra Avó deseja um lugar sobre a lareira, reclamar não vai ajudá-la. Construir um relacionamento com sua nora, sim. A próxima vez que a Outra Avó sair com os netos, ela pode tirar fotos, escolher a melhor, emoldurá-la e dar de presente à sua nora ("Gostaria que você tivesse essa foto nossa com as crianças, porque todo mundo parece tão feliz.").

Aqui está o problema: a intenção da Outra Avó tem de ser melhorar a relação, e não manipular a nora. E ela tem de insistir nisso. Gestos gentis ajudam e pelo menos manterão o relacionamento em um rumo mais positivo. E isso só pode ajudar a Outra Avó a ganhar um verdadeiro lugar na lareira, ou pelo menos na casa. Isso não será fácil, principalmente se uma ou ambas forem reservadas, se retraírem ou mesmo se forem desagradáveis. Mas alguém precisa dar o primeiro passo.

Não confronte. Vamos supor que seu cunhado seja, em sua opinião, barulhento e inconveniente. Você poderia pedir para a sua irmã falar com ele (o que a envolve). Poderia censurá-lo por ser inconveniente (o que provavelmente o magoará, especialmente vindo de alguém que ele mal conhece). A melhor abordagem seria a de *fazer* algo que, de alguma maneira, mostrasse ao seu cunhado que você está aberto para *ele*. Por exemplo, fale sobre o hobby ou a música de que ele gosta. Se você estabelecer uma conexão com ele, quando em seguida lhe pedir para, por favor, fazer menos barulho quando as crianças estiverem dormindo – não que ele seja uma má pessoa, mas porque você precisa da ajuda dele ("É um pesadelo para mim quando elas não dormem o suficiente") –, ele estará mais aberto para ouvir e cooperar.

Em qualquer relacionamento, é melhor ouvir seu coração e permanecer ao lado do seu Eu, do seu quadro de referência, de suas experiências ("Sinto-me envergonhado e zangado quando você comenta o quanto sou idiota na frente dos meus filhos", "Sinto-me como se não fizesse parte desta família quando sou a última pessoa a saber de seus planos"). Lembre-se também que, ainda que seja honesto e ouça atentamente, não mudará a outra pessoa. Mas se você lhe der tempo e permitir que as interações positivas se acumulem, você pode mudar o relacionamento.

Comporte-se de acordo com sua idade. Você não é mais "o filhinho da mamãe" ou o "bebê" da família. Você é um adulto. Se estar na presença de um pai ou de um irmão mais velho o faz com que se sinta como uma criança, saiba que isso é inevitável. Porém, vestir-se como se estivesse indo para uma reunião de negócios e trazer sua personalidade adulta à tona ajuda. Você pode ter velhas feridas e rancores, mas tente olhar para os seus pais e irmãos *hoje*. Como uma avó, chateada com o comportamento de seus filhos casados, colocou: "Cometi alguns erros, mas isso foi trinta anos atrás, e ainda sinto que estou pagando por eles. E as coisas boas que fiz desde então, não contam?"

Esteja aberto às surpresas. Quando você faz suposições sobre as outras pessoas, isso deixa pouco espaço para que o relacionamento cresça. Você *acha* que as conhece; tende a terminar as frases delas. E não aprende nada de novo. Em vez disso, permita-se ouvir e abstenha-se de fazer julgamentos precipitados. Poderá ter agradáveis surpresas, como neste exemplo bem-humorado que tiramos dos fóruns sobre os livros da série *Encantadora de Bebês*. A sogra de Lana chegou para ficar com ela e seu "querido marido" no período em que ela deveria entrar em trabalho de parto. Lana, ansiosa para que isso acontecesse, sugeriu então ao marido que fossem logo resolver a questão debaixo dos lençóis:

> *O querido marido recusou-se absolutamente, e na noite do dia 6, à mesa do jantar, tivemos uma tremenda briga sobre isso na frente da sogra. Ele ficou muito envergonhado. Naquele momento eu nem me importei. Então a sogra olhou direto para ele e disse: "Você sabe, não tenho muitos dias de folga. Este bebê precisa nascer, então que tudo isso não termine com a cesariana de Lana daqui a duas semanas e comigo longe de casa. Anime-se, homem, e vá fazer SEXO". O querido marido quase caiu no chão, e eu comecei a rir. Aliás, a sogra nunca dissera a palavra S, acho que nem mesmo dissera "fazer amor" em voz alta perto do próprio marido! Nem preciso dizer que o querido marido "trabalhou" e entrei em trabalho de parto às 6 da manhã.*

É impossível saber como Lana se sentia em relação à sua sogra antes dessa cena divertida. Mas não é um exagero imaginar que agora, além de ela ter uma imagem mais completa, tem um maior respeito pela sogra. Quanto mais sabemos sobre alguém, mais fácil é encontrar pontos em comum.

Olhe para a pessoa através dos olhos de outro membro da família. Quando seu sogro chegar com doces que você preferiria nunca ter em casa ou aparecer com uma bicicleta grande demais para o seu filho, lembre-se de que ele é o pai do seu parceiro e o avô de seus filhos. Em vez de se aborrecer, tente vê-lo como eles o veem.

Seu parceiro cresceu com esses doces e, para ele, o pai está trazendo as delícias especiais com o sabor da sua infância. Pela expressão de seus rostos enquanto devoram as guloseimas, ambos estão se deliciando, talvez até mesmo viajando para uma época bem distante. Enquanto isso, o pequeno Johnny pode ver agora mesmo a bicicleta legal que o vovô lhe trouxe. Nem passa pela cabeça *dele* que é "inviável" e "um desperdício de dinheiro", ou que ele ainda não consegue alcançar os pedais.

Na mesma linha, ver seus filhos brincarem com seu irmão ou irmã pode evocar lembranças ruins, mas esse é o *seu* passado. Não é o que seus filhos veem. Seu filho fica delirantemente feliz quando seu "fantástico" tio está por perto. Sua filha se sente especial quando a tia faz coisas "de gente grande" com ela.

Ver o que outros veem ajuda a ter os pés no presente. Você pode ser mais generosa sobre dar uma segunda chance. Também será mais compassiva e compreensiva quando outros tiverem problemas com membros da família que *você* apoia. Por exemplo, quando seu parceiro não ficar tão animado quanto você ao saber que seus pais estão vindo para passar uma semana, olhar pelos olhos *dele* ajudará a compreender sua reação. Você amou e conheceu sua mãe e seu pai por toda sua vida; porém, eles fazem parte do universo do seu parceiro há relativamente pouco tempo.

Coloque-se no lugar do outro. Nunca é demais repetir: a empatia é vital para todos os relacionamentos. Seus pais e os pais de seu parceiro, por exemplo, estão começando a envelhecer. Tornar-se avós – uma nova etapa na vida – aconteceu por decisão *sua* (ter um filho), e não deles. Eles podem estar relativamente saudáveis – muitos avós estão na faixa de 50 a 70 anos – e provavelmente gostam de estar com os netos. Ao mesmo tempo, estão agora em uma posição de menor importância, de menos visibilidade e de menos controle. A artista Jennifer Wane resume isso: "Dentro de cada pessoa mais velha há uma pessoa mais jovem perguntando o que aconteceu." Os idosos que fazem parte da sua vida se lembram de outros tempos – tempos melhores – em que não tinham de pedir permissão ou depender de ninguém. Tenha compaixão ao lidar com eles. (Isso, é claro, deve ser recíproco, como ressaltamos em "Conselhos aos sábios.")

Em relação a irmãos, irmãs, cunhados e cunhadas – os de sua geração –, ver a partir de outra perspectiva também é importante. Tente entender por que fizeram certas escolhas e como o estilo de vida particular deles, embora possa ser diferente do seu, pode beneficiá-los. O que levou sua

---

Conselhos aos idosos sobre filhos adultos

Construir um relacionamento dá trabalho para ambos os lados. A seguir, estão algumas dicas para a geração mais velha. Leitores da geração mais jovem podem usar as informações para propor conversas autênticas e construtivas com seus pais:

Seja alguém que seu filho adulto queira consultar. Aprenda sobre novas tendências na criação de filhos e sobre a segurança das crianças, que provavelmente não era uma grande preocupação na "sua época". Caso leia os livros que seu filho adulto está lendo, discuta-os, mas não os conteste. Sua própria vida e suas experiências na criação dos filhos são diferentes das deles. Não seja desdenhoso ("Por que está transformando o treino no penico em algo de outro mundo? Nós simplesmente deixávamos *você* correr por aí sem fraldas!") ou rude ("Você *ainda* está amamentando?"). Não aponte a todo momento como você é perfeito com o bebê/criança ("Comigo, ele foi dormir direto.", "Ele nunca me responde."). E conforme os netos foret crescendo, desenvolva uma relação pessoal com eles, mas não pactue com eles ("mamãe e papai não podem saber que estamos fazendo isso").

Não invada. Quando surgirem problemas na família de seu filho, contenha-se. Em vez de se precipitar com suas soluções e opiniões "experientes", espere até ser chamado. Não suponha que você sabe mais. Quando for consultado, gaste a maior parte do tempo ouvindo e reconhecendo o quão difícil é conduzir uma família. Muitas vezes, tudo que eles precisam sabe é que a mãe ou o pai estão bem no canto deles. Dê uma resposta curta, e deixe a vida seguir. Seu filhos adultos podem ou não fazer do seu jeito – a prerrogativa pertence a eles. Não force, mesmo achando que está certo ("Só estou dizendo isso porque te amo"). Tentar moldar a família de seu filho adulto é um objetivo em que todos saem perdendo. Isso irá colocá-lo como o vilão da história *e* (sem querer) passará para seu filho a mensagem de que ele não é competente.

Não leve para o lado pessoal quando não quiserem falar com você. Um filho pode parecer irritado ou estressado, evitar seus telefonemas ou dar desculpas para não querer ter uma conversa em particular nesse exato momento. Pergunte antes de tirar conclusões. Nem sempre é sobre você. Pense antes de reagir. Pais modernos são muito duros consigo mesmos. Você est sendo sensível ao drama de seu filho? Este é o melhor momento – e forma – de abordar um tema específico? Será que essa conversa ajuda ou prejudica o relacionamento? Nesse último caso, recue já.

Faça a coisa certa. Refletindo sobre seu ressentimento em relação à família de sua nora, alguém em torno dos 60 anos disse com toda a seriedade: "Queria que ela tivesse se casado com um órfão!" O ciúme e a competitividade entre os "lados" afeta – e infecta – toda a família. A tensão atinge até mesmo os pequenos. A solução: reconhecer, mas não agir com, tais sentimentos. Barbara Graham, autora de *Eye of My Heart*, uma antologia sobre o "ser avó", está convencida de que "admiti-los – mesmo que apenas para nós mesmos – reduz a probabilidade de nos comportarmos como adolescentes autocentrados dispostos a vencerem uma competição de popularidade. A consciência confere [...] o poder de se comportar como um adulto".

---

cunhada a ser uma influente advogada? O que motivou o seu cunhado a comprar uma fazenda e a levar sua irmã para uma região distante a fim de cultivar azeitonas? Veja essas "histórias" a partir da perspectiva *deles*. A trajetória de vida deles pode não ser o que você escolheria ou acharia atraente, mas não é nem pior nem melhor. É apenas diferente.

Concentre-se no que é bom para toda a família. Se você gosta de estar com seus pais e a família de seu parceiro e encontra conforto no relacionamento com seus irmãos, isso é ótimo para todos. Porém, não é isso o que ocorre em algumas casas. Por exemplo, Edy, a mãe de Carl, sente-se excluída e ofuscada pela outra avó. Faz comentários repentinos para Amanda, sua nora, como: "Quando Carl era bebê, eu não fazia desse jeito." Como Amanda se aborrece com a opinião não solicitada, sente menos vontade de visitar Edy ou de convidá-la para ir à sua casa. Carl sente-se culpado e briga com sua esposa *e* com sua mãe. Amanda acha que Carl está defendendo sua mãe; esta enxerga seu filho como fantoche de Amanda. Nenhum dos adultos tem aquilo que deseja, e os netos também acabam sofrendo.

Cenas semelhantes também ocorrem com os irmãos. Carl e Keisha, a irmã mais nova de Amanda, também brigam por causa de suas diferenças; ele se queixa com Amanda de que a cunhada é exigente e rude. Ofende-se com o fato de que ela não se define na vida e vem então "cair" na casa deles. "Mas ela é minha irmã", insiste Amanda. "Você não diria isso se fosse *sua irmã*!" As crianças adoram a tia Keisha, mas também ficam confusas quando ouvem seus pais brigarem por causa dela.

Tomar uma posição defensiva e enxergar os parentes como intrusos tende a isolar sua família e confundir as crianças. Tracy muitas vezes dizia aos pais: "Coloquem suas emoções de um lado e saibam que seu filho tem *dois* pares de avós. Privá-lo deles é egoísmo." O mesmo vale para tios e tias. Mas isso não envolve apenas os seus filhos. A diversidade é boa para a sua família. Você pode descobrir *alguma coisa* boa sobre os outros membros importantes da família. E provavelmente há uma coisa com a qual todos concordam: seu amor pelos filhos/netos/sobrinhos e sobrinhas.

Seu acordo ainda está funcionando?

Admitindo ou não, temos um "acordo" com cada uma de nossas relações com outros adultos próximos. Isso pode significar algo desde "Estou aqui por você, e você está aqui por mim" até "Estou preso a você, mas nunca vou gostar de você". O problema é: o tempo e a vida nos mudam. Por isso, de vez em quando, reveja suas relações adultas e pergunte a si mesmo: "O acordo ainda está funcionando?" As perguntas a seguir podem ser aplicadas ao seu parceiro, aos outros membros importantes de sua família ou a qualquer relação de longa data.

- Será que o tempo mudou *você*? Se, de alguma forma, você não é mais o mesmo, será que isso afeta a relação? Você está sendo o seu Eu autêntico com essa pessoa?
- Aquilo que um dia você desejou obter dessa relação ainda é relevante? Você está procurando agora um tipo de troca prática ou emocional diferente daquela de quando vocês se conheceram ou de quando era mais jovem?
- Será que seu parceiro normalmente vive de acordo com suas expectativas? Se não, você vive se desapontando com a mesma coisa? Isso pode lhe oferecer um momento de reflexão; talvez não seja uma expectativa realista. Você está realmente vendo essa pessoa como ela é hoje?

Anotações sobre laços familiares adultos

CAPÍTULO SEIS

Contexto: a rotina da sua família

As zonas

Deus dê-me serenidade para aceitar as coisas que não posso mudar; coragem para mudar as coisas que posso; e sabedoria para entender a diferença.

— Oração da Serenidade

Vamos recapitular. Nós lhe mostramos como dois dos Três Fatores fazem da sua família o que ela "é". Quando um indivíduo se torna R.E.A.L. e mais consciente de seus *relacionamentos*, faz escolhas melhores, o que, por sua vez, ajuda a manter a família forte e segura. Abordaremos agora o papel do *contexto*, o elemento sobre o qual o seu controle é menor.

Considerando os Três Fatores, podemos trabalhar nossos relacionamentos e, com consciência e boa vontade, mudá-los para melhor. Mas fundamentalmente, você não pode mudar outra pessoa – ela é quem ela é. Ao mesmo tempo, um bebê Enérgico pode se tornar um líder ou um valentão, dependendo das pessoas ao seu redor e do que ele vivencia. Já o contexto é muito menos moldável.

Por exemplo, você não pode impedir que um furacão, uma epidemia, ou uma recessão aconteçam. Na maior parte das vezes, não tem nenhuma escolha sobre viver perto de vizinhos briguentos ou se mudar para um país onde a cultura não está de acordo com seus valores. E não é fácil mudar o professor de seu filho, a maneira como seu chefe o trata ou as opiniões dominantes de sua igreja ou de seu grupo étnico. Na verdade, muitos aspectos do contexto recebem a etiqueta "coisas que não posso mudar", conforme descrito na Oração da Serenidade, a favorita de Tracy. Existe, no entanto, um importante aspecto que você e sua família *podem* controlar: o contexto imediato, sua casa.

Em quase todas as entrevistas para este livro, perguntamos: "Como foi crescer em sua casa?"

"Nós jantávamos às sete na cozinha, e meus pais às oito na sala de jantar. Domingo era o único dia em que podíamos comer com meus pais."

"Minha melhor lembrança é a do meu pai chegando do escritório todo dia às seis horas e vendo *Os Flintstones* com a gente. Minha mãe ficava ali sentada com um livro, mas ele se envolvia. Eu adorava quando ele ria das mesmas coisas que eu."

"Fui criada seguindo os princípios da Igreja Menonita. Mas meus pais sempre foram muito interessados pelo mundo. Como família, viajávamos muito. Todo ano, duas ou três vezes acampávamos no litoral."

"Meus pais eram *hippies*. Tudo era caótico – hoje, certamente, não administro minha casa daquela maneira –, mas nos divertíamos. Não me lembro de algum dia terem me dito para arrumar minha cama ou comer em um horário específico. Todo ano, perto do Natal, tínhamos de encher pelo menos uma caixa com brinquedos que doaríamos – apenas brinquedos em bom estado, não os quebrados."

Em cada caso descrito, a pessoa – agora um pai ou uma mãe "chefe" de família – recorda de aspectos da rotina familiar. As idas e vindas diárias, a maneira pela qual a casa é administrada, e como o tempo é dividido e realmente gasto revelam muito sobre a forma como uma determinada família funciona.

A rotina de sua família pode ser deixada ao acaso ou ser conscientemente projetada.

De forma geral, as palavras *projeto* e *família* não aparecem na mesma frase. Mas deveriam. Não no sentido de "projetar" um carro, por exemplo – isso não tem nada a ver com *design*, estilo, dinheiro ou classe. E não no sentido de "geneticamente projetado", que implica mexer com a natureza. Por projeto, entendemos fazer com consciência e planejamento. Em um mundo perfeito, tudo o que usamos, onde moramos ou aquilo que colocamos em prática poderia ser bem projetado, cuidadosamente pensado, seguro e reconfortante emocionalmente. Por que não usar o mesmo princípio com nossas famílias?

Quando um bom projeto é incorporado a um contexto qualquer, ele tem um efeito positivo na maneira como nos sentimos como indivíduos e em como interagimos com outra pessoa. Pacientes em quartos de hospitais projetados para um aproveitamento máximo da luz do sol, por exemplo, precisam de menos medicação para dor. Um bairro bem projetado faz você se sentir seguro, mais propenso a relaxar e a socializar. E o mesmo vale para um bom projeto de rotina familiar.

Uma rotina para toda a família

A primeira prioridade de Tracy sempre foi ajudar as famílias a estabelecerem uma rotina diária consistente e estruturada. Bebês e crianças pequenas sempre se desenvolvem melhor quando sabem o que esperar. Portanto, em nossos livros anteriores, prescrevemos uma rotina que chamamos de E.A.S.Y. – *Eating* (comer), *Activity* (atividade), *Sleeping* (sono), *You* (você) – ciclos regulares alternando entre Comer, Atividade, Sono e tempo para Você. Uma rotina estruturada ajuda a dividir o dia e facilita a sintonia com os ritmos do novo bebê. Assim, os pais conseguem conhecer melhor a criança e aprendem a interpretar seu choro. Se todos os dias o bebê é alimentado em torno das 9h e ele chora às 10h, eles sabem que não é fome. Mas a rotina E.A.S.Y. não foi projetada apenas para o benefício do bebê. Ela permite que a mãe saiba quando pode tomar um banho ou dar um passeio e quando é melhor contar com o pai, especialmente se ele trabalha fora.

As melhores rotinas de família são projetadas tendo os Três Fatores em mente

Os indivíduos. Parte de sua rotina famíliar deve reservar um tempo para alimentar os pontos fortes de cada indivíduo e para satisfazer suas necessidades, inclusive de ter um tempo sozinho e de passar tempo com os amigos.

Os relacionamentos. Sua rotina deve oferecer oportunidades para que todos passem tempo juntos, em duplas e em trios, como uma família. Quando nenhuma das partes envolvidas se dedica ao relacionamento, ele definha.

O contexto. Boas rotinas devem ser suficientemente flexíveis para resistir a qualquer imprevisto que possa acontecer com sua família, desde pequenos problemas cotidianos (uma criança que retorna da escola com piolhos ou uma exigência inesperada no trabalho) até grandes mudanças (um divórcio, uma perda de emprego, uma promoção que o leva ao exterior, um ano financeiramente ruim).

A família nunca deixa de ter necessidade de uma rotina estruturada, de um plano que guie como o tempo é gasto. Assim como no E.A.S.Y., estabelecer uma rotina para toda a família lhe dá informações sobre o que está acontecendo e o que deveria acontecer depois. Você consegue testar outras opções. Mas o mais importante é a possibilidade de colocar momentos difíceis em perspectiva, como quando vocês se tornaram pai e mãe e o bebê os acordava às 2h da manhã e novamente às 5h da manhã. Ele não vai ser um recém-nascido pelo resto da vida.

Uma rotina bem pensada ajuda a manter o rumo. Os membros da família sabem onde devem estar, quando e o que se espera deles. Fazem escolhas conscientes. No entanto, uma rotina para a família como um todo tem de acomodar um emaranhado de personalidades e necessidades distintas, e às vezes conflitantes, não apenas aquelas de um bebê. Isso não pode ser resumido em quatro letras. Conforme sua família cresce, você também passa tempo fora de casa – vivencia situações que fogem do seu controle –, o que significa que ao menos uma parcela de sua rotina estará inserida em um contexto no qual você não pode interferir.

De fato, a palavra *rotina* inicialmente assusta alguns pais. Para eles, isso significa ficar de olho no relógio. Ou quando a ouvem, pensam logo em algo *chato*. Temem que essa estrutura torne a vida muito previsível. Nada disso é verdade se você for flexível, projetar e modificar sua rotina levando toda a família em consideração.

De fato, todos – velhos ou jovens – se aperfeiçoam quando existe certo senso de previsibilidade. Uma revista de estudos sobre rotinas de família mostra que elas têm relação com a satisfação no casamento, a boa educação dos filhos, a saúde das crianças, a percepção de identidade pessoal dos adolescentes, a harmonia entre pais e filhos e realizações acadêmicas. Tudo isso faz sentido. Rotinas garantem que nossas necessidades básicas sejam atendidas. Recebemos o alimento do qual necessitamos para continuar o dia, arranjamos tempo para a família e os amigos e para as atividades que tornam a vida interessante, e, no mundo ideal, tiramos uma boa noite de sono. Não é por acaso que, ao prestar atenção em como o dia sucede, aprendemos muito sobre nós mesmos e nossos entes queridos.

As rotinas de duas famílias nunca são iguais. Assim como as famílias que as projetam, podem estar em uma escala que vai do rígido ao amplamente complexo e criativo. Os detalhes não importam se o plano funciona para a *sua* família. O que importa é ter consciência de como vocês funcionam juntos em sua casa – e quando as coisas não estiverem indo bem, demonstrar "coragem" para mudar aquilo que você pode.

Um dia na vida de sua família: as zonas

Observar como vocês funcionam como uma família em conjunto pode proporcionar uma infinidade de valiosas informações. Tracy viveu, viajou e visitou centenas de famílias nos Estados Unidos e na Grã-Bretanha, algumas com bebês e crianças de até 3 anos, outras também com crianças maiores. Toda família tem seu próprio ritmo e sua logística. Ela sempre fazia perguntas sobre a rotina dessas famílias, pois, como costumava dizer: "Você pode dizer muito sobre a família a partir da forma como ela passa o dia."

Para ver o que Tracy via, reserve um dia para observar *sua* rotina. Escolha um dia normal da semana em que as crianças vão para a escola e os adultos têm de trabalhar ou se ater a qualquer outra responsabilidade. Pense nisso como um dado a ser acrescentado à sua prancheta de analista e observe seus "clientes" em seu *habitat* natural. Seu trabalho é auxiliá-los a projetar uma rotina que funcione para eles.

Para ajudá-lo a manter o foco, dividimos o dia em dez "zonas" cotidianas – períodos e categorias de responsabilidade com as quais a maioria das famílias se ocupa todos os dias.

Preparativos
Despertar
Café da manhã
Transições
Reencontros
Cuidados
Manutenção da casa
Jantar
Tempo livre não programado
Hora de deitar

As zonas cotidianas ajudam você a manter a perspectiva do pensamento de família.* Enquanto os livros sobre pais e filhos enfocam nos filhos, neste livro sobre família nós queremos ajudá-lo a enxergar a família em seu conjunto – como sua casa funciona e quem faz o quê. As zonas envolvem todo mundo.

---

* Tempo de almoço não foi listado como uma zona pois raramente acontece em família e, se as crianças estão na escola em período integral, é uma refeição feita normalmente fora de casa. Também não incluímos uma zona de fim de semana, porque o foco deste capítulo é sua rotina diária, mas tratamos dos fins de semana na p. 178.

A melhor maneira de projetar uma rotina de família é observando com atenção os períodos cruciais e as responsabilidades que todos vocês enfrentam no dia a dia.

Estar ciente das zonas não garante que não haverá problemas na vida da família. Mesmo assim, saber o que é preciso para enfrentar o dia vai lhe dar informações que, por sua vez, irão ajudá-lo a descobrir se sua família está funcionando tão bem quanto poderia. Se você já sente que sua família precisa de alguns reajustes, conhecer bem sua rotina irá facilitar essa tarefa.

Tenha em mente:

- As zonas são listadas em ordem lógica, mas não necessariamente cronológica. Por exemplo, em algumas famílias os *Preparativos* são uma zona que ocorre de manhã, e em outras, na noite anterior. *Tempo livre não programado* e *Transições* são zonas que também variam entre as famílias.
- Algumas zonas ocorrem mais de uma vez por dia ou não ocorrem. Se você tem filhos pequenos, provavelmente se encontra nas zonas *Cuidados* ou *Manutenção da casa* durante todo o dia. Se tem um trabalho que exige viagens, você pode ter mais *Transições* do que uma mãe que trabalha em casa. Se sua família tem uma lista de atividades regulares relacionadas ao trabalho, à escola ou extracurriculares, talvez não haja zona de *Tempo livre não programado*.
- As zonas podem se sobrepor. Por exemplo, quando você está levando seu filho para a escola, vocês dois estão nas zonas de *Transições* e de *Cuidados*. Além disso, a tecnologia deu origem a uma mistura de zonas, porque você pode estar em dois lugares ao mesmo tempo – no escritório conversando com seus filhos pelo Skype, por exemplo, ou enviando mensagens de texto durante o dia para saber como estão. Evidentemente, não é a mesma coisa que estar juntos, mas ainda assim estão mantendo contato.
- As zonas têm durações diferentes. Algumas são bem curtas – *Reencontros* depois da escola ou do trabalho podem durar poucos minutos. Tudo depende da família. A *Hora de deitar* das crianças pode precisar de toda uma noite em algumas casas.
- As zonas estão sujeitas a mudanças. Você está indo bem e, de repente, um dos Três Fatores muda. Pode ser um dos indivíduos (um filho come-

ça a praticar um novo esporte), um relacionamento (os pais se separam) ou o contexto (a escola estabelece que as aulas começarão uma hora mais cedo). Tais mudanças exigem que todos na casa se adaptem. Hoje, uma zona particular pode ser dominante na programação de seus horários e muito menos importante daqui a um ano. Conforme as crianças caminham da pré-adolescência para a adolescência, tornam-se cada vez mais independentes. A natureza da zona *Cuidados* passa a envolver mais supervisão e monitoramento, que normalmente exigem menos tempo (mas, muitas vezes, mais energia!).

- Em algumas zonas, os membros da família às vezes estão esgotados. Quando os pais voltam do trabalho e as crianças da escola, geralmente todos estão mais cansados. Em vez de ter uma conversa importante com um ente querido ou tentar tomar uma decisão durante essas zonas de *Transição*, espere até que todos estejam, digamos, em uma zona de *Tempo livre não programado*, quando já relaxaram um pouco e então podem tomar um lanche para repor os níveis de glicose do sangue ou dar uma volta para se reenergizar. A zona *Hora de deitar* também pode ser complicada, se houver muito dever de casa, problemas ou visitas. Um tempo tranquilo antes de deitar – um banho, uma história, uma jogo de tabuleiro – permite recuperar as energias.

A seguir, cada uma dessas zonas é descrita detalhadamente. Mantenha-as em mente enquanto observa conscientemente um dia na vida de sua família. Preste atenção nas idas e vindas do dia a dia em sua casa (ou duas casas, se você é divorciado e a criação de seus filhos é conjunta). Lembre-se de que a rotina serve tanto para se antecipar a necessidades quanto para atendê-las. Então, não observe apenas o que você faz, mas também como planeja, executa e se adapta quando as coisas não acontecem como planejadas.

Prometa a si mesmo que nessas dezesseis ou mais horas – a partir do momento em que sua casa entra em ação até a última pessoa se deitar – dará mais atenção aos pequenos momentos cotidianos da vida que se desdobram e passam rapidamente por cada zona. Observe:

Como as escolhas são feitas e como as responsabilidades são divididas.

*Como os membros da família se expressam (de modo verbal e não verbal)
e lidam com a tensão.*

*Como vocês se relacionam uns com os outros e que tipo de atividades faz
com que se sintam uma família.*

No começo da discussão sobre cada zona, você encontrará um quadro chamado "O desafio", o qual ajudará a analisar o que a zona tem de exclusivo e o que você pode precisar modificar. Para ajudá-lo a focar em como sua família age quando passa por essa zona, oferecemos "Algumas questões". Como não sabemos o que se passa em cada casa individualmente, algumas das perguntas podem não se aplicar à sua situação. Você não tem de responder todas elas, nem tem de respondê-las exatamente como estão escritas. Deixe-as despertar sua imaginação.

Cada série de questões será apresentada nos quadros cinza com espiral. Lembre-se de que este capítulo é sobre coleta de informações, e não sobre solução de problemas. Você não precisa escrever as respostas em seu diário da família, mas tirará mais proveito do capítulo e terá uma melhor noção de como sua família funciona se o fizer. E o que é ainda mais importante: pode reler suas respostas mais tarde.

Se tiver um parceiro, compare as anotações com ele. Se tiverem respostas ou percepções diferentes sobre o que acontece durante o dia ou sobre como a rotina poderia ser, conversem sobre a razão de se sentirem assim. Mas lembre-se de que não há respostas certas ou erradas. As questões são para fazer você pensar e conseguir ver quais as necessidades de sua família, não para julgar ou discutir sobre quem está certo. Se você não tem um parceiro, responda as questões sozinho e então fale sobre o que aprendeu com alguém em quem confia – pai ou mãe, um amigo próximo, um mentor da família.

O estilo da sua família

Ao ler sobre cada zona e responder as respectivas questões, considere o "estilo" da sua família. Indivíduos e famílias têm diferentes níveis de tolerância ao caos. Em nosso primeiro livro, oferecemos um pequeno questionário para determinar seu Quociente Improviso/Planejamento, seu QIP.

A ideia era auxiliar os novos pais a avaliar a disposição da casa para criar uma rotina estruturada. Agora aplicamos o conceito a toda a família. Famílias "improvisadoras" tendem a organizar suas casas conforme as situações vão acontecendo – um dia não é igual ao outro –, enquanto famílias "planejadoras" são mais propensas a orquestrar cuidadosamente a vida familiar, no limite, aderindo religiosamente a suas rotinas, não importa o que aconteça. Veja o questionário QIP.

Qual é o QIP da sua família?

Para cada questão, coloque o número que melhor descreve sua família durante períodos normais, não considerando férias ou ocasiões especiais. A palavra "nós" se refere a todos os membros de sua família. Claro, cada um de vocês é diferente e, às vezes, apenas uma pessoa (geralmente o planejador) executa um determinado tipo de trabalho. Ainda assim, tente responder pelo grupo todo, baseando-se em como vocês normalmente funcionam como uma família.

---

5 = sempre   4 = normalmente sim   3 = algumas vezes   2 = normalmente não   1 = nunca

Comemos mais ou menos na mesma hora todos os dias. _____

Quando entramos em casa, colocamos itens como casaco, chaves e mochilas no lugar correto. _____

Vivemos sob um cronograma previsível. _____

Planejamos com antecedência. _____

Priorizamos o que é mais importante e resolvemos isso primeiro. _____

Quando fazemos compras, guardamos tudo imediatamente. _____

Usamos um calendário familiar para ter uma ideia do que está por vir. _____

Somos conhecidos por chegar na hora certa. _____

Antes de começar um projeto, determinamos tudo o que precisamos. _____

Fazemos "projetos de limpeza" regularmente para reduzir a desordem. _____

Quando as roupas estão lavadas, nós as guardamos imediatamente. _____

Quando a vida fica caótica, tentamos descobrir o que podemos fazer de outra maneira para minimizar essa situação. _____

Total = _____

Para calcular seu QIP, que lhe dará uma ideia do ponto em que sua família está na variação entre Improviso/Planejamento, some a pontuação total do questionário e divida por doze.

5 a 4: Sua família é extremamente organizada. Vocês têm um lugar para cada coisa, e cada uma delas é guardada em seu devido lugar. Provavelmente ter uma rotina estruturada não exige um grande esforço, mas talvez desejem pensar se há flexibilidade suficiente em seu dia.

4 a 3: Sua família está mais para o lado do "Planejamento", mas provavelmente vocês não são fanáticos por organização ou por programação. Eventualmente, no entanto, um de vocês percebe que a casa precisa de consertos ou que, na próxima vez, é melhor planejar com cuidado para tornar a vida menos estressante.

3 a 2: Sua família está mais para o lado do "Improviso". Rotinas são um desafio, e talvez vocês se vejam correndo de lá para cá logo cedo ou toda vez que alguém tem um compromisso. A boa notícia é que a flexibilidade não é um problema para vocês, mas colocar alguns sistemas em prática pode ajudá-los a se tornar um pouco mais organizados.

2-1: Sua família praticamente não tem o mínimo senso de ordem e organização. Se isso funciona para vocês, ótimo. Mas deem uma segunda olhada. Se houver tensão em sua casa ou estiverem apaziguando conflitos constantemente, um pouco de planejamento pode fazer maravilhas.

Moderadamente, nem improvisar nem planejar é ruim por si só. O que conta é se isso funciona para a sua família. Se vocês estão em algum lugar entre os dois extremos – uma pontuação entre 2 e 4 –, pelo menos pensam um pouco em planejamento e organização, e de certa forma são flexíveis.

Agora, é preciso considerar como vocês transferem seu estilo para as diversas zonas.

Preparativos

O desafio: Trabalhe com o que vocês têm; projete uma rotina que leve em conta os Três Fatores: quem faz parte de sua família (os indivíduos), como interagem (suas relações) e onde os problemas ocorrem (contexto).

Algumas questões sobre sua zona de Preparativos

- Há um "administrador" principal em sua família que controla certos compromissos e datas escolares e é responsável por registrar tudo isso, dar telefonemas ou mandar as mensagens necessárias para que todos se ajustem? Ou essas tarefas são compartilhadas por mais de um adulto? Um ou ambos estão ressentidos ou com raiva? Há brigas por causa dos preparativos?
- As crianças também participam do planejamento? Espera-se que elas simplesmente sigam os planos? Ou ambos?
- Em relação ao planejamento, vocês levam em consideração as recentes mudanças na vida de um membro particular da família, ou no contexto, que possam exigir ajustes da rotina – doença, dificuldades de uma criança na escola, um novo bebê, mudança de salário, mudança de residência?
- Vocês têm regras e sistemas para a casa – procedimentos na hora em que chegam em casa, ganchos para casacos e mochilas, lugares específicos para outros objetos, uma prateleira ou um canto da mesa onde formulários de autorização são colocados para que possam ser vistos, preenchidos, assinados e, mais tarde, facilmente encontrados? Os membros da família realmente usam essas ferramentas? A "arrumação das coisas" acontece de manhã ou à noite antes de dormir?
- Quem é o responsável pelo planejamento das refeições? Pelas compras? Quem é responsável pelo almoço dos adultos e/ou das crianças? Ou cada um deve cuidar disso por si mesmo?
- As coisas são anotadas ou espera-se que todos se lembrem de tudo? Você mantém e coordena um calendário, principalmente com seu parceiro? Ou há um grande calendário afixado na parede e que todos usam e podem ver?
- As atividades fora de casa dominam a rotina diária? Os adultos dividem igualmente as responsabilidades pelos compromissos e horários das crianças? O tempo com a família é comprometido por causa dos deveres de casa, trabalho ou outras atividades individuais?
- Os celulares são usados para saber a situação de todos? Quando os planos mudam, quem deve avisar? Quem se esquece de telefonar? Quem dá permissão? Existem regras para o uso do celular e dos dispositivos conectados à internet? Isso é verificado pelos pais?
- Além dos pais, quem mais faz parte do dia a dia da família – babás, empregados, professores, amigos, pais que moram em outra casa, avós ou outros parentes? Vocês os levam em consideração ao fazer planos?
- Já observaram se certas ocasiões recorrentes – aniversários ou festas, começo de um novo ano escolar, férias – perturbam o padrão do dia a dia? Vocês procuram se antecipar e planejar essas ocasiões?

A fim de enfrentar o dia, *alguém* para e pensa sobre o que deve ser feito, por quem e quando. Sejamos claros: os adultos são responsáveis pelos preparativos, mas também é bom envolver as crianças de alguma forma. Desnecessário dizer que, na maioria das famílias de hoje, as coisas não funcionam assim.

Algumas famílias são melhores para planejar e manter rotinas do que outras. Em parte, é um problema do QIP da sua família. Isso também depende de como seus Três Fatores interagem. Uma família composta de indivíduos fortes e saudáveis que cooperam e se apoiam mutuamente e que têm recursos importantes à sua disposição geralmente contam com um amplo leque de opções, o que provavelmente torna mais fácil se preparar para o dia a dia.

No outro extremo estão as famílias em crise. Os indivíduos podem ter sérios problemas pessoais. Seus relacionamentos podem estar contaminados por decepções, tristeza ou conflitos. Podem estar preocupados com as contas a pagar ou sentir-se sem apoio. Talvez ninguém tenha lhes ensinado como prever, organizar ou enfrentar os problemas quando os planos desandam. Para essas famílias em dificuldades, já é bastante difícil enfrentar o dia, e mais ainda se preparar para isso.

Despertar

O desafio: Use o *despertar* para entender melhor os membros de sua família. Assim que abrem os olhos, cada um de vocês revela seu temperamento matinal básico – animado, mal-humorado, produtivo ou lento para acordar.

O modo como a família acorda define o tom do dia. É de manhã que as personalidades individuais se revelam. É também a oportunidade de lançar um primeiro olhar para notar quem faz o quê em sua família. Em algumas casas, espera-se que alguém crescido o suficiente para dormir em uma cama de solteiro acorde sozinho; em outras, é uma luta diária. Talvez as crianças não sejam as únicas que precisem ser persuadidas a deixar a cama, especialmente se você ou seu parceiro não é uma pessoa matinal e poderia dormir até o meio-dia.

Muitas famílias têm um "abraço matinal". Nas casas que observamos, geralmente as crianças iam até a cama dos pais, mesmo quando já estavam entrando na adolescência. A frequência variava de "às vezes" a "sempre". Quando os pequenos fizerem isso, é possível tentar persuadi-los a voltarem a dormir, ou eles podem convencê-los a sair da cama. Neste último caso, um agradável momento de união entre irmãos, muitas vezes, dá lugar ao:

Algumas questões sobre sua zona de Despertar

- Quais são as suas primeiras interações do dia? Como vocês se cumprimentam?
- Qual de vocês tem um relógio biológico que funciona sem necessidade de um despertador? Quem precisa de um? Você acorda seu cônjuge/filhos ou eles acordam você?
- Quem precisa de estímulo? Quem se sente confortável para falar de imediato? Quem mal consegue falar até que tenha [comido, bebido algo específico, tomado uma ducha, ou pelo menos passado trinta minutos sem falar nada]?
- Todos são responsáveis por si mesmos ou há necessidade de supervisão só para conseguir que os membros da família saiam da cama? Há irritação e ressentimento?
- Existem regras matinais como, por exemplo, vestir-se antes do café – ou você deixa ao acaso se cada um sai de casa na hora certa?
- Como os temperamentos individuais dos membros da família influenciam no despertar? Que tipo de humor e de comportamento são típicos para cada pessoa? Problemas de temperamento são levados em conta (você se antecipa e age antes que um estado de ânimo cause problemas) ou as explosões são simplesmente toleradas (você dá um longo suspiro e diz para si mesmo: "*Vai começar tudo de novo*")?
- Existe uma "cama da família"? Ela existe por escolha ou sempre foi assim? É uma fonte de alegria ou de apreensão?
- Há disputa por posse, espaço ou atenção? O que as boas manhãs têm em comum – uma boa noite de sono, maior/menor envolvimento dos pais, antecipação aos problemas comuns e estratégias para contorná-los? O que as manhãs ruins têm em comum?
- É permitido/incentivado "tempo de tela" pela manhã? Há limites para isso, regras que definem quanto tempo pode ser gasto e o que tem de ser concluído antes [vestir-se, ajudar na limpeza, tomar café da manhã, etc.]?
- Houve uma mudança recente na rotina do despertar – uma criança pequena que chegou à idade de ter sua própria cama, um pré-adolescente que está tendo de assumir mais responsabilidades no colégio, mudança de horário de um dos pais? Como essa nova circunstância afetou todos os outros?
- Há algo que o incomoda ou preocupa em relação a esses primeiros momentos do dia? Algo que o deixa orgulhoso?

"Ei, você está roubando as cobertas!" e disputas sobre quem vai assistir a seu programa favorito.

De fato, algumas tradições matinais tornam o despertar mais agradável ou, pelo menos, um pouco mais previsível. Vejamos o exemplo da família Perlman: Greg cria canções e esquetes para Sadie, sua filha, desde que ela nasceu, adaptando-os ao longo dos anos. "O despertar geralmente começa com uma canção que menciona os acontecimentos do dia, e sempre cantada com a mesma melodia. Em seguida, vem um pequeno esquete", ele explica. "Um de seus favoritos é a 'Máquina de despertar do Dr. Wakenstein', em que represento um cientista maluco testando sua invenção em Sadie como cobaia; a máquina vai ficando cada vez mais barulhenta, fazendo cócegas, girando, chacoalhando. Em outro, seu bichinho de pelúcia descobre um buraco – a orelha de Sadie – e tenta escavar para descobrir o que tem lá dentro."

Greg diz que Sadie sempre se diverte com isso, mas ela é uma criança alegre quando acorda. De fato, o temperamento desempenha um grande papel nos acontecimentos matinais. Conhecemos algumas crianças que se escondiam sob as cobertas quando seus pais começavam a cantar e alguns pais que tinham de se levantar uma hora mais cedo para ser capaz de encenar. De qualquer modo, muita coisa tem de ser feita em um espaço de tempo muito curto, especialmente se tanto o pai quanto a mãe precisam se aprontar para trabalhar.

O despertar também depende de quais são as expectativas. Crianças podem ter a permissão de sair do quarto de pijamas e se vestir só depois do café da manhã. Ou têm de primeiro tomar banho, vestir-se, fazer as camas e estar prontas. Na nossa pequena pesquisa, o primeiro é o mais frequente, o que geralmente envolve comentários como: "Você ainda não está vestida?"

Se você não tem certeza do tempo que sua família leva para despertar, fique de olho no relógio. Com crianças com menos de 3 ou 4 anos, deve-se levar em conta que é preciso ajudá-las a se vestir. Com as mais velhas, o problema pode ser aquela roupa que sumiu ("onde está minha camiseta?") ou as brigas pelo uso do banheiro.

Café da manhã

O desafio: Cuide mais – dos alimentos e da sua atenção – e queixe-se menos. Inicie o dia com o pé direito.

Todas as refeições são importantes, é claro; elas literalmente alimentam a família. Mas cada uma delas tem seu próprio significado. O café da manhã é a primeira ocasião do dia em que toda a família se reúne. Como o tempo é curto, isso pode ser estressante. Cada um vai para um lugar di-

Algumas questões sobre sua zona de Café da manhã

- A mesa está posta? Vocês se sentam juntos ou cada um come em seu tempo quando a refeição está pronta?
- Existe uma atribuição de lugares à mesa no café da manhã? Você está inconscientemente imitando seus próprios pais ou tomou uma decisão deliberada de fazê-lo dessa maneira? Se sim, por quê?
- Quem cozinha? Quem ajuda? Todos comem a mesma coisa ou alguns fazem pedidos específicos? As crianças são encorajadas a ajudar a preparar o café da manhã ou são servidas?
- Todos conversam – por exemplo, sobre o dia que terão pela frente? Discutem nutrição ("Você não pode comer apenas cereais. Tem de ter alguma proteína") e/ou preferências alimentares ("Você comeu panquecas todos os dias da semana")?
- Todos têm de comer bem ou não há problema em sair correndo sem terminar a refeição ou sem comer nada? Há regras diferentes para os adultos?
- Há um adulto designado para insistir, apressar as crianças para que comam, acabem e depois se limpem sozinhas? Isso funciona?
- Como é um bom café da manhã (a experiência, não a refeição) em sua casa? E um ruim?

ferente. É a hora de manter conscientemente os olhos focados no objetivo, que é dar a todos um bom início de dia.

Contudo, não crie a expectativa de que vocês se pareçam com as famílias dos comerciais de margarina, com uns passando o pote para os outros, felizes e interagindo de maneira divertida. Na vida real, o café da manhã pode ser um campo minado. Aquele que sai para trabalhar antes pega uma torrada, mal se despede e sai correndo pela porta. Duas crianças brigam pelas cadeiras. E o adolescente ranzinza diz para a mãe: "Não estou com fome, e se estivesse, não comeria *isso*."

E questões alimentares podem piorar ainda mais essa situação. Um está de dieta; o outro não come muito; o outro tem regras rígidas e preferências – seus ovos não podem ser moles, nunca come cereal com leite, a torrada não pode passar do ponto, os legumes não podem se tocar. Em algumas casas, a mãe ou o pai desempenham o papel de um cozinheiro de pratos rápidos e a cozinha se torna um restaurante que acomoda as necessidades culinárias de todos. No outro extremo estão as famílias em que uma única refeição é preparada, e todos comem o que é servido. Muitos de nós fazemos um pouco de cada uma dessas duas opções.

Rituais de café da manhã podem aliviar as tensões matinais. Fazer uma prece pode ser o correto para algumas famílias e parecer piegas ou forçado para outras. No entanto, fazer uma pausa para agradecer e reconhecer a presença uns dos outros – de qualquer maneira que você escolher – garante que, pelos menos durante esses poucos minutos, todos fiquem quietos, dizendo simbolicamente *"Somos uma família começando nosso dia."*

O café da manhã também pode ser o momento de ensinar novas habilidades e permitir que os membros mais jovens experimentem fazendo tarefas de acordo com sua idade. Crianças que participam do processo de cozinhar geralmente gostam de comer o que fazem. Com apenas 3 anos, Jeremy, o filho de Melinda, sobe em uma escadinha, mexe seus ovos do café da manhã – com ela ao seu lado – e depois os come com orgulho. Ele era um garotinho magro; seus pais se preocupavam com seu peso. Permitir-lhe cozinhar tornou sua refeição e o café de todos mais saborosos.

Tracy, que era, ela também, uma criança enjoada para comer, muitas vezes lembrou aos pais que as crianças não morrem por comer o mesmo café da manhã todos os dias. E apesar de não recomendarmos isto, elas também podem sobreviver sem essa refeição – comerão quando sentirem fome.

Transições

O desafio: Mesmo ao longo de um dia normal, transições exigem deslocamento físico, mental e emocional que afetam suas idas e vindas. Ajude os membros da família a tomar consciência dos momentos em que saem e voltam ao lar.

A casa é uma ilha, mas nos aventuramos em nossos botes todos os dias. Adultos têm de ir ao trabalho, crianças para a escola e, depois, todos voltam para casa. Às vezes, os pais sentem-se divididos. Uma mãe comenta: "Quando estou no escritório, penso na família, e quando estou em casa, penso no trabalho." Mesmo pais que trabalham em casa, cuidando do lar ou como empreendedores autônomos, acham que a passagem de um papel ao outro pode ser complicada. A zona de transição pode ser bem pequena (dez minutos que você gasta para levar as crianças até a escola) ou bem grande (um trajeto cansativo e longo). De todo modo, transições são cansativas, porque envolvem esforço físico e mental.

Ou seja, além dos recursos tangíveis exigidos pelas transições, como automóvel, gasolina, garagem, dinheiro para o transporte público, há também os custos humanos. Por exemplo, você deve estar atento e vigilante aos horários, dirigir e fazer o seu próprio trajeto, lidar com atrasos inesperados e conciliar tudo isso na sua cabeça. Mesmo que trabalhe em casa e tudo o que precisa fazer é ir até sua mesa depois de todos saírem, o salto mental é enorme.

Esteja você acostumado a uma determinada transição ou fazendo-a contra a sua vontade, é mais fácil entrar no ritmo quando se tem consciência do processo.

Pense sobre onde você está e para onde está indo.

É surpreendentemente gratificante – e eficaz – dizer em alto e bom som a próxima coisa com a qual terá de lidar. Se as transições são estressantes, compartilhe seus sentimentos. Por exemplo, quase todas as noites quando volta do trabalho, Sara Stern telefona para uma amiga que trabalha em casa. "Isso me dá oportunidade de recapitular o dia e de falar sobre o que tenho de fazer quando chegar em casa." Para a amiga, uma escritora que fala com pouca gente durante sua jornada de trabalho, a conversa diária é uma pausa bem-vinda.

Embora não seja comum e, possivelmente, seja inviável para muitas famílias, Viola e Paul Vardoni, pais de adolescentes muito ativos e capazes, descobriram uma maneira de lidar com as transições trabalho-família *juntos*. Eles saem em diferentes horários pela manhã, mas na maioria das noites tomam o mesmo trem para voltar para casa, o que lhes dá 50 minutos para compartilhar o que aconteceu no trabalho, falar sobre Manny e Theresa e apostar se os filhos já começaram a jantar ou não.

Nas famílias mais bem administradas, transições são adaptadas ao temperamento de cada membro. Lembra-se da criança Irritável que gritava quando era hora de comer, apesar de todos os esforços para afastá-la de

Algumas questões sobre sua zona de Transições

- Que membros da família têm de sair de casa todos os dias para a escola ou trabalho (remunerado ou não)? O que cada transição envolve?
- As suas transições familiares são geralmente tranquilas ou problemáticas? Por quê? Você tem dificuldade para sair de casa? Se esse é o caso, qual seria o motivo – a falta de planejamento adequado, caos geral ou um adulto ou uma criança em particular?
- Os detalhes do trajeto – ter que correr para pegar o trem, lidar com o trânsito, dificuldades provocadas pelos outros – trazem mais estresse? Você conscientemente usa seu trajeto para fazer a transição mental entre a casa e o trabalho e vice-versa?
- Sua transição é diferente da do seu parceiro (se tiver um)? Essas transições são uma fonte de problemas para o seu relacionamento?
- Caso trabalhe em casa, você tem um ritual que o ajuda a mudar de sintonia, como tomar café com um amigo, ir à academia ou fazer uma caminhada? Ou você simplesmente passa ao próximo item em sua lista de coisas a serem feitas? Você tem – ou sente a necessidade de criar – uma área que seja sua, um espaço de trabalho, em vez de meramente ocupar o espaço familiar quando os outros não estão em casa? Se não, o que faz para realizar a transição mental? Quando todos retornam, eles respeitam seu espaço de trabalho, ou você se sente invadido quando sua mesa se transforma em mesa de jantar?
- Um ou ambos levam as crianças para a escola? Ou você dá carona e se reveza com outros pais para levar as crianças à escola?
- Se você e seu parceiro fazem o trajeto juntos, vocês usam o tempo para discutir problemas familiares, para se relacionar como adultos ou para falar sobre o dia que terão à frente?
- Que tipo de conversa você tem com seus filhos durante as transições entre a casa e a escola? Você monopoliza a conversa ou usa o tempo para ouvir? Você os lembra, instrui, dá orientações? Você os ajuda a se preparar mentalmente para o dia e para o que pode acontecer na escola? No caminho para casa, vocês conversam sobre o que deve ser feito quando chegarem, por exemplo o dever de casa, uma visita especial, lanches, atividades?
- Uma recente mudança alterou as transições de um membro da família? Como as novas circunstâncias afetaram a família?

seu brinquedo preferido? Hoje, como pré-adolescente, ela provavelmente ainda precisa de um tempo considerável quando chega da escola, enquanto seu irmão mais novo nunca teve problemas com transições.

Com crianças pequenas, repetir certas ações ou frases ajuda a prepará-las para aceitar a transição. Por exemplo, conhecemos um pai que costumava cantar "Eu vou, eu vou, para o trabalho agora eu vou" (no ritmo dos

Sete Anões) enquanto se despedia dos filhos pequenos. Outras famílias têm uma frase especial, um aperto de mão ou um cumprimento.

Reencontros

O desafio: Reencontros reforçam relacionamentos. Cada vez que vocês voltarem a estar juntos, mesmo depois de uma curta ausência de seu parceiro ou de seus filhos, dê a si mesmo alguns minutos para sorrir, ouvir, abraçar e estar realmente presente.

"Querida, cheguei!" é outra frase comum das comédias que adoramos. Nos primórdios da televisão, ela era dita sinceramente por um típico pai ao entrar em casa de volta do trabalho. Agora, na maioria das vezes, ela é dita sarcasticamente quando adolescentes voltam para casa. Seja como for, isso representa a realidade da vida familiar: durante o dia, cada um está fora fazendo suas coisas e, em algum momento – ou em vários momentos –, estão juntos novamente.

Saídas (partidas, sair para levar alguém) e retornos (regresso ao lar) são transições relacionais. Quando nos separamos da família, vamos do "estar com" ao "não estar com". Reencontros são o "estar com novamente". As crianças voltam da escola, de atividades extraclasse ou de uma festa; adultos voltam do trabalho, de viagens ou de compromissos sociais. Reencontros podem ser alegres, caóticos, confusos, irritantes, surpreendentes, opressivos ou tudo isso ao mesmo tempo. São momentos breves – uma saudação não dura muito –, mas cheios de significados.

Estudar as saudações, como antropólogos e psicólogos costumam fazer, revela muito sobre as pessoas e o estado de seus relacionamentos. Durante um olá, um beijo no rosto, ou um abraço de boas-vindas, preste atenção. Em um determinado dia, você pode ficar mais feliz de ver certos membros da família do que outros. Nem sempre é a mesma pessoa. Depende de como aquela criança ou adulto em geral age com você, o que aconteceu antes, o que mais está acontecendo ao seu redor que desvia sua atenção, e, ainda mais importante, o que *você* precisa no momento.

Infelizmente, na maioria das casas, reencontros familiares raramente se assemelham aos que vemos em certos filmes e programas sobre famílias.

Algumas questões sobre sua zona de Reencontros

- Como são geralmente os reencontros de sua família? Você os classificaria como calorosos, frios, distantes ou pragmáticos? Na maioria das vezes são iguais ou há diferenças sutis?
- Vocês praticam rituais afetivos (beijo, abraço) quando alguém chega em casa ou deixam as coisas acontecerem espontaneamente?
- Quando você observa objetivamente seus próprios reencontros, o que vê e sente? E qual o sentimento quando todos retornam ao lar e se relacionam? Estão distraídos ou realmente entram em sintonia uns com os outros?
- Quando seu parceiro ou filho o recebem de forma indiferente, você questiona? O que acha que isso lhe diz?
- Quando uma pessoa chega em casa, ela interrompe o que está acontecendo? Por exemplo, o pai ou um filho mais velho que pratica esportes chega durante o jantar. Isso é um incômodo?
- Que tipo de interações você observa nos diversos reencontros que vão acontecendo conforme as pessoas voltam para casa – por exemplo, entre irmãos, entre um adulto e uma criança ou entre você e seu parceiro? Elas são preocupantes, causam orgulho ou trazem surpresa?

Em uma pesquisa em famílias de classe média, as pessoas se cumprimentaram "alegremente" menos de um terço das vezes. O que acontece na família de Sherry é típico: como três quartos das mães pesquisadas, Clarice, que encerra o seu dia de trabalho às 16h, é a primeira a rever as crianças. Ela e Ted conversaram com Jarred, de 9 anos, e Dale, de 14, sobre como é importante parar o que se está fazendo para cumprimentar quando alguém chega em casa. Mesmo assim, quando Ted chega às 18h, Jarred está jogando videogame, Dale está fazendo a lição de casa, e Clarice está ocupada com o jantar. Cada um dirige um "oi" indiferente. Poderia ser pior. Pelo menos eles não estão entre os 10% das famílias em que os membros são negativos uns com os outros, ou pragmáticos, interagindo com uma impessoal "conversa logística" sobre o que precisa ser feito. Ainda assim, eles estão, como muitas famílias, distraídos 50% do tempo, o que não ajuda na construção dos relacionamentos.

Cuidados

O desafio: Esteja com seus filhos, ou pelo menos acessível a eles, sempre que for preciso exercer seu papel. Suas outras tarefas devem ser feitas quando não estiver com eles.

Se tem filhos, você se encontra na zona de cuidados desde o momento em que eles chegam até o "para sempre" – felizes ou não. Mas para os propósitos desta conversa sobre sua rotina diária, referimo-nos aos momentos do dia em que você se dedica mental e fisicamente a cuidar das crianças. Se elas são pequenas e ainda dependentes, você dá banho, veste e (até que tenham idade para comer sozinhas) as alimenta. Supervisiona as brincadeiras, leva a médicos e parquinhos, compra sapatos e roupas. Conforme vão crescendo e negociando cada vez mais suas liberdades, seu tempo ainda é dedicado a ensinar, explicar, demonstrar, esperar, levar aos lugares, monitorar, instruir, castigar e tranquilizar.

Não importa se seu tempo envolve fraldas e *Barney* ou gozações das outras crianças e treino de beisebol – ou o quanto ama seus filhos e gosta de ser pai ou mãe. Quando decide ter uma família, você reconhece que, por um tempo bastante longo, as crianças vão precisar de seus cuidados. Mesmo assim, vamos ser honestos: cuidar dos filhos pode ser uma tarefa cansativa, estressante e solitária. Você nunca tem folga depois que se torna pai/mãe. Muitos adultos encontram conforto participando de grupos em que podem partilhar histórias dessa batalha diária. Alguns também têm um parceiro, uma mãe ou outro parente, um vizinho ou pagam uma babá com quem podem contar para aliviar a carga.

Os pais que se encontram na zona de cuidados acabam fazendo várias tarefas ao mesmo tempo, por causa tanto do tédio quanto da falta de tempo que assolam inúmeras famílias modernas. Por exemplo, a mãe lê um livro e, ao mesmo tempo, dá a papinha de frutas na boca do bebê. Então o coloca na cadeirinha e aproveita para praticar algumas posturas de ioga. Enquanto acompanha o jogo de futebol do filho, o pai verifica a cotação de ações e telefona para o escritório. Todos fazem isso, nós racionalizamos. Mas temos de pensar como todas essas tarefas simultâneas afetam os relacionamentos familiares.

Algumas questões sobre sua zona de Cuidados

- Quanto de sua rotina familiar envolve cuidados com os filhos? Tempo e energia também são dedicados a cuidar de um idoso?
- Quem é responsável pelos cuidados em sua casa? Se você é o único adulto na residência, há pessoas de fora – voluntárias ou pagas – que ajudam nos cuidados? Caso sejam dois adultos, os cuidados da criança são compartilhados? Isso gera conflitos?
- Você contrata alguém para ajudar nessa zona? Em caso positivo, o custo restringe o orçamento familiar?
- Em uma escala de "estresse total" até "curtindo cada minuto", como você se sente nessa zona na maioria das vezes?
- Você faz várias coisas ao mesmo tempo na zona de cuidados – coloca os telefonemas em dia, arruma alguns minutos para rever um projeto de trabalho – ou tenta dar toda atenção à criança ou adulto sob seus cuidados?
- Existe um ex-cônjuge, avô ou avó em outra casa que partilhe de suas responsabilidades nessa zona? Isso geralmente funciona bem para você, ou o ajuste dos horários e da logística complica a sua rotina familiar?
- Um (ou mais) de seus filhos têm necessidades especiais ou um talento que requer mais tempo de cuidados?
- Como o relacionamento entre irmãos afeta o seu tempo de cuidados? Ele é geralmente harmonioso ou conflituoso? Você intervém ou os deixa brigar?
- As circunstâncias de seus cuidados mudaram ao longo do último ano? Dos últimos cinco anos?
- Se agora seus filhos exigem algo diferente de você – por exemplo, ajuda com os deveres da escola quando você chega em casa –, como isso afetou seu dia a dia? E sua casa? O desejo de um filho por mais independência foi motivo de um novo ou talvez inesperado estresse em sua rotina familiar?

Acrescentamos também que se você pertence à chamada geração sanduíche, adultos que cuidam de pais idosos e também de crianças, há uma dose dupla de responsabilidade nesta zona, o que pode adicionar estresse à rotina diária de sua família. Por mais que possamos predizer que um dia nossos pais provavelmente precisarão de nós, quando isso realmente acontece, a realidade é dura. Ter de supervisionar os vários aspectos do envelhecimento dos pais e estar sempre pronto para intervir não é o mesmo que cuidar dos filhos – um trabalho para o qual você se candidatou no momento em que decidiu começar sua própria família.

Manutenção da casa

O desafio: Reveja as "guerras das tarefas domésticas" que já ocorreram em sua casa e observe se problemas de personalidade, poder e gênero foram negociados com disputas sobre quem faz o quê. "Fazer um lar" deveria ser uma responsabilidade da *família*.

Ter uma família envolve manter uma casa. Não é apenas uma questão de planejamento. Alguém *tem de* comprar alimentos, fazer a limpeza, lavar roupa, cuidar do jardim, fazer consertos e reparos. A manutenção da casa pode caber a um adulto, a todos os adultos, a toda a família ou depender de alguém pago para realizar um conjunto de tarefas.

É importante olhar atentamente para a manutenção da casa, porque é uma zona que deixa muitas mulheres com raiva e, potencialmente, gera conflitos na relação dos adultos. O pai e os filhos muitas vezes se sentem bem em casa em uma típica noite da semana, porque a "atividade principal" deles, de acordo com uma recente pesquisa, é o lazer. As mães, que geralmente têm tarefas depois do trabalho, sentem-se – e isso não surpreende – extremamente desanimadas em casa. Não é à toa. Elas fazem as tarefas chatas e repetitivas que ninguém quer fazer. Em geral, ninguém sequer percebe, agradece ou elogia a pessoa que faz esse trabalho pesado. Quando foi a última vez que você ouviu: "Muito obrigado por ter trocado a lâmpada" ou "Nossa, essas roupas estão tão perfumadas", sem ser em um comercial de amaciante? Por outro lado, a pessoa que cozinha ou ensina a uma criança uma nova habilidade, como andar de bicicleta, muitas vezes ganha elogios excessivos.

As conversas sobre esse assunto deixam claro que o problema é muito mais profundo do que a decisão de quem deve levar o lixo para fora. Quem faz o quê e como você e seu parceiro negociam as tarefas domésticas são fatores influenciados por sua educação, sua personalidade e por todas as noções sobre casamento, família e igualdade que cada um traz como bagagem. Conscientemente ou não, cada um de vocês tem uma noção sobre como homens e mulheres devem pensar, o que são capazes de fazer e quem deveria ser responsável pelo quê.

E, além disso, nessa equação, você também tem de levar em conta as crianças. Quer sejam convocadas para ajudar em casa aos 2 ou aos 12 anos,

Algumas questões sobre sua zona de Manutenção da casa

Nota: colocamos estas questões em termos de gênero neutro.

- Há guerras de tarefas em seu lar ou chegou-se a um acordo pacífico sobre quem faz o quê? Se estão cooperando, como as tarefas foram divididas – de acordo com o que cada um gosta ou detesta, gênero, habilidades, negociação, todos os itens anteriores?
- Após as refeições, como os pratos vão parar na pia? Alguém os lava ou os coloca na máquina de lavar? Quem vai tirá-los da máquina depois e guardá-los em seus devidos lugares? Todos assumem um papel importante na limpeza? Ou os membros da família seguem as ordens de uma pessoa que assume o comando e, em geral, se preocupa mais com a limpeza da casa?
- Se o trabalho doméstico leva a brigas e ressentimentos, o que está errado? Um adulto sente que está fazendo mais do que o outro? Isso é verdade?
- Um adulto tem padrões mais rigorosos que o outro? Um dos dois geralmente critica a maneira com que o outro lida com as tarefas?
- Se um dos adultos assume as tarefas, é para evitar uma briga ou porque pensa que faz isso melhor que os outros? Ou é por hábito?
- As crianças participam das tarefas domésticas? Elas assumem responsabilidades de forma rotineira e sem avisos, ou sempre é preciso lembrá-las e insistir para que isso aconteça? Se as crianças não são obrigadas a participar, você sente que deveriam ajudar mais?
- Você paga alguém para cuidar da casa e fazer outros tipos de manutenção? É uma boa solução para a sua família? Você pode pagar por isso?

elas irão reagir às regras e aos pedidos de acordo com suas próprias personalidades e aquilo que aprenderam com você ou com seu parceiro. Como ressaltamos no início deste livro, pedimos muito pouco – às vezes nada – aos nossos filhos e, muitas vezes, subestimamos o que eles podem fazer. Por isso não surpreende que a manutenção da casa não seja simplesmente uma zona; em geral, é uma zona de batalha. (O Capítulo 8 oferece uma solução com foco na família para a "guerra das tarefas domésticas".)

Jantar

O desafio: Faça com que os jantares de família sejam uma prioridade e uma necessidade, um momento para se reunir, para se sentir como uma família e para compartilhar as preocupações do dia.

As pesquisas só confirmam o que já se sabe: famílias que jantam juntas – pelo menos três noites por semana, e se forem cinco é ainda melhor – geralmente são mais fortes, resistentes e se comunicam e lidam melhor com os problemas do que aquelas que não o fazem. O café da manhã geralmente é algo apressado. O almoço com frequência acontece fora de casa. Mas o jantar proporciona nutrição física e emocional. É a refeição em que despendemos um pouco mais de tempo, pelo menos em teoria.

Muitos de nós sentamos como uma família na hora do jantar. Dependendo da pesquisa em que você acredita, entre 43 e 74% jantam juntos "todas as vezes". Mas também estamos mais distraídos. Em uma pesquisa de 2010 realizada pela CBS, quando se perguntou se os televisores estavam ligados durante o jantar, um terço dos telespectadores responderam "sempre", e outros 27% responderam "metade do tempo" ou "às vezes". Outros 10% admitiram que enviam mensagens, e-mails ou utilizam seus telefones celulares durante a refeição. Um pequeno número, talvez, mas o resultado é que, em vez de se comunicar, muitos de nós ficamos olhando para uma tela ou "falando" com pessoas em outros lugares, mesmo quando estamos com nossas famílias.

O jantar é o aspecto da vida familiar do qual nos lembramos com mais facilidade. O que acontece à mesa revela quem domina a família, como os membros se comunicam, se eles ouvem uns aos outros, se dão atenção ao que a outra pessoa tem a dizer. Infelizmente, em muitas casas, as conversas são de mão única, porque toda atenção é dada apenas aos filhos – como foi o dia *deles*. Quando questionado sobre como havia sido seu dia, um pai disse o que muitos sentem: "Não acho que ela esteja muito interessada no que *eu* faço."

Como poderia estar? Ela passou dez anos sendo o centro das atenções. Em que momento se viraria para seu pai para perguntar: "Então, papai, como foi o *seu* dia?" Talvez nunca, a menos que seus pais comecem a lhe ensinar como.

Ironicamente, muitos dos pais de hoje cresceram em uma época menos centrada nos filhos. Famílias viam o jantar como um momento em que os adultos conversavam e os filhos ficavam quietos. Alguns não tinham permissão para participar na conversa; outros se lembram de que seus pais até os envolviam nas discussões durante o jantar, mas os filhos raramente monopolizavam a conversa, como é comum hoje em dia.

Observar sua hora do jantar – conversas, costumes, apreciação da comida – diz muito sobre suas expectativas em geral e sobre o tipo de família que você deseja ter. Em muitas casas, esse momento não é igual ao da infância dos pais. Por exemplo, durante sua infância, Amy Chua, professora de direito da Yale, que se autoproclama "mãe-tigre" e cujos padrões de exigência viraram manchete em 2011, costumava comer e assistir ao noticiário à mesa de jantar. Seus pais sempre salientaram a importância da educação, mas o jantar não era para conversas. Todos se sentavam em silêncio e ouviam a televisão. Hoje, Chua e seu marido, Jed Rubenfeld, também professor de direito, desligam a televisão durante as refeições. Ela disse recentemente ao repórter do *New York Times* que eles encontram um equilíbrio entre ouvir o que seus filhos têm a dizer e pedir a eles que opinem sobre "dilemas morais". Ela nos deu um exemplo de pergunta que faria aos filhos: "Se um de nós cometesse um crime, você nos entregaria?" Estando ou não de acordo com a abordagem dessa família, pelo menos é preciso respeitar o fato de que os pais planejaram a zona do jantar desta forma: "Prefiro que não conversemos apenas sobre coisas bobas. Quero que sejam mais cultos e tenham pensamentos mais profundos."

Os pais geralmente usam estratégias para começar uma conversa – perguntando, por exemplo, sobre a "rosa" de cada pessoa (o melhor momento do dia) e o "espinho" (o pior ou mais difícil). O mais importante é descobrir o que funciona com sua família. "Tenho dois meninos", diz uma mãe que gosta da ideia de perguntar sobre o melhor/pior, "mas no nosso caso, usamos sorvete de chocolate e couve-de-bruxelas". Ela ensinou a estratégia para outra mãe, cuja família mudou a pergunta para espaguete e berinjela. Independentemente de como você designa o melhor e o pior, o ponto importante é que os adultos também participem e falem sobre o seu dia.

Algumas questões sobre sua zona de Jantar

- Qual sua perspectiva sobre a comida? Sobre cozinhar? Você gosta de colocar a comida na mesa? Quando vê toda a família jantando junta, você se sente bem? Ou é só um momento que você tolera porque sabe que todos têm de comer?
- Você ressalta a importância dos jantares em família em sua casa? Quantas noites por semana jantam juntos? Se o fazem raramente, o que impede?
- O cardápio é bem variado, para evitar reclamações na hora de comer, ou todos têm de comer o que é servido?
- Vocês fazem uma oração de agradecimento antes do jantar? É uma regra esperar até que todos tenham se servido para começar a comer? Bons modos e civilidade são importantes? O que acontece com quem não tem boas maneiras – é repreendido, convidado a se retirar da mesa, fica sem jantar?
- A mesa de jantar é um lugar para conversas? As pessoas realmente ouvem umas às outras? Os adultos e as crianças têm o mesmo tempo de conversa?
- Todos falam ao mesmo tempo ou você tenta dar a cada um a oportunidade de falar? Seu desejo é o de ouvir as novidades do dia de cada um ou de estimular suas mentes? Você usa regularmente uma estratégia específica para iniciar a conversa?
- Os jantares geralmente são corridos? Agradáveis? Emocionalmente desgastantes? O que você acha que contribui para essa atmosfera?
- Existem questões preocupantes em torno do jantar? Uma das crianças come tudo o que lhe é servido ou é enjoada para comer? Ela é repreendida por ficar empurrando a comida para a beira do prato, por comer muito devagar ou por não terminar? Alguém está fazendo dieta? Certos alimentos ou substâncias (como o açúcar) são considerados ruins ou totalmente proibidos?

Tempo livre não programado

O desafio: Olhe para o tempo livre como uma janela para as necessidades e escolhas dos membros da família e como um meio de determinar se e como vocês passam o tempo em família.

Essa zona se refere a qualquer período em casa que não está comprometido nem é necessário para algo. O que importa aqui são as escolhas – e essas escolhas dizem muito sobre cada pessoa e sobre a família. Você pode argumentar que fazer a lição de casa ou dar os retoques finais em um relatório não é opcional. É verdade, mas quando, como, onde e se essas coisas entram ou não na rotina familiar *é* uma questão de escolha.

Para famílias com crianças em idade escolar, o tempo livre em casa geralmente ocorre – se é que ocorre – depois da escola, antes do jantar e antes de ir dormir. Na maioria das famílias, as manhãs são agitadas, mas um dos adultos pode entrar nessa zona quando sai para correr ou arruma um tempo para fazer esteira.

Zonas de tempo livre dependem se há muita lição de casa e atividades extracurriculares, do quão independentes são as crianças, se os adultos trabalham em casa ou trazem seu próprio "dever de casa" do escritório. Também é uma questão de como o tempo e as responsabilidades foram negociados – as expectativas, as regras e se não há problema em usar o tempo em família para uma atividade individual.

O tempo livre em geral passa rápido, mal se nota. Quando, por exemplo, perguntamos às pessoas: "Como são suas noites em casa?", elas normalmente não têm a menor ideia. É apenas uma mistura de crianças e dever de casa, banhos e negociações. Certamente isso não se parece com tempo livre. A maioria das mulheres raramente se encontra nessa zona à noite – estão ocupadas com as tarefas. Tempo livre também acaba sendo consumido se você tem de lidar com constantes problemas na hora de deitar. Bebês irritadiços, muitas vezes, se transformam em crianças que, dez anos depois, continuam tendo problemas para ir para a cama.

Cada vez mais, o tempo livre das famílias é gasto com dispositivos digitais. Pais leem e-mails, divertem-se com jogos no celular e trocam links com os amigos do Facebook, enquanto os filhos estão em um canto com seus próprios aparelhos eletrônicos. Isso pode ser tempo livre, mas certamente não é tempo em família.

Aqui está a ironia mais triste sobre o tempo livre. Todos os membros da família, incluindo as mães, sentem-se mais felizes quando toda a família está reunida. Pesquisas sugerem que o problema é que isso raramente acontece. As famílias dedicam relativamente pouco tempo a atividades conjuntas. Em uma pesquisa que analisou pais que trabalham e têm filhos adolescentes, a família se reunia *como* família, em média, quatro horas por semana – principalmente na hora de jantar ou assistindo televisão juntos. Em outro estudo sobre famílias de classe média que trabalham e têm crianças menores, as famílias foram observadas "no mesmo espaço" apenas durante 15% da noite, e em algumas isso nunca acontecia. É certo que os membros da família podem ter passado um tempo juntos quando os pesquisadores não estavam observando. Ainda assim, estas são estatísticas preocupantes.

Algumas questões sobre sua zona de Tempo livre não programado

- Em geral, o tempo livre em dias úteis é usado para se relacionar ou para fazer suas próprias coisas? Cada um de vocês procura ter seu próprio espaço? Em caso positivo, os membros da família geralmente anunciam suas intenções ("Essa noite vou pagar as contas", "Vou trabalhar na minha maquete de avião")? Ou apenas vão cuidar de suas vidas sem dizer nada?
- Em sua casa, como o "tempo de tela" é tratado? As crianças precisam de permissão ou podem simplesmente ligar e usar? Existem regras? Limites? Todos os tipos de aparelhos são tratados da mesma forma ou há uma distinção entre televisão e dispositivos digitais portáteis? Existem regras específicas sobre a criança usar esses aparelhos até perto da hora de dormir? Os adultos também devem respeitar essas regras?
- Os membros da família fazem coisas juntos regularmente, às vezes ou raramente? É comum um convidar o outro ("O jogo do nosso time começa em quinze minutos, quer assistir comigo?", "Ei, vamos construir uma casa de Lego"). Esses convites são aceitos rapidamente e de bom grado ou é preciso que haja insistência?
- Durante a semana, toda a família participa quando há jogos, eventos esportivos, filmes para assistir ou outras atividades? Vocês têm um projeto de família? Mesmo se todos estão fazendo suas próprias coisas, ainda há um sentimento de união? Como isso funciona em seu lar – membros conversando e se relacionando mesmo que estejam envolvidos em atividades diferentes?
- A noite dos adultos é mais curta por causa dos afazeres domésticos, da ajuda nos deveres de casa, do ritual de uma criança para ir para a cama? Existem divergências sobre essas coisas? Um adulto está mais descontente por "não ter tempo para si mesmo" do que o outro?
- Um membro da família está ressentido por não ter tempo com uma pessoa em particular ("Eu não vejo _____ o suficiente")? Isso já foi dito? Vocês já conversaram sobre isso?

Hora de deitar

O desafio: A hora de deitar deve ser um momento especial de intimidade e de carinho que leva a uma noite de sono tranquilo. Em um mundo ideal, nenhuma criança ou adulto iria para a cama chorando ou com raiva.

Essa hora é a porta de entrada para uma boa noite de sono, o que, aparentemente, muitos de nós não conseguimos ter. Em nosso livro de 2005 (*A Encantadora de Bebês resolve todos os seus problemas*), nós nos baseamos na pesquisa realizada em 2004 pela National Sleep Foundation (NSF), dos EUA, que mostrou que:

- As crianças estavam dormindo menos do que os especialistas recomendavam.
- Dois terços delas tiveram problemas de sono frequentes.
- Por causa do despertar noturno das crianças, os pais perderam cerca de 200 horas de sono naquele ano.

Ainda é difícil ter uma boa noite de sono. Em 2001, mais da metade dos americanos com idades entre 13 e 64 anos entrevistados pela NSF (National Sleep Foundation) tiveram um problema de sono todas as noites ou quase todas as noites – ronco, acordar no meio da noite, acordar cedo demais, cansaço extremo ao se levantar de manhã. Parte do problema é a tecnologia. Quase todas as pessoas pesquisadas (95%) usaram algum tipo de aparelho eletrônico uma hora antes de tentar dormir (televisão, computador, videogame, ou celular) pelo menos algumas noites por semana.

O corpo precisa descansar. A falta de sono adequado resulta em problemas de aprendizagem e mau desempenho no trabalho, mudanças de humor imprevisíveis e dificuldade nos relacionamentos. A hora de deitar, portanto, deve ser sagrada – um momento para relaxar e deixar de lado as responsabilidades do dia. Bons hábitos podem ser adquiridos desde cedo. Por isso, incluímos três capítulos sobre o sono em nosso livro de 2005.

A hora de deitar deveria levar algum tempo, tanto para as crianças

Quantas horas de sono?

Os dados a seguir são só orientações; algumas pessoas precisam de mais ou menos horas de sono, dependendo do seu próprio relógio biológico, seu estilo de vida e sua saúde.

Idade: de 1 a 3 anos	12 a 14 horas
Idade: de 3 a 5 anos	11 a 13 horas
Idade: de 5 a 10 anos	10 a 11 horas
Idade: de 10 a 17 anos	de 8,5 a 9,5 horas
Adultos	de 7 a 9 horas

Fonte: National Sleep Foundation.

Algumas questões sobre sua zona da Hora de deitar

As crianças:

- Quando seus filhos eram mais jovens, você lhes permitia um tempo para relaxar antes de ir para a cama, a fim de prepará-los para o sono? Você praticava um ritual antes de colocá-los na cama? Os menores desenvolveram o hábito de se tranquilizar e aprenderam a adormecer sozinhos?
- Vocês têm agora um ritual programado para a hora de deitar? Em sua família, como é a hora de ir para a cama das crianças – leitura, abraço, conversa, diante de uma tela, brigas?
- As crianças têm horários bem regulares de ir para a cama? Se você tem mais de um filho, todos vão se deitar na mesma hora? Se não, o que determina essa hora – idade, facilidade para dormir, outro fator?
- A hora de dormir é problemática, algo que você adia? Há quanto tempo isso vem acontecendo? O que tem sido feito para corrigir o problema? Os problemas com a hora de dormir das crianças afetam o tempo dos adultos?
- As crianças dormem a noite toda? Se não, ela os acorda? Você as leva para a sua cama?
- As crianças dormem o suficiente? Você sabe como elas ficam quando não o fazem?
- Se são dois adultos em sua casa, vocês concordam com as práticas da hora de ir para a cama? O sono dos filhos se tornou motivo de discórdia – um acredita em horários rígidos e o outro acaba cedendo mais aos intermináveis pedidos da criança depois de apagar as luzes?

Os adultos:

- Você e seu parceiro, caso tenha um, vão para a cama ao mesmo tempo?
- Vocês têm um ritual noturno em que recapitulam o dia e renovam sua intimidade? Compartilham sobre suas próprias vidas, concentram-se principalmente nas crianças ou ambos?
- Mesmo que não façam amor todas as noites, vocês têm uma boa intimidade um com o outro – aconchego, carícias, beijos, qualquer coisa que sugira que são mais do que simples amigos?
- Vocês sempre/frequentemente vão para a cama com raiva ou têm uma regra de tentar resolver as coisas? Isso funciona?
- Dormem durante a noite toda? Se não, o que fazem quando se levantam?
- Seus próprios problemas de sono são resultado de um padrão de longo prazo em sua vida ou começaram depois de arranjar um parceiro ou de se tornar pai ou mãe?
- Vocês estão dormindo o suficiente?

quanto para os adultos. É preciso que haja um período de desligamento, uma parte importante do ritual do "sono adequado" que Tracy projetou para ajudar os bebês e as crianças pequenas. No entanto, a mudança para atividades relaxantes, como a leitura de livros em vez de ficar diante de uma tela, funciona em qualquer idade – e para toda a família. O objetivo é ajudar todos a dormirem o suficiente (ver quadro na p. 177), um problema em muitas casas. O ritual do desligamento é um bom começo e, às vezes, inclui um banho. Além disso, o quarto sempre deve estar escuro e as cortinas fechadas – uma ação física que tanto inspira o relaxamento quanto simboliza uma mudança da atividade para o descanso.

Os pais colocam as crianças na cama ou, pelo menos, supervisionam o processo, mesmo quando elas estão se tornando adolescentes, porque esse pode ser um momento para construir intimidade. Mas há uma diferença entre terem um momento juntos e os adultos serem invasivos *demais*. Às vezes, a criança *quer* ser mais independente, e é difícil para os pais aceitarem isso.

Se você tem ensinado seu filho a fazer boas escolhas e a se tornar cada vez mais independente, em algum momento deverá deixá-lo monitorar sua própria hora de ir para a cama. "Agora ela se deita depois de nós", disse uma preocupada mãe de uma garota de 14 anos. "Já estava me tomando energia demais monitorá-la constantemente, então eu disse: "Tudo bem, você tem de aprender a ir sozinha para a cama. E depois me diga se não está cansada por não ter dormido o suficiente." Muito sábia essa mãe!

Fins de semana

O desafio: Limpar a agenda e abrir espaço para um tempo em família. Fins de semana também devem dar a cada membro pelo menos uma pequena parcela de tempo de descanso.

Fins de semana também são uma janela para a vida familiar – uma ocorrência semanal em vez de uma zona diária. Houve um tempo em que existiam claras diferenças entre fins de semana e dias de semana. Fins de semana costumavam ser para fazer as coisas em seu próprio ritmo. Havia menos obrigações e compromissos previstos. Mas hoje, em muitas famílias, os fins de semana significam uma agenda ainda mais lotada. Os adultos têm de colocar em dia tarefas e projetos que não conseguiram adiantar durante a semana, junto com compromissos sociais, jantares com outros casais e, se tiverem sorte, uma noite romântica. As crianças têm suas atividades esportivas, aulas, recitais e um fluxo interminável de festas de aniversário dos colegas. Se houver tempo, os fins de semana são também para filmes e passeios em família e ocasiões especiais com os parentes.

Seus fins de semana dizem muito sobre como sua família é – e do que sua família gosta. Então, preste atenção: antes de responder as questões a seguir, reveja os indicadores sugeridos na p. 27: os valores de sua família (o que é importante), atividades (o que fazem/aonde vão) e vulnerabilidades (o que os atinge).

Algumas questões sobre seus fins de semana

- Quando pensa sobre os fins de semana de sua família, você realmente frequenta os locais que a família prefere – aqueles anotados no seu diário da família quando respondeu ao exercício "Como é a sua família?"? Você é fiel aos seus valores? Será que o fim de semana revela vulnerabilidades em particular?
- Quando você desfruta de um fim de semana, o que exatamente o torna agradável? Como é um bom fim de semana em comparação com um estafante?
- O que você acha cansativo nos fins de semana – viajar, agenda lotada, muito pouco tempo para si mesmo, muito pouco tempo com a família reunida?
- Vocês têm tradições de fim de semana, como panquecas aos domingos, um passeio especial que ocorre regularmente, jantar com os parentes ou qualquer coisa que os faz sentir como uma família?
- Você planeja conscientemente um momento de descanso nos fins de semana?

E então, qual o significado de tudo isso?

Nós tocamos apenas em alguns pontos básicos de um dia na vida de sua família, os momentos que todos compartilham – acordar e dormir, refeições, saídas e retornos, como vocês compartilham responsabilidades, como se planejam. Não se surpreenda se isso lhe pareceu trabalhoso. A maioria de nós tem uma agenda bem cheia hoje em dia, e tudo isso já basta para enfrentar o dia sem que seja necessário adicionar um momento de introspecção. Pensar sobre cada momento *é* um trabalho árduo. Especialmente se você tomou notas (e esperamos que o tenha feito), talvez você se sinta um pouco sobrecarregado. Isso é porque acabou de registrar e assimilar muitas informações sobre algo que você normalmente não analisa.

No entanto, agora você tem um panorama melhor de como a sua família age ao longo do dia. Mas não espere chegar a uma conclusão bem definida. Em vez disso, considere o que aprendeu como informações para referência, um retrato de sua família neste momento. Elas estarão aí para que você as reveja quando sua família tiver de lidar com novas circunstâncias e, especialmente, quando os problemas surgirem. Informação é poder. Olhando sua família mais de perto, você mudará a forma como a vê e será capaz de fazer mudanças quando necessário. Isso também lhe dará indicações de como inspirar cada um a "investir", como explicamos no Capítulo 7.

Como é a rotina de sua família?

Utilize alguns minutos para anotar todas as ideias que surgiram em sua cabeça depois de ler as questões anteriores sobre as dez zonas e seus fins de semana.

- Esse exercício lhe deu novas perspectivas ou confirmou o que você já pensava sobre sua casa?
- O que você pensa a respeito? O que preocupa? O que faz se sentir bem?
- Existem coisas que você gostaria de fazer de forma diferente?

Anotações sobre as zonas

Capítulo sete

As partes interessadas na cooperação familiar

Fortalecer o Nós, apoiar os Eus

Membros de famílias fortes se sentem bem como uma unidade familiar ou uma equipe; sentem que fazem parte de um todo – um sentimento de "nós". E, ao mesmo tempo, nenhum indivíduo se perde ou se sente sufocado; cada membro da família é incentivado a desenvolver todo o seu potencial.

— Nick Stinnet e John DeFrain, em *Secrets of Strong Families* [Segredos de famílias fortes]

Lanie e Bill Allen, ambos com 42 anos, conheceram-se na faculdade e agora vivem em uma pequena cidade do sul dos Estados Unidos com seus quatro filhos: Peter, de 16 anos, Kyle, de 14, Tom, de 12, e Hannah, de 10. Lanie e Bill cresceram no sul de Mason-Dixon Line. Ambos desejavam filhos e uma rica vida familiar, mas suas respectivas visões eram o resultado, em parte, de infâncias bem diferentes.

"Ele vem de uma família com expectativas e papéis tradicionais a respeito do que a mãe e o pai deveriam fazer", explica Lanie. "Eu venho de uma família sem grandes expectativas sobre o jantar ou sobre como a roupa deveria ser lavada, ou mesmo *se* deveria!" Ela imaginava que sua própria família seria animada e carinhosa. "Vislumbrava férias maravilhosas com todos juntos. Sempre pensei que tudo seria absolutamente perfeito. Mas não somos! Às vezes, somos simplesmente desorganizados e sem controle. Tive de aprender ao longo dos anos a não lutar contra isso, e aceitar que eu nunca vou ser uma 'mãe modelo'."

"Zany Lanie" estava trabalhando em seu doutorado quando Peter, seu primeiro filho, nasceu. Ela já seguia um caminho diferente do da mãe de Bill, que é dona de casa. Apesar de ter tirado licença para ficar com seus quatro filhos, quando Hannah, a menor, tinha 2 anos, Lanie disse a Bill que queria trabalhar meio período. "Ele subiu pelas paredes, porque se preocupava com a maneira que isso afetaria a família", ela se lembra. "Foi muito difícil para ele. Para Bill, o que não é tradicional é difícil; assim como a mudança."

Oito anos depois, ela continua sendo ela e ele continua sendo ele, mas suas semelhanças os ajudaram a lidar com suas diferenças. "Como pais, estamos do mesmo lado", adiciona Bill. "A igreja é importante assim como o serviço comunitário. Somos bastante rígidos, e exigimos excelência, gentileza e fazer as coisas certas." Os Allen guiam suas crianças, como diz Bill, para "se divertirem muito, trabalharem e se dedicarem, e serem bons membros da comunidade."

E o mais importante, todos os dias Lanie e Bill não deixam seus filhos esquecerem de que fazem parte de algo maior. Quando um dos meninos se mete em alguma encrenca, eles encaram isso como uma questão de família, e não como uma falha individual. Por exemplo, Kyle foi pego desenhando uma "parte do corpo" na mão de um colega. Bill reconheceu que "era o mesmo tipo de travessura que fazíamos quando éramos crianças. Ele vai fazer coisas desse tipo. Mas queria que ele entendesse que suas ações comprometem o nome da família, então lhe disse: 'Você tem a responsabilidade não só de preservar a si mesmo e suas atitudes, mas também a de preservar sua família'."

Essa mensagem foi compreendida. Certamente, há momentos em que os filhos de Allen, como todas as crianças, são teimosos, mentem ou entram em apuros, e provocam uns aos outros, mas também são capazes de ser carinhosos, membros da família responsáveis e bons cidadãos.

Os Quatro Requisitos

O que inspira os membros de uma família a querer ser parte de algo maior e, às vezes, deixarem suas necessidades de lado para o bem do Nós – a família? A resposta mais simples é que cada pessoa vê a si mesma como "parte interessada", alguém que se preocupa com a família, que quer protegê-la e apoiá-la para que "funcione".

Ser uma parte interessada é aquilo que os psicólogos chamam de "investimento social". Seu desenvolvimento pessoal como indivíduo vem, paradoxalmente, do fato de colocar suas energias e compromissos em algo maior – nesse caso, sua família. Indivíduos que "investem" dessa forma – também poderia ser uma empresa, uma causa, um time ou uma comunidade espiritual – geralmente têm traços de personalidade mais agradáveis: cordialidade, consciência, abertura. Eles são mais organizados e menos depressivos que pessoas que se isolam.

O investimento social faz vocês desenvolverem personalidades mais agradáveis ou vocês sempre possuíram essas características? Qual das duas alternativas os faria sentir mais vontade de investir? Para a maioria de nós, é um pouco de ambos.

Para algumas pessoas, é mais fácil fazer sua parte por causa das qualidades que possuem. Isso pode ser observado nas salas de uma creche. Algumas crianças são mais participativas, afetuosas e mais fáceis de lidar do que outras. Elas se interessam e são as primeiras a agir quando o professor pede um voluntário ou anuncia "é hora de arrumar a sala". É muito provável que confortem ou ajudem outra criança que chora.

Para outras, o investimento social envolve mais processo de aprendizagem. Estarem cercadas por pessoas que são mais conscientes e comprometidas – e, importante, *esperam* algo delas – também as inspiram a investir e a se tornar uma parte interessada.

As melhores famílias cuidam da maneira como uma cooperativa faz negócios. Todos são membros da cooperativa. Todos têm voz. Todos recebem cuidados. Todos são partes interessadas no bem-estar da família. Os adultos têm um relacionamento "bom o suficiente" para enriquecer cada um. E, como um conselho de administração responsável, definem diretrizes. Mas quando se trata de planos, decisões importantes ou mudanças, eles também procuram a participação do "grupo" (do qual também fazem parte). Em uma família monoparental, um adulto é o único administrador e discute com os membros, mas ele também tem uma gama de "consultores" – parentes e amigos próximos, conhecidos cuja opinião ele respeita, e, no caso de um divórcio ou separação bem resolvidos, um ex-cônjuge com quem ele se entende.

Em uma cooperativa familiar bem administrada, adultos e crianças sabem cuidar conscientemente do Nós. Em certo sentido, as "leis" – valores e crenças familiares – criam um ambiente em que cada membro tem um papel. Contribuindo com o melhor de sua idade e capacidade, cada um é uma parte interessada. E, ao mesmo tempo, os membros da família sabem que cada Eu também é importante.

O Nós de cada família é único. Mas aqueles em que os membros da família são mais propensos a agir e a se sentir como parte interessada têm quatro características-chave em comum. Pense nelas como os Quatro Requisitos do investimento familiar:

- **O Nós valoriza seus membros.** Cada pessoa sabe que é importante para o resto da família. Cada Eu é respeitado e aceito pelo que é e como uma parte essencial do Nós.
- **O Nós é bem cuidado.** Os adultos o supervisionam, as crianças contribuem para que ele funcione e todos se dedicam a protegê-lo.

- **O Nós é justo.** Os recursos da família – dinheiro, energia e tempo – são empregados cuidadosamente e divididos de forma justa.
- **O Nós é amado.** Todos depositam energia no planejamento de bons momentos juntos, valorizando pequenos momentos de alegria e de conexão, e saboreando ocasiões importantes, tudo o que torna a família um bom lugar para se estar e para onde retornar. Os Eus desfrutam, e são gratos por isso, por serem parte do Nós.

Não há nenhuma ordem particular aqui. Os Quatro Requisitos trabalham juntos. Nas páginas seguintes, eles serão discutidos de forma mais detalhada e mostraremos como satisfazê-los.

O Nós valoriza seus membros

Há um *Eu* na *família*. E nas melhores famílias, cada pessoa é vista, aceita e apoiada pelo que realmente é, o que fortalece seu compromisso como parte interessada. Os membros da família reconhecem que o Nós os apoia e os consola. Por que não desejariam aperfeiçoá-lo? Quando eles amparam o Nós, isso o fortalece e o torna mais capaz de cuidar deles. É um círculo virtuoso.

"As necessidades de muitos superam as necessidades de poucos – ou de um", famosa frase dita pelo Mr. Spock no filme *Jornada nas estrelas II* quando se sacrifica para salvar a nave e sua tripulação. Às vezes, a família é como a nave estelar *Enterprise*. Todos se reúnem para um bem maior. Mas outras vezes, as necessidades de um podem superar as necessidades de muitos – ou pelo menos deve ser levada em consideração.

Que o seu Nós tenha dois ou dez membros, a realidade da vida familiar é que alguém sempre quer alguma coisa. Nem sempre é fácil ver, porque estamos muito envolvidos nela. Mas se você pudesse observar de cima – ver sua família a partir de uma perspectiva mais distante – iria notar como os Eus se afirmam e, às vezes, se chocam.

Não podemos saber como sua família é – quem seu parceiro é (se tiver um), quantos filhos você tem, quão distantes eles estão ou como os Três Fatores os moldaram até aqui. Portanto, criamos uma família fictícia para que você possa usar como exemplo e observar. Mesmo que o seu Nós seja consideravelmente diferente, as situações podem lhe parecer familiares.

Enquanto você sobrevoa magicamente sua cozinha – um espaço onde os dramas familiares acontecem diariamente – você verá seus dois filhos, Grace, de 8 anos, e Calvin, de 5 anos, e o seu pai, que tem 79 anos. Sua mãe morreu muitos anos atrás, e o seu pai, que mora em um lar de idosos nas proximidades, vem frequentemente jantar com vocês. Grace pega a mola maluca de Calvin. Ele puxa de volta, segurando a outra extremidade da mola que agora tem quase três metros de comprimento.

"Só quero vê-la!", ela insiste. "Não seja criança."

Ele grita.

Você não intervém. Já passou por isso. *Deixe que resolvam sozinhos.*

Poucos minutos depois, Calvin sai correndo da sala, gritando: "Não, não, não!"

Você não faz a menor ideia do que está acontecendo. Está ocupada preparando o jantar e não está prestando atenção neles. Mas quando você grita para que Cal lave as mãos para comer, ele nem se move do sofá.

"Você também era assim quando criança", seu pai comenta. "Deixe-o em paz. E se ele não lavar as mãos, o que é que tem? Afinal não estava cavando um buraco."

"Mas pai...", você diz entredentes, com vontade de adicionar um "Não se meta". Ele parece ler sua mente, de qualquer forma, e dá de ombros. Você também já passou por *isso*.

E Roger, seu parceiro, entra em casa. Você nem se lembra de lhe dizer "Oi, querido", ou de perguntar sobre o dia dele. Em vez disso, diz: "Você se lembrou de comprar leite?"

"Você se esqueceu de me mandar uma mensagem", ele responde de modo acusador.

Você o fuzila com aquele "olhar". *Por que eu preciso lembrá-lo?*

Ao observar de cima uma discussão como essa, poderá se dar conta de coisas que não percebia quando estava no chão, sendo membro do Nós. Você vê como os Eus se chocam – e se afetam – mutuamente. É como assistir a um balé familiar. Cada ação, interação e emoção que percorre o ecossistema familiar muda você e muda a todos. Vocês estão envolvidos até os poros. E em um minuto qualquer, um (ou mais) dos seus Eus parece gritar: "Olhe para mim" ou "Deixe-me em paz".

Essa visão superior lhe permite ver que Roger, agora sentado à mesa, está olhando para o nada. Está com as mãos fechadas. Irritado com sua saudação, ele evita seu olhar e, em vez disso, olha para os filhos, dando um longo suspiro que diz: *espero que eles também não comecem*. Ele adoraria levar seu Eu para outro lugar o mais rápido possível. E você também se sente assim.

Cada gesto e troca são ricos em informações. As crianças se olham e então olham para você e Roger se encarando. É bem rápido, mas eles arregalam os olhos – uma resposta ao estresse. Calvin olha de relance na sua direção depois de gritar *novamente* com Grace: "Você está na minha cadeira". Ele quer ter certeza de que você está ouvindo. Quer que você o ajude a defender seu Eu. O fato de Calvin se irritar com tanta facilidade com sua irmã no dia de hoje pode ser por força do hábito. Ou talvez um incidente no início do dia com um colega ou professor tenha feito com que ele ficasse mais vulnerável. De qualquer maneira, seu Eu precisa de atenção.

Durante o jantar, você se senta ao lado de Calvin e insiste para que ele coma as ervilhas, e vê Grace sorrindo. Ela se inclina na direção do pai e agarra o braço dele. O sorriso de Grace e a linguagem corporal sugerem que ela está tentando alinhar seu Eu com o de Roger. Você pode se perguntar se aquela horrível Marianne Pierce ainda está provocando Grace na escola. Quando o Eu dela se sente seguro, ela é gentil e atenciosa com Calvin e gosta de ser a irmã mais velha; em seus dias ruins, ela gostaria que ele nem existisse. Nesse momento, ela parece bem contente por Cal estar na berlinda!

O que você vê que pode mudar

Em uma cena de família, tudo está lá: suas personalidades individuais, seus relacionamentos e o que quer que o mundo tenha trazido para vocês até agora, separadamente e em conjunto. A raiva reprimida de Roger é ainda mais intensa porque, na noite anterior, seu Eu gostaria de ter ficado mais perto de você. Em vez disso, você lhe deu um beijo rápido no rosto e lhe apontou uma lista de reparos que precisavam ser feitos. Somando isso à saudação para lá de fria de hoje, não é difícil ver por que o Eu de Roger se sente rejeitado, desvalorizado e explorado ao mesmo tempo.

Olhando para si mesma, é mais fácil de encarar a verdade: era como se o seu Eu estivesse sitiado *antes* da chegada de Roger. As crianças o estavam atacando, Calvin não estava cooperando e o seu pai parecia julgá-la. Você também se dá conta que pressionar Calvin para comer as ervilhas tinha mais a ver com o seu Eu que com o dele. Você era uma criança magra, forçada a tomar "tônicos" para abrir o apetite, e jurou que jamais faria isso com seus filhos. Ao mesmo tempo, quando Calvin não come bem, de alguma forma você acha que não é uma boa mãe. Se pudesse voar ainda mais alto, bem acima de sua casa, e assistir o que está acontecendo em outras casas, você veria que absorveu essas crenças de vários contextos maiores – de sua comunidade, classe, cultura ou grupo étnico – todos eles lhe deram ideias sobre a maternidade.

Mas não é só o passado ou o contexto que a afetam nesse momento. Poxa vida, o seu Eu quer controlar *alguma coisa*. Enquanto isso, seu pai está sentado ali, testemunhando tudo o que está acontecendo. Você já pensa que terá de levá-lo embora mais tarde, quando ele mais uma vez lhe diz que "você exagera em tudo".

Não há nada de anormal nessa cena. Mesmo em um dia bom, o ecossistema da família é um emaranhado de necessidades e de desejos individuais, os Eus disputando posição, reagindo uns aos outros, e, ao mesmo tempo, competindo por seu pedaço do bolo familiar. Não há nenhuma surpresa nisso. A família é o lugar onde aprendemos a mediar nossas próprias necessidades com o que os outros precisam.

No momento, como explicamos no Capítulo 3, é importante sintonizar – estar atento – a um princípio básico da Encantadora de Famílias. Você pode usar o mantra DVSM (p. 106) para ajudá-lo a observar tudo isso de cima. A história de Harriet e Gretchen no Capítulo 4 mostra como é importante desacelerar, monitorar o que seu próprio Eu precisa, considerar o Eu da outra pessoa, dizer a verdade a si mesmo e, então, *fazer* algo.

Por exemplo, durante essa cena na cozinha, você poderia ter se dado uma RPP (rápida pausa pessoal) antes de deixar o comentário de seu pai e a briga de seus filhos a atingirem. Se tivesse gasto nem que fossem dez minutos caminhando, lendo ou tomando uma rápida chuveirada, essa "tomada de fôlego" (termo perfeito porque permite respirar novamente) teria feito a diferença. Quando Roger entrou em casa, você poderia ter respirado profundamente e não ter permitido que os sentimentos dessas interações invadissem sua relação com ele. Poderia tê-lo chamado em um canto e contado o que estava acontecendo. Poderia ter lhe dado um abraço, dizendo: "Estou tãooooo contente que esteja em casa, querido. Mas sinto muito. Com meus filhos e meu pai, estou a ponto de perder a cabeça."

Se tivesse sido honesta naquele momento, apresentando a si mesma de forma autêntica, e se também tivesse deixado claro ao seu parceiro que precisava apenas que ele ouvisse, não que resolvesse a situação, a cena poderia ter sido bem diferente. Você poderia ter percebido que tem um aliado, alguém que entendeu o que estava acontecendo com seu Eu – e que também a teria ajudado a recarregar as baterias. Em um mundo perfeito, seu parceiro teria lhe perguntado: "O que ainda falta fazer para o jantar?". Então seria possível relaxar, em vez de deixar seus sentimentos em relação aos seus filhos e ao seu pai piorarem. Você teria tido energia para passar alguns minutos com cada criança antes do jantar para perguntar sobre o

Replay instantâneo

Pense em um momento recente em família e reproduza-o mentalmente enquanto observa todos os atores do seu "drama" familiar.

- O que cada Eu está fazendo? Você se sente envolvido? O que o comportamento daquela pessoa faz você sentir ou desperta em você?
- Quem está disputando os recursos da família? Seja específico. Essa pessoa quer tempo e atenção? Sua demanda requer mais energia do que você pode ou está disposto a dar?
- Alguém foi ignorado? Com qual membro da família isso acontece com frequência?
- Pergunte a si mesmo se está disposto a aprender com essa observação e a aplicar as mesmas perguntas aos futuros momentos familiares. Se não está, tente descobrir por quê. Isso significa muito trabalho? Você está muito zangado com outros membros da família? Especialmente no último caso, você pode estar em um dos estágios iniciais da guerra das tarefas domésticas (ver "A progressão da guerra das tarefas", p. 222).

dia delas. E até teria se lembrado de perguntar ao seu pai sobre a escultura que ele está fazendo.

Naturalmente, o mundo não é perfeito. Mas qualquer ação ou palavra que cuida de um Eu necessitado geralmente muda a cena para todos. O fato é que você não pode ter um Nós sólido se qualquer um de seus Eus se sente esquecido ou invisível.

Valorizando os Eus: deixe-os saber que eles são importantes

No final de seu último ano do ensino médio, a vida de Carlie Reynaldo mudou para sempre por causa de um motorista bêbado. Filha do meio e única menina, ela estava no banco do passageiro, quando o jovem bateu no carro de sua mãe, que morreu na hora. Carlie, boa aluna e atleta talentosa, sofreu várias lesões graves. "Tive uma fratura no quadril e na pelve e vários ferimentos."

Tia Laurie, irmã mais velha, protetora e sem filhos, sempre fez parte da vida de Carlie. Quando criança, Carlie pegava um ônibus junto com seus dois irmãos em Nova Jersey, e tia Laurie ia encontrá-los no Terminal Port Authority em Manhattan. Ela os levava ao cinema e para jantar e compartilhava histórias de família. Foram anos de confiança antes que Bernardette morresse. Depois do acidente, Laurie correu até o hospital e deixou claro à sua sobrinha que a vida tinha de continuar.

"Ela foi muito franca e honesta", recorda-se Carlie. "Eu lembro que ela disse que meu irmão Jason estava chegando – ele tinha 10 anos nessa época – e de que eu deveria parecer o melhor possível para ele."

Revendo o passado, Carlie reconhece que tia Laurie foi responsável por mantê-la no caminho certo. Carlie pensou que seria melhor se ficasse em casa, pois poderia ajudar seu pai com Jason. Seu plano era rejeitar a bolsa integral que tinha recebido antes do acidente para cursar enfermagem em uma das melhores universidades da área e, em vez disso, se inscrever em uma faculdade mais próxima. "Nem pensar", disse Laurie quando lhe contou seu plano. "Você vai, e vai se dar muito bem. Não será fácil, mas você não pode perder esse tipo de oportunidade."

"Ela acreditou em mim, e teve grandes expectativas. Não me deixou estragar tudo!", Carlie explica. "Ela não facilitou as coisas depois que minha mãe morreu. Esperava que nós três caminhássemos com nossas próprias pernas, mas estava *lá* para nós."

Na realidade, como sua irmã havia falecido e seu cunhado estava preocupado com sua própria dor, tia Laurie entrou em cena e deu a Carlie e a seus irmãos um Nós. Disse-lhes: "Precisamos encarar o que aconteceu. Precisamos aceitar isso e então fazer algo a respeito." Ela mostrou a eles que ainda que Bernardette tivesse partido, ainda havia um Nós – e que os três eram importantes.

O conceito de *importância* foi usado pela primeira vez no final da década de 1980 para explicar por que alguns estudantes enfrentavam melhor a transição para a faculdade do que outros. Aqueles que percebem sua própria importância têm a sensação de fazer parte de um Nós maior. Eles são mais propensos a arregaçar as mangas e fazer o que for necessário para vencer as dificuldades. Sabem que têm apoio e que os outros se preocupam com eles. Em contrapartida, aqueles que se sentem à margem – como se ninguém os percebesse ou se preocupasse com eles – geralmente se tornam inibidos, irritáveis ou deprimidos diante da mudança.

E nas famílias isso funciona da mesma forma. Sentir-se importante e dar importância é como um jogo em que todos ganham. Quando você sente que é importante para sua família, acredita que os outros se orgulham de seus sucessos e aceitam seus fracassos, e que sentiriam sua falta se você os deixasse. Essa sensação de ser valorizado faz você querer corresponder e mostrar aos outros que também são importantes para você. Aumenta sua disposição para fortalecer o Nós.

Sentir-se muito importante para a tia Laurie ajudou Carlie Reynaldo a acreditar em si mesma. Permitiu-lhe enfrentar sua dor, passar vários meses usando um andador e encarar quatro anos no mais rigoroso curso de enfermagem. A longo prazo, fazer parte de um Nós serviu de base para sua própria família. Hoje, Carlie é casada e tem uma família semelhante à da sua própria infância, dois meninos e uma menina. "Há coisas que faço como minha mãe – preparativos para festas, refeições –, mas tia Laurie realmente me ensinou a cuidar dos meus filhos. Sou com eles do mesmo jeito que ela era comigo."

O princípio da *importância* não é a mesma coisa que a autoestima, que vem de dentro. É um sentimento, uma confiança que deriva de suas relações, especialmente com os membros da família.

Para quem *você* importa? Os outros membros da família acham que *eles* são importantes?

Esse simples teste com cinco itens sobre "importância" pode ajudá-la a descobrir.

Você é importante para os outros?

O sociólogo John Taylor usa um simples questionário de cinco itens para avaliar a importância. Você pode fazê-lo quantas vezes quiser, pensando em um membro particular da família ou na família como um todo. Use a escala de classificação abaixo:

1= nem um pouco   2 = pouco   3 = mais ou menos   4 = muito

1. O quão importante você é para [nome]/sua família?
2. Quanta atenção [nome]/toda sua família presta em você?
3. Quanta falta você faria se fosse embora?
4. Quanto interesse [nome]/toda sua família tem pelo que você tem a dizer?
5. Quanto [nome]/toda a sua família depende de você?

Sua pontuação é o total dividido por 5. A maioria das pessoas relata altos níveis de importância, geralmente em torno de 3,5.

A seguir estão algumas coisas para se lembrar de como mostrar aos membros da família que eles são importantes.

Diga coisas boas sobre eles em voz alta e para eles. Geralmente nos vangloriamos dos membros da família para os parentes, bons amigos e conhecidos: "Meu marido é um amor. Não sei como sobreviveria sem seu apoio." "Meu filho do meio é o único que me ajuda. Sempre posso contar com ele para fazer a faxina." Mas você se lembra de dizer isso em voz alta e de agradecer *essa pessoa*?

"Posso saber do fundo do meu coração que faria qualquer coisa por minha esposa e pelas crianças, mas se não lhes digo isso, estou vivendo uma mentira", diz o sociólogo John Taylor, que estuda o princípio da importância e o aplica em sua própria família com sua esposa, uma dermatologista, e com seus dois filhos, de idades entre 10 e 13 anos. "Não saio de casa sem antes dar um beijo de adeus em todos eles. Compreendo que os pais estão sobrecarregados, e as crianças, ocupadas. Mas você deve fazer pequenas coisas para que as pessoas saibam que são valorizadas."

Preste atenção. Quando seu parceiro ou seus filhos ajudam, diga-lhes o quanto valoriza essa cooperação ("Segui o seu conselho sobre conversar com meu professor, e ele realmente funcionou"). Quando cumprem uma promessa ou assumem uma responsabilidade especial, mesmo que seja algo que deveriam fazer, deixe claro que ficou grata. Agradeça-lhes, mas não exagere. Demonstrar a importância que alguém tem para você não é o mesmo que venerar ou sufocar. Elogios e valorização devem ser distribuídos quando os outros merecem e quando você realmente tem essa opinião sobre eles.

Mesmo quando não estão juntos, demonstre que pensa neles ("Conheci um menino hoje no centro de voluntários, e ele me lembrou você, porque era muito bom na construção de casas de Lego"). Essas pequenas frases não tomam muito tempo, mas têm um grande impacto, e inspiram os membros da família a retribuírem. A importância também é comunicada quando você respeita cada Eu e quando ouve e está presente, quando é paciente e não tira conclusões negativas sobre as intenções do outro, como em "Você só está fazendo isso para me perturbar!"

Personalize a sua apreciação. A maneira como você demonstra a importância de alguém difere de pessoa para pessoa. Não utilize obrigatoriamente a si mesmo como referência. Por exemplo, você pode sentir que é importante quando seu parceiro o abraça. Mas ele pode perceber que é importante quando você inesperadamente telefona para seu trabalho e diz: "Oi, amor, você deve ter tido um dia difícil. Por que não vai para a academia em vez de vir do escritório direto para casa?" Da mesma forma, um de seus filhos pode se sentir valorizado depois de um afago, enquanto o outro sabe que é importante porque você o chama quando vai para a academia.

Abby Porter, mãe de dois meninos, sabe muito bem que seu Eu faz parte da equação quando se trata de prestar atenção aos respectivos interesses de seus filhos. "Acontece que Zane é apaixonado por algo de que eu também gosto", explica ela, referindo-se ao filho mais velho, um atleta inveterado que gosta de assistir esportes, tanto quanto de competir neles.

Quando Abby vai aos jogos de Zane ou o acompanha para assistir às eliminatórias, ele sabe que é importante. Mas ela teve de encontrar uma abordagem diferente com Levi, que não se interessa por esportes. "Seus interesses – meteorologia, geologia, caminhões – são mais difíceis. Não que eu seja indiferente. Não é meu modo de pensar, mas é algo possível para mim, apenas demanda um pouco mais de esforço. No entanto, agradeço a Deus por ele não se interessar por super-heróis. *Isso* sim seria complicado!"

Às vezes fazemos as coisas para os nossos entes queridos simplesmente porque isso faz o Eu deles se sentir bem. Liz Weil acampa com sua família. Abby Porter leva Levi a uma competição de caminhões turbinados. Mais do que palavras amáveis ou elogios, uma ação tem grande poder. Andrew Solomon relembra sua infância em seu recente livro, *Far from the tree* [Longe da árvore], e sua fascinação, aos 10 anos, pelo "pequeno principado de Liechtenstein". Um ano depois, quando uma viagem de negócios levou a família até a Suíça, sua mãe tirou um tempo para visitar Vaduz, a capital de Liechtenstein. "Lembro-me da emoção de toda a família unida em torno do que claramente era um desejo meu e só meu." Andrew soube que ele era importante.

A manutenção de um saudável equilíbrio Eu/Nós – satisfazendo as necessidades individuais e da família – pode ser especialmente desafiadora quando a condição de uma pessoa necessariamente ofusca os outros. Mas se o Nós alimenta o Eu o tempo todo, os membros da família pelo menos reconhecem a intenção de serem justos. Por exemplo, Jack Reynaldo (o filho mais velho de Carlie) foi diagnosticado com leucemia aos 17 anos. Durante suas sessões de quimioterapia, ele raramente tinha apetite. Toda noite, Carlie lhe perguntava o que desejava comer. Ela se lembra de que: "Um dia, quando ele disse 'espaguete com almôndegas', Nora comentou: 'E se *eu* não quiser comer isso no jantar?'" Carlie lhe explicou que Jack raramente jantava ou desejava algo em especial. Nora, então com 10 anos, ouviu, e quando sua mãe acabou de falar, disse: "Mas às vezes *eu* quero escolher o que vai ter no jantar." Claro que ela não estava realmente preocupada com o jantar. Precisava apenas saber que também se importavam com ela.

O **Nós** é bem cuidado

"Sabíamos que nosso avô nos amava, porque ele sempre nos dava algo para fazer", Stephen Klein lembra, falando do pai de sua mãe, uma "grande figura" em sua infância, especialmente depois que seus pais se divorciaram. "Ele deixava claro que precisava da nossa ajuda, para pegar cocô de cachorro, pintar ou transportar algo para ele." Quando pedia para Stephen e seus irmãos que "trabalhassem", o avô essencialmente pedia-lhes que cuidassem do Nós. Não estava lhes dando tarefas para que não causassem problemas; ele realmente precisava da ajuda deles, não tinha medo de pedir e sabia que era bom para seus netos contribuírem.

Cuidar de algo além de si mesmo, sabendo que a contribuição que você dá beneficia toda a família, faz crianças e adultos se sentirem bem e terem vontade de fazer o bem. O Nós torna-se mais forte. Os Sargent-Klein começaram quando seus quatro filhos mal tinham saído das fraldas. "As férias tinham de ser organizadas e a casa precisava ser limpa. Tínhamos de lhes dizer: "Ei, crianças, que tal uma ajudinha?". Stephen acrescenta que o importante não é só dizer que está precisando de ajuda. "Você realmente tem de se permitir um pouco de fragilidade."

Nenhum Eu é uma ilha. Promover cooperação não é simplesmente porque todos nós *precisamos* de ajuda ou porque *deveríamos* envolver as crianças. Várias cabeças pensam melhor do que uma. Cada uma contribui com um ponto de vista e pensamentos diferentes. Cada vez mais, nós, os humanos, somos convocados a participar, cooperar e criar conjuntamente, e não apenas a apresentar nossas extraordinárias personalidades individuais. Hoje, praticamente todos os negócios, as instituições e as arenas cultural e cívica estão passando por uma grande mudança que exige pessoas para trabalharem e pensarem juntas – compartilhar. E existe lugar melhor para aprender isso do que nossas próprias famílias?

Não confunda cuidar do Nós com uma conversa sobre tarefas. É uma questão muito maior e muito mais importante. Pense em termos de quais papéis precisam ser preenchidos para apoiar sua família. Em vez de "O quintal precisa ser varrido", a família precisa de *alguém que use a vassoura*. Em vez de "Alimente o cachorro", precisamos de *alguém que alimente o cachorro*. Em vez de "Quem vai preparar os lanches para a escola?", precisamos de *alguém que faça lanches*. Também precisamos de assistentes, como *alguém para ajudar a fazer a cama* ou de *alguém que lembre os outros de seus compromissos* (um papel que as crianças adoram e que normalmente desempenham melhor que os adultos ocupados).

Isto não é apenas um jogo de palavras, uma maneira de disfarçar as atribuições das tarefas ou de torná-las mais palatáveis. É pensamento de família. Famílias são construídas com base em obrigações mútuas. Lembre-se do R em R.E.A.L. Todos nós somos responsáveis por essa entidade que é a nossa família. Como vamos cuidar dela juntos? E lembre-se de que se seu filho tem idade suficiente para frequentar a escola, você pode lhe pedir para se engajar em vários papéis. Na maioria das salas de aula da pré-escola, você já encontra líderes e ajudantes. A casa em geral é o único lugar em que as habilidades das crianças não são aproveitadas!

"Distribuição de papéis" (que discutiremos mais detalhadamente no próximo capítulo) não é para atribuir responsabilidades aos membros da família, embora faça isso. Ao fazer parte de qualquer organização que recompensa a participação e a independência, você se torna mais consciente. É também sobre o aumento do conjunto de habilidades e de conhecimentos de todos. Você ganha confiança e competência quando sabe fazer um pouco de cada coisa. Em resumo, o Nós prospera, e você também.

Reuniões familiares: K.I.S.S.

Cuidar do Nós requer reflexão, planejamento, esforço e acompanhamento, e não apenas concluir tarefas. As necessidades do grupo estão sempre mudando. Os Eus crescem, seus relacionamentos mudam, e novas situações acontecem. O grupo tem de achar uma forma simples, mas efetiva, de manter o curso como uma unidade. "Reuniões" semanais permitem que os membros da família estejam juntos para conversar, compartilhar, apoiar, aprender, explorar novas ideias, planejar, ajudar cada um a encontrar os meios de contribuir.

Não confunda uma reunião com uma "conferência familiar". Caso contrário, poderia interromper essa leitura. Hoje em dia, quando se pergunta aos pais se e com qual frequência têm reuniões familiares, eles hesitam. Alguns poucos dizem: "Toda semana, é claro". A maioria tem de pensar a respeito, e naquele momento de silêncio, mostram-se um pouco culpados. Alguns até mesmo dirão: "Sei que deveríamos, mas..." E adicionam:

"As crianças são muito pequenas."
"Quem tem tempo para isso?"
"Fizemos isso por um tempo, mas não deu para continuar."
"Não sabemos direito como fazer isso."

Ter uma reunião famíliar soa como algo muito sério, uma grave responsabilidade em que os problemas são discutidos e as decisões importantes são tomadas. A própria ideia de acrescentar uma obrigação ao cotidiano da família é suficiente para deixar muitos pais de cabelos em pé.

Tracy adorava citar o K.I.S.S., que, em inglês, significa beijo: *"Keep it simple, Stan"* * [*Keep*, mantenha; *It*, isso; *Simple*, simples; Stan]. Uma reunião em família é a alternativa K.I.S.S. para "conferências familiares" – algo mais leve, adaptado especialmente para sua família, mais divertido e menos assustador.

E o que isso significa? Um momento para olhar para o que o Nós precisa e também para ver como cada um dos Eus está. Uma reunião permite que cada um se sinta como parte interessada. É mais uma questão de desfrutar da companhia e encorajar um ao outro, o que também proporciona certezas e apoio em tempos difíceis. É hora de tomar decisões e resolver problemas e fortalecer o sentimento de que são uma unidade, sem deixar de reconhecer que cada um de vocês é um pensador independente e um agente. Isso leva todos a observarem mudanças sutis – todos os dias, nós nos tornamos um pouco mais capazes e competentes – e a ficarem merecidamente orgulhosos de si mesmos. A maior recompensa é que toda a família fica mais forte, a casa se torna um lugar para o qual todos querem voltar e ajudar.

Quem está no comando? Os pais são os executivos – o conselho de diretores – que criam as regras e têm a última palavra, mas as crianças tam-

---

* K.I.S.S., que Tracy trouxe das reuniões de doze passos, na verdade significa "Keep it simple, stupid" ["Mantenha isso simples, estúpido"]. Mas Tracy não chamaria ninguém de estúpido, mesmo em tom de brincadeira. Agora, quem é Stan será sempre um mistério.

bém participam. Elas podem comunicar seus desejos e sentimentos, reclamar de algo que é injusto ou impraticável (do ponto de vista delas), contribuir com suas ideias e soluções.

Quem participa? Todos. Na verdade, se você tiver apenas um filho e ele for pequeno, comece desde já a se reunir com ele para que se torne um hábito. Ele pode apenas ouvir no começo. Provavelmente, não dará sugestões significativas, mas tomará consciência de que também é uma parte interessada.

Como devemos nos preparar? Primeiro, discuta a ideia com o seu parceiro. Concordem em pelo menos tentar. Então falem com as crianças. Façam isso no jantar uma noite, um momento em que estão juntos e com as telas desligadas, ou em uma longa viagem de carro. Você pode dizer algo como:

> *Vamos começar a ter uma "reunião de família". Toda semana, vamos encontrar um lugar para nos sentarmos juntos – talvez bem aqui à mesa, talvez na varanda, onde decidirmos. Isso nos dará a oportunidade de falar sobre nós mesmos e nossa família. Vamos primeiro escolher um dia. E então vamos descobrir como fazer disso algo divertido. Talvez também possamos tomar um sorvete, ou vocês possam ter outras ideias.*

Mas e se as crianças resistirem? "Meus filhos nunca topariam", lamenta uma mãe. Muitos pais provavelmente têm preocupações semelhantes. No começo, a noção de reunião pode não ser bem recebida. Provavelmente dirão que toma muito tempo ou que parece uma coisa "chata". Também podem se sentir estranhos, dependendo do nível de amadurecimento deles, de como a ideia é apresentada, se os executivos estão em sincronia, e do que mais estiver acontecendo em sua família. Se no começo você é a única pessoa interessada, faça sugestões e comece aos poucos. Convença os Eus a se comprometerem com seis reuniões para o bem do Nós, pelo menos três se realmente se recusarem. Mas deixe claro que não tentar é inaceitável. Comece com encontros breves e intenções modestas, pelo menos até que se torne parte natural da rotina de sua família. Esteja aberta às sugestões.

Se seus filhos têm 5 anos ou menos – e vocês estão comprometidos com a ideia (crianças sentem a ambivalência dos pais) – convencê-los será relativamente fácil. Crianças mais velhas, especialmente os adolescentes, podem ser mais difíceis de persuadir. Nesse caso, insista. Use palavras que lhe pareçam apropriadas, mas deixe claro que sua participação não é negociável.

Você pode pensar que parece algo bobo ou inconveniente, mas é bom para a nossa família, então vamos fazê-lo.

Se um adolescente perguntar: "por que agora?" ou acusá-la de ter lido essa nova "técnica" em um livro (crianças mais velhas são incrivelmente esclarecidas sobre autoajuda), explique:

Sim, eu sei que nunca fizemos isso. Mas agora que cada um de nós está tão envolvido com seus próprios assuntos, creio que seja um bom momento de fazermos essas reuniões semanais. Vamos pelo menos tentar, e se funcionar, ótimo, senão veremos o que podemos fazer para melhorar.

Seus filhos ainda podem revirar os olhos e resmungar, mas o mais importante é que apareçam.

Isso não significa uma punição. É um momento para estarmos juntos. E cada um de nós pode ajudar a transformá-lo em algo agradável.

Insista. A maioria das crianças, mesmo adolescentes, acaba gostando da experiência, porque é divertido e justo, e elas têm direito à atenção dos pais só para elas.

Qual o material necessário? Use um quadro-negro, um quadro-branco, ou um grande bloco de papel para registrar as questões e as sugestões. Em algumas semanas, você vai escrever muito pouco. Mas se, por exemplo, estiver usando a reunião familiar para discutir novas regras, escreva-as.

Quando é que vamos agendar essas reuniões? Coloque-as em sua rotina, de preferência na mesma hora toda semana e em um momento em que, de qualquer maneira, todos vocês estão em casa juntos. Pode ser depois do jantar em um determinado dia da semana à noite ou durante o fim de semana. Se a ideia do sorvete não atrai ninguém, pergunte qual seria a preferência deles. Uma família de *gourmets* decidiu usar o tempo para provar novas comidas.

Quanto tempo devemos prever? Uma reunião pode durar de cinco a trinta minutos, o que é definitivamente muito tempo. No começo, especialmente se seus filhos tiverem menos de 5 anos, que sejam curtas, não mais que dez minutos. As crianças mais velhas também se cansam. Mas, se algo "grande" está acontecendo, como uma proposta de férias ou um projeto familiar, talvez seja necessário adicionar outra reunião mais adiante na semana. É mais importante manter o interesse de todos e tornar a experiência agradável do que lidar com tudo de uma vez. Basta dizer: "Vamos falar sobre nossos planos de verão na próxima vez. Mas obrigado, Wendy, por citar isso. É uma ótima ideia."

Qual o formato? Acenda uma vela, toque um sino, ou designe um determinado item para mostrar que a reunião vai começar. Uma família utiliza uma grande concha encontrada durante as férias familiares. Toda semana, uma pessoa diferente pega a concha. Quando é colocada no meio da mesa, é hora de todos se reunirem. Comece com um ritual. Por exemplo, vocês podem se dar a mãos, fechar os olhos e fazer algumas respirações juntos. Esses gestos deliberados criam um espaço familiar "sagrado".

O que vamos discutir? O que será colocado como pauta depende de sua família e evoluirá ao longo do tempo. Você pode escolher uma estrutura bem descontraída – alguns minutos em que todos contam piadas. Ou pode ter uma agenda definida, que tem vários componentes – abertura, assunto novos, assuntos antigos, encerramento. Pode perguntar: "Quem quer falar primeiro?" e, em seguida, cada um fala.

Uma reunião pode ser a hora de planejar um passeio, outra pode lidar com um problema ou pode servir para os membros escolherem o papel que querem desempenhar durante a semana. Você pode fazer uma só para rever as regras da casa ou para chegar a uma "missão da família", que reflete o que é importante para a sua família (ver quadro na página a seguir).

Independentemente da sua pauta particular ou de como a conversa flui, mantenha essas regras em mente:

- *Cada Eu tem a oportunidade de falar e apresentar ideias.* Reconheça quem precisa de encorajamento e quem precisa ser cronometrado. Todos *podem* falar; ninguém é *obrigado* a falar. Não permita interrupções. Algumas famílias usam uma versão do "bastão da fala" dos índios americanos –

Qual é a missão da sua família?

Steven Covey, autor de numerosos livros sobre ser "altamente eficaz", sugere a elaboração de uma "declaração da missão da família" que nos lembra "as coisas que mais importam" e orienta nossas decisões. Covey põe em prática seu próprio conselho: *Em nossa casa, colocamos a nossa declaração de missão em uma parede da sala para que possamos olhá-la e nos monitorar diariamente.*

As declarações de missão são exclusivas para cada família e devem ser "revistas e reformuladas" duas vezes por ano. Se você precisar de ajuda, acesse www.franklincovey.com/msb. (em inglês).

pode ser uma pedra, um bicho de pelúcia, um talher. Quem o segura tem a palavra e, o mais importante, o respeito e a atenção de todos os outros.

• *Não permita que as queixas se tornem fofoca.* Os irmãos podem falar um sobre o outro para partilhar informações ou pedir ajuda, mas fofocar não é permitido. Qual é a diferença? Frequência e padrões. Dedure seu irmão uma vez, vamos prestar atenção. Dedure-o duas vezes, e começamos a nos questionar. Dedure-o três vezes e já se tornou fofoca (mais sobre como lidar com brigas entre irmãos no Cap. 10).

• *Receba e dê feedback.* Daniel Kahneman, respeitado psicólogo israelense, aponta que "o verdadeiro conhecimento intuitivo" é aprendido por meio de uma prolongada experiência com um bom *feedback* sobre os erros. É possível melhorar em qualquer coisa – relacionamentos, tarefas, um determinado papel – aprendendo, tentando com dedicação e sofrendo as consequências naturais de nossos erros. Isso também ajuda as pessoas a aceitar quem somos e como fazemos as coisas, ainda que não do jeito delas.

• *Use a reunião para parabenizar e corrigir gentilmente.* "Jake, sabemos que leva um tempo para se acostumar com o cortador de grama e que não é fácil empurrá-lo. Mas notamos que você tem se esforçado. Quem sabe, na próxima vez, possa ir e voltar na mesma direção. Talvez isso facilite a tarefa para você." Se um irmão mais velho já cuidou da mesma tarefa, quem sabe também possa ajudar.

• *Enfatize as novas ideias.* "Stan, foi uma ideia muito boa separar seus brinquedos em duas pilhas e dar uma parte para as crianças da escola de Maya e a outra para o abrigo das pessoas sem teto. Eu ia doar tudo a uma instituição. Parabéns por ser tão atencioso e ter dedicado seu tempo." Em certo sentido, você está aplaudindo Stan por ter cuidado do Nós. A ideia dele resolveu um trabalho que precisava ser feito (desobstruir a casa) e, ao mesmo tempo, conectou sua família com outras famílias.

Por que insistir? Reuniões ajudam a criar o que Daniel Pink, autor de *Drive* [Motivação] chama de pessoas "Tipo I". Elas se sentem competentes, independentes e conectadas. O *I* significa *motivação intrínseca* – ou seja, fazer as coisas porque algo dentro de nós nos motiva, e não porque tememos ser punidos ou porque queremos recompensas. Pink argumenta que evoluímos para uma sociedade que exige pessoas Tipo I, pessoas que são automotivadas, dispostas a colaborar e cooperar trabalhando para um bem maior – nesse caso, a saúde de sua família. Todo mundo está motivado interiormente, porque todos fazem parte de uma missão, e é bom pertencer ao grupo. No Capítulo 8, observamos como é possível envolver até mesmo os membros mais jovens na "cooperação" familiar.

O Nós é justo

Nenhuma família tem uma reserva de recursos inesgotável, especialmente quando envolve tempo e dinheiro. Indiscutivelmente, o tempo é o bem mais precioso – precisamos gastá-lo sabiamente. E o dinheiro é o recurso sobre o qual é mais difícil de falar.

Mas comecemos pelo tempo. A construção da confiança e da intimidade leva tempo. Administrar uma família leva tempo. Como o usamos, portanto, diz muito sobre o que valorizamos, ou pelo menos deveríamos. Ao assumir o comando sobre ele, você o faz trabalhar para você. O problema é que a maioria de nós enfrenta os dias tendo apenas uma vaga noção de como nosso tempo é gasto.

Torne-se mais consciente de como sua família gasta o tempo. Mantenha um registro e preste atenção ao que está acontecendo em cada zona. Tracy recomendava seu registro E.A.S.Y. para manter o controle dos horários da alimentação dos bebês, dos períodos de sono, troca de fraldas e hora do banho. Escrever os vários horários ajudou pais de primeira viagem a compreender e a conhecer seu filho.

Monitorar quanto tempo é gasto no corre-corre das idas e vindas diárias de sua família é muito mais difícil. Há mais Eus para acompanhar.

Além disso, para enfrentar o dia, muitas vezes ligamos o piloto automático, e ficar atento requer esforço. Monitorar as zonas melhora sua noção geral. Cada uma delas é rica em informações sobre como os vários Eus se chocam. Observar sua família nas zonas lhe dará pistas sobre qual Eu precisa de atenção e onde talvez você precise fazer ajustes – para passar mais tempo com um determinado membro da família, para dedicar mais ou gastar menos tempo em uma determinada atividade.

Muitos tipos de conflitos Nós/Eu estão relacionados às questões de tempo e podem ser evitados, como nos velhos filmes de cowboy, olhando para quem precisa de quê e quando. Talvez você já esteja em sintonia com os diferentes tipos de tempo em sua família – tempo do Nós, tempo para si, um tempo a dois. Esses vários tipos de tempos são construídos em sua rotina diária, ou negociados, ou quando podem as pessoas arranjam momentos espontaneamente? Se você não pode responder facilmente a essas perguntas, o Registro do tempo, a seguir, ajudará a começar. Você vai encontrar uma versão em branco na p. 218. Faça uma cópia e cole-a no seu diário da família. O ideal é passar uma semana fazendo registros. Use o exercício "Tome nota" da p. 206 para guiá-lo.

Registro do tempo da família

O tempo é um dos recursos mais vitais e mais escassos da sua família. Para ver como vocês o "gastam", preencha a versão simplificada em branco na p. 218. Use esta como amostra. Deixamos de fora os "preparativos", mas listamos abaixo as nove zonas restantes; pedimos que anote que tipo de tempo você gasta em cada zona, o que é bom e o que precisa de ajustes. Um **tempo** para:

N   **Nós** (quando todo mundo está presente/participa)

C   **Crianças** (uma junto com outra ou uma junto com várias)

A   **Adultos** (seu parceiro ou outro adulto)

I   **Individual** (sozinho, com alguém que não é da família, ou envolvido em uma atividade solitária, como um banho de banheira, realizando uma atividade que exige concentração – um adulto pagando contas, uma criança fazendo lição de casa – quando os outros estão também em casa)

Nota: não incluímos "T" para o tempo de tela, mas se esse for um problema em sua família, talvez você queira observar quanto tempo cada pessoa gasta na frente de um computador ou de um dispositivo eletrônico, especialmente se isso ocorre à custa de outros tempos.

(continua)

Zonas	Quem recebe o tempo?	O que é bom?	O que precisa de ajustes?
Despertar	C	As crianças se vestem sozinhas	Nada: as coisas têm funcionado bem
Café da manhã	N, C	Com os novos horários, Bob está em casa de manhã	Ainda sou eu quem prepara o café e os lanches
Transições (de e para trabalho/escola/outros)	I	Bob leva as crianças para a escola	Sinto que desperdiço esse momento precioso
Reencontros (volta de trabalho/escola)	C	As crianças estão na mesma escola; pegá-los é mais fácil	Noah precisa de pelo menos meia hora para se recuperar
Cuidados (criança/idoso)	C, A	Esses dias, as crianças estão fazendo mais coisas por conta própria	Mamãe quebrou o quadril; sinto que estou sempre na zona de cuidados
Manutenção da casa	I	Contratamos alguém para ajudar na manutenção das áreas externas	Todo meu tempo é gasto nessa zona
Jantar	N	Nosso melhor momento do dia como família!	Precisamos melhorar a limpeza
Tempo livre não programado	A, C	As crianças estão melhorando em seus deveres de casa	Ainda não tenho tempo para mim
Hora de deitar	N, C, A	Bob e eu nos revezamos para ler para as crianças	Muitas vezes, Willie sai da cama depois que as luzes são apagadas

Tome nota – Literalmente

Quando o registro de família estiver completo, responda a estas perguntas sobre como é gasto um de seus recursos mais preciosos: o tempo.

- Se uma estranha entrasse em sua casa, que tipo de momento ela provavelmente veria? Os membros da família estariam cuidando de suas próprias coisas? Atividades de duas pessoas juntas? Tempo em família? Ou sua família faz todas essas coisas?
- As duplas (adulto-adulto, adulto-criança, criança-criança) conseguem obter um tempo para elas? Será que procuram uns aos outros? Qual é a qualidade desse tempo em duplas? Que efeito isso tem sobre os dois? Os irmãos brigam com frequência? Os adultos são como navios que passam à noite sem ser notados?
- Em sua casa, reconhece-se que relaxar do estresse do dia é uma atividade importante? Como as pessoas passam seu momento de relaxar – com o outro ou por conta própria? Os adultos relaxam ou só as crianças?
- Como é o tempo gasto brincando – individualmente, em duplas ou em família? Geralmente, quando se brinca, existe cooperação ou termina em brigas?
- Quanto e que tipo de tempo é gasto em aparelhos eletrônicos e telas? E em chamadas telefônicas? Essas atividades acalmam ou excitam os membros da família? Existem regras para televisão, computadores, videogames ou outras telas durante o tempo em família?

Falar sobre dinheiro

Conversar sobre o dinheiro está fora de questão para algumas famílias. Às vezes, os parceiros passam por um momento constrangedor quando falam de finanças um com o outro. E nem mesmo lhes ocorre compartilhar as informações financeiras com os seus filhos. Um ou ambos podem ser reservados ou relutantes em relação a isso porque acreditam que apenas eles devem se preocupar com o fluxo de caixa ou porque não é assunto de criança (ou de seu parceiro).

O problema é que *não* falar de dinheiro não é justo para o Nós e, em última instância, pode prejudicá-lo. O dinheiro é um recurso da família. É assunto de todos. Quando você varre as questões financeiras para debaixo do tapete, tende a comprar coisas sem considerar o impacto. Os membros da família nada aprendem sobre economia, gastos ou tomada de decisões para o bem maior. Além disso, dar informações aos filhos e torná-los responsáveis pelo dinheiro não é o mesmo que sobrecarregá-los. Quando ninguém fala sobre o quanto se trabalhou arduamente para comprar "coisas" ou sobre a responsabilidade de tê-las, isso passa a não ser levado muito a sério. Então não causa nenhuma surpresa quando tênis caros são esquecidos ("Acho que os deixei no lago") ou um dispositivo eletrônico é abandonado na chuva. Afinal, basta comprar outros.

Reuniões familiares são uma grande oportunidade para falar sobre as necessidades e os desejos da família e sobre o que é justo e certo. Mas primeiro, você e seu parceiro, se tiver um, devem fazer a si mesmos as perguntas a seguir.

Devemos falar abertamente sobre dinheiro e gastos? Não presuma que as crianças compreendem a relação entre valor e gastos. "Katy me disse um dia que acha que somos pobres", diz Sara Green, que vive uma estável vida de classe média. "Quando perguntei por que, ela me disse que Mike e eu estamos sempre dizendo 'Não podemos comprar isso. Não podemos comprar aquilo'. Tive de explicar que quando falamos coisas assim, queremos simplesmente dizer que 'Isso não é onde *escolhemos* investir o nosso dinheiro.'" Sara mostrou a ela então como a família gasta dinheiro e porquê: em livros e escolaridade, porque acreditam que conhecimento e educação contribuam para uma vida mais informada e mais rica; em aulas, porque querem encorajar os talentos de seus filhos; em alimentos e entretenimento, porque a socialização é importante para eles. Podem até dizer não para alguns aparelhos eletrônicos ou para tênis caros da moda, mas certamente não são pobres.

Os seus filhos têm alguma noção de dinheiro? Ou estão interpretando mal sua situação financeira, assim como fez Katy Green? Se você acha que eles não têm consciência do dinheiro, lembre-se de que assim que passam a frequentar a escola e a visitar as casas de outras crianças, onde veem como as outras famílias vivem e gastam, começam a fazer comparações. Eles não sabem como falar sobre isso em casa, a menos que seus pais criem um espaço para tais discussões. Não tenha medo de fazer comentários ou perguntas ("Como foi para você estar na casa grande/pequena de Sally?"). Se uma criança perguntar sobre os bens materiais ("Por que não podemos comprar um balanço como o que Debbie tem?") ou a falta deles ("Susie quase não tem brinquedos"), responda com sinceridade.

Será que nosso consumo reflete os valores da nossa família? Consulte as anotações feitas quando respondeu ao exercício "Como é a sua família" no final do Capítulo 1. Se colocou ou deveria ter incluído gastos excessivos como uma das vulnerabilidades de sua família, você pode ter um trabalho especialmente difícil à frente. A maneira ideal é gastar de forma judiciosa e usar o dinheiro para sustentar os valores que apoiam e para ir aos locais de que gostam como uma família.

Dessa forma, se, por exemplo, apreciar a natureza é importante para sua família, você pensa nas consequências ecológicas do que compra e faz? Você sempre tem escolhas. Pode investir tempo e energia na compostagem, comprar produtos reciclados e descobrir outras maneiras de ser ambientalmente responsável. Também pode decidir pela compra de livros e revistas que o informem mais e o mantenham atualizado sobre o mundo natural. Pode enviar seus filhos para acampar na natureza ou destinar recursos para viagens em família que envolvam atividades ao ar livre. Pode escolher alugar, trocar, permutar ou compartilhar posses com outras famílias, em vez de comprar tudo para seu próprio uso particular – tanto para cortar suas próprias despesas como para reduzir seu uso de carbono.

Somos honestos sobre nossas finanças? Se você está em uma loja de sapatos e precisa respeitar o orçamento, deixe isso claro. Se não puder pagar por algumas coisas, diga a eles. "Sei que algumas crianças na sua escola têm tênis caros e que estão na moda, mas nossa família não tem dinheiro para comprar esse tipo de tênis para todos. Você pode escolher um desses pares, porque estão na faixa do que podemos pagar."

Pesamos nossas opções abertamente? Ajude os membros mais jovens da família a ver que vocês investem de várias formas – às vezes dinheiro, às vezes esforço – melhor ainda se suas energias vão para ajudar alguém. Associe seus valores ao que você gasta. Tenha conversas sobre os prós e os contras de uma atividade ou de uma grande compra. Mostre de que forma isso pode afetar a família. Por exemplo, se uma criança quer jogar em um time de futebol, fale abertamente sobre os custos – não apenas de dinheiro e de energia, mas também sobre como o tempo com a família vai diminuir.

Isso não quer dizer que as pessoas não têm o direito de buscar seus próprios interesses. É certo que, para muitas famílias, observar um filho praticar um esporte é qualificado como tempo em família e todo mundo desfruta dele. O ponto é: tome essas decisões de forma consciente e como uma família, de modo que todos os Eus sejam levados em consideração.

Depois de gastar, reconsideramos nossas escolhas? Ter ido ao museu – a entrada, o estacionamento, o tempo e a energia gastos, a experiência de estar lá – valeu a pena? Não há uma resposta certa, mas é possível ao menos descobrir o que todo mundo adquiriu com a experiência. Essa informação pode orientar os futuros passeios. A mesma avaliação deve ser aplicada às compras. O brinquedo ou o dispositivo eletrônico foi deixado de lado um mês depois? Ele foi usado muitas vezes ou da maneira como imaginado? Você pode aplicar perguntas semelhantes a uma atividade. Os participantes continuam ansiosos e comprometidos? Novamente, o conhecimento dessas respostas irá aprimorar as habilidades de cada membro da família para tomar decisões e guiá-lo no futuro.

Nossa consciência cotidiana sobre o valor real está crescendo? Quando pensam em uma nova compra ou atividade, os adultos têm de primeiro se perguntar: "Eu/nós/as crianças realmente precisamos disso? É apropriado? Existe uma maneira de fazer isso por menos – por exemplo, contratar um adolescente talentoso para ensinar guitarra ao seu filho em vez de gastar em aulas muito caras. Isso é uma escolha autêntica ou algo que estamos considerando apenas para nos exibirmos?". Quer se trate de um brinquedo, um jogo, um animal de estimação, um barco ou plantas para o jardim, o item ou atividade é algo que um indivíduo em particular ou toda a família tem tempo para possuir/fazer? É algo pelo qual vocês estão prontos para assumir a responsabilidade? Vai melhorar ou prejudicar a vida familiar? Está de acordo com quem vocês são como uma família? Se gastar provoca ansiedade ou estresse, ou mesmo se tiram o adulto do sério quando as crianças se mostram ingratas sobre algo que queriam tanto há um mês, está na hora de rever as prioridades.

O Nós é amado

"McLing" não é seu verdadeiro nome, explica Maxine Ling, de 48 anos. "Esse é o nosso termo para nós." O sobrenome inventado é uma homenagem à herança mista de Maxine e de Liam. Os pais dela são da China, e a maior parte da família McTavish ainda está na Escócia. Os dois se conheceram em Chicago. Desde o início – por se respeitarem e pelo bom "entrosamento com as famílias" – incorporaram rituais e tradições de ambos os lados que dão à pequena Brenna uma noção de continuidade e de certeza. Sem perceber, foram criando um Nós que vale a pena amar.

"Somos uma família pequena, por isso somos muito próximos. Toda sexta-feira à noite jantamos fora em família. Além de um *website* McLing, fizemos também um vinho chamado Château McLing. Fazemos as coisas juntos, nos sentamos juntos. Essa é a cola que nos mantém unidos.", diz Maxine.

Há dois anos, os McLing se mudaram de Chicago para a Inglaterra para uma aventura em família. Trouxeram seus rituais, tradições e um forte senso de família que lhes deu tranquilidade para a transição.

A aventura também aconteceu para coincidir com o que Maxine chama de "aquele processo adolescente de sair do casulo." Brenna tem agora 15 anos. "Tentamos fazer coisas juntos, como sempre fizemos, mas está ficando mais difícil. Ela dorme até o meio-dia!" E também quer passar mais tempo com seus amigos. "Este ano inteiro vai ser assim", diz Maxine, que, a seu favor, diz a verdade a si mesma sobre as mudanças de Brenna.

"Ela tem de praticar violino. Tem lição de casa e quer passar mais tempo com seus amigos", diz Maxine. Os McLing elaboraram então um novo ritual que contempla a agenda ocupada de Brenna e, ao mesmo tempo, cria um espaço no qual os três podem se conectar. "Todo sábado almoçamos juntos nesse pequeno e excelente pub que, além do mais, fica bem próximo de uma biblioteca. Então ela pode fazer seus trabalhos lá."

"Vemos que ela está começando a se afastar. Alguns pais apenas deixam isso acontecer, mas estamos tentando guiá-la. Ela ainda está nos ouvindo. Está ouvindo menos, mas estou muito feliz porque de todo modo está nos ouvindo! Nosso trabalho como pais é guiá-la e, ao mesmo tempo, torná-la independente."

Dessa maneira, Brenna se tornou uma participante solícita. Os McLing – a entidade que é sua família – é um bom lugar para se voltar.

Quando as famílias constroem rituais e tradições e arranjam um tempo para a espontaneidade e para momentos especiais juntos, é como se depositassem boas lembranças em um banco. Quando nos lembramos daqueles momentos, eles fazem com que todos amem o Nós. Pensamos nisso como um "banco de memórias".

Essa não é uma ideia nova. Escrevemos extensivamente em nossos outros livros sobre a importância do "R&R", rotinas regulares e rituais que fornecem segurança para os seus filhos. Tracy sempre aconselhou aos pais que tentassem "cumprir sua rotina" durante uma viagem, crises ou diante de qualquer evento extraordinário. Uma década mais tarde, muitos de seus clientes dizem que a rotina E.A.S.Y. acabou se tornando um presente para toda a família. Como Dale O'Grady, de 50 anos, agora mãe de uma criança de 8 anos e de uma de 6 colocou: "Não era apenas uma questão de organização. Isso nos deu algo em que confiar, uma sensação de que a vida tem algum grau de previsibilidade."

R&R é duplamente importante para toda a família. Um banco de memórias é um guarda-chuva mais amplo. Ele inclui todas as interações familiares que resultam em sentimentos de alegria e união, qualquer coisa que vá da participação em eventos comuns, como uma feira de rua ou uma caminhada de caridade, até as ocorrências cotidianas que deixam o Nós feliz. Que seja um momento fugaz ou uma ocasião importante, a fórmula é a mesma: todos estão envolvidos, sentimentos positivos são gerados, e a memória torna-se "nossa". O melhor de tudo é que o processo é cumulativo e aumenta ao longo do tempo, assim como o dinheiro no banco. Esse banco de memórias vai construindo uma reserva de força da família com a qual podemos contar nos momentos difíceis.

Você provavelmente já está fazendo isso. Quando lhe perguntam: "Quais rotinas, rituais e/ou tradições sua família pratica/honra, e por que são importantes?", a maioria dos nossos entrevistados listou uma série de exemplos. Mencionaram muitas práticas espirituais (ir a uma casa de culto e participar de seus programas de família), férias, feriados, refeições juntos, passeios dominicais especiais, filmes, jogos (jogá-los, observá-los) e a hora de dormir. Eles também ressaltaram a importância de ter momentos a dois com frequência.

Ter um banco de memórias não significa apenas saborear a diversão e os triunfos, mas também registrar os desafios. Nas reuniões regulares de uma família, por exemplo, poderíamos ter um tempo para rever: "Como conseguimos enfrentar a doença de Billy" ou "Como foi assustador depois do furacão." Também podemos revisitar uma decepção com uma nova visão ("Você ficou tão chateado quando Yale a rejeitou, mas olha como se deu bem em Syracuse") ou falar honestamente sobre uma tragédia ("Já se passaram cinco anos desde que Marie morreu, mas ainda me lembro dela com frequência. E não quero nunca esquecê-la"). Às vezes, os pais têm medo de falar sobre eventos desagradáveis passados há muito tempo, e mais ainda de colocá-los no "banco". Acreditam que assim protegem as crianças. Mas é o oposto que é verdadeiro. Só porque não falamos sobre algo não significa que ele é esquecido. Decepção e tristeza fazem parte da vida. Na verdade, a outra razão para que Carlie Reynaldo agradeça sua tia Laurie é que esta ajudou a manter viva a memória de sua mãe, muitas vezes lhe dizendo: "Carlie, sua mãe estaria orgulhosa!"

O banco de memórias nos permite honrar de forma consciente os momentos em que nos envergamos sem quebrar. Saber que já travamos e vencemos uma dura batalha também nos diz que estamos preparados para a próxima vez.

Aqui estão algumas ideias que podem ajudá-la a ter um bom estoque de memórias nas mãos.

Reveja o R&R de sua família. Insira a previsibilidade e a prestação de contas em sua vida cotidiana. Celebre o bom que você cria e o ruim que você supera. Não importa se tem festas de aniversário generosas ou se reutiliza as decorações que sobraram, contanto que observe ocasiões, transições e datas importantes de alguma forma. Rotinas, rituais e tradições ainda vivas dão a uma família um sentido de identidade, uma espécie de segurança que diz que não importa o que *eu* passar, o *nós* ainda existe. Não importa o quão difícil algo é para *mim*, posso contar com *nossa* força.

Insira um momento em sua rotina diária que reúna todos. Arrume um tempo para relaxar em família. Aprenda com o mestre budista Thich Nhat Hanh. Quando lhe perguntam: "O que ensino aos meus filhos para prepará-los para este mundo?", ele responde aos pais:

> *Devemos ensinar nossos filhos a ter calma e a ser capazes de estar no momento presente. A se acalmarem quando têm emoções fortes, a ser capazes de lidar com suas emoções fortes, a ser capazes de praticar exercícios de respiração ou de caminhar conscientemente, de forma que percebam que suas emoções não os controlam, que podem lidar com elas.*

Tome emprestado de ambos os lados da família; envolva a todos. Os rituais que você pratica e as tradições que defende devem ser uma mistura da sua infância e da infância de seu parceiro com aquela que sua família está criando. Em vez de discutir sobre suas respectivas tradições, como alguns casais fazem, abra espaço para ambas, tendo em mente que o R&R ajuda a dar uma identidade ao seu Nós. Somos uma família que reza antes do jantar. Somos uma família que lê antes dormir. Somos uma família que festeja o Dia das Bruxas em grande estilo. Podemos contar conosco. Lembre-se também de que, às vezes, o R&R envolve tentativa e erro. Veja como todo mundo responde e corrija o rumo quando necessário. O que funciona para a sua família esse ano pode ter de ser revisto daqui a doze meses conforme mudam empregos, notas e outras circunstâncias.

Observe os momentos simples de relacionamento. Criar momentos inesquecíveis não requer uma viagem à Disneylândia. Trata-se de valorizar a conversa e as pequenas ocasiões. Esteja atenta às pequenas coisas: a sensação do toque da mãozinha de uma criança ao redor da parte de trás de seu pescoço quando a está carregando, como é intenso o azul dos olhos de seu parceiro. Preste atenção quando o Eu de um membro da família se relaciona com o do outro. A irmãzinha caminha na direção do irmão mais velho, que está sentado no sofá assistindo televisão. Em vez de lhe dizer para sumir, ele dá um tapinha sobre sua perna como se a chamasse: "Está tudo bem – fique aqui comigo", então ela se acomoda e coloca a cabeça em seu colo.

Das trincheiras: não subestime o passeio de carro

Um carro pode ser um ótimo lugar para conversar e construir memórias, um espaço sagrado de relacionamento para "famílias em constante movimento".

Pai-filho: experimente os "momentos oboé" (p. 100). Assim chamados por um casal que sabia que há muito tempo seu filho se aborrecia com suas aulas de oboé. No entanto, eles nunca sugeriram que desistisse porque, naqueles breves passeios de e para a casa de seu professor, ele invariavelmente se abria sobre sua vida.

Casais: use viagens longas para se relacionar. Sem dúvida, os casais também podem ter momentos oboé, mas, na maioria das vezes, eles acontecem durante viagens mais longas, sozinhos ou com as crianças no banco de trás, dormindo ou se divertindo. Ainda assim, o carro pode ser uma boa oportunidade de se ter uma conversa adulta mais longa do que o habitual. O objetivo não é necessariamente tomar uma decisão importante ou resolver um problema, embora isso possa acontecer. Em vez disso, encare como uma chance de reavivar a familiaridade e compartilhar novas ideias.

Irmãos/família: criem rituais de carro. Não liguem o leitor de DVD assim que entrar no carro, nem permitam que as crianças joguem videogames com fones de ouvido. Cantem juntos a plenos pulmões ou façam brincadeiras de adivinhação envolvendo palavras ou geografia. Façam o que faziam quando eram crianças ou inventem novos jogos. Envolvam todos na aventura. Compartilhem mapas, procurem pontos de referência, deixe que brinquem trocando de lugar se for o caso. Incorporar elementos previsíveis – especialmente alegria – tornará longas viagens algo que as crianças anseiem por fazer.

Se não há nada de diferente – ninguém está doente ou demasiado cansado –, irmãos acabam brigando menos quando estão se divertindo. Eles também se queixam menos quando sentem que têm algum poder, é por isso que gostamos do que uma família fez. Sabendo o quanto era inevitável que houvesse queixas em toda viagem de carro, os pais disseram a seus quatro filhos que podiam avisar quando estivessem com fome ou precisassem parar por algum motivo. Bastava dizer: "Próximo aborrecimento!" Você pode pensar que dar às crianças esse tipo de poder resultaria em uma parada a cada dez minutos, mas por sentir que têm voz durante a viagem, elas raramente abusam do privilégio.

Tais momentos carregam importância. "Adoro quando sobra apenas uma criança no carro, e conversamos sobre o que queremos conversar, sem interrupções", diz Lanie Allen, a mãe de quatro filhos que apresentamos anteriormente. "Ouço sobre seu dia, suas ideias, com o que estão preocupados, com o que estão felizes." Os Allen também tentam incentivar que cada criança compartilhe sobre seu dia durante as refeições da família, mas Lanie admite que "nem sempre acontece dessa forma."

Holly Burbank, uma das clientes de Tracy cujo filho tem agora 12 anos, lembra-se de um conselho que causou o "maior impacto a longo prazo" em sua família. "Mesmo quando Danny não passava de um bebê, Tracy me disse para começar falando o que eu ia fazer, como: 'Vou trocar sua fralda agora'. Mesmo que ele não entenda as palavras específicas, a conversa vai ajudá-los a desenvolver um relacionamento." Holly nunca parou de conversar com Danny. Hoje, suas melhores conversas acontecem quando ela o pega na escola. "Ele é um menino que gosta de falar, mas fala mais porque eu lhe faço perguntas, como: 'Alguém fez você rir hoje? Alguém se meteu em confusão?' Assim você acaba ouvindo sobre as pequenas coisas."

Reúna uma história visual da família – e delicie-se com ela. Graças à revolução digital e a todos os dispositivos eletrônicos que possuímos, nunca foi tão fácil documentar os bons momentos: a sua menininha está indo para o maternal, carregando uma mochila quase maior que ela; os trajes para o Dia das Bruxas que você fez (ou comprou); aquela vez que seu parceiro surpreendeu você; o dia de Ação de Graças que você passou em um abrigo distribuindo sopa. Às vezes, os pais modernos não sabem o que fazer com tudo isso. Muitos fazem o *upload* de fotos e de vídeos para seus próprios blogs ou para sites de redes sociais. Tudo isso é bom para compartilhar, mas verifique se também estão desfrutando das memórias *juntos*. Faça um álbum; emoldure as melhores fotos (à moda antiga ou digital). Quando filmam as férias ou os momentos importantes, vejam e revejam. Algumas famílias também guardam objetos – um pouco de areia das Bahamas, um galho interessante encontrado em uma caminhada da família. Conte a história da qual o objeto faz parte.

Dito isso, a coleção de lembranças familiares pode acabar virando apenas um acúmulo de coisas. Por isso experimente e descubra o que funciona para sua família – e saiba que suas necessidades e desejos podem mudar. Por exemplo, no momento em que nasceu sua terceira criança, uma mãe, que regularmente tirou fotos em todas as ocasiões e as colocou em álbuns, percebeu que estava se afogando em recordações. Agora ela só faz álbuns em ocasiões especiais algumas vezes por ano, em vez de guardar tudo.

Independentemente de como você o faz, essas várias formas de criar um banco de memórias também revelam os talentos e os atributos dos membros da família. Quando olhamos esses álbuns, revemos tudo ternamente. "Lembra quando Luís conquistou sua faixa azul?"; "Essa foi quando Paul nadou com os golfinhos." É também uma forma de todos se manterem atualizados. "Que tal assistirmos mais uma vez ao vídeo do quadragésimo aniversário da mamãe? Assim Chase pode vê-lo, pois ele tinha acabado de nascer naquela época."

Assuma um projeto compartilhado. Atividades energizam o Nós e dão aos membros da família algo pelo qual ansiar e razões para olhar para trás. Quando Seth Sargent-Klein se interessou pela panificação e estava ficando bom naquilo que fazia, ele e seu pai, Stephen, decidiram construir um forno a lenha juntos, como aqueles que Seth aprendeu a usar na reserva indígena. O projeto levou meses, com os dois pesquisando, planejando, comprando os materiais e, finalmente, construindo o forno. Hoje, cada vez que Seth assa no forno, isso evoca o que ele e seu pai fizeram *juntos*.

Seu projeto de família pode envolver um ou dois membros ou toda a família. Ele não precisa ser complicado ou caro ou muito demorado – uma colagem sobre as férias recentes, assar biscoitos para um abrigo local, limpar o quintal depois de uma tempestade. Se você escolher algo que exige um esforço contínuo, como um jardim ou um projeto de construção, reserve um tempo para planejar, experimentar e cometer erros. Faça em pequenas etapas, em vez de ficar sobrecarregado. O chamado produto final não é a melhor parte da recompensa, e sim o processo. Ao fazer algo como um Nós, o Eu de todos se torna mais forte.

Lembre-se também de que o Nós se enriquece com as novidades. Surpreenda o outro. Nós crescemos quando vamos além de nós mesmos, quando nos abrimos a ideias e experiências estranhas e experimentamos atividades que exigem prática para serem executadas com habilidade. Fazer isso juntos é o que torna tudo prazeroso.

No longo prazo, por meio do cultivo de experiências positivas, como o banco de memórias, o Nós prospera, e os Eus "crescem e constroem" – uma frase da psicóloga Barbara Friedrich usada para descrever o extenso efeito dos bons sentimentos: a positividade aumenta sua percepção de si mesmo, melhora seus relacionamentos e o torna mais aberto a novas experiências.

O seu Nós satisfaz os Quatro Requisitos?

- O seu Nós valoriza seus membros? Todos em nossa família sabem que são importantes para o resto de nós? O Eu de cada um é respeitado e aceito pelo que é?
- O seu Nós é cuidado? Todos contribuem, protegem e trabalham para o Nós?
- O seu Nós é justo? Os recursos da nossa família, especialmente tempo e dinheiro, são empregados judiciosamente e divididos de forma justa?
- O seu Nós é amado? Todos estão envolvidos no planejamento de bons momentos juntos, observando os pequenos momentos de alegria e de cumplicidade, e desfrutando das ocasiões importantes? O seu Nós é um bom lugar para onde retornar?

Se sua família não está conseguindo satisfazer os Quatro Requisitos, continue lendo. Nos últimos quatro capítulos, abordaremos a guerra das tarefas domésticas, mudanças e outros desafios para o equilíbrio entre Eu/Nós.

Registro do tempo da família

Na p. 204, nós lhe demos uma versão inicial do Registro do tempo da familia. Preencha este para ter uma ideia mais completa de como sua família "gasta" o tempo. Tente manter registros por pelo menos uma semana. Não minta sobre o tipo de tempo que você gasta *predominantemente* em cada zona. Se, por exemplo, durante o café da manhã, você passa a maior parte do tempo juntando as crianças à mesa, não conte cinco minutos com seu parceiro como um momento do casal! Da mesma forma, não considere tempo em família se todos estiverem sentados à mesa do jantar, mas você, a todo momento, atende os telefonemas de trabalho. Se seu parceiro e as crianças maiores assim desejarem, dê a cada um uma cópia em branco para preencherem por conta própria. Em seguida, compartilhem suas percepções na próxima reunião de família.

Zonas	Quem recebe o tempo?	O que é bom?	O que precisa de ajustes?
Despertar			
Café da manhã			
Transições (de e para trabalho/ escola/outros)			
Reencontros (volta de trabalho/escola)			
Cuidados			
Manutenção da casa			
Jantar			
Tempo livre não programado			
Hora de deitar			

Legenda: **N** = tempo para o Nós; **C** = tempo para as crianças; **A** = tempo para os adultos; **I** = tempo individual.

Anotações sobre cooperação familiar

Capítulo oito

A guerra das tarefas domésticas

O pensamento de família como solução

Ninguém pode voltar atrás e ter um novo início, mas todos podem começar hoje um novo final.

— Maria Robinson

É para onde vamos e o que fazemos quando chegamos lá que nos diz quem somos.

— Joyce Carol Oates

"Você *ainda* não chamou o encanador?"

"Por que a sala está uma bagunça?"

"Por que não pendurou seu casaco quando entrou?"

"Por que não coloca suas meias no cesto em vez de largá-las no chão?"

"Por que você *nunca* faz o que lhe peço já na primeira vez"?

"Por que a louça ainda não foi lavada?"

Todos já passamos por isso, você também. Os detalhes podem ser diferentes, mas é a mesma história em muitas, se não na maioria, das casas. Brigas começam por causa da louça, das meias sujas, quem está fazendo o quê e como está sendo feito. Desde a década de 1970, quando as famílias tiveram de se reajustar aos novos papéis desempenhados pela mãe e pelo pai, escritores e pesquisadores se referem ao problema como "guerra das tarefas". E os artigos que continuamos a ler sobre essas briguinhas irritantes do dia a dia nos dizem que elas não desapareceram.

A guerra das tarefas surge inicialmente como uma pequena confusão. Ela não *tem* de ficar pior. Os aborrecimentos domésticos não são o resultado de algo que não podemos controlar, como um furacão ou uma doença infecciosa. Não são causados por algo que acontece *com* sua família. Pelo contrário, eles são o resultado do que está acontecendo *em* sua família. É por isso que, pelo menos nos estágios iniciais, você pode controlá-los. E você deve.

A guerra das tarefas é um sinal de que o corpo – nesse caso, toda a família – está doente. A maioria dos conselhos sobre compartilhar responsabilidades na condução da família foca no que está acontecendo entre os parceiros adultos. Eles precisam se comunicar melhor? O problema é mais profundo do que o trabalho doméstico? Em parte, isso está correto. Os adultos estão no comando; são os diretores. Desajustes em seu relacionamento podem prejudicar as crianças, que absorvem as emoções negativas dos pais. Mas ajudar o casal pode levar somente vocês até certo ponto. Um Nós forte precisa de adultos *e* de crianças como partes interessadas.

Para minimizar e até mesmo acabar com a guerra das tarefas: aplique o pensamento de família.

Toda família está sujeita a discordâncias ocasionais sobre quem faz o quê e de quem é a vez. Algumas áreas podem ser especialmente problemáticas – por exemplo, nos momentos em que há muito a ser feito e pouca energia para fazê-lo.

- Existe uma área em particular sobre a qual você e seu parceiro tendem a discutir ou na qual você acaba gritando com as crianças? (Se necessário, consulte a discussão sobre as várias zonas no Cap. 6.)
- Existe uma hora do dia em que você é solicitado por todos ao mesmo tempo?
- Existe uma área em que os irmãos sempre se enfrentam?

Em cada caso, tente descobrir quais necessidades não estão sendo contempladas. Pontos de desacordo existem, mas se os adultos estão em sincronia e no comando como codiretores, e todos os membros – incluindo as crianças – são partes interessadas, alguém provavelmente vai perceber o que está errado, falar sobre isso e descobrir o melhor remédio. Todos devem se comunicar melhor ou incluir mais tempo familiar no cotidiano ou dar a um membro da família atenção ou uma ajuda extra. Mas eles curam a família *juntos*.

Se os sinais são ignorados, a infecção se espalha e toda a família adoece.

A progressão da guerra das tarefas

Como você deve se lembrar, nos primeiros anos do casamento de Daria Wilkerson, ela muitas vezes reclamava da falta de iniciativa do marido Conrad em relação a casa (p. 123). Felizmente, ela percebeu que reclamações e ressentimentos só pioravam o problema e a faziam mergulhar na depressão. Ao reavaliar o modo como estava lidando com aquela situação, ela começou a ver (com a ajuda de um terapeuta) que o comportamento de Con não se dirigia a ela. Tanto sua personalidade quanto seus processos eram simplesmente diferentes dos dela. Se Daria tivesse permitido que sua relação ficasse amarrada a isso, ela poderia ter continuado se enraivecendo e censurando o marido. Cada tarefa não realizada se transformaria em outra briga. Ela e Con teriam se tornado cada vez mais ressentidos. Com o tempo, provavelmente acabariam na fase final da guerra das tarefas, ponto em que as máscaras caem. Perguntas do tipo passivo-agressivas ("Por que a louça ainda está na pia?") tornam-se acusações generalizadas ("Você nunca faz nada nessa casa."). Quando a situação chega a esse ponto, as discussões vão muito além dos trabalhos domésticos.

Em tais casos, as partes se polarizam: o Responsável Principal (RP) *versus* o Folgado. Um pensa sobre e realmente *vê* o que precisa ser feito. O outro – algumas vezes com razão, às vezes por comparação – é colocado como o único que evita responsabilidades. No início, o RP, exausto de reclamar e de adular, pode encontrar desculpas ("Ele trabalha tão duro", "Ele é tão distraído). Mas, por fim, acaba explodindo. O Folgado contra-ataca ou se retira (literalmente ou não prestando mais atenção). Ambas as partes se sentem irritadas e traídas, cada uma convencida de que a culpa é do outro. A negatividade invade a casa. Declarações aparentemente inofensivas, como "Estou aqui, lendo o jornal", podem desencadear toda uma discussão.

Na pior das hipóteses, a guerra das tarefas *viola* os Quatro Requisitos da participação interessada da família.

- **O Nós não está sendo cuidado**. Quando você vir um casal discutindo sobre quem faz o quê e/ou insistindo para que as crianças "arrumem o quarto", isso é um sinal de que ninguém está contribuindo. É preciso que toda a família cuide do Nós.
- **O Nós não cuida dos Eus**. A guerra das tarefas nos diz que alguns Eus estão precisando de atenção. Raiva e ressentimento significam que algo maior precisa ser observado e consertado. Brigas sobre trabalhos domésticos não são, naturalmente, a única razão para a negatividade se infiltrar na vida familiar, mas com frequência possuem grande participação.
- **O Nós não está sendo amado**. A guerra das tarefas polui o ar que as famílias respiram. Em vez de ser o lugar onde os membros da família "crescem e constroem", todos se tornam mais limitados, mais autocentrados e menos capazes de lidar com o que a vida lhes apresenta. O Nós torna o voltar para casa um fardo.
- **O Nós não é justo**. Em muitas casas onde a guerra das tarefas predomina, a mulher é a Responsável Principal. O "acordo" muitas vezes começa quando os parceiros tornam-se pais, como dizem os psicólogos Phillip e

Carolyn Cowan: "Ela está fazendo mais do que pensava que faria, e ele está fazendo menos do que disse que faria." Quando o Nós não é justo, torna-se um terreno fértil para a guerra das tarefas.

Guerra das tarefas: onde você se encontra?

Uma mudança em seu relacionamento pode ser um sinal de que você e seu parceiro estão adentrando cada vez mais o território da guerra das tarefas. Vocês podem pular completamente uma fase – muitos casais vão direto para o item Reconsiderar. Mas podem também avançar e retroceder repetidamente.

Despertar

"É a sua vez." Vocês começam a ver que conduzir uma família não é aquilo que haviam imaginado. Vocês tentam descobrir o que é justo, mas quando surgem obstáculos e as coisas não são feitas, alguém é culpado. Neste momento, vocês não terão de se desfazer de quaisquer maus hábitos, mas terão de se atentar às suas diferenças. O desafio é não levar isso para o lado pessoal e determinar uma maneira justa de fazer as coisas.

Reconsiderar

"Não tive tempo." Conforme as responsabilidades da vida em família aumentam, suas diferenças e condicionamentos sociais aparecem. Se você acha que faz o suficiente, sua resposta pode ser uma sequência de desculpas como aquela de "o cachorro comeu minha lição de casa". Se você acha que faz tudo sozinho, pode tentar manipular a outra pessoa. O desafio, em ambos os casos, é ser sincero consigo mesmo e atacar o problema juntos *antes* que o ressentimento tome conta da situação.

Polarização

"Você nunca faz nada nessa casa!" Você e seu parceiro estão em cantos opostos. O Responsável Principal se sente sobrecarregado e ressentido; o Folgado, injustamente acusado. Se ninguém tomar medidas para equilibrar esse acordo desigual e envolver as crianças como partes interessadas, toda a família será atingida. O desafio é avaliar o que está acontecendo com o seu relacionamento e em sua casa e estar disposto a dar passos concretos para mudar *sua parte* nisso.

O gênero é o problema?

"Não posso acreditar que ela está tendo o mesmo tipo de discussão que eu tive com o pai dela", diz uma mulher de 65 anos de idade, refletindo sobre as queixas de sua filha adulta sobre o quão pouco o marido faz em casa. "Nada mudou?"

Na verdade, as coisas *mudaram*. Estudos recentes em que se pediu para os casais manterem registros de como gastam seu tempo sugerem que, em casa, "a diferença de gênero" tem diminuído consideravelmente. Quando ambos os parceiros trabalham, mulheres registram apenas vinte minutos a mais por dia de trabalho remunerado e não remunerado do que seus parceiros.

E, ainda assim, as mulheres se *sentem* como se estivessem fazendo muito mais. Uma razão para a disparidade, diz a jornalista Ruth Davis Konigsberg, é a energia *mental* que as mulheres gastam. "Registros de tempo não levam em conta o estresse [de] manter o tempo todo em suas cabeças o cronograma familiar muito bem ajustado ou saber o que há para o jantar, que ingredientes são necessários e sua exata localização na geladeira."

Outra razão é que as imagens e as mensagens sexistas infiltram-se em nossas famílias e continuam promovendo atitudes ultrapassadas sobre os papéis de gênero. A maioria de nós sabe muito bem disso, mas a cultura é uma força poderosa e penetrante. É provavelmente por isso que o vídeo de Riley, de 4 anos, na loja de brinquedos exibido pelo YouTube causou tanta polêmica. Até o presente momento, mais de 4 milhões de pessoas já sintonizaram para ouvir seu discurso indignado contra o fato de que se espera que as meninas comprem princesas e "coisas cor-de-rosa", enquanto os meninos devem comprar super-heróis (www.youtube.com/watch?v=-CU04OHqbas).

Você pode ouvir o pai de Riley ao fundo, o que levou alguns a pensarem que a pequena feminista fora treinada. Ela não foi. Nós encontramos a mãe dela, Sarah Madia, de 33 anos. Ela é advogada, e o marido, Dennis Barry, está na faculdade estudando educação especial. Os dois dividem as responsabilidades baseando-se, na maioria das vezes, na disponibilidade de cada um. "Ele tem um horário mais flexível", explica Sarah. "Para dizer a verdade, ele faz mais do que minha mãe fazia." Na escola e na loja de brinquedos (onde o vídeo foi filmado), mesmo uma criança de 4 anos de idade pode ver que o mundo não é tão neutro em relação aos gêneros como em sua casa.

Sim, homens e mulheres têm corpos, cérebros e hormônios diferentes que influenciam suas capacidades físicas e suas respostas emocionais. As diferenças de gênero *estão*, de fato, bem documentadas. Mas, assim como o temperamento – a bagagem emocional que carregamos –, nem o destino nem o gênero estão. Como um pesquisador concluiu, as "muitas diferenças observadas na pesquisa em lares não parecem ser biologicamente inevitáveis, mas socialmente impostas."

Em outras palavras, *aprendemos* a divisão de gêneros por causa do que vemos ao nosso redor. Se durante sua infância, sua mãe ou a mãe de seu parceiro cozinhava e limpava, enquanto o pai ficava sentado na frente da televisão, apesar de suas intenções de ter uma família igualitária, você pode involuntariamente assumir papéis semelhantes – eles são o que você conhece. É também uma questão de o que você foi autorizada e encorajada a fazer quando criança. Um de vocês pode ter lavado roupa; o outro tinha alguém para fazer isso. Um de vocês pode ter crescido com irmãos ou ter trabalhado como babá quando adolescente; o outro raramente passava tempo com crianças pequenas. Não surpreende, então, que estejam em pontos diferentes nas curvas de aprendizagem doméstica e de se tornarem pais.

As diferenças de gênero não têm de se traduzir em deficiência de gênero.

O fato é que todo mundo é "diferentemente capaz" em alguns aspectos. O gênero não precisa ser um deles. "Eu não fazia ideia do quão difícil seria depois que nosso filho nasceu", admite um pai, que acredita que "as mulheres são mais conscientes e mais bem preparadas." Precisou de alguns ajustes de sua parte, mas hoje ele consegue trabalhar junto com a esposa na criação do filho. E você se lembra da experiência de Stephen Klein depois que Ellie, seu primogênito, nasceu? Nancy não era "naturalmente" melhor em se sintonizar com o bebê ou colocar comida na mesa. Assim que Stephen se envolveu com aqueles papéis, ele *se tornou* tão bom quanto.

Ao mesmo tempo, nem sempre a guerra das tarefas é sobre diferenças entre homens e mulheres. Se o gênero fosse o único culpado, então *não* haveria parceiros em conflito em famílias chefiadas por dois homens ou duas mulheres. Casais de gays e lésbicas também discutem sobre quem faz o quê e como aquilo é feito, porque os desequilíbrios podem acontecer em *qualquer* relacionamento.

Parceiros do mesmo sexo parecem ter uma vantagem sobre casais de homens e mulheres em um aspecto: eles são livres para *escolher* suas respectivas responsabilidades. Dan Savage, um jornalista gay de Seattle que escreve sobre a dinâmica de sua família, observa: "[Nós] cortamos alguns papéis muito bem definidos em nossa casa, papéis que muito sistematicamente eram paralelos aos femininos/masculinos (...) O que ajuda é que esses são papéis que desempenhamos de boa vontade, não aqueles que nos obrigam ou esperam que desempenhemos por causa do nosso gênero (...) Nós os tomamos emprestados de casais tradicionais (...) principalmente porque eles funcionam para nós."

O fato é que, muitas vezes, os parceiros têm diferentes formas de encarar a vida e de cuidar dos negócios (da família). Os opostos se atraem. Como a história dos Wilkerson ilustra, personalidades, preferências individuais e uma série de outras diferenças levam casais a baterem de frente, e não apenas em razão do gênero. Se os adultos não estão conscientes ou se aceitando, se não estão dispostos a compartilhar estratégias em vez de criticar, suas batalhas se intensificam, se acumulam e se tornam mais difíceis de reverter.

O desafio é dar uma trégua *antes* de chegar a esse ponto, concentrando-se não só no que seu parceiro faz ou deixa de fazer, mas também nas mensagens que você está enviando inadvertidamente a seus filhos.

Envolva as crianças: estabeleça o caminho a ser seguido

Dar às crianças um papel real na condução da família – não apenas trabalho de mentirinha ou para "construir o caráter" – é uma barreira contra as guerras das tarefa. Mas também é um desafio na maioria das casas. Como dissemos no Capítulo 1, quando as mulheres reclamam que os homens não fazem a sua parte, raramente lhes ocorre pedir que seus filhos contribuam.

Em algumas famílias, os pais bem que tentam. Colocam gráficos, oferecem recompensas, mas algumas semanas depois, tudo volta a ser como antes. Eles podem até lamentar: "Sei que deveria me dedicar mais a isso." Mas acabam desistindo de qualquer maneira. E rapidamente as crianças

Direto das trincheiras: estratégias para flexibilidade

Estas dicas são uma mistura das ideias da Encantadora de Bebês e da sabedoria dos membros dos fóruns vinculados aos livros da série. Elas se aplicam às crianças e aos adultos.

Escolha um exemplo importante. Se não quer que seus filhos tenham atribuições de gênero – ou pior, incapacidades de gênero – como uma mãe sabiamente propôs, "escolha um exemplo importante. E então, da próxima vez que precisar usar a furadeira, mulheres, não esperem que o marido faça: peçam que ele lhes mostre como fazer, ou peça ao 'querido marido' que embrulhe os lanches da escola."

Trate adultos e crianças como indivíduos. Espere o melhor de suas habilidades individuais, independentemente de gênero.

Não desista. "Em um dos livros de Tracy afirma-se que é importante deixar as crianças guardarem e organizarem seus brinquedos, mesmo que seja mais rápido e mais fácil você mesma fazê-lo. Tudo bem, homens não são crianças, mas o conceito é o mesmo." E não são apenas os homens. Algumas mulheres se sentem impotentes quando se trata do talão de cheques ou de cortar a grama. Todos deveriam exercitar sua versatilidade.

Como uma família, analise de forma ativa e crítica o que se vê nos meios de comunicação e marketing. Quando passar um tempo a sós com o seu parceiro e/ou filhos, assistindo a um programa em família, lendo um livro, em uma loja de brinquedos ou uma arena esportiva, não aponte apenas os estereótipos. Observe também os bons exemplos: meninas, mães e avós que lideram de forma responsável com força, coragem e inteligência (Hermione Granger na série *Harry Potter*) e caras que não têm medo de mostrar seu lado sensível (o menino que ajuda a alimentar um golfinho no filme *Winter, o golfinho*).

Envolva-se em táticas de guerrilha. "Eu estou sempre mudando o gênero dos personagens nos livros do meu filho, para que tenha mais personagens meninas (como ainda não consegue ler, ele não sabe!). Também procuro livros com personagens femininas, que não sejam apenas princesas e bruxas." Para se conscientizar mais sobre o assunto, sente-se com o seu parceiro e confira alguns materiais sobre igualdade de gênero na internet, como o site do Geena Davis Institute on Gender in Media (www.seejane.org).

Aceite que, algumas vezes, os membros da família agirão conforme seus gêneros, mas não deixe que isso os defina. "Além de não classificar meninos como meninos e meninas como meninas, também precisamos deixar que os meninos sejam meninos e meninas sejam meninas. Se o seu filho é ótimo em coisas que exigem força, em fazer coisas, geralmente sendo (o estereótipo de) um menino, tire o melhor proveito disso, e o apoie. Mas também tente ensiná-lo/expô-lo ao trabalho doméstico, encoraje-o a ser gentil, compreensivo e carinhoso. "Da mesma forma, se sua filha só pensa em princesas e ama tudo em cor-de-rosa, incentive-a a brincar no quintal e a se sujar.

Não aceite desculpas. "Se eu ensinar meu filho a colocar o prato na pia ou a arrumar seus brinquedos, quero que aprenda que é sua responsabilidade e que ele precisa fazê-lo, mesmo que queira fazer outra coisa."

entendem a mensagem de que ajudar é opcional. Os pais também subestimam *o que* seus filhos podem fazer. Um professor da pré-escola consegue fazer vinte crianças de 3 anos recolherem seus brinquedos, mas muitos pais não conseguem reforçar a lição em casa. Eles parecem precisar de uma boa razão para pedir às crianças que tomem a iniciativa.

Por exemplo, Anne e Arnold, que estão na faixa dos 40 anos, são os pais de Oliver, de 5 anos, um mimado filho único que tem pequenos problemas de desenvolvimento. Em uma reunião de pais, a professora de Oliver sugeriu que Anne e Arnold o encorajassem a ser mais independente em casa – vestir-se sozinho e se responsabilizar pela arrumação do seu quarto. O que ela sugere é que esperar menos dele pode impedir o seu crescimento. Os pais sabem que "deveriam se esforçar mais". Anne admite que Oliver é mais calmo e age de forma mais responsável na escola. Mas a ideia de favorecer sua independência em casa é algo que não consegue assimilar. Veja como ela dá a notícia para Oliver: "A professora Stacy disse à mamãe e ao papai que eles não seriam bons pais se não deixarem você se vestir sozinho."

Anne transfere a responsabilidade para a professora. Outros pais praticamente se desculpam quando pedem que as crianças ajudem, explicando a seus filhos que isso é para o seu "futuro". Claro, é verdade. O que você aprende em sua família o ajuda a se tornar um adulto mais competente. Mas será que uma criança de 6 anos realmente se impressiona quando você lhe diz: "Quero que cuide do seu irmãozinho, porque um dia você vai ser pai"? Claro que não. O futuro não é um ponto de barganha crucial para as crianças. E, o mais importante, não é por isso que elas devem ter responsabilidades na família.

A mensagem para as crianças deve ser: você precisa contribuir, porque faz parte desta família.

Em alguns lares, há ainda o "problema da piedade". Muitos pais com quem conversamos "sentem pena" por causa do "fardo" que seus filhos carregam "ainda tão jovens" – lição de casa, aulas, jogos, treinos e outras atividades extracurriculares. Dan, um pai que trabalha em casa e tem um único filho – Adam, de 15 anos, que é aspirante a ator e músico –, disse sobre ele: "O pobre garoto está tão exausto, que tudo o que quer fazer é desmaiar." O que Dan e sua esposa, Roberta, muitas vezes, permitem.

Se você é fã da Encantadora de Bebês, provavelmente já sabe que um dos principais pilares da filosofia é *amar e deixar ir*. Tracy pedia aos novos pais que "estabelecessem o caminho a ser seguido". Em outras palavras, saber que cada escolha que você faz tem consequências. Quando os pais não pensam sobre o ponto ao qual uma determinada prática pode levá-los, correm o risco de exercer "uma paternidade acidental", gerando maus hábitos e, muitas vezes, ensinando uma lição não intencional.

Paternidade acidental

A paternidade acidental começa, muitas vezes, no momento em que o bebê sai do hospital e vai para casa. Durante várias noites, para que seu bebê agitado durma, você o balança no colo. Como odeia quando ele chora, balançá-lo parece ser o caminho mais fácil para acalmá-lo. Na maioria das noites, ele adormece em seus braços. O que você não percebe é que, sem querer, está ensinando-o a associar balanço com sono. Vários meses depois, quando ele já está pesado demais ou você muito cansada, em vez de balançá-lo, você o coloca no berço. Como não sabe dormir de outra forma, ele chora. Você não queria, mas nunca lhe deu a oportunidade de aprender como se autoacalmar e adormecer sozinho. Já fez isso por ele. Em vez de fortalecer o Eu dele, sem querer o fez contar com você para dormir. E todos nós sabemos como *isso* acaba!

Conforme as crianças crescem e a vida familiar se torna mais complexa, a paternidade acidental pode assumir muitas formas, mas, em cada caso, os pais inadvertidamente prejudicam a capacidade das crianças de se tornarem partes interessadas, ao fazer por elas tudo que elas poderiam e deveriam fazer por si mesmas. Os pais de Adam justificam que sua falta de participação se deve às suas muitas atividades – ele não tem tempo para contribuir. Eles "tentam" que ele faça algumas "tarefas", porque "sabemos que é bom para ele". Mas depois de anos não fazendo nada na casa, ele resiste até seus pais desistirem da ideia. Eles acidentalmente lhe ensinaram que ajudar é opcional e que, se ele não quer, farão isso em seu lugar. Eles se convencem de que Adam é "muito responsável" quando se trata de trabalhos escolares e desempenho – todas essas lições e ensaios o estão "preparando" para sua carreira. Mas onde ele vai aprender a ser parte de algo além de "si mesmo"?

A resposta é: em sua família. Os pais que começam sabendo aonde querem chegar fazem escolhas que, pouco a pouco, diminuem a dependência de seus filhos. Eles lhes dão um papel real na condução da família. Certamente não estamos sugerindo que você jogue seu filho na piscina para ensiná-lo a nadar. Você precisa estar lá, para orientar e construir a confiança – mas não para assumir o controle.

Alguns pais têm dificuldade em encontrar esse equilíbrio. Quando Yoli, filha de Nathan, fala sobre seu projeto de ciências do quinto ano que deve ser apresentado na próxima semana, ele se oferece para ajudar. Ele não quer que ela apresente algo que se pareça com o que uma criança de 9 anos faria. É como se o *seu* Eu estivesse em jogo. Ela fica encantada. E por que não? Yoli recebe toda a atenção do pai, e ele faz todo o trabalho.

Na semana seguinte, quando Nathan deixa Yoli na escola com sua obra-prima – isto é, a obra-prima *dele* –, deparam-se com uma mãe cujo filho de 10 anos está levando a construção de papelão que ele fez. "Não é incrível", diz a mãe, olhando diretamente para Nathan, "que Yoli já consiga usar uma serra elétrica?"

Nathan não dá muita bola para isso. Mais tarde, junto com sua esposa, ele ri da situação, tomando aquela mãe como "invejosa" e "insolente". Convencem a si mesmos de que sua filha "deu todas as ideias", "supervisionou do início ao fim" e está "realmente orgulhosa de seu trabalho." E não é só isso que importa? O que eles não param para considerar é que o motivo de orgulho não é trabalho *dela*. Também não se dão conta do que Yoli acidentalmente aprendeu com a experiência: para que algo seja feito, peça a outras pessoas para fazê-lo. Pior ainda, Yoli também pode concluir que é incompetente. Ela sabe que seu projeto foi um trabalho de nível adulto, um padrão que não pode alcançar.

E, o mais importante, Nathan subverteu o objetivo do trabalho, que teria ajudado a filha a crescer. Yoli não aprendeu como fazer um projeto por conta própria, planejá-lo e seguir todos os passos para completá-lo. Não aprendeu que é possível cometer erros nem que as coisas nem sempre são fáceis ou saem perfeitas – a menos que você seja um adulto de 50 anos fazendo um projeto do quinto ano!

Ofereça-lhes opções reais

Outra forma de paternidade acidental é perguntar em vez de dar uma ordem. A justificativa de alguns pais quando dão aos seus filhos infinitas opções é a de ser "democrático" e "respeitoso". Nesses lares, ouve-se a mãe ou o pai perguntando: "Você quer tomar um banho agora, Maisy?" ou "Willy, você não acha que já está na hora de guardar seus brinquedos antes do jantar?" ou "Alice, não seria legal se você cortasse a grama hoje?"

Para Tracy, tudo é uma questão de respeito e de dar às crianças escolhas, como, por exemplo: "Você quer suco de laranja ou de maçã?" Mas não faça uma *pergunta* quando quer *dar uma ordem,* a não ser que não se importe se o seu filho realmente toma banho, arruma seu quarto ou corta a grama.

Caso contrário, você não gostará da resposta que receberá: "Não! Eu não quero!" Você, então, tem de mandar sua filha fazê-lo. Por que perguntar se, na realidade, vai forçá-la a fazer o que você inicialmente queria? Você acidentalmente ensinou-lhe que a contribuição dela não é importante. E, o que é tão prejudicial quanto, se você tomar outro caminho e deixar que *ela* decida se e quando tomar banho, guardar os brinquedos ou cortar a grama, você acidentalmente lhe ensinará que cada privilégio e responsabilidade estão sujeitos a uma negociação.

Os pais que dão uma ordem quando precisam e dão às crianças escolhas *reais* quando podem são o que chamamos de pais que ajudam ou do tipo H.E.L.P – sendo *Hold back* (contenha-se), *Encourage exploration* (incentive a exploração), *Limit* (defina limites), *Praise* (elogie). Eles não passam a mão na cabeça ou assumem o controle, mas incentivam as crianças a explorarem por conta própria. Não tentam limitar a frustração delas ou retirar os obstáculos de seu caminho, uma prática que alguns educadores chamaram "educação limpa-neve". Uma vez que os pais do tipo H.E.L.P. são observadores atentos, estão cientes do que seus filhos podem fazer e lhes dão muitas oportunidades para experimentar.

Usando o H.E.L.P. para melhorar o relacionamento pais/filho

Uma maneira de fortalecer o seu relacionamento com o seu filho é se lembrar das palavras que formam o acrônimo H.E.L.P., retirado do nosso livro *Mais segredos da Encantadora de Bebês – para crianças de 1 a 3 anos*, mas que funciona bem com crianças de qualquer idade:

Holdback: Contenha-se antes de sair correndo. Espere um segundo. Se seu filho está envolvido em um projeto escolar, por exemplo, pare e olhe o que ele está fazendo e fale com ele, antes de abordá-lo com a *sua* proposta.

Encourage: Estimule a exploração. O Eu do seu filho cresce por meio da descoberta. Saiba o que é apropriado para a idade dele e deixe-o se aventurar. Às vezes, você pode assumir a liderança – mostrar-lhe algo que você faz bem ou gostava de fazer quando era criança. Mas não assuma o controle.

Limit: Imponha limites. Você – adulto – sabe quanto açúcar ele pode comer, de quanto sono precisa e o tempo autorizado para poder ficar diante de uma tela. Limite-o emocional e socialmente – diga não às birras ou à forma como ele fala com você, oriente-o sobre como agir com os irmãos e os amigos.

Praise: Elogie sua competência e confiança. Seja sincero. Não diga "bom trabalho" quando não é. Nem tudo merece elogios, e as crianças sabem quando não estamos sendo sinceros. Falsos elogios corroem a confiança. Elogiar o esforço, não o resultado final, ajuda as crianças a apreciar o processo, a tolerar a frustração e a aprender com seus erros.

Saiba o que seus filhos podem fazer

Noelle ficou chocada quando sua irmã mais nova, que veio visitá-la de outra cidade, disse a ela o quanto o pequeno Freddy é um "experiente" jogador de xadrez. Noelle nem fazia ideia de que seu filho *pudesse* jogar xadrez, e muito menos de que aos 8 anos já conhecesse o jogo tão bem para ser "experiente". Também não percebia que ele era capaz de fazer sua própria cama, pregar um botão ou lubrificar sua própria luva de beisebol. Nem suspeitava que ele pudesse usar uma faca, lavar as latas de lixo ou limpar as sujeiras do cachorro. Ela nunca lhe perguntou. Nunca o deixou tentar.

Muitos de nós estamos cegos para o crescimento dos nossos filhos. Nós os vemos crescer, ter conversas profundas, resolver problemas de matemática, aprender a andar de bicicleta, mas não nos damos conta de todas as outras coisas que são capazes de fazer. Às vezes é porque não ficamos sabendo do que aprenderam em outros lugares, como na escola ou na casa de um amigo. Outras é porque nós os congelamos no tempo. E também porque estamos ocupados demais tentando moldá-los, por isso nos concentramos mais nos talentos que *nós* apreciamos. Às vezes é porque não lhes pedimos para tentar coisas além de sua zona de conforto. Na maioria das vezes, trata-se de uma mistura de diversas razões. Em resumo, as capacidades das crianças são por vezes muito maiores do que imaginamos.

Para "preparar" as crianças para participarem, saiba o que elas podem fazer – e deixe que façam. Se possível, comece quando ainda são pequenas. Entre 18 meses e 2 anos, quando literal e figurativamente elas encontram sua voz, têm gostos específicos e começam a ter um sentido de identidade e independência. Use isso – não lute contra. Tanto as crianças de até 3 anos quanto as maiores gostam de ajudar, e suas capacidades são aperfeiçoadas a cada dia.

Se seus filhos são mais velhos, comece agora. Em qualquer idade, se você é consciente e coerente e permite que eles se tornem partes interessadas, eles irão desenvolver habilidades, atitudes e hábitos que lhes serão úteis ao longo da vida. Dar às crianças responsabilidades verdadeiras as transforma em pessoas competentes, confiantes e carinhosas. E, o que é mais importante, elas vão querer fazer parte do Nós.

Não subestime os seus filhos. Ao ler a próxima seção ("De 1 a 10 anos: o que eles podem fazer"), sua primeira reação pode ser: "Jamais pediria ao meu filho para fazer *isso*." Não estamos sugerindo que você faça de seus filhos empregados. Eles não têm de fazer todas as tarefas listadas. Assim como você também não. Dependendo de suas normas e de sua tolerância quanto à desordem, talvez você jogue as meias em uma gaveta sem organizá-las. Não estamos mostrando o que seu filho *deveria* estar fazendo, mas sim o que *poderia* estar fazendo. (Além disso, *você* não tem tempo para fazer tudo.)

No Capítulo 7, introduzimos a ideia de ter papéis na família, em oposição à atribuição de tarefas. Portanto, a nossa lista está dividida em amplas categorias de papéis, como o "bom cidadão" e o "cuidador do animal de estimação". Cada papel naturalmente requer certas habilidades e capacidades físicas.

Ao ler as várias categorias, lembre-se:

- Todos somos capazes de formas diferentes. Algumas crianças são mais responsáveis e competentes do que outras. Isso depende de suas poucas e ainda não aprimoradas habilidades motoras e controle dos impulsos, de sua trajetória, do que lhes foi ensinado e do quanto lhes permitiram praticar.

- A capacidade é algo que se pode desenvolver em diversas faixas etárias; cada criança se desenvolve em seu próprio tempo. Por exemplo, "brincar sem a atenção ou a supervisão de um adulto" geralmente pode acontecer em torno dos 3 anos. Quando as crianças têm irmãos mais velhos, isso pode acontecer mais cedo. Mas por volta dos 5 anos – exceto em casos de grave paternidade acidental por parte de adultos que pensam que o trabalho deles é divertir os filhos o tempo todo –, a maioria das crianças é capaz de brincar de forma independente.
- As habilidades tendem a construir novas habilidades. Se você tiver um filho de 7 anos que tem dificuldade para amarrar os cadarços, talvez precise ajudá-lo antes de sugerir que ele tente pregar seus próprios botões.

Todos os dias, dê pequenos passos que ajudem seus filhos a construir um repertório de habilidades. Encoraje-os a ser independentes. Um dia, quando forem para a faculdade ou atrás de outros sonhos, você vai se orgulhar de eles não serem "bibelôs" ou "filhinhos da mamãe" – termos que alguns funcionários de universidades responsáveis pelas admissões dos alunos às vezes usam para descrever os calouros frágeis que nunca tiveram de cuidar de si mesmos.

De 1 a 10 anos: o que eles podem fazer

Bom cidadão (pratica cortesia e é atencioso para com os outros).

- *Menos de 3 anos:* pode dar boas-vindas e se despedir; dizer "por favor", "obrigado" e "com licença". Compartilhar e administrar suas próprias emoções é complicado nessa idade, mas os pais podem ajudar identificando os sentimentos ("Você está com raiva.") e ignorando manhas e birras.
- *Dos 3 aos 5 anos:* pode fazer desenhos para outra pessoa; ditar mensagens de aniversário, de agradecimento e de melhoras; dividir brinquedos com os amigos; sabe pedir permissão ("Posso ir lá fora?") e informar aos pais

Encontre o ponto ideal: não superestime o seu filho

Ironicamente, os mesmos pais que pensam que seu filho não tem idade suficiente para usar uma faca, muitas vezes, são os que mais exigem quando a criança se interessa por um esporte ou um instrumento. Talvez porque os pais veem a aprendizagem como o "único trabalho da criança", então ela tem de fazer direito. Um dos pais pode ter tocado quando criança ou sempre ter desejado tocar. Ou ele tem um pai que fazia as mesmas exigências em relação a ele. Independentemente da razão, pais que costumam pressionar seus filhos geralmente transmitem mensagens contraditórias ("Você tocou muito bem, mas da próxima vez...") em nome do "ajudar".

Evidentemente, há uma linha tênue entre encorajar e desencorajar, e é importante ser autêntico. Mas quando seu filho estiver aprendendo alguma coisa, é melhor elogiar os progressos ("Você melhorou bastante na guitarra") e todo o esforço ("Praticar os arremessos com certeza valeu a pena"). Especialmente, se você confiou (e pagou) a alguém para treinar ou ensinar seu filho, fale com essa pessoa primeiro. Pergunte se a sua preocupação é justa considerando a idade do seu filho, quanto tempo ele tem de prática e sua habilidade natural. Se seu filho não está indo tão bem quanto deveria, deixe o treinador ou o professor resolver o problema. Deixe o profissional guiá-lo em como você pode ajudar.

suas intenções ("Vou brincar no quarto."); está disposto a dar brinquedos para crianças carentes.

• *Dos 5 aos 7 anos:* tem consciência das próprias responsabilidades e começa a oferecer ajuda em novas áreas (ajudando no computador, oferecendo auxílio ao vizinho); é educado ao telefone, pode fazer e atender ligações com cortesia, dar recados; aos 7 anos, pode escrever cartas simples e de agradecimento, bem como criar cartões de aniversário.

• *Dos 7 aos 10 anos:* até agora, educação, cortesia, partilha e respeito pelos outros são reações padrão; recebe e é atencioso com os convidados; planeja seu próprio aniversário e o vê como uma oportunidade de ser grato e de fazer algo de bom para os outros; cada vez mais útil em relação aos irmãos mais novos (troca as fraldas, ajuda com o banho e a mamadeira, brinca com o irmão quando o adulto está fora do quarto, ajuda com tarefas domésticas simples); ajuda os outros em suas responsabilidades quando solicitado (às vezes até se oferece); é voluntário no bairro ou na comunidade; sabe como se portar em público, sozinho ou com colegas, ou quando passa a noite na casa de um amigo; arruma sua própria mala.

Responsável independente (é responsável por si mesmo).

• *Menos de 3 anos:* pode lidar com escolhas simples (dadas pelos pais) ("Cereal ou panquecas para o café da manhã?") e seguir algumas instruções detalhadas em casa ou no quintal ("Traga aquele balde para o papai" ou "Pegue esse papel-toalha e jogue no lixo").

- *Dos 3 aos 5 anos:* pode brincar por períodos cada vez mais longos sem atenção ou supervisão de adultos; mantém o quarto arrumado (desde que seja lembrado); já lida melhor com a rotina matinal (aos 5 anos já se veste sozinho, arruma seu quarto); assume responsabilidades regulares na casa (veja outras categorias); é capaz de gradualmente tomar decisões complexas sobre escolha de refeições, saídas, tempo com os amigos (aos 3 anos: "Prefere a camiseta vermelha ou a verde?", e próximo dos 5 anos: "Prefere ir ao parquinho ou sair para brincar com o Billy?"); fala ao telefone; sabe os números de telefone e endereços; coloca a roupa suja no cesto.

- *Dos 5 aos 7 anos:* é capaz de despertar ao som de um alarme; escolher as próprias roupas, vestir-se sem ajuda, amarrar os cadarços; arruma a cama diariamente e limpa o próprio quarto; sabe quais roupas usar em cada situação (brincar, ir à escola, um domingo especial); junto com um dos pais, escolhe as próprias roupas e calçados em uma loja; realiza diversas tarefas sem supervisão (lavar as latas de lixo, tirar a poeira dos tapetes, regar as plantas, varrer o quintal); guarda dinheiro (de mesada, presente, recompensa) e decide sobre como gastá-lo; leva para a escola o dinheiro para pagar um evento ou passeio; uso ainda limitado de eletrônicos, mas tem consciência dos perigos; troca o uniforme da escola sem que lhe peçam.

- *Dos 7 aos 10 anos:* responsabiliza-se cada vez mais por si mesmo; mantém compromissos; recebe e responde sozinho sua correspondência/e-mail; sabe tudo sobre internet (os pais sabem a senha e os sites que a criança visitou); levanta-se de manhã e deita-se à noite sozinho; troca os lençóis; prepara o lanche da escola; atravessa a rua sem ajuda e cada vez mais se aventura sozinho; executa pequenas tarefas para os pais, trabalha para os vizinhos e ganha seu próprio dinheiro nos fins de semana e em empregos durante as férias (cortar a grama, ficar de babá de uma criança, cuidar de cachorro/plantas, pintar cercas ou prateleiras e outros pequenos trabalhos) com a ajuda dos pais; é econômico e confiável em relação ao dinheiro (controla, aprende sobre economizar e faz seu próprio planejamento financeiro, incluindo a divisão entre economias, doações, presentes); aos 10 anos, pode ficar sozinho em casa por curtos períodos.

Limpeza pessoal (cuida do próprio corpo e da higiene pessoal).

- *Menos de 3 anos:* lava as mãos antes das refeições; lava seu corpo durante o banho; começa a se despir e a se vestir sozinho.
- *Dos 3 aos 5 anos:* consegue usar o banheiro; escova os dentes; lava e seca as mãos e o rosto; escova o cabelo.
- *Dos 5 aos 7 anos:* pode tomar uma ducha ou banho de banheira sem ajuda; lava o próprio cabelo (mais facilmente no chuveiro); sabe controlar a temperatura, deixar frio ou bem quente; sabe cuidar de pequenos machucados (*band-aids*, gelo, repouso), se necessário. Os meninos devem abaixar o assento do vaso sanitário após o uso.
- *Dos 7 aos 10 anos:* possui conhecimentos básicos de primeiros socorros; sabe quando deve tomar banho; deixa o banheiro em ordem depois de usá-lo.

Roupas/manutenção de equipamentos.

- *Menos de 3 anos:* pode jogar a roupa suja em um cesto.
- *Dos 3 aos 5 anos:* pode separar roupas claras e escuras (com supervisão); ajudar a esvaziar a secadora; separa as meias em pares; dobra itens simples, como panos de prato e calças.
- *Dos 5 aos 7 anos:* aprende a usar a máquina de lavar/secar roupa e medir o sabão em pó; pode dobrar roupas limpas e guardá-las; aos 7 anos, não precisa ser supervisionado na lavanderia; é cuidadoso com equipamentos esportivos e de outros tipos.
- *Dos 7 aos 10 anos:* cuida de sua própria roupa; passa a ferro, quando necessário; dobra itens maiores (lençóis, cobertor); faz costuras simples (botões, remendos, bainhas), usa a máquina de costura e, se estiver interessado, aprende outras habilidades (tecelagem, tricô, macramê); faz a manutenção de seus próprios equipamentos sem que lhe peçam (lubrificar a luva de beisebol, limpar chuteiras).

Atividades relacionadas à alimentação (comprar/cozinhar/preparar refeições).

- *Menos de 3 anos:* "ajuda" entregando alguns itens aos pais ou aos irmãos mais velhos (no mercado ou para guardar as compras, ao chegar em casa); carrega pacotes leves do carro para dentro de casa; executa tarefas simples de cozinha, como misturar, polvilhar, acrescentar ingredientes pré-medidos; limpa o que é derrubado ou derramado durante as refeições.
- *Dos 3 aos 5 anos:* ajuda a planejar refeições e a elaborar a lista de compras, vai junto ao mercado comprar, transporta do carro e guarda os alimentos em prateleiras baixas; põe a mesa; melhora suas habilidades de cozinhar ajudando a preparar as refeições da família (fica no fogão com supervisão, segura um *mixer*); ajuda a preparar parte da própria refeição (passa manteiga em sanduíches, prepara cereal frio, sobremesas simples); ajuda a limpar, coloca itens na geladeira, remove os restos dos pratos e guarda o que não foi consumido; coloca o que está sujo na máquina de lavar louça; lava louça pequena.
- *Dos 5 aos 7 anos:* escreve ou contribui com a lista de compras; no supermercado, encontra os itens da lista (enquanto está no mesmo corredor em que o adulto); transporta itens mais pesados do carro; faz seu próprio sanduíche e serve sua própria bebida ou prepara uma refeição simples para os outros (café da manhã para a família); cada vez mais habilidoso com pequenos aparelhos e com o preparo dos alimentos (faz as próprias torradas, bate os ovos, corta com uma faca sem ponta, assa, descasca legumes, mistura concentrados congelados para fazer sucos); prepara seu próprio lanche da escola.
- *Dos 7 aos 10 anos:* compra mantimentos usando uma lista; compara preços; pode se responsabilizar por projetos mais complexos na cozinha, incluindo o planejamento da refeição e a preparação, assa; corta e fatia utilizando instrumentos cortantes; mede e organiza ingredientes; usa aparelhos domésticos; limpa a bagunça depois; ajuda a degelar e a limpar a geladeira, com supervisão; deixa a grelha ou a churrasqueira pronta para ser usada (aos 10 anos, acende o fogo).

Equipe de manutenção do lar (casa/plantas/jardim/gramado).

- *Menos de 3 anos:* "finge" limpar com utensílios próprios para crianças; coloca livros e revistas em uma estante ou em uma prateleira baixa; ajuda a fazer cama, dando os travesseiros; rega as plantas internas ou externas (água colocada em um copo fácil de manejar); recolhe brinquedos e lixo no quintal.
- *Dos 3 aos 5 anos:* aspira, varre (não perfeitamente, mas bem o suficiente); ajuda a lavar o carro, leva o lixo para fora, tira o pó; precisa de ajuda para arrumar uma cama completamente desfeita; estica as cobertas para que a cama pareça "lisa".
- *Dos 5 aos 7 anos:* usa produtos de limpeza corretamente; já pode limpar a pia/banheira; lustra os móveis; limpa espelhos/vidros; leva o lixo e materiais recicláveis para fora; aprende a finalidade e o uso de ferramentas e começa a contribuir com a manutenção da casa; rega plantas e flores.
- *Dos 7 aos 10 anos:* tem total responsabilidade pelo próprio quarto (arruma a cama, cuida das gavetas, do guarda-roupa, passa aspirador); é mais habilidoso com projetos mais difíceis de limpeza (esfrega o piso da cozinha, janelas, limpa aparelhos); lubrifica e cuida da bicicleta; varre e lava o quintal; lava a lata de lixo; limpa dentro do carro; cuida do jardim, sem supervisão (corta, apara e limpa o gramado, cuida da jardinagem).

Organização.

- *Menor de 3 anos:* pode guardar os brinquedos depois de brincar e classificá-los em categorias (baú para bolas, prateleira para carrinhos).
- *Dos 3 aos 5 anos:* coloca mochila, equipamento, roupas e outros itens pessoais em um determinado lugar; sabe o lugar dos itens da família nos vários cômodos da casa.
- *Dos 5 aos 7 anos:* pendura e guarda roupas nas gavetas, com ajuda; inventa sistemas de coleta, armazenamento e classificação.
- *Dos 7 aos 10 anos:* faz listas do que tem para fazer, mantém uma agenda de compromissos ou de afazeres; faz tarefas e trabalhos de casa sem ser lembrado; lida com grandes "projetos" (reorganiza seu próprio armário,

"desinfeta" brinquedos e dispositivos que não são mais usados, ajuda a mãe a configurar um novo espaço de trabalho, organiza ou limpa a gaveta dos talheres); ajuda a reorganizar a despensa da família.

Cuidados dos animais.

* *Menos de 3 anos:* coloca a ração para os animais de estimação; avisa que a tigela de água está vazia.
* *Dos 3 aos 5 anos:* aos 4 ou 5 anos, assume a alimentação do animal de estimação (com supervisão).
* *Dos 5 aos 7 anos:* alimenta seus próprios animais de estimação e ajuda a limpar suas jaulas, caixas de areia ou espaços onde eles ficam; treina e passeia com o cachorro.
* *Dos 7 aos 10 anos:* dá banho no animal de estimação; limpa a sujeira dele dentro de casa e no quintal; torna-se mais bem informado sobre os hábitos e a saúde do próprio animal de estimação, lendo, indo ao veterinário, etc.

Encare a realidade

Depois de ler a lista de "O que eles podem fazer", seja honesto em relação ao ponto em que você está. A menos que seja sincero consigo mesmo, suas próprias atitudes e sentimentos podem interferir no caminho de seus filhos para que se tornem partes interessadas.

* Subestimo as capacidades do meu filho?
* Estou disposto a arranjar um tempo para ajudá-lo a aprender novas habilidades?
* Existe algo que me impeça de permitir que o meu filho seja tudo o que pode ser? Pais que me ignoraram quando criança? Uma relutância em deixá-lo mais livre por medo que ele cresça rápido demais? A sensação de que não serei uma boa mãe se não fizer algo *para* o meu filho? Outro motivo?

Distribuição de papéis: conduzindo a família juntos

Chegamos então à *distribuição de papéis*, que está no coração do modo como abordamos a guerra das tarefas com foco na família. O conceito é simples: dividir responsabilidades de uma forma que seja justa e interessante.

Comece por descobrir quais papéis são necessários para manter o funcionamento da família. Se a ideia de parte interessada ainda é nova para você, faça uma série de reuniões de família para descobrir que tipos de responsáveis e de pensadores sua casa precisa. Liste vários papéis em um quadro ou em uma folha grande de papel.

Discutir papéis é tão importante quanto os voluntários para eles, porque todos ganham conhecimento e aprendem a pensar sobre o que é necessário para manter a família funcionando.

Permita que os membros escolham que papéis gostariam de desempenhar. Se duas pessoas disputam o mesmo trabalho, sugira que se revezem, ou melhor, que compartilhem o papel. Alex pode ser o assistente do pai na noite da pizza feita em casa. Faça o mesmo com tarefas que ninguém quer fazer. Sugira que irmãos trabalhem juntos na limpeza da gaiola dos *hamsters*. Já com as crianças menores, você pode sugerir ("Mikey, você gostaria de ser quem limpa a mesa essa semana?", "Suzy, que tal ajudar Derek a secar os pratos?"). Seja criativo, especialmente com os menores. "Servir de despertador" pode ser um bom trabalho para uma criança com menos de 3 anos que tem irmãos mais velhos, especialmente se ela costuma acordar cedo sozinha.

Trabalhe no que cada papel exige. "Aquele que faz o jantar", um papel cotidiano, pode ser um trabalho muito intenso. E se você considerar dividir o trabalho? Permita a individualidade em cada papel. Esta semana aquele que faz o jantar pode ter uma abordagem completamente diferente da semana passada por causa de seu gosto e habilidades culinárias. Encoraje-o a pedir ajuda se necessário.

Associe papéis e responsabilidades à capacidade, não ao gênero. Aos 7 anos, uma menina é tão capaz de ser "aquela que leva o lixo para fora" quanto um

Um alerta ao Responsável Principal

Se você e seu parceiro já estão em posições polarizadas e seus filhos fazem pouco ou nada em casa, a distribuição de papéis será um desafio no começo. Talvez você tenha problemas para visualizar outros fazendo o que você normalmente faz. Mas considere o lado negativo: representar o mártir ou sair acusando só vai intensificar sua guerra de tarefas. Em vez disso, tente o seguinte:

Deixe que os membros da família saibam que você precisa deles. Falamos resumidamente sobre esse ponto no Capítulo 3, mas vale a pena repetir. Precisar não só é mais eficaz do que reclamar, como permite que todos saibam que são importantes.

Verbalize seu pedido para que você diga de forma clara o que precisa. Ser necessário faz seu parceiro pensar duas vezes antes de dizer não e se lembrar de que vocês dois estão nessa jornada juntos. Isso motiva as crianças a se tornarem cada vez mais responsáveis e também as faz acreditar que estão contribuindo de fato.

Ouça a si mesmo antes de responder. Vamos supor que você entre na cozinha depois de outra pessoa tê-la limpado. Antes de fazer qualquer comentário em voz alta para o responsável por essa tarefa naquele dia, diga as palavras para si mesmo. Se logo pensou em elogiar a pessoa, faça-o. Mas se está prestes a corrigir ou criticar e explicar como você teria feito isso, pare. Caso contrário, os membros da família vão acabar acreditando que não *conseguem* fazer o trabalho (certamente não tão bem quanto você), e perderão o interesse em tentar.

Não espere que os membros da família leiam seus pensamentos. Lide com o "Eu preciso de sua ajuda" da forma como uma avó fez com seu neto de 6 anos. "Acho que não consigo colocar as capas nas cadeiras antes de chover. Elas também são um pouco pesadas para mim. Você poderia me dar uma mão?". Seu neto não apenas ajudou de boa vontade, como se sentiu realmente orgulhoso de si mesmo quando terminou. Ele soube que era importante.

Seja honesto com os membros da família. As crianças têm um olho clínico para enganações! Elas sabem a diferença entre trabalho de verdade e trabalho de mentirinha. Nunca invente coisas para elas fazerem. Melhor ainda: peça ajuda quando estiver fazendo algo que realmente não consegue (como lidar com alguma tecnologia) ou tem dificuldades em fazer sozinho (levantar peso). A autenticidade também é importante com seu parceiro. Algumas mulheres propositadamente testam seus parceiros, deixando um determinado trabalho por fazer e, então, quando os parceiros não percebem, elas atacam. Esse tipo de tática só irá inspirar mais discussões e, geralmente, mais resistência. Lembre-se de que *ambos* estão infelizes. O melhor a se fazer é se posicionarem do mesmo lado com um objetivo em comum: conduzir a família.

menino da mesma idade. Se você perguntar o que cada um gosta de fazer, poderá se surpreender – Tracy descobriu que o marido gostava de passar roupa. Ela odiava fazer isso e se ofereceu, feliz da vida, para levar o lixo para fora no lugar do marido.

A questão é que cada membro da família merece, e deve, ter a chance de tentar qualquer coisa e assumir papéis que vão contra o padrão. No mínimo, não perpetue os estereótipos. A mãe não é a única que pode amarrar um rabo de cavalo ou cuidar de um machucado no joelho. Sim, as meninas amadurecem mais cedo, mas elas não são melhores do que os rapazes cuidando de crianças e cozinhando, quando ambos têm essa oportunidade. Seu filho pode ser o decorador durante as festas de fim de ano. Sua filha pode ser quem apara as plantas, se é forte e capaz de empunhar as tesouras. Permita que cada um cresça – e seja paciente. Se você (ou outro membro da família) inicialmente se sentir desconfortável ou inadequado para um determinado papel, tente entender o que está prendendo você. Que ideias passam pela sua cabeça? O passado ou a cultura lhe ensinou que você não consegue ou não deve fazê-lo? Fale sobre suas experiências e atitudes em voz alta. Tente algumas das estratégias do quadro mostrado na p. 190 para ser mais flexível. Pratique e aventure-se além de sua zona de conforto – e incentive seus filhos a fazê-lo também.

Discuta a duração. Decida quanto tempo os membros da família permanecem em um determinado papel – um dia, uma semana, um mês? Essa duração não tem de ser a mesma para todos os papéis. Desse modo, alguém pode se apresentar para uma função menos popular se tiver de fazê-la por um curto período. Lembre-se também que "bom" ou "ruim" depende do ponto de vista e pode mudar ao longo do tempo. Um adolescente admitiu que, quando era mais novo, ele adorava ser a "pessoa do lixo", porque toda noite tinha de ir sozinho para fora, e isso o fazia se sentir "realmente mais adulto". Agora ele prefere se revezar como cozinheiro.

Fale sobre frequência. O papel se repete uma vez ou várias vezes por dia, por semana, por mês ou – este próximo é complicado – "quando necessário"? Repor o alpiste, por exemplo, é um papel que surgirá conforme a necessidade. Nesses casos, fale sobre quantas vezes o recipiente normalmente precisa ser preenchido. Aquele que exerceu esse papel antes pode oferecer essa informação ("Quando eu fiz isso..."). Alguém também pode levantar assuntos da temporada. Todas as sugestões são bem-vindas. Os membros da família podem ter ideias diferentes sobre a frequência com que o lava-jato ou o aspirador devem ser usados.

Reconheça que nem sempre há uma maneira certa. Converse sobre isso; ouça as sugestões. Você pode ter uma programação diferente, mas não necessariamente a melhor. Se não concordar, experimente essa outra por uma semana, avalie e revise-a na próxima semana.

Mantenha o controle de quem é responsável pelo quê. Pode ser uma lista ou um quadro – algo que seja fácil de todos verem. Uma família que conhecemos usa uma cesta para o que deve ser feito em vez de um quadro na parede. Eles fazem uma lista e escrevem cada função em diferentes cartões. A pessoa que está fazendo um determinado trabalho naquele dia ou semana pega o cartão e o devolve depois de realizá-lo. Qualquer que seja o sistema imaginado, certifique-se de que todos entenderam. Com as crianças pequenas, substitua palavras por imagens.

Ensaie novos papéis. A vida – de forma geral, não apenas na família – é uma série contínua de desafios e riscos, tanto para as crianças quanto para os adultos. Em nosso livro para crianças de 1 a 3 anos, introduzimos o conceito de preparação de "ensaios para mudança" para ajudá-los a se acostumarem com as novas situações e a desenvolverem novas habilidades. A estratégia também funciona para toda a família.

Marnie, por exemplo, permitiu que Cary, seu filho adolescente, ensaiasse viver por conta própria. Ele queria fazer um estágio de verão em outra cidade entre o penúltimo e último ano do ensino médio, e ela precisava de uma amostra de como ele poderia lidar com isso. Então, ela e o marido saíram para comemorar o aniversário dela em uma pousada a duas horas de distância, e deixaram a casa sob a responsabilidade do filho.

"Alguns amigos achavam que eu estava louca. Mas ele tem 18 anos. Eu lhe disse que muita coisa estava em jogo." Cary se saiu bem; ele conseguiu cuidar de si mesmo e preparar sua refeição, e a casa não ficou uma bagunça. "Ele comentou como foi 'trabalho duro' ficar por sua própria conta!", recorda-se Marnie. O ensaio deu a ele uma prévia do que é viver sem os pais e a ela, paz de espírito para deixar que o fizesse.

Um ensaio para a mudança é como estar na água rasa – um contexto menos intimidante e mais gerenciável – que oferece um tempo para se acostumar antes de mergulhar fundo. Comece com uma versão mais fácil do trabalho – uma lixeira mais vazia diante da pessoa responsável pelo lixo. Não dê uma palestra; converse sobre o que aconteceria "se". E se os sacos rasgassem ao serem retirados? O que fazer para que isso não aconteça? Como limpar? Como há revezamento nas tarefas, você também pode envolver seu parceiro ou um irmão na conversa. Obtenha também a opinião deles. Aos poucos, à medida que seus filhos ganharem confiança, terão disposição para assumir desafios mais difíceis, se você lhes deixar tentar.

Os princípios do ensaio também se aplicam aos adultos. Assumir um novo papel quase sempre requer paciência e prática. A única diferença é que os parceiros (esperamos) já sabem o que a administração de uma casa envolve. As crianças precisam de demonstrações. Comece quando elas são jovens, conversando e mostrando-lhes o que você faz e por quê ("Estou colocando dois sacos, pois tenho medo que vaze").

Se o trabalho doméstico parece um tema estranho ou desagradável de ser incluído nas brincadeiras cotidianas com seus filhos, será que é mesmo tão diferente do que ensinar-lhes algum esporte – jogos, regras, técnicas? Conhecer o jogo torna seu filho mais capaz de participar e de praticar. Alguns meses depois, assistindo a um jogo na televisão, sua filha diz: "Foi uma grande partida", e ela sabe o porquê. Por que não deveriam aprender também o que faz uma casa funcionar?

Seja paciente; não pressione nem tente supervisionar o tempo todo. Esteja lá para ajudar e encorajá-los a perguntar, mas uma vez que os papéis forem atribuídos, deixe o barco andar e afaste-se. Ensine, mas não o faça de forma exagerada nem tome as rédeas. Isso não é uma escola. É uma família, um grupo de crianças e adultos que se ajudam e aprendem uns com os outros. Interfira apenas se for solicitado ou se for uma emergência. Diga "obrigado" com frequência.

Cada membro da família é um trabalhador independente capaz de decidir quando e como fazer o trabalho – e se quer receber ajuda.

Posteriormente, o responsável por aquela tarefa tem de refletir sobre a experiência e avaliar seu próprio trabalho. Foi difícil? Está satisfeito? Faria algo diferente na próxima vez? Não importa se é com seu filho ou seu parceiro, se você já tem uma boa experiência e o outro está se aventurando em um papel mais ou menos familiar, você não é o chefe. Um ensaio para a mudança não é uma lição de como *você* faz as coisas. Por exemplo, você sai para um fim de semana com os seus colegas de faculdade, deixando seu parceiro "de plantão". Forneça instruções *apenas se for solicitado*. Você pode oferecer apoio: "Existe alguma coisa que posso fazer para ajudá-lo a se preparar para o fim de semana?" Mas não deixe orientações ou listas a menos que seu parceiro lhe peça isso. Quando voltar e as coisas não estiverem do seu jeito, antes de sair criticando, pergunte a si mesmo: "Será que isso está realmente ruim ou simplesmente não da maneira como eu teria feito?"

Se algo der errado, solucionem os problemas juntos. Digamos que, essa semana, a pessoa encarregada pelo lixo arrastou o saco para o meio-fio e deixou um incômodo rastro líquido. Não conclua imediatamente que ela estava sendo negligente ou preguiçosa. Em vez disso, pergunte a si mesmo (e a ela): eu expliquei essa parte? Ela já tinha prática suficiente? E se o saco estivesse muito pesado? Ou o trabalho devesse ser dividido com um irmão mais velho, mais forte? Não cite os erros do passado ("Isso foi exatamente o que aconteceu na última semana, quando você não prestou atenção ao que estava fazendo"). A pessoa ficará ansiosa em relação ao seu desempenho e terá menos vontade de tentar algo novo, por medo de decepcionar novamente.

Também resista à tentação de falar o que *você* faria nessa situação; eles já sabem. Seu filho a observou toda a sua vida. Ele vê como você limpa o frasco antes de colocá-lo de volta na geladeira. Ouve suas conversas e o que você diz sobre si mesmo ("Não acredito que não consegui aquela promoção", "Realmente não me importo em ganhar, só estou curtindo o jogo", "Não quero cometer um erro"). Acredite, ele também sabe o que você faria quando se trata de trabalhos domésticos!

Aprenda com o outro. Daniel Rose, de 35 anos, natural de Chicago, é agora um dos *chefs* mais famosos de Paris. Degustar uma refeição no *Spring*, seu atual restaurante, impressiona em todos os aspectos – apresentação meticulosa, sabores soberbos e um ambiente incrivelmente aconchegante e agradável. Daniel, que acaba de ser pai, divide seu tempo entre a casa e o restaurante, e coloca a mão na massa nos dois lugares. Em casa, ele exerce a criação conjunta do filho, junto com sua esposa; no *Spring*, é alguém com quem se pode contar, interagindo com a equipe e os clientes. Mas o mais inusitado é a humildade desse *chef*. "Tenho a sorte de ter uma equipe de qualidade, e quando me dizem que podem fazer algo melhor, deixo que façam."

Vamos aplicar essa lição às nossas famílias. *Deixe que façam.* Estamos todos familiarizados com "momentos de aprendizado", em que você transmite um pouco de sabedoria ou de bom senso. Mas as relações familiares caminham em ambos os sentidos – você tem um impacto sobre os outros membros da família, e eles têm um efeito sobre você. Portanto, o importante é estar aberto às ideias dos outros. Caso contrário, você só faz aconselhar, instruir e corrigir e acaba perdendo aqueles mágicos "momentos de aprendizado", quando a outra pessoa lhe mostra uma maneira melhor ou uma perspectiva diferente. Mesmo que não ache que a maneira deles é a melhor, ouça. Experimente. *Deixe que façam.*

Em um blog para o Huffington Post, a escritora Beverly Willet descreve um desses momentos de aprendizado: "Anos atrás, quando minha filha mais nova estava no ensino fundamental, muitas vezes me peguei pedindo-lhe que acompanhasse meu passo enquanto caminhávamos toda manhã até a escola. 'Você está andando rápido demais, por isso pareço tão lenta', ela me disse um dia. 'Não se preocupe, chegaremos lá', acrescentou, sorrindo."

Momentos de aprendizado o enriquecem e ampliam sua visão do mundo. Eles permitem que seus filhos saibam que são importantes. Diminua a velocidade e espere um pouco quando seu filho ou seu parceiro fizer uma sugestão, em vez de sempre se antecipar com suas próprias ideias ou programações. Como Willet nos lembra: "Sabemos o que acontece na vida se não respeitamos as pausas necessárias. Um bebê que ainda não está pronto para andar, cai. A pré-adolescente que ainda precisa da orientação de sua mãe torna-se mãe ela mesma. Colocamos o carro na frente dos bois."

Nos momentos de aprendizado, os benefícios também são para os dois lados. Aqueles com os quais você aprende têm a sensação de ser ouvidos e respeitados. Esteja aberto a eles. Você pode se surpreender de como se sente bem depois e de como, na próxima vez, *eles* estarão dispostos a contribuir.

Dê uma pausa. Em algumas famílias, as ordens são dadas e espera-se que todos as cumpram. Bart se lembra com orgulho que: "Em minha família não era permitido ficar cansado. Minha mãe costumava dizer: 'Mãos desocupadas são as ferramentas de Satanás.' Nunca nos permitiram relaxar. Isso me deu um sentimento de orgulho em fazer um trabalho bem feito."

Sua esposa, Laura, que veio de uma família mais liberal, gostaria de amenizar a atitude dele. "Ele se parece com um sargento da marinha! Sinto pena das crianças e me preocupo em como isso irá afetá-las. Algumas vezes, escondido, eu os livro das tarefas, mesmo que tenha de fazê-las no lugar deles, porque de tempos em tempos é preciso ter um momento de descanso."

Tente se fixar em algum lugar entre Bart e Laura. Deixe que todos saibam que a participação deles é desejada pelo bem da família, mas aceite que, às vezes, alguém pode estar muito cansado, chateado, ocupado ou mesmo doente para contribuir. Mas não pode ser sempre a mesma pessoa ou um segredo escondido dos outros membros da família ("Não diga a ninguém que fiz isso por você").

Divirta-se com responsabilidade. Quando você procura maneiras de quebrar a monotonia da rotina, adultos e crianças são menos propensos a encontrar escapatórias. Dê a todos um dia de folga – uma vez por semana, por mês, como funcionar para a sua família. Faça uma pausa inesperada ("Hoje ninguém precisa fazer nada") e transforme isso em um tempo para a família – sair para caminhar, tomar um sorvete, ver um filme juntos.

Seja criativo e até mesmo um pouco louco. Ellen Lefcourt, mãe de quatro filhos, criou uma "noite porquinha" que acontecia regularmente e na qual ninguém podia usar talheres ou outros utensílios. Ela também surgiu com um jogo de fazer de conta chamado "Finjam que a mamãe não consegue se mexer", o que colocava as crianças no comando. Em vez de ficarem espantadas – afinal ela realmente não tinha nenhuma limitação física –, as crianças engajavam-se totalmente e se sentiam orgulhosas de si mesmas por serem capazes de assumir o controle da situação. No entanto, a abordagem de Ellen não é para todo mundo, mas se você tiver problemas em dar aos membros da família alguma folga, faça uma tentativa. Imagine o pior: uma doença debilitante, incapacitação total. Assim, dar a eles um dia de folga não parece tão radical.

O que acontece quando as coisas *não* são feitas?

Seja sincero: enquanto lê sobre a distribuição dos papéis, essa pergunta não passou pela sua cabeça? Especialmente se você é o Responsável Principal e a ideia de parte interessada é nova para sua família, provavelmente terá momentos em que você terá certeza de que isso não é possível. Conduzir uma família e administrar uma casa é complexo e os desafios são infindáveis. Alguns dias, por mais que você tente, irá encontrar resistência (incluindo a sua própria). Um Eu vai querer algo que o outro não está disposto a dar. Os membros da família vão discutir sobre os papéis que ninguém quer desempenhar. Mas pelo menos você estará ciente do que está acontecendo e, portanto, mais disposto a atravessar essas dificuldades, porque projetou uma família "boa o suficiente" para apoiar o crescimento de todos. Essas ideias para a solução de problemas vão ajudar.

Pergunte a si mesmo se está realmente deixando que façam. Mesmo que não se veja como o Responsável Principal, você está intervindo para ganhar tempo ou porque não tem paciência para observar um membro da família aprendendo como lidar com um determinado papel ou porque você o faz melhor? (Nesse último caso, releia o quadro "Um alerta ao Responsável Principal", p. 243.) Os outros membros da família estão atrapalhando? Por exemplo, um irmão zomba da maneira como o outro realiza um trabalho? Será que o homem da casa, ainda que não demonstre, não fica indignado quando o filho varre, porque esse é supostamente um papel de mulher?

Você precisa ajustar a rotina? O seu parceiro ou o filho tem tempo para contribuir? Se os membros da família passam muito tempo longe de casa ou estão envolvidos em atividades que consomem muito tempo, talvez algumas atividades precisem ser avaliadas ou cortadas.

Precisamos fazer pelos membros de nossa família aquilo que (idealmente) fazemos por nós mesmos com o objetivo de enfrentar o dia com um mínimo de estresse: analisar, planejar, executar e, se necessário, rever. Sente-se com seu parceiro ou filho e, mentalmente, passeie pelo seu dia. Especialmente com uma criança, isso ajuda a listar as responsabilidades. A gestão do tempo pode ser o problema; nesse caso, você pode se oferecer para ajudá-lo a se organizar, mas não assuma o papel de "aquele que sempre tem que lembrar os outros".

Cada um de nós tem uma determinada tolerância para as diversas atividades – alguns precisam de mais descanso do que outros. Fale sobre até onde cada um de vocês pode ir. Além disso, as circunstâncias e a capacidade de responsabilidade dos membros da família (especialmente das crianças) mudam ao longo do tempo e, por isso, é bom revisar essa questão regularmente.

Não leve para o lado pessoal. Mantenha a mente aberta e tente não exagerar. Respire e reconheça que uma tarefa não realizada ou feita de outra forma é apenas isso. Não é pessoal. Todos nós esquecemos e negligenciamos nossas responsabilidades às vezes.

Então, se o gato está miando e você percebe que a tigela dele está vazia, em vez de ficar com raiva, você pode dizer: "Megan, parece que Kitty está com fome. Vi que essa semana você é responsável por alimentá-lo." Quando conversar com ela, descubra calmamente o que está acontecendo. Talvez o responsável por alimentar o gato precise de um pouco de treinamento. Pergunte: "Você sabe onde fica a comida dele, não?" ou "Não está conseguindo abrir a lata?" Ajudar quando necessário não significa fazer isso no lugar dela.

Uma hora mais tarde, se o gato ainda não foi alimentado, dirija-se até Megan e lembre-a de seu papel e o que essa responsabilidade acarreta. "Estou com muita pena do Kitty. Ele parece bem faminto. Ele depende de você, porque essa semana você é a responsável por sua alimentação." Isso não é manipulação; você está apontando que, para manter o animal de estimação da família saudável e feliz, ele precisa ser alimentado todos os dias, independentemente se Megan está ocupada ou cansada ou simplesmente sem vontade de fazê-lo.

Não espere conversões da noite para o dia. Os membros da família muitas vezes querem algo diferente do que você quer – isso faz parte da vida familiar. Nem sempre você tem de concordar. Seu parceiro ou filho nem sempre precisam gostar daquilo que eles às vezes têm de fazer para a preservação da família. E ajuda muito se *você* também admitir o que não gosta de fazer!

Se têm oportunidade, as crianças – não importa se dizem sim ou não – gostam de jogar pelas mesmas regras que os adultos. Isso as faz se sentir adultos. Com o tempo, e vivendo em um ambiente onde é normal contribuir, a maioria das crianças (e dos parceiros) consegue. E quando todos são partes interessadas, isso não apenas faz a família funcionar melhor, como também os deixa mais bem preparados para enfrentar mudanças – o tema de nosso próximo capítulo.

Seus pontos fracos

Até que ponto sua guerra de tarefas avançou? As questões a seguir foram planejadas para ajudá-lo a perceber se suas próprias atitudes e crenças estão atrapalhando o caminho de todos os que estão se tornando partes interessadas.

- Você e seu parceiro estão sincronizados – bem ajustados – o tempo todo ou talvez a maioria das vezes? Se não, você assume a sua parte de responsabilidade ou só reclama e culpa os outros? Se você sente necessidade de estar no comando ou se faz o suficiente, dê uma segunda olhada em suas respostas em "Por que faço a maior parte" (ver p. 57) ou "Por que não faço ainda mais" (ver p. 57). Em seguida, aplique o mantra DVSM (ver p. 107) para conseguir "se desligar".
- Você reavalia regularmente e, se necessário, ajusta sua rotina? Isso concilia as necessidades de Eus e Nós?
- Você acredita que as crianças devem ter um papel real na condução da família?

Anotações sobre guerra das tarefas

CAPÍTULO NOVE

Espere a mudança

Acione o seu cérebro racional

Aprenda com o ontem, viva o hoje, espere pelo
amanhã. O importante é não parar de
questionar.

— Albert Einstein

Arlene Borden, 44 anos de idade, cientista da computação que subiu na hierarquia de uma grande empresa de tecnologia, finalmente atingiu seu sonho de carreira: um trabalho como executiva de uma *startup* bem financiada. A única desvantagem: o escritório fica muito longe de sua casa. Além disso, seus colegas de trabalho, a maioria deles homens solteiros, não se importa de trabalhar até meia-noite. Apesar de ela não trabalhar até tão tarde como alguns, ela nunca passou tanto tempo longe de sua família. Harold, seu parceiro, é compreensivo quanto à mudança. Ele sabe que Arlene adora seu trabalho e merece a nova posição e o salário, que os ajudará a pagar algumas contas atrasadas. Ele encerra o dia em sua imobiliária mais cedo que o normal, trabalha em casa quando pode e, geralmente, janta antes de Arlene chegar. Como parceiros, eles estão sincronizados; como pais, são carinhosos e compreensivos.

Entretanto, Maya, 11 anos, e Carter, 8 anos, sentem a ausência da mãe. Eles discutem mais e brigam por seus pertences. A casa está mais barulhenta que o normal. Quando a professora de Carter envia um recado dizendo que ele parece estar "distraído" durante as aulas, a família Borden percebe que, embora estejam "se adaptando" às novas circunstâncias, toda a família precisa se adequar à mudança.

Toda família faz parte de um ecossistema no qual os Três Fatores convergem – os indivíduos, o relacionamento entre eles e o seu contexto. Adversidades no ecossistema familiar sempre exigem atenção. A família Borden já passou por outras transições e momentos difíceis e tirou lições disso em cada uma das vezes. Recentemente, por exemplo, fizeram uma reforma em casa e conseguiram lidar com isso quase sem aborrecimentos. Sabendo que a construção atrapalharia a rotina da família, eles se programaram para comer fora com mais frequência e fizeram outros ajustes simples, como providenciar um frigobar na garagem com lanches para as crianças.

Mas essa adversidade foi apenas uma inconveniência, possível de se enfrentar com algum planejamento e soluções criativas. É mais difícil lidar com a mudança quando uma má notícia surge aparentemente do nada, como aconteceu quando o pai de Harold faleceu, um homem que nunca tinha ficado doente na vida. A notícia pegou todos de surpresa, causando uma depressão em Harold e trazendo muita tristeza à família.

A melhor coisa que os Borden poderiam fazer nesse caso era reagir de forma a suprir as necessidades de cada Eu, reconhecendo como o Nós havia mudado. Todos precisaram de um tempo para se curar, principalmente Harold. Eles fizeram questão de fazer algo para que o vovô Borden não fosse esquecido. No dia de Ação de Graças, compartilharam lembranças do vovô e falaram sobre o que ele tinha ensinado e dado a cada um. Maya sugeriu que contar histórias sobre o vovô e outras pessoas que amavam se tornasse uma "nova tradição do Dia de Ação de Graças".

As famílias não podem controlar o que acontece com elas; elas podem apenas fazer escolhas e prestar atenção ao que acontecerá depois. Poucos meses após o falecimento do vovô, Arlene começou em seu novo trabalho, e Carter trouxe para casa um recado de sua professora. Novamente, a família precisou lidar com a mudança. Se há algo que eles aprenderam no ano que passou é que sempre que algum membro da família está com algum problema, isso se reflete em todos eles.

Depois de conversarem com a professora de Carter e pensarem juntos, Harold e Arlene fizeram uma reunião emergencial. Eles reconheceram que aquele era um momento difícil para toda a família – primeiro a reforma, depois o falecimento repentino do vovô Borden e, agora, a mudança de emprego da mamãe. Conversar sobre isso abertamente deixa as crianças um pouco mais confortáveis, porque elas sentem como se seus pais estivessem cuidando das coisas. Arlene e Harold também disseram a eles que Dirk, uma vizinha adolescente que eles conhecem há anos, virá à casa deles todas as tardes para ficar com eles e ajudá-los.

Mas isso não é tudo; ainda há alguns ajustes a se fazer, não importa o quanto essa família tenha pensado sobre esses assuntos. Leva tempo para se adaptar a uma mudança, e costuma ser difícil. Até mesmo mudanças positivas mexem com o ecossistema familiar, e é por isso que a escala de estresse de Holmes-Rahe, que é muito usada, também inclui eventos que comemoramos, como casamento, gravidez e a chegada de um novo membro à família.

Para a família Borden, a situação está, a princípio, um pouco instável. Levará alguns meses para os adultos e as crianças se acostumarem com o "novo normal". Mas pelo menos todos veem que isso é uma transição que a família precisará enfrentar. Eles entendem o que precisa ser feito – eles precisam proteger os Eus e preservar o Nós – e fazem isso juntos.

A anatomia da mudança

Se existe uma certeza na vida, é a mudança. Em relação às famílias, nada permanece igual por muito tempo – nem os indivíduos, nem o relacionamento entre eles, nem as circunstâncias. Como você verá a seguir, existem pelo menos 50 situações que podem afetar o equilíbrio do ecossistema familiar. (É provável que você possa adicionar outras, com base na experiência de sua própria família.) Com frequência, nos chocamos com os Eus uns dos outros e temos que lidar com as situações que os membros da família trazem para casa.

Nem sempre a mudança na família chega com um aviso. Algumas mudanças passam despercebidas, mal são notadas. Elas vão acontecendo devagar, sem que notemos – uma criança muda de escola e, um ano depois, se torna retraída. Algumas mudanças dão sinais de que estão para acontecer, o que pelo menos nos dá a oportunidade de entender o que faremos em seguida. E algumas, como o falecimento do vovô Borden, ocorrem sem avisar e requerem uma adaptação maior.

Mesmo quando vemos uma bola de demolição vindo em nossa direção, não há como saber de que forma ela atingirá cada indivíduo. Por exemplo, é fato que, em determinado momento, seu filho irá se tornar adolescente ou que você e seus pais envelhecerão, mas você não tem ideia de como serão essas passagens de desenvolvimento ou que mudanças trarão (para você e para eles) até que elas de fato aconteçam. Até em transições para as quais você se preparou alegremente, como uma mudança ou um novo bebê, é impossível saber de antemão o que acontecerá. E não é só porque você nunca passou por isso antes, mas também porque cada pessoa vive a vida à sua própria maneira. Cada nova situação ou desafio exige algo diferente de nós. A maneira como seremos afetados depende de quem somos e de como todos à nossa volta lidam com a mudança.

Nem sempre é possível saber se o impacto ou o resultado de qualquer mudança será bom ou ruim, pequeno ou grande, ou se será a gota d'água, algo que, após uma série de pequenas mudanças, poderá afetar perigosamente o equilíbrio da família.

Não podemos impedir a mudança. Não podemos evitá-la. Podemos apenas enfrentá-la.

Por que é tão difícil lidar com a mudança? É uma perspectiva assustadora enfrentar situações que estão além do nosso controle. Não temos ideia de como esse desafio desconhecido irá nos afetar e afetar nosso futuro. Portanto, ficamos ansiosos.

Quando estamos assustados, ativamos o nosso cérebro reptiliano, a parte mais antiga do cérebro, que age automaticamente quando sente uma ameaça e nos diz se deveríamos lutar ou fugir. Essa sensação de vulnerabilidade é transmitida a nosso parceiro e a nossos filhos, as pessoas mais próximas de nós. Por fim, o cérebro reptiliano de todos entra em ação, e a família toda sofre os efeitos, sente medo da mudança e torna-se agitada demais para lidar com tudo isso.

A mudança em si não é ruim. É apenas uma mudança. O que importa é como a enfrentamos.

O segredo para lidar com a mudança é, em primeiro lugar, admitir que ela está acontecendo e perceber que seu cérebro reptiliano quer assumir o controle. Reaja a isso acionando seu "cérebro racional".

O cérebro racional em ação

Seu cérebro racional é aquele a que nos referimos anteriormente como seu "melhor lado" ou seu "lado superior". Essa parte é responsável pelo que o psicólogo Daniel Kahneman chama de "pensar devagar" – observar, analisar e solucionar o problema. Ao contrário do cérebro reptiliano, o cérebro racional leva tudo em consideração. Ele não apenas reage.

50 situações que podem afetar o equilíbrio do ecossistema familiar

O que pode desequilibrar o ecossistema? A seguir você encontrará uma lista de situações cotidianas e acontecimentos estressantes que forçam os membros de uma família a se adaptar, mesmo que de maneira sutil. A lista não está em uma ordem específica e de modo algum inclui todas as situações possíveis.

1. Um novo vizinho se muda para a casa ao lado.
2. A escola muda o horário de saída para meia hora mais cedo.
3. Alguém começa uma dieta.
4. Um dos parceiros herda dinheiro.
5. Um filho sai de casa.
6. Um novo membro entra para a família – um bebê, um novo parceiro, um enteado.
7. Um filho não entende sua lição de casa.
8. Alguém é diagnosticado com [autismo, dislexia, diabetes, depressão, câncer ou outra condição que traz mudanças à vida].
9. Alguém tem um problema emocional ou financeiro.
10. Alguém aprende a fazer algo novo.
11. Os pais decidem se separar.
12. Um pai e um filho discutem [sobre lição de casa, hábitos alimentares, tempo de tela, amigos, roupas, horário de voltar para casa].
13. Alguém (tomara que não sejam as meninas mais novas) engravida.
14. Irmãos discutem sobre as coisas que compartilham.
15. A família se muda para uma nova vizinhança.
16. Alguma coisa nova é acrescentada à casa (escritório, escrivaninha, videogame, brinquedo, equipamentos de ginástica).
17. Um dos pais é demitido.
18. A família planeja suas férias.
19. Alguém começa a praticar um novo esporte ou hobby.
20. Uma nova babá é contratada.
21. Um declínio no mercado de ações afeta as economias da família.
22. Um filho muda de escola.
23. O(a) professor(a) favorito(a) sai da escola no meio do ano.
24. Um dos pais muda de emprego (ou carreira) ou assume mais responsabilidade no emprego atual.
25. Um filho se mete em uma briga.
26. Alguém se torna vegetariano.
27. Alguém começa a ficar mais tempo longe da família.
28. Um dos filhos ou um dos adultos longe de casa sente saudade.
29. Alguém começa a seguir um novo programa de exercícios.
30. Alguém para de/começa a fumar ou beber.
31. Um membro da família falece.
32. A vizinhança estabelece um novo toque de recolher.
33. Alguém faz uma nova amizade.
34. Um filho repete de ano.
35. Um dos adultos se aposenta.
36. Um dos pais volta a ter contato com um(a) amigo(a) que não via há muito tempo.
37. A casa da família é reformada.
38. Um dos filhos tenta entrar para um time na escola.
39. Um dos pais procura um novo emprego.
40. Um avô ou outro parente próximo adoece ou descobre um problema de saúde.
41. A babá é demitida ou não quer mais o emprego.
42. Um dos pais é transferido para outra cidade/país.
43. A família passa a frequentar um novo templo religioso.
44. Alguém recebe um prêmio.
45. Começa o período de férias.
46. Os pais são divorciados e um deles se muda para um novo local.
47. A família pede um empréstimo.
48. Falece um amigo próximo.
49. Chega o período de volta às aulas.
50. A família adquire um novo animal de estimação.

Darlene Fournier se recusou a deixar seu cérebro reptiliano assumir o controle quando foi diagnosticada com câncer de mama. Em uma lista de mudanças potencialmente ruins, um sério problema de saúde está entre as mais significativas. Ela muda o foco para o indivíduo e traz uma perspectiva assustadora para todos. Não há nada a se fazer a não ser acionar o cérebro racional.

Naturalmente, o cérebro reptiliano de Darlene entrou em ação assim que ela ouviu a grave notícia. Os médicos estavam "esperançosos" – ela era relativamente jovem –, mas em sua perspectiva, o que via eram meses de tratamento debilitante. Como escritora da área médica, ela já sabia que uma doença crônica afeta toda a família. Quem cuida do enfermo também pode acabar ficando doente; as crianças normalmente passam a ter problemas de comportamento ou dificuldade na escola. No pior dos cenários, o "cônjuge saudável", estressado e cansado por ter de oferecer tanta dedicação, fica irritado e vai embora.

"As minhas três tias do lado paterno tiveram câncer de mama, e a doença foi a causa da morte de uma delas. Mas apesar de eu ter ficado muito preocupada comigo mesma, o que mais me preocupava era como isso afetaria Harry e meus filhos", recorda-se Darlene.

Ao pensar nos outros e perceber que precisava resolver o problema em vez de entrar em pânico, notamos que Darlene estava acionando seu cérebro racional. Assim, ela conseguiu se perguntar qual era a melhor forma de enfrentar o problema em família.

O cérebro racional também sabe quando precisa de ajuda e, por isso, Darlene conversou primeiramente com o outro adulto da casa, seu marido, Harry. Juntos, eles discutiram como dariam a notícia às crianças, Patrick e Christine, que tinham 10 e 14 anos de idade na época. Assim que os pais criaram um plano de ação inicial, eles então deram a notícia às crianças, não para oprimi-las ou para pedir sua aprovação, mas para mostrar a elas que a situação, apesar de assustadora, estava sob controle. A ideia era transmitir a informação, ver a reação das crianças e ajudá-las a processar a notícia de forma que acionassem a parte racional de *seus* cérebros. Haveria muitas discussões como essa nos meses seguintes.

Darlene e Harry também fizeram uma lista de parentes e amigos para entrar em contato e manter informados. Eles passaram muito tempo pensando sobre as contingências: quem ficaria com as crianças nas noites em que Darlene tivesse de ficar no hospital com Harry ao seu lado? De que tipo de ajuda eles precisariam para acomodar a condição pós-cirúrgica de Darlene? O cérebro racional os ajudou a criar um plano prático, e seus parentes e bons amigos possibilitaram que ele fosse colocado em ação. Uma pessoa se ofereceu para passar a noite quando fosse necessário. Outra pessoa se prontificou a cuidar da varanda à frente da casa para que Darlene tivesse um lugar agradável onde se recuperar. Várias outras pessoas se propuseram a pagar uma faxineira, um massagista, um professor de ioga e outros terapeutas corporais que a ajudaram a passar pela quimioterapia e radioterapia.

Antes de Darlene e Harry conversarem de fato com as crianças, eles já tinham grande parte do plano definido e tinham ensaiado o que iam dizer: "Uma das coisas que mais gosto em Harry é que ele é um homem excepcionalmente sensível. Mas ele não é bom em esconder seus sentimentos, então pedi a ele para não fazer uma 'cara triste' quando fôssemos dar a notícia às crianças." Assim, eles tiveram um reunião de família: "Dissemos às crianças que eu estava com câncer de mama, que eu estava cuidando da doença, e que o tratamento poderia me fazer sentir muito mal, mas que eu superaria tudo isso. *Nós* superaríamos tudo isso. E não, não era contagioso."

O fato de o casal ter sido R.E.A.L. – conscientes e cautelosos ao dar a notícia às crianças, analisando-a pela perspectiva delas, falando sobre câncer com a honestidade apropriada para a idade e abordando a questão trazendo à conversa o melhor de cada um – fez diferença para toda a família.

Mesmo quando estava enfrentando uma mastectomia, uma experiência extremamente dolorosa e debilitante, Darlene encontrou maneiras de criar momentos positivos de conexão em vez de permitir que sua família fosse infectada pela negatividade. Harry a acompanhava nas consultas com o médico e no tratamento; em casa, deram um ao outro o espaço de que precisavam. Embora ambos trabalhassem em casa e normalmente dividissem as responsabilidades domésticas, Harry assumiu algumas funções de Darlene.

Darlene tinha "encontros" pós-cirúrgicos com cada filho, assistindo às reprises de *Dr. Who* com Patrick e colocando em dia as duas primeiras temporadas de *Downton Abbey* com Christine. "Nós em geral usamos a hora da TV para ter momentos juntos e ficar abraçados. Eu sabia que não conseguiria fazer muita coisa com eles depois da cirurgia, então foi perfeito."

Seja pelo fato de ter recebido todo o amor e suporte ou por ter optado por não fazer a cirurgia reconstrutiva (uma opção que reduz bastante o tempo de cura), Darlene tem tido uma recuperação surpreendentemente boa. Duas semanas depois da cirurgia, ela compareceu a uma partida de tênis de Christine, e também assistiu ao primeiro debate em que Patrick participou. No momento em que estou escrevendo este livro, ela ainda está na metade do tratamento, mas seu prognóstico é bom – e o da família também. Seus dois filhos estão devidamente preocupados com a mãe e ajudam mais que o normal, mas ainda têm tempo para seus amigos e suas várias atividades. "Eu queria incluí-los nesse processo e ouvir suas ideias, mas não queria que a vida deles mudasse – e, felizmente, não mudou", disse Darlene.

Uma razão pela qual os Fournier conseguiram lidar com o câncer da mãe sem causar muitos transtornos à família foi que Darlene conseguiu acionar seu cérebro racional, em vez de permitir que seu cérebro reptiliano assumisse o controle.

Qual cérebro está no comando?

Pelo fato de ser antigo, o cérebro reptiliano, com seu repertório limitado – raiva (luta) ou ausência (fuga) –, pode piorar ainda mais uma situação difícil, ao passo que o cérebro racional enxerga o que é preciso para tomar a atitude adequada. Quando o cérebro racional é acionado, todos ficam mais cautelosos, atentos e menos impulsivos.

Resumindo, o cérebro reptiliano reage e o cérebro racional pondera. Dependendo de qual cérebro está no controle, novas situações ou desafios poderão ser vistos como uma razão para entrar em pânico ou como uma oportunidade de crescimento. Pode ser difícil, no calor do momento, fazer

Como controlar seu cérebro

Seu cérebro reptiliano provavelmente está no comando se a negatividade prevalece, assumindo qualquer uma das formas a seguir:	Ao acionar o seu cérebro racional, você pode combater a negatividade com as seguintes atitudes:
acusações/interrupções	escuta sem julgamento
mesquinhez e emoções reprimidas	generosidade
más intenções	bondade
segredos e alianças que excluem	franqueza
mentiras, ocultações, negação	autenticidade
rancor	perdão
discussões	habilidades para resolver conflitos
rompimento de laços	abordagem amável
isolamento, afastamento, impedimento	participação solícita
distração	estar presente
lapsos morais (roubar, oprimir, ser parcial)	boas ações que refletem seu lado superior
doença física ou mental, uma criança com problemas na escola	todas acima, e ter um estilo de vida saudável que alimente a mente, o corpo e a alma

um esforço consciente para acionar o cérebro racional. Entretanto, com a prática, você conseguirá pelo menos definir qual cérebro está no comando.

Quanto mais você e os outros membros de sua família exercitarem o cérebro racional, mais forte vocês serão. Você terá mais facilidade para compreender (pela ótica dos Três Fatores) o contexto geral e controlar – ou ao menos reduzir – sua negatividade. Seu cérebro racional permite que você escolha uma abordagem melhor que a do cérebro reptiliano.

Com a prática, autocontrole e consciência se tornam mais fáceis.

O restante deste capítulo foi escrito para ajudar você e sua família a acionar o cérebro racional. Quando pedimos para você "observar de cima" sua família imaginária no Capítulo 6, foi como um incentivo para acionar seu cérebro racional, que fornece uma perspectiva diferente e mais imparcial. Permite que você observe se o Eu/Nós está equilibrado e, se não estiver, ajuda-o a descobrir o que está acontecendo. O ideal é que você consiga enxergar a situação a partir de outra perspectiva antes que a negatividade se estabeleça.

A mudança pela ótica dos Três Fatores

A mudança invariavelmente envolve uma combinação dos Três Fatores, cada um afetando o outro, mas começa com um deles. Algo acontece a uma das pessoas. Uma menina que entra na puberdade de repente acha que está engordando e começa a fazer dieta. Um dos pais fica doente. Um adolescente faz uma tatuagem. Ou talvez um dos relacionamentos esteja sofrendo mudanças. Os irmãos se tornam mais distantes porque um deles entrou para o ensino médio e tem um novo melhor amigo. Um dos parceiros arrasta o outro para a terapia. A mudança também pode ser forçada pelo terceiro fator, o contexto. Quando a economia americana afundou, quase levou junto com ela a família Hightower (p. 48).

Não importa quem ou o que inicia a mudança, seu curso é sempre imprevisível, uma combinação complexa dos Três Fatores. Por exemplo, Bethany, de 7 anos, cuja família você conhecerá melhor no Capítulo 10, sofre de uma perda auditiva profunda, mais de 50%, em ambos os ouvidos. Ela é muitas vezes hostilizada por colegas insensíveis, um problema para ela como indivíduo. O modo como Bethany irá lidar com o *bullying* dependerá de seus pais, Ruby e George D'Angelo, do fato de eles formarem uma equipe unida e do tipo de família que criaram. A reação de Bethany vai depender também de seu relacionamento com os pais e com sua irmã, Sheri, que é dois anos mais nova. Seu contexto também é importante: a forma como a escola de Bethany lida com insultos e agressões e se os administradores e professores discutem e toleram diferenças. Isso pode tornar o problema mais fácil ou mais difícil para Bethany e sua família.

O grande ponto positivo de um ecossistema familiar em perfeito funcionamento é que, não importa o problema pelo qual um dos indivíduos esteja passando, o resto da família pode ajudar a administrar a mudança antes que o problema fique ainda maior, desde que todos se sintam como partes interessadas. "Falo para as meninas que elas são membros oficiais da família e que têm a obrigação de desempenhar seu papel", diz Ruby. "Esta família funciona melhor quando todos fazem a sua parte."

Como Bethany confia em sua mãe – um sinal claro de que uma família está funcionando bem –, ela imediatamente perguntou a Ruby o que deveria fazer. "Disse a ela para ignorar a menina que a estava insultando em vez de revidar. Se isso não funcionasse, ela poderia dizer à menina que se a tocasse novamente, falaria com o diretor." Bethany entendeu a lição e, quando mais tarde teve um problema com um dos garotos de sua sala, escreveu uma carta ao diretor da escola apresentando sua queixa. "Isso faz parte de sua personalidade – resolver o problema por conta própria. E Sheri aprende com a irmã: ela fica bem desde que Bethany esteja bem."

O quadro da página seguinte apresenta alguns dos problemas mais comuns que provocam mudanças em uma família. Apresentamos esses problemas como uma forma de ver como a mudança acontece, e não porque esperamos que você analise as razões. Até mesmo especialistas admitem que é difícil separar os vários elementos que podem causar desequilíbrio na vida familiar.

As perguntas para o diário da família vão ajudar seu cérebro racional a ver quais mudanças podem estar acontecendo em seu ecossistema no momento atual. Além disso, preste atenção no que você e outras pessoas dizem sobre a sua família. Comentários espontâneos, especialmente de bons amigos, como "Você está diferente", ou "Mickey caiu várias vezes no sono durante a tarde em minha casa" ou "Parece que a lua de mel acabou", somados aos comentários de professores, instrutores e colegas, devem incentivá-lo a analisar mais profundamente se sua família está ou não passando por mudanças.

A mudança é sempre um assunto de família

Leia "A mudança pela ótica dos Três Fatores" na p. 266. Depois, pergunte a si mesmo:

- O que está acontecendo com cada membro da minha família? Uma ou mais pessoas estão enfrentando alguma situação difícil?
- Qual é o estado dos vários relacionamentos? (Não se esqueça de considerar relacionamentos com pessoas fora de casa.)
- O que mais está acontecendo com a minha família como resultado de forças externas?
- Já passamos por isso antes? (Se sim, é hora de tomar uma atitude.)

A mudança pela ótica dos Três Fatores

Qual é a origem da mudança?	Indivíduos (adultos ou crianças)	Relacionamentos (parceiros, pai-filho, irmãos, parentes)	Contexto (a família por si só ou qualquer cenário ao qual a família pertença)
As possibilidades (O que pode estar acontecendo?)	Um salto de desenvolvimento; novos amigos, novo emprego ou outro desafio intelectual; novo interesse; enfermidade física ou mental; decepção, desilusão ou sensação de fracasso.	Aumento da distância e afastamento; sensação de traição; infidelidade; uniões prejudiciais – um par ou trio exclui ou se une contra outro membro; os pais favorecem ou elegem um preferido; um falecimento; estresse com os parentes, uma disputa familiar declarada.	Mudanças na estrutura familiar (um novo filho, um divórcio); problemas na escola, no ambiente de trabalho ou na vizinhança que afetam a vida cotidiana; circunstâncias além do controle da família (más notícias, uma crise, problemas na economia ou desastre natural) estressam o sistema e afetam os recursos e a segurança familiar.
Primeiros sinais (O que está sendo dito?)	"Ele não está em seu estado normal." "Ela está diferente."	"Estamos/estão passando por um momento difícil." "Parece que estamos/ estão afastados." "A lua de mel acabou."	"O clima está tenso." "Não conseguimos sair dessa situação." "Parece que tudo mudou."
Se ignorada (O que você poderá ver?)	Irritabilidade; hostilidade, raiva ou agressão aos outros; mudança dos hábitos alimentares e do sono; mudanças frequentes de humor; baixo desempenho no trabalho ou na escola; mentiras; sentimentos feridos; afastamento; infelicidade; depressão.	Dificuldade em se entender; uma ou ambas as partes brigam ou culpam o outro; o ressentimento não passa; as discussões pioram e acabam por afastar os envolvidos cada vez mais.	A família fica tensa; os membros da família raramente se divertem ou riem juntos; os problemas oprimem; dificuldades para tomar decisões; incapacidade de pensar em outras opções e possibilidades.

Um equilíbrio delicado

A mudança não gera conflitos, desde que o cérebro racional esteja no comando, lembrando-o de dizer a verdade a si mesmo.

Ao primeiro sinal de mudança, aplique o mantra DVSM (dizer a verdade a si mesmo).

Olhe ao seu redor. Reconheça o que está acontecendo.

Diga a verdade a si mesmo. Pense como a mudança vai impactar os Eus e o Nós. Os Eus estão conseguindo atender às suas necessidades? A família, como uma unidade, tem noção de que estamos todos juntos e que faremos o que for necessário para superar isso?

Siga em frente. Tome uma atitude; faça boas escolhas. Algumas mudanças vão abalar o ecossistema por um tempo. Por exemplo, na casa dos Fournier, o Eu de Darlene ficou em foco assim que ela foi diagnosticada com câncer. Contudo, mesmo quando alguém está com uma enfermidade séria e, por um tempo, necessariamente recebe mais atenção e outros recursos da família, é importante que se mantenha o equilíbrio para que não haja uma dedicação descomedida.

Normalmente é difícil saber quando chegará a mudança, sobretudo aquelas que acontecem dentro de *você*. Saiba que, independentemente do que estiver acontecendo – uma mudança de emprego, um sentimento de descontentamento –, pode levar um tempo até você ter coragem de compartilhar o que está pensando. Seu cérebro reptiliano pode adotar um comportamento retraído ou explosivo, levando todos a imaginar o que está acontecendo. Em certo momento, quando começar a ficar difícil conviver com a guerra dentro de você ou quando alguém com quem você se relaciona ou o contexto forçá-lo a tomar uma atitude, você se deparará com um momento *Opa!*, um momento de definição. Você finalmente terá que dizer a verdade a si mesmo e *fazer* alguma coisa.

"Eu tinha a incômoda sensação de estar no lugar errado fazendo a coisa errada", diz Lanie Allen sobre seu emprego de meio período. Trabalhar em uma escola particular em que os membros da equipe pagam uma mensalidade escolar reduzida para seus filhos pareceu-lhe interessante quando seus quatro filhos começaram a estudar. Mas anos depois, quando eles cresceram e Lanie passou a ter mais interesse em tentar uma carreira de escritora, o trabalho não *a* satisfazia mais. "Apesar de adorar meus alunos e o desafio de envolvê-los durante a aula, sentia minha vida passar e sinceramente tinha medo de não cumprir meu verdadeiro destino. Mas

Desequilíbrios comuns do Eu/Nós

Quando o equilíbrio Eu/Nós está abalado, uma família pode enfrentar um destes padrões destrutivos:

O Nós subjuga o Eu. O reconhecimento individual é raro, e os membros da família não são aceitos pelo que são. Quando tem de haver mudanças, o Nós faz as coisas de determinada maneira, e é um problema seu se não se adaptar.

Um Eu suga todos os recursos do Nós. A família investe todos seus recursos em um membro considerado talentoso ou sobre alguém que tenha necessidades maiores ou especiais. Os adultos se sacrificam, e as crianças acabam tendo de fazer o mesmo.

A única coisa que importa são os Eus das crianças. Um desequilíbrio entre gerações; as necessidades das crianças ofuscam as necessidades dos adultos. O "tempo em família" serve apenas para brincar ou cuidar das crianças. O próprio relacionamento dos pais sofre; os irmãos brigam.

Os Eus dos pais ofuscam os Eus dos filhos. Comum no passado, quando se focava menos nos filhos. Variações disso ainda podem ser vistas em famílias em que ambos os pais trabalham ou em famílias abastadas que contratam profissionais para cuidar dos filhos e da casa. Além disso, após um divórcio, alguns pais ficam aéreos, e os Eus dos filhos não recebem a atenção necessária.

meus filhos estavam muito felizes e recebendo uma educação de alto nível."

Lanie ficou nesse dilema por quase dois anos. "Passei por alguns períodos de pequenas crises ao longo desses anos, em que entrava em pânico e me sentia aprisionada." A escola então lhe ofereceu uma posição de período integral e ela foi obrigada a considerar as alternativas.

"Não aceitar o emprego significava deixar de ter uma renda estável, e eu teria de transferir meus filhos para uma escola pública. Estava preocupada que eles pudessem sentir medo e perdessem seus amigos", explica Lanie. "Permanecer no emprego significava continuar me sentindo presa e afastada do que eu sentia que era minha verdadeira vocação – escrever e dar palestras. Eu tinha que superar a culpa de achar que estava sendo egoísta. Mas eu também odiava a ideia de ter de dizer aos meus filhos que a vida deles iria mudar."

Quando finalmente compartilhou seu inferno particular, primeiro com Bill e depois com as crianças, Lanie descobriu que o *medo* de enfrentar a mudança é, muitas vezes, pior do que o que acontece quando você toma uma atitude. "Eu achava que eles iriam chorar e implorar para ficar naquela escola particular, mas nada disso aconteceu", recorda-se ela. "Meu segundo filho me disse: 'Achei que você fosse dizer que alguém tinha morrido'." Para Lanie, a experiência foi um momento de aprendizado: "Eu não sabia que tinha muito mais medo da mudança do que eles."

Obviamente, há momentos em que a mudança não é bem-vinda e, para complicar a questão, parece todos os Eus precisam de alguma coisa. O ponto é: quem consegue o que quer primeiro, especialmente quando não é possível satisfazer a todos? Frequentemente, famílias precisam lidar com vários problemas e precisam fazer uma espécie de triagem para ajudá-las a decidir qual problema enfrentar primeiro. Colocando em prática o mantra DVSM, decida se é hora de tomar uma atitude ou de deixar acontecer. O problema pode ser:

- *Urgente:* uma crise que tem de ser resolvida imediatamente.
- *Uma situação que precisa ser cortada pela raiz:* um problema pequeno que, se não for resolvido imediatamente, pode se tornar muito mais sério.
- *Importante:* um problema que figura no topo da lista; deve estar em sua agenda para a próxima reunião de família.
- *Contínuo:* um problema que não é novo, mas preocupante ou irritante; deve ser considerado.

Cuidado: seu cérebro reptiliano pode considerar qualquer situação nova ou não familiar – e portanto assustadora – como urgente, o que pode prejudicar sua capacidade de dizer a verdade a si mesmo.

Você se lembra que Greg Perlman reclamou da atitude "rude e mimada" de Sadie depois que ela assistiu ao seriado *As visões da Raven* e outros

Como verificar se há equilíbrio

Pense em uma mudança que sua família tenha enfrentado recentemente. Pergunte-se como sua família lidou com isso:

- Nós reconhecemos que estávamos passando por uma mudança? Alguém teve dificuldades? Nós levamos em conta cada Eu ao lidar com a mudança?
- Qual é o estado dos nossos vários relacionamentos desde a mudança? Os relacionamentos com pessoas fora de casa foram afetados?
- O que mais está acontecendo na família como resultado de situações externas? Ainda estamos unidos como uma equipe? A atmosfera está mais negativa do que antes?
- Está faltando algum recurso desde a mudança? Estamos sofrendo com a falta de tempo ou dinheiro? A atenção dos adultos está desviada? A família tem parentes ou amigos na vizinhança com quem podem contar? Existe algum outro problema sugando a energia do nosso ecossistema?

programas de TV voltados para pré-adolescentes? Essa história não se tratava apenas dos perigos dos programas de TV que retratam adolescentes atrevidos e pais desinformados. A nova atitude de Sadie disparou um alarme na cabeça de Greg. Como muitos pais de filhas pré-adolescentes, Greg entrou em pânico, o que acionou seu cérebro reptiliano ("Oh, não, estou perdendo minha menininha; agora, é fato, ela vai começar a se envolver com meninos e eu sei o que *eles* querem"). Ele está pronto para lutar.

Felizmente, Greg é um pai muito consciente. Ele acabará acionando seu cérebro racional e perceberá que sua "menininha" é pré-adolescente e que ela está enfrentando algumas mudanças em sua mente e corpo que ela não necessariamente entende (e talvez ele não esteja preparado para aceitar isso). Greg tem que colocar esse comportamento em perspectiva. Quando Sadie assiste TV – uma janela para a cultura –, ela recebe algumas ideias. *Oh, é assim que uma criança "descolada" fala e age.* Como seu Eu está procurando maneiras de lidar com as mudanças que estão acontecendo dentro dela – mudanças, sem dúvidas, que ela também vê em seus colegas –, ela "experimenta" uma nova atitude, muito mais atrevida.

Em vez de tentar impedir a mudança e brigar com Sadie por estar reafirmando seu Eu, Greg precisa ver seu atrevimento como um sinal. Ela está crescendo. *Está* ficando mais madura – o que é bom quanto à lição de casa e outras responsabilidades – e também está declarando sua independência. Se ele permitir que seu cérebro reptiliano domine, isso não vai interromper a chegada à adolescência de Sadie, mas afetará seu relacionamento com ela. Na pior das hipóteses, Sadie se sentirá magoada e incompreendida e pode vir a ter problemas de verdade.

Mas se Greg conseguir acionar seu cérebro racional, em vez de brigar com a filha pré-adolescente, ele perguntará a si mesmo: "O que posso fazer para que Sadie se sinta segura, manter nosso relacionamento e, ao mesmo tempo, lhe dar gradualmente mais espaço para experimentar coisas novas? Como posso cuidar de seu Eu sem deixar que ele subjugue a família?" Ao dizer a verdade a si mesmo, tendo reações comedidas e fazendo escolhas sensatas que levem em consideração o crescimento de Sadie, Greg corrigirá o desequilíbrio antes que se torne crônico.

Ao primeiro sinal de desequilíbrio em sua família, faça o que for necessário: tenha reuniões de família com mais frequência, ajuste a rotina e dedique um tempo adicional para lidar com tudo. A meta sempre é acertar o equilíbrio. Isso não significa que a mudança não ocorrerá ou que será mais fácil. Apenas significa que sua família se adaptou com sucesso – até que surja o próximo sinal de mudança.

O perigo da negatividade descontrolada

Em um livro anterior, advertimos quanto às "emoções descontroladas", um ciclo crescente de sentimentos que as crianças são incapazes de interromper. Nas famílias, um fenômeno similar, a "negatividade descontrolada" – raiva, medo, vergonha, culpa, tristeza, desrespeito, constrangimento e repulsa – pode se espalhar como um vírus incontrolável e altamente contagioso.

A negatividade é uma força poderosa e potencialmente destrutiva. Pequenos incidentes de desrespeito, fofocas, discussões, sentimentos feridos, palavras maldosas e outras interações negativas infectam toda a família. O mal é mais forte do que o bem, concluem muitos estudos. Emoções negativas também ficam conosco por mais tempo. Elas fluem dos maridos para as mulheres com mais frequência do que o oposto e, não surpreendentemente, dos pais para os filhos. Bebês e crianças de mães deprimidas ficam abalados com a tristeza da mãe. Em lares acometidos pelo alcoolismo ou em que um dos pais frequenta ambientes onde se consome álcool, as crianças sentem os efeitos disso e estes podem afetá-las até a idade adulta. Mesmo em lares menos conflituosos, em que os pais brigam de vez em quando, as crianças sofrem as consequências. Elas normalmente continuam fragilizadas mesmo depois de os adultos terem se reconciliado.

É claro que as emoções fazem parte da vida. Poucos casais com filhos podem afirmar que nunca discutem na frente das crianças, apesar de sua sensibilidade ou boas intenções, mas, ao entender o perigo, você pode pelo menos amenizar os efeitos. Você pode ser autêntico – reconhecer que isso acontece. Você pode dizer: "Desculpe-me" ou "Eu errei". E, como Corbyn e Larry Hightower fazem, vocês podem se reconciliar na frente das crian-

Para refletir: Positivo 3, Negativo 1 = Uma vida melhor

Para estudar os efeitos das emoções sobre a felicidade em geral, uma equipe de psicólogos deu a alguns indivíduos uma lista com 20 sentimentos positivos e negativos. A surpresa não foi incluída, porque pode ser negativa ou positiva. Os participantes tinham que indicar em uma escala de zero ("nem um pouco") a 4 ("extremamente") quais emoções tinham sentido nas últimas 24 horas. Aqueles que apresentaram uma relação de pelo menos três experiências emocionais positivas para uma experiência negativa eram mais propensos a "prosperar" – ser o melhor que podiam ser.

diversão	raiva
temor	desprezo
compaixão	repugnância
contentamento	constrangimento
gratidão	medo
esperança	culpa
interesse	tristeza
alegria	vergonha
amor	
orgulho	
desejo sexual	

Fonte: "Positive Affect and the Complex Dynamics of Human Flourishing", de B. L. Fredrickson e M. F. Losada, *American Psychologist*, outubro de 2005.

ças, para que elas testemunhem tanto a briga quanto a resolução.

Sentimentos negativos servem para um propósito, especialmente o medo, que ajudava nossos ancestrais a saber quando tinham que correr do perigo. O nojo os impedia de comer carne podre. Mas a negatividade em excesso limita nossas opções. Você não aproveita a vida nem se sente bem quando está sempre no modo "lutar ou fugir" – sempre na defensiva ou preparado para o pior.

As emoções positivas, ao contrário, nos tornam mais receptivos. Elas possibilitam que sejamos flexíveis, vejamos mais opções e sejamos mais criativos, intuitivos e atenciosos. Elas fortalecem a mente e o corpo, nos tornando mais resilientes e felizes. Não é de se estranhar que quando os pesquisadores analisam a vida cotidiana de indivíduos que prosperam, as emoções positivas superam as negativas na proporção de três para um.

Assim, embora seja importante honrar todas as nossas emoções, não podemos permitir que a negatividade infecte o ecossistema, porque ela muda tudo e trabalha contra a habilidade da sua família de suportar e se adaptar à mudança.

Uma rápida análise da negatividade

Alguma mudança ou alguma coisa está acontecendo com sua família que possa estar afetando a proporção de positividade e negatividade? Responda levando em conta toda a sua família. Copie em seu diário a lista de emoções (positivas e negativas) do quadro da página anterior, deixando um espaço entre as palavras.

Reserve de 8 a 12 horas para registrar as emoções positivas e negativas que permeiam sua casa. A cada hora, veja o que acontece ao seu redor. Qual é o humor dominante? Faça uma marca ao lado do(s) sentimento(s) que melhor descreve(m) o tom emocional de sua família nesse momento. Algumas famílias expressam emoções negativas ou positivas com mais frequência e intensidade que outras.

- Como sua família se compara com a família em que você cresceu? Os membros têm receio ou não se sentem estimulados a expressar os seus sentimentos?
- As emoções positivas superam as negativas na proporção 3:1? Em caso de resposta afirmativa, você provavelmente não tem um problema de negatividade descontrolada. Caso contrário, prossiga com a leitura; há algumas coisas que você pode fazer.

Soluções para o pote sujo de molho: como minimizar o drama

Problemas familiares normalmente passam uma sensação de "já passei por isso, já tentei aquilo". Essa é uma boa notícia, conforme a famosa frase do filósofo George Santayana: "Aqueles que não aprendem com a história estão condenados a repeti-la." Assim, da próxima vez que você vivenciar ou testemunhar uma interação negativa, reflita e aprenda com isso. Como você lidou com circunstâncias similares no passado? O que funcionou e o que não funcionou? Não seria mais inteligente não cometer o mesmo erro?

Por exemplo, ao pegar o pote de molho para salada na geladeira, sua mão fica melecada. Você corre para a pia, irritado e pronto para reclamar: "Será que ninguém nessa casa limpa o pote antes de guardar?". Você está furioso, mas provavelmente não é por causa do pote sujo. Tem a ver com suas necessidades – e você leva isso para o lado pessoal. *Eles fazem de propósito. Querem me provocar. Ninguém se importa comigo. Como podem deixar isso assim?* Nesse momento, você está vivenciando uma situação delicada que faz todos parecerem mais traiçoeiros, porque sua empresa está demitindo funcionários e você imagina que pode ser o próximo. Antes de começar a gritar e acusar, acione seu cérebro racional para ajudá-lo a parar e pensar.

Sim, seu parceiro provavelmente poderia ter limpado o pote, caso tivesse pensado nisso. Mas não pensou. A mãe dele devolvia o molho à geladeira e não prestava atenção na sujeira que se acumulava no pote. Portanto, isso não é importante para ele. Isso nem sequer passou por sua cabeça. Seu filho de 9 anos de idade também poderia ter limpado. Ele estava com um amigo em casa. Provavelmente ele também não se importa muito com isso – até que se case e sua parceira tenha que lidar com esse tipo de problema.

Há inúmeros problemas como esse na vida familiar, momentos de raiva em potencial que você pode relevar ao se lembrar que não significam nada, a não ser que *você* lhes dê um significado. Limpar o pote faz você se sentir uma pessoa eficiente para a manutenção da casa. Mas para o restante da família, um pote melecado de molho é apenas um pote sujo. Quando o pegam na geladeira, eles nem pensam por que está assim. Simplesmente limpam as mãos. Você, por outro lado, fica enlouquecido.

Ou não. Em vez de esbravejar, você pode acionar seu cérebro racional. Quando a família estiver reunida, fale calmamente sobre o problema do pote sujo. Deixe claro que isso o incomoda, explique por que ("Foi assim que minha mãe me ensinou" ou "Odeio quando minhas mãos ficam melecadas"). E peça ajuda. Se seus filhos forem pequenos, leia para eles a história de *A Galinha Carijó*, em que ninguém ajuda a galinha a assar o pão, mas todos estão ansiosos para comê-lo. Seja realista também. Eles nunca prestarão tanta atenção nisso como você. Mas pelo menos você evitou um momento potencialmente negativo.

É difícil controlar a negatividade. Dominados por nosso cérebro reptiliano, dizemos e fazemos coisas que nunca poderemos *desdizer* ou *desfazer*. Digamos que seu parceiro seja rude, ou que seu filho responda de maneira mal-educada. Mesmo que você esteja com raiva, respire fundo e tente acionar seu cérebro racional. Isso não desculpa o comportamento deles, mas suavizará sua raiva. Você pode dizer algo mais ou menos nesta linha: "Pôxa, você deve estar realmente irritado para falar comigo assim, mas não mereço ser seu saco de pancada. Não tenho que ficar aqui ouvindo isso, é ofensivo, e não quero dizer algo de que *vá* me arrepender depois. Então, vou para o quarto. Quando você se acalmar, podemos resolver esse problema juntos."

Sempre pergunte a si mesmo: o que é melhor para o relacionamento neste momento?

Quando seu cérebro reptiliano entrar em ação e *você* estiver prestes a colocar tudo para fora, pense antes de falar. Ao julgar, criticar, insultar ou repreender, você afasta a outra pessoa e envenena o ar entre vocês.

Uma coisa é expressar o que está sentindo – nesse caso, comece sua frase com "eu", por exemplo, "Eu estou preocupado com meu cansaço". Assim você mostra que está pronto para admitir que se sente vulnerável e pedir ajuda. Outra coisa é acusar ("Você nunca me ajuda!") ou agir como se o seu Eu fosse mais esperto e tivesse mais conhecimento ("Deixe isso comigo – eu faço; você nunca vai conseguir"). E não são apenas as palavras que você usa. Gestos sutis, olhares furtivos, revirar os olhos, tom de voz, limpar a garganta, pausar em momentos específicos e a forma como você se comporta durante uma conversa transmitem uma mensagem à outra pessoa.

Se você ou qualquer outro membro da família estiver de mau humor ou tiver uma crise de estresse por causa de um novo problema na vida familiar, preste atenção – tanto em você quanto nos outros membros. Observe o que se passa em sua mente e o que acontece em seu corpo. Se sua pulsação acelera e você

O que você *realmente* está dizendo

Eu avisei/Já imaginava que isso fosse acontecer.
Sou mais esperto que você.

Você fez isso de novo/Lá vai você de novo.
Não foi a primeira vez – e estou contando.

Estou certo/ Você está errado.
Desta vez eu ganhei.

É culpa sua.
Não fiz nada para merecer isso – é tudo responsabilidade sua.

Não quero criticar, mas...
Você faz isso errado ou malfeito.
Posso fazer melhor.

Já pedi milhares de vezes.
Você está fugindo das suas responsabilidades.

Não vou escutar isso.
Você está dando a mesma velha desculpa.
Você está mentindo.

Você me deixa louco.
Você não faz/fala o que eu quero.

Você é muito/Você nunca/Você sempre...
Acho você uma pessoa superficial e cheia de defeitos.

Não tenho por que me desculpar.
Você é mau/está errado.

Vou embora daqui.
Não estou disposto a fazer o necessário para sustentar essa relação.

começa a sentir que preferia estar em qualquer outro lugar ou gostaria de calar a boca de alguém, seu cérebro reptiliano provavelmente está em ação. Ouça o que você está prestes a falar antes de falar. Observe seu comportamento. Como você se sentiria no lugar da outra pessoa? Se a resposta for "não muito bem", feche sua boca e faça algo gentil. Esforce-se; lembre-se de que sua meta é melhorar o relacionamento. Se você sabe que não vai conseguir ser cordial no momento, afaste-se e faça uma RPP (rápida pausa pessoal). Você será um parceiro e uma mãe ou pai melhor se fizer isso.

Um de vocês – quando houver uma criança envolvida, sempre tem de ser o adulto – precisa começar a falar com o outro de uma forma mais cuidadosa, compassiva e respeitosa.

Em uma família R.E.A.L., os membros pedem desculpas rápida e sinceramente e se reconciliam quando necessário. A negatividade não tem que se transformar em algo mais sério ou se tornar crônica. Ainda que você não saiba exatamente o que se passa na cabeça e no coração dos outros membros da família, eles são as pessoas que você conhece melhor. Vocês já passaram por isso antes. Você pode deduzir corretamente *se* disser a verdade a si mesmo. E não há problema nenhum em perguntar à outra pessoa caso o cérebro reptiliano dela não tenha assumido completamente o controle.

Diante de uma mudança, os membros da família podem vivenciar uma variedade de emoções desagradáveis.

- Tristeza ("Não acredito que acabou o verão.").
- Decepção ("Por que o centro comunitário parou de promover a noite do cinema?").
- Culpa ("Se eu tivesse estudado mais...").
- Surpresa ("Como assim seu novo emprego exige que você viaje a negócios?").
- Raiva ("Veja este boletim! Eu falei para você prestar mais atenção na aula da Sra. Grundy.").
- Desilusão ("Achei que tínhamos concordado em consultar um ao outro antes de tomar essa decisão.").
- Ciúmes ("Por que Timmy pode jogar beisebol e eu não?").
- Traição ("Você contou a novidade para sua assistente antes de me contar?").

A forma como você lida com as emoções de seu parceiro ou de seu filho normalmente tem a ver com o que você aprendeu sobre negatividade no passado. Amy Perlman, por exemplo, nunca viu seus pais brigarem, então quando Greg levantava a voz, aquilo não era normal para ela. A raiva dele a deixava assustada. Outra pessoa, com uma história diferente, poderia ter reagido à raiva de Greg com mais raiva ainda.

Entender ou descobrir "como" a pessoa é possibilita que sua resposta seja o que o Eu dela precisa ouvir. John Hedley, por exemplo, não sabia que Brittany, de 12 anos, estava tendo problema com suas amigas na escola. Quando ele anunciou à família que todos haviam sido convidados para um piquenique de sua empresa, ela fugiu para o quarto como um furacão, mas não sem antes falar: "Odeio as pessoas do seu trabalho!". John ficou alarmado, mas se lembrou que naquela manhã Brittany também ficara muito brava porque ele havia comido a última banana.

Ele precisava de mais informações. Sua esposa as tinha: "Brittany sente como se todos na escola tivessem se voltado contra ela – e sua vida está *acabada*!". John ficou preocupado e, lembrando-se de seus próprios dilemas sociais quando criança, imediatamente a aconselhou sobre como lidar com "esse tipo de meninas". Brittany revirou os olhos e mal o escutou, o que deixou John furioso. Em vez de interromper a negatividade, ele involuntariamente a intensificou. "Escute aqui, mocinha, estou tentando ajudar!", John gritou com ela. Sua resposta raivosa tornou a situação ainda pior, tornando mais difícil minimizar o drama.

O problema era que Brittany estava no meio de uma mudança, ainda presa a sentimentos ruins.

Por que uma família R.E.A.L. enfrenta melhor a mudança

Todas as famílias precisam lidar com mudanças e com as tensões e divergências que normalmente as acompanham. Mas algumas famílias lidam melhor com mudanças do que outras. Nessas famílias, cada membro se empenha para ser R.E.A.L.

Responsabilidade: Empenhando-se ao máximo, todos fazem um esforço consciente e constante para manter a família em harmonia e para restaurar o equilíbrio, caso algum problema o abale.

Empatia: Os membros da família ouvem uns aos outros com compaixão e sem julgar, criticar ou negar.

Autenticidade: Eles não têm medo de dizer o que sentem. Eles podem até discutir sobre os fatos, mas aceitam as emoções e perspectivas do outro.

Liderança com amor: Embora seja mais difícil durante e logo depois de uma discussão, os membros da família buscam dentro de si uma resposta amável. Eles também confiam que o outro pensa da mesma forma e tem as melhores intenções.

Seu cérebro reptiliano não estava pronto para uma solução. John deu seu conselho, que era o que *seu* Eu iria querer em circunstâncias similares, mas não era o que *ela* precisava. Uma abordagem melhor teria sido perguntar a Brittany o que estava acontecendo – e não presumir ou julgar. Ao conversar com ela, John poderia perceber que sua filha precisava que ele a escutasse e reafirmasse que ela tinha razão em se sentir mal, mas que poderia contar com ele, e que é normal se sentir mal às vezes, porque todos nós passamos por momentos ruins! Quando ela se acalmasse, poderiam trabalhar juntos para chegar a uma solução para as angústias sociais de Brittany, ou ao menos distraí-la delas.

Faça a coisa certa

Você sempre tem uma escolha. (É a terceira vez que dizemos isso.) É certo que, quando você for dominado por emoções negativas, será mais difícil ser consciente, gentil e se lembrar de que os outros membros da família têm seus próprios Eus. Todos nós somos naturalmente menos resilientes diante de obstáculos em nossa rotina e nos sentimos menos capazes de demonstrar empatia e autocontrole nessas situações. Com esforço, contudo, você pode se lembrar de que tem uma escolha. Você não precisa escolher o caminho da negatividade.

A vida familiar é repleta de momentos inconvenientes, muitos deles causados por mudanças que ainda nem reconhecemos. O pequeno Freddy vem chutar sua cadeira *de novo*. Talvez seja hora de lhe perguntar se algo novo aconteceu, talvez envolvendo sua irmã ou alguma coisa na escola. Seu parceiro não para de ligar, apesar de você ter dito que só poderia conversar sobre o assunto depois. O que está deixando seu nível de ansiedade tão alto? As crianças não param de brigar para saber de quem é a vez. Essas situações são corriqueiras ou alguma das crianças está tendo que enfrentar um novo desafio?

Vamos dizer isto pela quarta vez: você *sempre* tem uma escolha. Você pode ignorar ou dizer a verdade a si mesmo. Você pode querer vencer – estabelecer que do seu jeito é melhor – ou você pode dar um passo para trás e pensar no que é melhor para todos. Você pode passar por cima dos outros ou ser empático. Você pode ficar desanimado (*Ah, não, a mesma velha história*) e considerar a batalha como perdida – por receio de querer alguma coisa que a outra pessoa não vá querer ou não poderá lhe dar. Ou você pode acionar seu cérebro racional, ser R.E.A.L. e dizer a si mesmo: *Vale a pena. Eu posso fazer isso.*

Você é bom em acionar seu cérebro racional?

Reserve um tempo para ficar sozinho, sem interrupções. Faça uma lista das crianças e adultos de sua família, incluindo seus pais e irmãos. Para cada pessoa, siga os passos a seguir. Se você não tiver muito tempo livre (ou se sua família for muito grande), faça este exercício em várias sessões. Comece com o membro com o qual você se desentende com maior frequência.

1. Lembre-se de uma interação negativa recente com essa pessoa.
2. Respire fundo, feche os olhos, relaxe e acione seu cérebro racional. Veja a interação pelo ponto de vista dessa pessoa.
3. Abra os olhos. Incorpore o personagem. Continue "sendo" a outra pessoa e responda às seguintes perguntas como se você fosse ela:
   • *Que tipo de experiências passadas eu trouxe para esta situação?*
   • *O que eu senti ou pensei?*
   • *O que foi mais fácil para mim? E mais difícil?*
4. Anote outras ideias que vierem à sua mente. Os psicólogos chamam isso de "tomada de perspectiva" – você se colocar no lugar do outro.
5. Espere uma semana (ou menos, caso você tenha outro momento desagradável com essa pessoa) e releia o que você escreveu. Você tem um novo entendimento ou ponto de vista sobre essa pessoa? Ficou mais fácil aceitar quem ela é? Você agora consegue encontrar em seu coração a vontade de se desculpar, perdoar e/ou fazer algo bom para essa pessoa sem esperar nada em troca – apenas porque você quer melhorar o relacionamento?

Não espere milagres. O objetivo aqui é exercitar seu cérebro racional. Como dizem em propagandas de TV, os resultados podem variar. Algumas feridas antigas são mais difíceis de tratar. Pode levar anos para perdoar, e talvez você nunca esqueça, mas pelo menos você pode aceitar e entender.

Anotações sobre mudança e negatividade

Capítulo dez

Briga entre irmãos

Como lidar com os Eus mais implicantes

> Éramos um pequeno e estranho grupo de figuras caminhando penosamente pela vida, compartilhando doenças e pasta de dente, cobiçando a sobremesa uns dos outros, escondendo o xampu, pedindo dinheiro emprestado, trancando uns aos outros para fora do quarto, causando dor e beijando para sarar no mesmo instante, amando, rindo, defendendo e tentando descobrir o traço comum que nos une.
>
> — Erma Bombeck

"Quando Tina nasceu, o nosso filho Jamie ficou feliz com a ideia de ter uma irmã", lembra-se Kara Guarini sobre seus dois filhos mais velhos. "Ele ficava na creche, com uma família, então estava acostumado a dividir a atenção. Mas quando fiquei grávida de Robyn, Tina, que tinha então 4 anos e meio, me falou: 'Eu já disse que não precisamos de um novo bebê'. Alguns meses depois, quando a sua escola trabalhou o tema adoção, ela chegou em casa e disse: 'Já sei o que podemos fazer com o bebê.'"

Não importa o quanto Kara e seu marido, Barry Suskind, tentavam incentivar a sua filha do meio a ser legal com Robyn; conforme relata sua mãe, "Tina nunca gostou dela". A situação ficou ainda mais difícil quando encontraram Tina sentada dentro do armário com um cobertor sobre a cabeça – um dos primeiros sinais de ansiedade e depressão. Ela tinha 9 anos.

A partir de então, o Eu de Tina passou a dominar a família. Kara e Barry, ambos médicos, lidaram com o problema e discutiram algumas vezes sobre a saúde mental de sua filha. Normalmente, eles discordavam sobre a questão de dar a ela algum medicamento. Jamie, o tranquilo irmão mais velho, assumiu o papel de cuidador. A bebê Robyn ia ficando cada vez mais irritada. Na sua perspectiva, essa irmã, que desde o seu nascimento nunca havia sido particularmente gentil com ela, estava agora sugando a energia dos seus pais. Robyn rapidamente aprendeu a se defender de sua irmã 4 anos mais velha e a dar o troco na mesma moeda.

"Elas brigavam como cão e gato quando crianças", conta Kara. "Robyn normalmente provocava. Em geral, as brigas eram por coisas simples, como o que assistiriam na TV. Eram pequenos insultos – ela sabia exatamente como provocar Tina."

Em qualquer lar com mais de um filho, essa é uma história comum. Muitos pais sabem o que é passar uma boa parte da semana vivenciando "brigas entre irmãos". Um dos nossos entrevistados descreveu isso como uma "gataria". Às vezes, os seus filhos podem parecer se dar extraordinariamente bem (como durante as férias ou na casa de alguém). Depois começam as brigas de novo. Você provavelmente está ora irritado, ora cansado, ora preocupado com todo ciúme e competição. Conforme descreveu o resumo de uma pesquisa sobre irmãos: "A forma como as crianças se relacionam com os seus irmãos é a fonte de conflitos mais frequente na pré-adolescência, e é considerada pelos pais a *principal preocupação na criação dos seus filhos*" (grifo da autora).

A rivalidade varia em intensidade. Os irmãos nem sempre exigem, agarram, desafiam, se recusam a cooperar, movem-se sorrateiramente, esquecem por conveniência e querem tudo que os outros têm. Mas eles certamente inspiram o cérebro reptiliano um do outro. Toda família cria o seu próprio drama, às vezes valendo-se do roteiro que tem estado em ação por gerações. Os parceiros nem sempre concordam entre si; os filhos recebem mensagens contraditórias. Insultos são proferidos, alguém é ignorado, alguém se retira, alguém chora e alguém fica furioso.

A guerra entre irmãos acentua o drama da vida familiar e testa a paciência de milhões de pais. É um fato em muitos lares. E como poderia ser diferente? Tracy frequentemente perguntava às mães que não tinham paciência com o ciúme de seu primogênito: "Como *você* se sentiria, querida, se o seu marido trouxesse uma outra mulher para casa?" Irmãos e irmãs estão sempre alertas. A todo momento, eles sabem quem está mais propenso a receber o que deseja e quem recebe o quê – atenção, tempo na TV ou computador, um novo par de tênis ou um passeio especial com a mamãe ou o papai.

Isso não é igual em todas as famílias. Em alguns lares, os irmãos têm prazer em fazer as coisas juntos, costumam cooperar um com o outro e nunca brigam, ou brigam ocasionalmente, e quando o fazem, chegam a um acordo. Em outros lares, o Eu dos irmãos manipula um ao outro e gera uma competição constante – em algumas famílias, até *oito vezes por hora*.

No entanto, os problemas entre irmãos não têm a ver apenas com as crianças. Quer irmãos e irmãs compitam por atenção ou se unam para ajudar um ao outro – ou as duas coisas –, isso nos diz muito sobre a família: como os sentimentos são expressos, como um conflito é visto e até que ponto existe um equilíbrio Eu/Nós saudável. É mais improvável que irmãos briguem quando são vistos como indivíduos e também quando sentem que são parte de uma família que precisa deles.

Irmãos: relacionamento forte e duradouro

Conforme mencionamos no Capítulo 5, o relacionamento entre irmãos é, entre todos os laços familiares, o mais duradouro. Salvo por uma tragédia ou um desentendimento mais sério, os seus filhos estarão presentes na vida um do outro por muito tempo, mesmo depois da sua partida. Como Abby Porter repetidamente diz aos seus dois filhos, que têm dois anos de diferença: "O seu irmão é mais importante que qualquer outra pessoa no mundo."

O relacionamento entre irmãos é forte e duradouro. As crianças passam o seu tempo livre muito mais com os seus irmãos do que com qualquer outra pessoa, dividindo o seu tempo livre e o tempo para a família. Não é à toa que irmãos e irmãs têm um grande impacto. Relacionamentos positivos entre irmãos oferecem suporte e proteção – um refúgio contra um ambiente hostil. Conflitos entre irmãos, por outro lado, podem deixar cicatrizes que duram a vida toda, tanto nos indivíduos como na família.

Às vezes pode acontecer as duas coisas. Um gêmeo, de 19 anos de idade, ao se lembrar do quanto provocava o seu irmão, hoje se arrepende. "Eu era um babaca", ele admite. "E hoje tento me reconciliar com ele."

As meninas Guarini, hoje com 15 e 19 anos de idade, deram uma trégua similar, mesmo que Robyn às vezes fique ressentida pelo fato de Tina ter tanta influência sobre a família. As circunstâncias mudam, e o relacionamento entre irmãos muda com elas. Tina está na faculdade, por isso as meninas não vivem mais sob o mesmo teto. Robyn é madura o suficiente para entender que Tina tem uma doença que não consegue controlar. Ela também pode olhar para trás e lembrar-se de várias babás que eram

---

Estatísticas sobre irmãos

- Atualmente, as crianças são mais propensas a crescer com um irmão do que com o pai. Cerca de oito entre dez crianças moram com um ou mais irmãos – a maioria com um ou dois, e 16% com três ou mais.
- A maioria dos irmãos são irmãos de sangue, mas 11% mora com pelo menos um meio-irmão; 2% com pelo menos um enteado do pai ou da mãe, e 2% com um irmão adotivo.
- Conflitos entre irmãos chegam a oito por hora. A violência física (de pancadas leves a mais sérias, mordidas, socos e uso de armas) está presente em 70% das famílias, uma taxa maior que o abuso infantil e a violência contra o cônjuge.
- A maioria das brigas entre irmãos termina sem uma resolução clara ou com a vitória de uma criança sobre a outra. Menos de 12% dessas brigas, da infância à adolescência, terminam com um acordo ou reconciliação.

contratadas e demitidas. Esse desfile de estranhos marcou a sua juventude, mas elas tinham uma à outra.

A maneira como o Eu dos seus filhos trabalha não está totalmente sob o seu controle, mas a forma como eles lidam com isso é unicamente uma função daquilo que você faz como pai ou mãe. O relacionamento entre irmãos depende da mesma combinação dos Três Fatores que influencia todas as conexões íntimas.

Entretanto, não se engane. Você não pode controlar os relacionamentos dos seus filhos, mas você pode fazer a diferença. A forma como você interage com o seu parceiro no dia a dia e a forma como você trata as crianças quando elas não estão brigando importam. A forma como você reage quando elas brigam e como você lhes ensina a administrar os conflitos importam. Em resumo, você tem um grande impacto sobre os relacionamentos entre irmãos, desde a infância até a adolescência.

Ser justo em relação ao modo como você trata seus filhos – conforme percebido pelos irmãos – é de extrema importância. Não é que você precise tratá-los da mesma forma. Você vai interagir diferentemente e ter um relacionamento diferente com cada filho. E como poderia ser de outra forma? Cada um dos seus filhos cria um relacionamento único com você. Contudo, diferente não significa necessariamente melhor ou pior; é apenas diferente.

Além disso, é apropriado tratar as crianças de forma diferente. Significa que você está atento às necessidades delas. Por exemplo, quando Candace Holder permitiu que Marcus, de 12 anos, saísse do treino de basquete, a sua irmã mais velha, Nina, contestou: "Você nunca *me* deixou desistir de nada." Candace calmamente lembrou a sua filha de que ela e o seu irmão tinham sido "programados" de forma diferente. Nina era o tipo de criança que nunca queria desistir; ela era uma guerreira. Marcus, que não era um atleta por natureza, se esforçou para permanecer no treino de basquete, mas ele ficava a maior parte do tempo sentado no banco. Os outros garotos, que já jogavam há anos, o chamavam de "criança" – ninguém sequer tentou fazer amizade com ele. Permitir que Marcus saísse do treino foi um ato de compaixão. Candace explicou a Nina que ela a apoiou de outras formas, como quando a escola ameaçou desmanchar o time de futebol das meninas. "Eu também vou sempre apoiá-la, mas apenas quando você precisar", disse ela para sua filha.

A seguir, apresentamos alguns segredos sobre a "briga entre irmãos", ideias para você ter em mente quando os seus filhos brigarem, já que eles inevitavelmente o farão. (Algumas podem se aplicar às brigas entre adultos também.) Muita coisa está em jogo. O que as crianças veem ao seu redor e como vivenciam os relacionamentos na família ditarão o seu comportamento como parceiros e pais nos próximos anos.

Como administrar seus "filhotes"

A razão pela qual irmãos brigam é simples e complexa. Em sua essência, a rivalidade entre irmãos é uma questão evolutiva: obter o que você precisa – alimento, água e conexões – é uma força biológica básica que permite que os seres vivos sobrevivam. Na próxima vez que os seus filhos se enfrentarem, imagine-os como bebês ursos, pois são quase tão primitivos quanto eles. Cada um quer o máximo que consegue obter. Não importa quem eles terão que tirar do caminho enquanto engatinham para chegar à teta da Mãe Urso.

Ao contrário dos animais, no entanto, leva muito tempo para os bebês humanos se tornarem totalmente autossuficientes. Muito tempo depois de eles desmamarem, eles ainda competem pelos recursos da família, e há uma quantidade limitada de atenção, energia, tempo e posses materiais disponível. É mais fácil colocar tudo isso em perspectiva e lembrar-se que a "dança dos irmãos" é bastante natural. Começa no dia em que você traz uma segunda criança para casa, embora você não reconheça isso de imediato. A maior parte dos primeiros filhos, pelo menos durante o primeiro ano de vida da segunda criança, fica feliz em se *tornar* irmãos e irmãs. Quando o mais velho percebe que a nova criança vai de fato ficar, seu Eu primitivo entra em ação. É quando você pode ouvir: "Não podemos devolvê-lo?"

Eis aqui algumas ideias que podem ajudar a aplicar o pensamento de família aos relacionamentos entre irmãos:

Entender qual é o ponto de vista deles. Curiosamente, Tracy recebeu mais ligações de pais cujo *segundo* filho de repente desenvolveu "problemas comportamentais" depois do nascimento de uma terceira criança do que pais preocupados com a reação do seu primogênito ao novo bebê. Muitos pais se esforçam para preparar o seu filho primogênito. Eles tem ciência de que é importante dedicar um tempo especial ao filho mais velho, mas eles não são tão cuidadosos quando o terceiro filho chega e substitui o do meio. E então, antes que você se dê conta, o pequeno Joey está desenhando na testa do bebê Thad com canetinha.

Quando os irmãos brigam, em qualquer idade, pergunte a si mesmo que necessidade básica não está sendo atendida. Uma das crianças ou as duas estão com fome, cansadas, entediadas ou sentindo-se deixadas de lado?

Crianças precisam se sentir vistas e ouvidas. Muitas brigas entre irmãos são uma tentativa de serem notadas ou resgatadas.

Particularmente quando uma criança ou a família por si só está sob estresse – um dia difícil na escola, uma discussão com um colega, uma decepção, problemas entre os pais – o irmão é um alvo fácil. Seja empático, para que a criança se sinta vista, mas faça ela entender que também não é admissível maltratar um membro da família ("Oliver, sei que você está chateado, mas não é legal descontar isso na sua irmã.").

Fique atento: descubra pequenas maneiras de acolher cada filho. Em família harmoniosas, os irmãos tendem a ter uma forte noção de quem eles são como indivíduos – sabem que são importantes e, ao mesmo tempo, se sentem conectados uns com os outros. Brigas constantes entre irmãos, por outro lado, são como uma mensagem do ecossistema: "Alguém precisa de atenção!"

Na vida familiar corrida de hoje em dia, pode ser cansativo monitorar quem está recebendo a sua atenção (a não ser que você seja um irmão). Mas até mesmo dez minutos ao dia, para ficar um tempinho a sós com cada filho, podem fazer a diferença. Pode ser um abraço, uma atividade que vocês gostem, como um quebra-cabeça ou outro jogo rápido, uma caminhada ou passeio de bicicleta em volta do quarteirão. Conforme as crianças forem crescendo, converse com elas. Fique a par dos seus interesses e pergunte sobre elas.

Observe como você e o seu parceiro se comportam com cada filho. Nunca vimos nenhum casal que trate os seus filhos da mesma forma. É impossível; vocês são duas pessoas diferentes, e cada criança é diferente. Um parceiro é normalmente mais tolerante que o outro ou mais consciente sobre a alimentação ou se aborrece mais com as brigas entre os irmãos e é possivelmente mais reativo. Quem é mais propenso a convidar a criança para jogar um jogo, assistir a um evento esportivo ou um programa de talentos na TV – e qual dos filhos em geral é convidado? Conversem sobre isso; diga quais são as suas preferências ("Gosto muito de assistir a jogos de beisebol com Izzy." "Adoro fazer compras com Jen."). Que qualidades cada um de vocês quer transmitir aos seus filhos? Que interesses vocês querem compartilhar? É altamente recomendável ter um momento a sós com cada filho, mas observe a reação dos outros filhos. Você vê ciúmes? Decepção? Um dos filhos se sente deixado de lado? Quando os dois adultos estão em casa, há alguma outra forma de envolver aquele que não foi convidado, ou que não quer participar?

Converse sobre os sentimentos que existem entre eles. Pergunte como eles se sentem em relação aos seus irmãos ou irmãs, qual é a melhor coisa a respeito do seu irmão (ou de cada irmão), qual é a pior coisa. Ouça com atenção quando eles fornecerem informações voluntariamente. Não tente fazê-los esconder os seus sentimentos ("mas você ama a sua irmã"). Em outras palavras, fique receptivo para que você esteja sempre atualizado sobre o relacionamento entre eles, e não apenas sobre os indivíduos.

Controlar os seus sentimentos é especialmente importante quando um ou mais irmãos estão passando por alguma transição, como uma nova escola ("Do que você sentirá falta quando Eric não mais pegar o ônibus com você?"). Uma criança mais nova pode depender de um irmão mais velho; o mais velho pode gostar de ser reverenciado. Quando as circunstâncias mudam, como dissemos no capítulo anterior, isso pode provocar medos que se transformam em brigas.

Mostre a eles como "fazer parte". As crianças não nascem sabendo como ser parte de uma família. Algumas se relacionam melhor com outras pessoas de forma inerente, mas a maioria precisa de ajuda quando se trata de dividir a atenção. Comece cedo, se possível. Estudos sugerem que os pais têm pouco efeito sobre problemas entre irmãos durante a adolescência.

Todas as crianças brigam. Aquelas que são ensinadas e cujos pais dão o exemplo de civilidade e cooperação normalmente brigam menos. Em geral, na verdade, não é o que você *diz* a uma criança que conta, mas sim o que você *faz*. Mesmo quando você discute, desde que você e o seu parceiro se respeitem e sejam gentis um com o outro e tenham o cuidado de não se machucar e de se desculpar quando isso acontecer, isso mostra aos seus filhos que os desacordos podem ser resolvidos.

Seja proativo. Por mais óbvio que isso possa parecer, deixe claro para os seus filhos que você se importa com a forma como eles se comportam um com o outro. Defina com o seu parceiro o que vocês não vão tolerar – violência física de qualquer tipo, crueldade, abuso emocional, invasão de privacidade? E diga claramente que tipo de comportamento você espera deles antes que surja uma briga. Use as reuniões de família para reforçar as regras básicas e, se necessário, renegocie o espaço e a propriedade. Quando os seus filhos brigarem, recorra às regras. "Na nossa família, nós não [falamos assim com o outro/batemos/mordemos/gritamos/denunciamos]. Na nossa família, ajudamos uns aos outros."

Dê a eles responsabilidade – não uma tarefa para mantê-los ocupados, mas verdadeiras tarefas que são necessárias para a família. Crie intencionalmente rituais familiares e funções que estimulem as crianças a trabalharem juntas. Uma criança de 3 anos de idade não tem a mesma capacidade de uma criança de 8 anos, mas ela pode, por exemplo, ajudar o seu irmão mais velho a arrancar as ervas daninhas do jardim. Crianças que se mantêm ocupadas com tarefas da família se sentem competentes. Eles fazem parte de uma equipe e assumem novas funções; elas ganham confiança como partes interessadas. Ler para o irmão mais novo ou ajudar a irmã mais velha a lavar o carro faz a criança se sentir madura.

Kara Guarini, como muitos pais na faixa dos 20 anos, se arrepende de não ter pedido para os seus três filhos fazerem mais coisas. "Não tínhamos o hábito de lhes dar tarefas", ela admite. Entre outras razões, muitas responsabilidade eram relegadas à babá. "As crianças limpavam o próprio prato depois de comer, sem que tivéssemos que pedir, mas só isso. Quando foram para a faculdade, tive que ensiná-las a lavar a louça."

Saiba para onde o seu Eu vai quando eles brigam. É fascinante ver filhotes lutando com os seus irmãozinhos no canal Animal Planet. Mas em sua própria sala de estar, você pode se lembrar do seu irmão ou irmã irritante que o trancou para fora ou mentiu sobre você. Ou talvez você se lembre do irmão que um dos seus pais parecia favorecer e com quem eram mais flexíveis. Não importa se a sua lembrança é a verdade; essas memórias do passado são dolorosas para você e vão interferir em como você vê o presente. Por outro lado, se você era extremamente próximo dos seus irmãos e só tem boas lembranças ou se você cresceu em uma família em que ninguém brigava, ver os seus filhos brigarem pode chocá-lo ou até mesmo assustá-lo.

Ruth Strikey, 37 anos, professora e mãe de dois filhos, considera a rivalidade entre irmãos como "a maior dificuldade da nossa família – ela nos divide". Dory tem 8 anos, e Christopher, 5. Os dois são crianças Enérgicas, que cresceram na tradição da Encantadora de Bebês. "As crianças são o melhor amigo *e* o pior inimigo um do outro", diz Ruth. "Quando passamos o dia em casa, eles sempre brincam juntos, mas rapidamente começam a brigar." Ruth tem dificuldade em acreditar que isso é normal.

Irmãos e irmãs tendem a ser mais ligados um com o outro durante a segunda infância – eles não são mais bebês e ainda não são adolescentes. Passar muito tempo junto normalmente leva a brigas, como na casa dos Striker. O marido de Ruth, Percy, é mais capaz de ignorar as crianças quando elas brigam, entre outras razões porque ele brigou com a sua irmã até os 30 anos. Problema nenhum. Ruth, por sua vez, é filha única. Isso não significa que seja coisa de sua imaginação, mas a briga entre eles a afeta mais. Quando fica aborrecida com a briga entre as crianças, Ruth tem que dizer a si mesma: "Isso é normal. A minha reação é que não é."

A consciência ajuda. Warren Davis, por exemplo, deve ter ficado endoidecido quando o seu filho Wyatt, 8 anos de idade, espancou a sua irmã de 3 anos, Ariel. Warren cresceu com a violência doméstica, e quando viu a sua filha chorando nesse dia, isso trouxe à tona sentimentos antigos. Mas Warren tem ciência de que a sua infância afeta o modo como cria seus filhos. Ele também tem uma visão de como quer que a sua família seja. Gritar com o seu filho ou puni-lo fisicamente seria replicar o mal que lhe foi feito quando criança. Ele então sentou-se com Wyatt e explicou com calma: "As mulheres são provedoras de vida, e precisamos tratá-las bem. Você, como irmão mais velho, precisa proteger a sua irmãzinha. Além disso, não temos o hábito de bater nos outros em nossa família." Pelo olhar do seu filho, ele sabia que tinha sido compreendido. O momento provocou uma conexão mais profunda entre pai e filho, o que também ajudou Wyatt a confortar Ariel.

Não reaja de forma exagerada. Quando David Sargent-Klein batia no seu irmãozinho ou tirava um brinquedo dele, os seus pais sabiamente mantinham o foco naquilo que queriam para a sua família. Stephen se lembra: "Nunca dissemos: 'Você tem que amar Seth. Ele é seu irmão.' Tinha a ver com o fato de que nessa família nós cuidamos um do outro. Não podemos dizer às pessoas como amar o próximo." David, hoje com 19 anos de idade, tem um ótimo relacionamento com seus três irmãos. Na verdade, todos os irmãos Sargent-Klein são incrivelmente unidos e afáveis uns com os outros.

É cansativo, e às vezes tedioso, ensinar a mesma lição inúmeras vezes e ter de intervir. É uma tarefa difícil. Há momentos, Stephen admite, que ele perdia a cabeça. Mas, na maior parte do tempo, ele conseguia se controlar para não ter uma reação exagerada. Ele conversava calmamente com David e o lembrava da família que estavam construindo juntos.

Com a ajuda dos pais e um ambiente que estimula responsabilidade, honestidade, cooperação, cuidado, compaixão, perdão, desculpa e respeito mútuo, as crianças tendem a interagir umas com as outras e com os amigos de uma maneira respeitosa. Elas se sentem como se fizessem parte de uma equipe, ao contrário de filhotes lutando para sobreviver.

Espere por mudanças à medida que as crianças forem amadurecendo. Abby Porter se considera "sortuda", porque Zane e Levi, com 2 anos e meio de diferença entre eles, raramente brigam, mas ela sabiamente acrescenta: "até agora". Ela sabe que conforme os meninos mudam, o mesmo pode acontecer com o relacionamento entre eles. Em especial em culturas como a nossa, que valorizam a independência em preferência à interdependência, os irmãos tendem a se distanciar quando um deles atinge a adolescência. Os interesses são diferentes, e eles passam mais tempo fora de casa.

Para refletir: de quem é isto?

"É meu." "Saia do meu quarto." "Foi o papai quem me deu isso." Irmãos frequentemente brigam sobre posses e território, mas os roteiros também são ditados pela noção de posse da família. Uma entrevistada que cresceu na "pobreza de Jackson, Mississipi" tinha uma caixa de sapato com as suas "coisas particulares" que ela escondia dos irmãos, porque a posse individual não era reconhecida ou respeitada em sua casa. Em outro caso, uma gêmea idêntica, cujos pais a "obrigavam" a se vestir igual à irmã até os 12 anos de idade, não sabia o que era ter alguma coisa própria. E uma mãe com oito filhos explica que eles *não* podem ter privacidade ou o seu próprio espaço; a casa simplesmente não tem espaço suficiente. "Os meus filhos não brigam por causa das suas coisas, porque eles sabem que têm de dividir. É assim que funciona", diz ela.

Quais são as regras explícitas ou implícitas de posse em sua casa?

Elena Rivera, 15 anos, e o seu irmão Julio, 11 anos, recentemente chegaram nesse ponto. Num dia comum, Elena agride verbalmente Julio, imitando-o e zombando dele na frente dos seus amigos e familiares. Julio, por sua vez, responde cutucando-a e invadindo fisicamente o espaço da sua irmã. Elena está em uma idade em que tem dificuldade de separar. Ela também deve sentir que Julio, que é muito precoce e articulado, está mais "competitivo" agora do que quando era pequeno e bonitinho. Julio provavelmente sente falta da companhia da sua irmã mais velha. E talvez ele também se sinta abandonado.

Olhe para a família como um todo. Não é por acaso que Elena e Julio têm brigado mais desde que a sua mãe foi diagnosticada com diabetes. Embora Camilla e seu marido há 20 anos, Alvaro, tenham tomado algumas medidas para mudar os hábitos alimentares da família e educar as crianças sobre a doença, os adultos estão compreensivelmente mais estressados e cansados nos últimos dias. Apesar do seu esforço máximo, eles têm menos atenção e energia para fornecer.

As coisas são como são. Irmãos brigam. Pais adoecem. Entretanto, a família Rivera sabe muito bem enfrentar as dificuldades. Eles já passaram por coisas assim antes. "Quando Elena tinha cerca de 5 anos", lembra-se Camilla, "Julio se aproximava vagarosamente e destruía o que quer que ela estivesse fazendo. Ela ficava doida. Assim, designei uma mesa como seu espaço. Tudo que ela quisesse longe de Julio, ela tinha que colocar sobre a mesa." Agora que as crianças voltaram a brigar, Camilla sugere uma abordagem similar para que haja mais "espaço" entre eles. A diferença é que agora Julio está maduro o suficiente para assumir responsabilidades também.

"Elena tem uma placa em sua porta que diz 'Não entre!', e as crianças entendem as regras", explica Camilla. "Julio só pode entrar com permissão de Elena. Mas ela tem que lhe dizer antes em que ele não pode mexer. Se ele não obedecer, em vez de me chamar, ela tenta manter a calma e diz: 'Julio, você tem de sair agora. Preciso do meu espaço de volta.' Nem sempre ele sai de imediato, e às vezes ela grita com ele. Mas Elena está começando a perceber que tratar Julio bem o estimula a respeitar os pertences dela."

Diante do recente diagnóstico de Camilla, os pais também tiveram que tomar algumas medidas para ajudar a família inteira. Eles continuaram com sua rotina diária, fazendo o mínimo de mudanças possível. Eles conversaram com as crianças sobre os ajustes que tiveram de fazer para "ajudar a mamãe", alimentando-se de forma mais saudável e mais cedo e descobrindo maneiras de se exercitarem todos os dias, em família.

Quando intervir?

Um debate infindável sobre a criação dos filhos coloca aqueles que acham que devemos deixar as "crianças se resolverem" contra aqueles que acham que os pais devem "intervir". Uma encantadora de famílias prefere o meio-termo. É importante que as crianças aprendam "a se resolverem" sozinhas. Por um lado, ficar o tempo todo interferindo deixa os pais loucos. Por outro lado, usar palavras em vez das próprias mãos é uma habilidade valiosa para a vida. Entretanto, vamos falar a verdade. As crianças não aprendem a solucionar problemas sozinhas. O meio-termo sensato é intervir até que elas tenham as habilidades e a maturidade para resolverem as coisas em conjunto (o que leva um tempo). Também é importante saber o que cada criança é capaz de fazer. Uma criança de 2 anos de idade que risca o desenho da sua irmã não entende que ela está estragando uma preciosa obra de arte. Já uma criança de 5 anos de idade entende.

"Não deixávamos as coisas saírem muito do nosso controle quando as crianças eram pequenas", lembra-se Nancy Sargent. "Parecia ser muito importante solucionar os conflitos. Assim, quando havia uma discussão entre, digamos, Seth e David, nós interferíamos, perguntando a cada um deles: 'O que você disse? O que você fez?' Eu percebi que não podia deixar eles resolverem sozinhos. Eles não tinham as ferramentas para isso. Hoje, como adolescentes, é diferente. Mas quando você tem 5 anos e o seu irmão de 8 anos o maltrata, você precisa de ajuda."

Pesquisas confirmam a abordagem dos Sargent-Klein. Você não tem de agir como um policial ou um árbitro 24 horas por dia. Você precisa entender a diferença entre uma queixa para chamar a atenção e uma briga real que requer a intervenção de um adulto. Embora disputas sobre posse e espaço possam ser resolvidas nas reuniões de família, brigas mais sérias que envolvem agressões físicas, emocionais ou sexuais têm de ser resolvidas no momento. Como regra, os pais devem parar a briga, como se diz, antes que alguém se machuque.

Pense na restauração, e não na punição. O conflito é um sinal de que algo precisa mudar no relacionamento. Essa é a teoria por trás da "justiça restaurativa", uma prática conhecida usada, entre outras aplicações, em sistemas jurídicos para ajudar a curar vítimas de agressão sexual ou famílias envolvidas em violência doméstica. Os princípios da justiça restaurativa, ou JR, também fornecem uma nova forma de lidar com as brigas entre irmãos.

Os mediadores da JR "veem o conflito como um presente – uma oportunidade de crescimento", explica Kris Miner, diretora-executiva de um programa na região oeste de Wisconsin. As partes se reúnem, ouvem uma à outra, conversam sobre o que aconteceu e, juntas, definem uma ação que "busca reparar os danos em vez de punir".

A mesma meta se aplica a irmãos, e é por essa razão que faz sentido adotar o espírito da JR em sua casa.

- Reserve um tempo e um local para os irmãos processarem o incidente *com* você. Diga explicitamente: "Vamos dedicar alguns minutos para conversar sobre isso." Se eles estiverem muito agitados, diga: "Quero que cada um vá para [lugares diferentes dentro da casa ou no jardim]. Respirem fundo e pensem sobre o que aconteceu e voltem em [x] minutos." Defina o tempo desse período de reflexão de acordo com a idade e personalidade das crianças. Cinco minutos podem ser uma eternidade para algumas.

- Dê às crianças uma chance de explicarem o que aconteceu. Se elas estiverem muito agitadas e não conseguirem ouvir uma à outra, use alguma forma de "bastão da fala", um objeto que garante que o interlocutor não será interrompido enquanto o estiver segurando (ver p. 201).
- Acredite em ambas as crianças. As histórias diferentes são verdadeiras em suas perspectivas, e a forma como cada uma enxerga o incidente afeta o que elas sentem. Um adolescente, por exemplo, que acredita no pior do seu irmão e diz: "Ele fez isso por maldade", verá todo o relacionamento como algo negativo.
- Reformule a perspectiva e as emoções das duas partes. "Vern não gosta quando você entra no quarto dele e mexe em tudo. Isso o deixa furioso." "Barbara não gosta quando você fecha a sua porta. Ela se sente sozinha e rejeitada."
- Procure alternativas. Você pode perguntar: "O que vocês fariam de forma diferente para que da próxima vez ninguém se machuque?" ou "O que vocês podem fazer melhor da próxima vez que um de vocês quiser alguma coisa que o outro tem?"
- Pergunte sobre a restauração. "O que vocês podem fazer para se sentirem melhor um com o outro – resolver o problema entre vocês?"

Os princípios da JR são semelhantes a pedir para eles usarem o mantra DVSM, que é um bom conselho para qualquer conflito entre casais também. Olhe ao seu redor para detectar o que está acontecendo, diga a verdade a si mesmo e siga em frente. Certamente, faça sugestões, mas deixe os seus filhos pensarem um pouco também. O ideal é que eles cheguem a uma solução sensata e conjunta para seguirem em frente.

Ainda que você secretamente se identifique mais com a situação de um deles do que do outro, mostre empatia aos dois. Stephen Klein, por exemplo, entendeu que David, seu segundo filho, tinha boas razões para ter ciúmes quando os seus pais trouxeram para casa um casal de gêmeos que roubaram toda a atenção, sendo que um deles era um menino. E sempre que David expressava os seus sentimentos, Stephen conseguia colocar o comportamento do seu filho em perspectiva. "Quando David fazia alguma coisa que fazia Seth chorar, eu calmamente dizia a ele: 'Você precisa ir para o seu quarto e pensar em uma forma de fazê-lo ficar feliz de novo'", lembra-se Stephen. "Não era uma punição. Eu apenas queria que ele soubesse que eu precisava da sua ajuda para que a família funcionasse. Era também uma forma de ele perceber que podia fazer Seth ficar feliz de uma forma que eu não era capaz."

Se você está vivenciando brigas entre irmãos, saiba que algum dia elas se tornarão uma memória distante, ou então farão parte de memórias engraçadas. É verdade que alguns irmãos se tornam inimigos por toda a vida, e as suas brigas podem destruir a família inteira. Mas a maioria consegue estabelecer uma nova base para o relacionamento pelo menos na idade adulta ou na meia-idade. Também deve trazer certo consolo saber que, embora todos os irmãos briguem, a maior parte mantém um contato regular durante a vida. Uma pesquisa feita em 1992 revelou que mais da metade de todos os irmãos e irmãs adultos se veem e/ou se falam pelo menos uma vez por mês. O e-mail e outras tecnologias, que não existiam no passado, facilitaram ainda mais a comunicação entre os irmãos.

Coalizões: subcomitês de família

Às vezes, os irmãos formam alianças – dois ou mais juntam forças. Como acionistas de uma empresa que combinam suas ações, eles se tornam mais poderosos do que se estivessem sozinhos, uma espécie de subcomitê. Sociólogos chamam as alianças dentro de um grupo de "coalizões". Elas também podem ser formadas por dois adultos ou um adulto e uma criança ou podem incluir os parentes – por exemplo, a avó se une com uma criança em particular. Problemas entre familiares que não são de sangue geralmente resultam de uma coalizão entre pai/mãe e um filho adulto que, de fato, exclui o parceiro e o faz questionar a fidelidade do seu companheiro. Essa separação entre pares, às vezes trios, pode acontecer em qualquer família, até mesmo quando liderada por um único adulto. Um dos filhos, por exemplo, pode se aliar com o pai ou a mãe.

As coalizões podem ser benéficas ou prejudiciais. Irmãos e irmãs podem se ajudar a enfrentar as dificuldades da vida familiar cotidiana ou protegê-los diante de uma tempestade (conflito entre os pais, divórcio, doença grave, falecimento). Uma das razões de as quatro crianças da família Allen terem lidado bem com a notícia do novo emprego de sua mãe se deu, sem dúvida, pelo fato de eles serem um grupo unido, em primeiro lugar. Quando os irmãos se apoiam mutualmente, como na família Allen, isso suaviza o impacto de qualquer mudança na família, porque eles têm uns aos outros.

Em algumas alianças entre irmãos, contudo, uma das crianças pode se sentir rejeitada ou ignorada pelos seus irmãos e irmãs que a excluem. Ou duas crianças mais novas podem se aliar contra a criança mais velha que eles consideram mais poderosa. Em famílias compostas por um casal e filhos de outros casamentos, irmãos "de sangue" às vezes se unem contra o meio-irmão. Você não pode controlar como as coalizões se formam, mas o que você diz e ensina definitivamente importa. Lanie Allen se lembra de quando Peter, seu filho mais velho, tinha 2 anos, e seu irmão Kyle nasceu: "Eu os encorajei a serem 'melhores amigos' para que eles se sentissem unidos e fortalecessem esse laço. Quando Tom nasceu, ele foi imediatamente recebido como melhor amigo. E quando Hannah chegou, era função deles tomar conta dela." Os quatro têm seus momentos de confusão com outro irmão, é lógico, muitos dos quais Lanie desfaz com seu humor característico, mas eles claramente estão sempre à disposição para ajudar seus irmãos.

Independentemente de quais membros da família se unem, as coalizões tendem a sofrer alterações quando ocorre uma mudança – uma mudança de carreira permite que um dos pais fique em casa, ou as crianças estão crescendo e passam cada vez mais tempo longe da família. Uma filha do meio, que certa vez provocou sua irmã bebê, pode aos poucos perceber que ela ganha poder ao se aliar com a mais nova contra a irmã mais velha dominadora. Como vimos na casa dos Riviera, o fato de Elena ter iniciado o ensino médio enfraqueceu a coalizão com seu irmão mais novo, Julio. Agora ela passa mais tempo com suas amigas da mesma idade, e ele, em consequência, se sente abandonado.

As coalizões sempre afetam a família inteira, para melhor ou para pior. Problemas relacionados aos parentes do parceiro podem ser intensificados por uma coalizão entre o pai/mãe e o filho adulto. Sherman é muito próximo de sua mãe, por exemplo. Sua esposa, Gayle, costuma se sentir excluída, o que a leva a questionar o nível de comprometimento de seu marido no casamento e afeta os seus sentimentos em relação à sogra.

Em geral, uma forte coalizão entre os pais é benéfica para os filhos. Por via de regra, é melhor que os adultos sejam uma equipe forte que estabelece regras básicas e, ao mesmo tempo, sejam abertos e flexíveis o suficiente para que os filhos sintam que a sua opinião é válida. As crianças se sentem apoiadas e ouvidas e são menos propensas a provocar os seus irmãos. E durante um momento crítico, todos se sentem confortáveis em procurar a ajuda dos pais. Mas quando os pais se unem "contra" os filhos de uma forma autoritária, os filhos não conseguem se aliar com nenhum dos pais. Eles se sentem fracos e despercebidos e, portanto, são menos propensos a se empenhar para o bem da família.

Quando não há coalizão entre os pais – suponhamos, o Eu de um dos pais cronicamente domina ou está muito ausente ("casado" com o trabalho ou envolvido em um caso extraconjugal) – pode ser que exista uma forte união entre o filho mais velho e o pai/mãe mais fraco ou mais presente. Os outros irmãos formam a sua própria "panelinha" e se unem contra o irmão aparentemente mais favorecido.

É desnecessário dizer que existem muitos cenários possíveis. Talvez você já esteja ciente das coalizões que existem na sua família. Caso não esteja, faça o que os sociólogos fazem quando estudam as coalizões: preste atenção quando uma decisão que afeta toda a família tem que ser tomada. No quadro a seguir, que apresenta questões para o seu diário da família, explicaremos como fazer isso.

Analise as coalizões da sua família

Veja uma situação hipotética que os pesquisadores usam: se a sua família precisa decidir como gastará R$100, a opinião de quem costuma prevalecer ou quem costuma ter mais influência (poder)? Tente propor essa ou uma pergunta similar na próxima reunião de família. Ou apenas preste atenção a qualquer evento que surgir na agenda da família e que envolva todos os membros, como as férias da família ou um projeto em grupo.

- Quem comanda? Os filhos dominam? Os pais? Um dos pais?
- A sugestão de todos é ouvida? Apoiada?
- Existem evidentes coalizões entre irmãos?
- Você – pai e/ou mãe – leva em consideração a opinião dos seus filhos, ou você automaticamente rejeita as ideias deles, mesmo que aja como se estivesse ouvindo?
- Quando um dos filhos faz uma sugestão, quem normalmente o apoia? Manifestações de apoio costumam indicar uma coalizão. Ao mesmo tempo, nem sempre podemos usar as palavras para concluir alguma coisa. Em um estudo em que muitas famílias identificaram o pai como o principal tomador de decisões no papel, vídeos indicaram outra coisa: a mãe era ouvida e recebia mais apoio que o pai, o que normalmente lhe dava a palavra final.

Anotações sobre coalizões entre irmãos e entre os membros da família

Capítulo onze

Conflitos entre pais e filhos

A maravilha do autocontrole

Você tem poder sobre a sua mente – não sobre eventos externos. Quando perceber isso, você encontrará força.

— Marcus Aurelius, em *Meditações*

Eu deveria dizer aqui, porque alguns em Washington gostam de pensar em formas de controlar a internet, que não precisamos "controlar" a liberdade de expressão, precisamos controlar a nós mesmos.

— Peggy Noonan, em *Patriotic Grace*

Na casa dos Grayson, pequenos conflitos são uma ocorrência diária, e todos culpam Quincy, de 10 anos. Em casa, ele deixa os pais exaustos e repetidas vezes perde amigos na escola. "Ele é uma criança difícil – sempre foi", diz Janet, sua mãe. "Mas frequentemente me pergunto quanto disso é minha culpa. Na maior parte das vezes, tenho vontade de esganá-lo – e ele deve saber disso."

"Quincy é muito arrogante", acrescenta o pai. "Ele fica mais feliz quando está no comando. Depois de se reunir com os amigos em casa, muitas das crianças não querem mais voltar."

Quando Quincy foi diagnosticado com TDAH (transtorno do déficit de atenção com hiperatividade) e medicado com Adderall, seus pais ficaram inicialmente aliviados. A sua concentração melhorou quase que de imediato e, por certo período, foi possível ver uma melhora em suas tarefas escolares. Mas o medicamento não minimiza seus ataques de birra nem torna Quincy uma criança mais agradável na escola – problemas que levam seus pais, mais uma vez, a procurar ajuda profissional para o filho.

O novo terapeuta diz a Janet e Orin a mesma coisa que foi dita a eles quando Quincy tinha 4 anos e agia como uma criança terrível de 2 anos: ceder não é a resposta. O terapeuta sugere regras claras, consequências quando Quincy desobedecê-las e castigos quando necessário. Mas os Grayson não conseguiam lidar com seu comportamento 6 anos atrás, e continuam tendo dificuldade.

Enquanto isso, a filha Tiffany tem total domínio sobre o papel da Criança Fácil nesse drama familiar. Ela é "incrivelmente inteligente" e "madura", em comparação com Quincy, dizem os pais. Ela também parece precisar menos dos pais que seu irmão mais velho – ou pelo menos ela tem uma necessidade não tão evidente. Quincy, que tinha 3 anos quando sua irmã nasceu, brincou com Tiffany durante os seus primeiros anos e por certo tempo apreciou o *status* de irmão mais velho. As coisas mudaram quando Tiffany entrou na escola. Em certas matérias, como leitura, a pequena irmã se saía muito melhor que ele, o que encantava e surpreendia os pais, mas aumentava as exigências em relação ao irmão. Quincy começou a ser agressivo com a irmã, passou a se interessar menos por leitura e ficou mais "viciado" (a palavra usada por seus pais) em seus *gadgets*.

Hoje, os pais estão frustrados, preocupados, nervosos e sofrendo tanto quanto o filho. Eles pensaram que o TDAH seria "a resposta", mas ao reconhecer a realidade, eles admitem que pouca coisa mudou. Os Grayson são pais instruídos, atenciosos e preocupados, mas eles estão claramente "sem rumo". Por que eles não conseguem fazer algo melhor?

Janet e Orin precisam passar do pensamento de pai/mãe para o pensamento de família. Ao focar somente em Quincy, *ele* será visto como "o problema". Eles conversam sobre levá-*lo* em outro terapeuta e "tentar de tudo" para torná-*lo* uma criança "melhor", sem perceber que o que a família está vivenciando no momento não tem a ver somente com um indivíduo. Talvez o cérebro de Quincy *seja* diferente; talvez ele tenha nascido com um temperamento difícil. Sem dúvida, ele é mandão. Mas ele também foi moldado por sua família e pelo contexto maior. O medicamento correto ajuda Quincy a permanecer focado, porque lhe dá certo controle sobre sua mente muito ocupada. Mas para que o conflito nessa casa diminua e Quincy se sinta melhor sobre si mesmo e seja menos defensivo e exigente em relação aos outros, a família inteira precisa de um medicamento que não pode ser comprado em forma de pílula.

A história dos Grayson é familiar a todos que estudam famílias. Por culpa, por pena, pelos seus próprios traumas de infância e/ou pela ideia equivocada de não querer angustiar o espírito da criança, os pais toleram o mau humor e as crises emocionais dos filhos, em vez de ensinar-lhes a ter autocontrole. Em graus maiores ou menores, cenas similares são vistas em todas as casas. O tópico pode ser notas baixas e lição de casa insatisfatória, tempo de tela e videogame, mentiras ou outro mau comportamento. Não existe uma fórmula mágica para encerrar os conflitos com os nossos filhos, quer sejam problemas cotidianos ou grandes dilemas. Entretanto, *podemos* mudar a maneira como lidamos com eles. Também podemos ver os conflitos como uma oportunidade em vez de uma esperança para eliminá-los. Quando lidamos bem com isso, o conflito pode ser uma experiência que leva ao crescimento para ambas as gerações e para toda a família.

Como *não* reagir

Muitos de nós nos seguimos um repertório limitado de reações quando as crianças não fazem o que mandamos: *cedemos* ou *chamamos a atenção*. Quer façamos apenas uma das duas coisas ou alternemos entre as duas, nenhuma das situações funciona, ou pelo menos não por muito tempo.

Orin Grayson tende a ceder. Na maior parte das vezes, ele finge não perceber, porque protege a sua imagem de "boa pessoa" e tende a evitar conflitos, um padrão que ele aprendeu há muito tempo com sua família *hippie*. Seus pais, apreciadores da maconha, eram cheios de emoções positivas; ninguém podia ficar triste ou sentir fortes emoções. Assim, quando Quincy perde o controle, e Janet não está por perto, Orin segue o caminho da menor resistência.

Todos os pais cedem às vezes. Parece mais fácil do que discutir, especialmente quando você está ocupado. Mas assim como em uma dieta regular, ceder é uma forma de paternidade acidental que ensina às crianças como serem boas negociadoras. A culpa é do princípio Las Vegas, ou o poder do "reforço intermitente". Cientistas comportamentais treinam ratos de laboratório para pressionarem a alavanca para receber o alimento, recompensando-os assim a cada vez. Se os seres humanos pararem de distribuir o alimento, os ratos rapidamente aprendem que é inútil pressionar a alavanca. Mas se os pesquisadores recompensarem os ratos aleatoriamente, eles agem como apostadores, esperando o caça-níquel dar a premiação: eles continuam tentando, e o comportamento fica ainda mais engessado.

Os mesmos princípios se aplicam às crianças. Considere como Bonnie, de 8 anos, explica a política do tempo de tela em sua casa: "Não é permitido jogar durante a semana, mas posso brincar no meu iPod nos fins de semana quando meu pai deixa." Em um sábado típico, o pai permite que ela jogue videogame por meia hora. Uma hora depois, o pai entra na cozinha e grita com ela: "Desligue esta porcaria e vá se trocar para o treino de futebol." Ao voltar para casa, Bonnie vai direto para o iPod. "Por favor, deixa eu jogar um pouquinho?", diz ela com voz chorosa. "Eu só quero...". Ela então enumera uma série de atividades digitais para os quais o pai disse "sim" anteriormente: "Eu só quero entrar no Face Time para falar com o vovô." "Só quero ouvir música." "Preciso pesquisar um material para a escola." O pai pensa: *Que mal fará?* De qualquer forma, ele precisa fazer algumas ligações. Então, ele cede.

Em geral, os pais não tem consciência de que reforçam o próprio comportamento que consideram prejudicial. Janet Grayson insiste: "Eu *nunca* cedo. Eu costumava ceder. Mas se hoje, digamos, ele bater o pé porque quer jogar videogame depois do jantar, eu mantenho a minha posição." O problema é que, depois de todos esses anos cedendo para Quincy, ele sabe que o caça-níquel acaba premiando. Em algum momento, um dos pais *vai* ceder. Além disso, embora Quincy adore videogame, o que ele realmente deseja é a atenção de Janet. Quando resmungar não funciona, a birra fun-

O fantasminha da culpa

Embora muitos pais sintam-se culpados sobre *alguma coisa*, quando falamos sobre o tempo que dedicam aos seus filhos, eles são especialmente duros consigo mesmos quando os filhos apresentam problemas comportamentais ou de aprendizagem. Eles ficam preocupados: dedicamos tempo suficiente? Dedicamos tempo demais? A nossa casa é caótica? Muito rigorosa? Mesmo que algumas dessas razões sejam parcialmente verdadeiras, a culpa não é apropriada nem útil.

Em poucas palavras: quando você está sobrecarregado e cego pela culpa, é difícil ver que existem outras opções, o que praticamente impossibilita a tomada de medidas positivas na busca de uma solução. Uma abordagem melhor? Em vez de se sentir culpado, olhe à sua volta e diga a verdade a si mesmo sobre como sua família chegou a esse ponto.

ciona. Janet pode até não dar o videogame a Quincy toda vez que ele pede, mas ela sempre abre espaço para ele. Eles discutem, Janet "mantém a sua posição" e então chama a sua atenção.

Chamar a atenção pode variar entre uma leve repreensão até uma bronca – qualquer coisa que faça a criança entender que o adulto está no comando ("Porque eu disse que seria assim!"). Claro, todos nós perdemos o controle às vezes. Achamos que estamos ensinando a criança a se comportar da forma "correta" ou ser "boa". Na verdade, intimidar e tentar exercer controle não ensina coisa alguma; em vez disso, prejudica o relacionamento e enche a casa de negatividade.

Quando Janet Grayson perde a paciência, ela se recusa a ouvir qualquer palavra. A discussão se intensifica e se torna ofensiva. Ela profere palavras indelicadas; Quincy diz que a "odeia". Ela o manda ir para o quarto.

"Definitivamente perco a paciência com frequência", confessa. "Ajo como o meu pai. Ele era desprezível. Quando eu tinha 16 anos e lhe disse que tinha conseguido o papel principal em uma peça, ele me perguntou:

'Mas o que viram em *você* para escolhê-la?' Ele realmente pensava assim. Quando chorei, ele disse que eu tinha que ser mais 'forte'. Às vezes, pareço com o meu pai. E depois me sinto terrivelmente culpada."

A verdade é que, quer Janet fique quieta ou bata o pé, agrida verbalmente o filho ou se culpe, ninguém sai ganhando.

Você não pode controlar os pensamentos, sentimentos, desejos ou ações do seu filho. Você pode controlar a sua reação.

Ainda que o coro na cabeça de Janet – conduzido, sem dúvida, por seu pai – cante o refrão familiar *"Eu sou o pai e são as minhas regras que valem"*, ela precisa mostrar autocontrole para ignorá-lo.

Autocontrole: como dominar os Eus

Como ressaltamos nos últimos capítulos, *existe* um Eu na família. Todo membro é visto, compreendido e respeitado. Entretanto, a vida familiar também nos dá a oportunidade de controlar os nossos Eus e nos unir enquanto família. Cooperamos com os outros e, às vezes, cedemos à vontade do outro. Fazemos favores e ajudamos, mesmo quando estamos sem vontade. Dedicamos tempo e energia para as necessidades dos outros, mesmo quando isso não nos beneficia diretamente.

Uma pessoa que consegue controlar o seu Eu, quando necessário, tem autocontrole, um prognosticador importante do sucesso pessoal e social. Falamos brevemente sobre autocontrole no Capítulo 3, identificando-o como um dos "músculos" que um indivíduo exercita para liderar com amor. Mas como explicamos aqui, o autocontrole também nos torna pessoas melhores.

Quando o psicólogo Roy Baumeister deu a vários grupos de alunos universitários treinamento de autocontrole em exercícios físicos, administração financeira e trabalhos universitários, eles não apenas conseguiram atingir o objetivo específico – exercitar-se regularmente, gastar com sabedoria, desenvolver melhores hábitos de estudo –, mas o autocontrole em outras áreas também melhorou. Alunos com "força de vontade" – o termo que Baumeister usa – também:

...fumavam menos cigarros e bebiam menos álcool. Lavavam a louça em vez de deixá-la empilhada na pia e lavavam a roupa com mais frequência. Eles protelavam menos. Faziam seus trabalhos e tarefas antes de assistir televisão ou sair com os amigos. Comiam menos besteiras, substituindo os maus hábitos alimentares por hábitos mais saudáveis... Algumas pessoas relataram até mesmo uma melhora no controle do temperamento.

Não foi exatamente esta a definição de Baumeister, mas não é errado dizer que os participantes agiam como partes interessadas responsáveis. Eles conseguiam controlar o seu Eu quando necessário. A força de vontade permite que você trabalhe em direção a uma meta e termine aquilo que começou. Se você conseguir esperar a sua vez, adiar as gratificações, controlar as suas emoções e ouvir enquanto a outra pessoa está falando, você se sentirá melhor e os outros vão querer você na equipe deles. Um bom autocontrole também fará de você um pai ou uma mãe melhor.

É claro que é preciso consciência, disposição e trabalho para controlar o seu Eu – mais para alguns do que para outros. Mas vale muito a pena. Adultos e crianças que têm um elevado autocontrole são menos propensos a ansiedade, depressão e comportamento obsessivo. Eles podem entreter e satisfazer a si mesmos, em vez de depender de outras pessoas ou coisas materiais, como videogames. Eles constroem bons relacionamentos – entre outras razões, porque procuram não criticar.

Por exemplo, sair para comprar sapatos com o marido foi uma experiência dolorosa e potencialmente explosiva para Daria Wilkerson, que toma decisões rapidamente. Conrad experimentou vários sapatos, acabou mostrando interesse por um deles e depois de andar pela loja (o que levou uma eternidade para Daria) disse ao vendedor que precisava de alguns dias para pensar. Nesse momento, ela explodiu: "Você só pode estar brincando! Você diz que é confortável, bonito e – fala sério – é apenas um sapato." Agora, entretanto, Daria se lembra de que o Eu de Conrad é diferente do dela. E ela se controla para parar de criticá-lo ou tentar mudá-lo.

É possível aplicar o mesmo tipo de contenção consciente em interações com seus filhos. Por exemplo, quando as notas da filha começaram a cair, Lila Locklear considerou a situação pela perspectiva da filha. Até hoje, Georgina tem sido uma aluna que só tira notas altas. Aos 15 anos, ela tem mais distrações que no passado. É uma criança popular que toca flauta e corre na equipe de atletismo. Assim, em vez de ameaçar a filha ("Se as suas notas não melhorarem, você ficará sem o seu celular"), Lila conversou calmamente com Georgina: "Que tipo de aluna você quer ser?", perguntou. "Você está feliz tirando notas não tão altas? Se sim, tudo bem. Mas se você quer tirar notas altas, o que quer que você esteja fazendo não está funcionando."

Ao ouvir essa história, tivemos que perguntar a Lila: "Você está *realmente* de acordo com isso? Você *realmente* não se importa se ela tirar notas mais baixas? Ou você estava apenas tentando culpá-la por não estudar?"

"Estou de acordo com isso", Lila respondeu. "Não posso transformá-la em uma boa aluna. Ela passa mais tempo fora de casa do que antes. Eu fico de olho nela; sei onde ela está. E basicamente ela é uma boa menina. Mas não posso controlá-la."

A conversa terminou com Georgina se comprometendo a "pensar sobre o assunto". Lila, sabiamente, deixou por isso mesmo, acrescentando, como já havia feito inúmeras vezes no passado, que ela estava lá caso Georgina precisasse conversar mais sobre o assunto.

Tenha em mente que exercitar o autocontrole *não* significa abandonar as suas responsabilidades como pai ou mãe. Sem dúvida, continue guiando, ensinando e corrigindo. Seja um guia e uma referência. Introduza novas ideias e experiências aos seus filhos. Faça-os se sentirem seguros, visto que estão aprendendo a negociar com o mundo. Dê-lhes mais responsabilidades. Estimule seus talentos. Permita que tropecem e até mesmo fracassem. Ajude-os a aprender com a experiência. Elimine privilégios, se necessário, mas principalmente como um último recurso.

Em resumo, continue liderando, mas desista da ilusão de controle.

Pense na infância dos seus filhos como uma colaboração – o seu amor e orientação e a matéria-prima deles.

Fique na sua; a vida dos seus filhos deve ser vivida por eles. Você não pode escolher o destino deles ou lhes dizer o que devem fazer. Você *pode* fazer do autocontrole um valor da sua família.

Primeiro, seja a solução

Cada escolha que *você* faz ensina alguma coisa para os seus filhos. Em uma loja ou restaurante, você pode ser educado e simpático e apresentar-se ou nem sequer agradecer ao atendente. Lição ensinada. Quando algum veículo cortar a sua frente, pode você dizer: "Nossa, o motorista deve estar com pressa" ou xingar, buzinar e chamá-lo de idiota. Lição ensinada. Em casa, você pode ser consciente e cauteloso em relação ao seu tom de voz ou gritar e perder o controle. Lição ensinada.

Quando você perde o controle, seu filho pensa: *Os meus pais são agressivos, tratam mal as pessoas, criticam, gritam e batem. Por que eu não posso?* Mas quando você exercita o autocontrole, isso envia uma mensagem completamente diferente. Apresentamos a seguir algumas outras estratégias para ajudá-lo a fazer escolhas melhores.

Admita que às vezes você tem dificuldade de exercitar o autocontrole. Pais exemplares não são perfeitos; eles admitem os seus erros e fraquezas. Converse sobre a sua infância. "Sempre gostei das lições de matemática, mas odiava as de redação. Eu esperava até o último minuto para fazer, o que dificultava ainda mais." Explique que às vezes você *ainda* precisa fazer um esforço para pensar antes de reagir. Fale quais são os fatores motivadores – comentários e situações que fazem você reagir de forma exagerada. "Fiquei com muita raiva quando o marceneiro só apareceu dois dias depois do combinado. Fico muito bravo quando as pessoas estão atrasadas e não avisam. Queria gritar com ele! Mas respirei fundo e disse: 'Espero que esteja tudo bem.' Assim, pude lhe dar uma oportunidade de se explicar."

Ao se envolver com um trabalho e se dedicar às partes mais difíceis, converse abertamente sobre o processo. Quer seja um relatório que você precisa terminar ou algum trabalho no jardim, note que algumas responsabilidades são difíceis, entediantes ou chatas ("Mal termino de cortar a grama e parece que já cresceu de novo!"). Não há problema em dizer aos membros da família que você preferia estar fazendo outra coisa ou que até hoje você tinha *adiado* essa tarefa. Mas não esqueça de dizer a eles que você se sente bem em completar qualquer tarefa que seja – isto é, se você realmente se sente bem com isso. Caso contrário, serão palavras vazias – o discurso de um adulto. Os seus filhos perceberão e, pior, se sentirão manipulados.

Respire fundo quando o seu filho decepcioná-lo ou até mesmo chocá-lo. Quando você se esforça para controlar o seu Eu, é mais fácil ser justo, criativo e compassivo, o que, por sua vez, leva à diminuição dos conflitos e fortalece o relacionamento entre pais e filhos. Por exemplo, no decorrer de várias horas, Felicia Germaine pergunta repetidamente ao filho Lamont, de 12 anos: "Você está fazendo a lição de casa?". Toda vez, Lamont responde: "Está tudo bem, mãe, estou fazendo."

Horas depois, quando Felicia pede para ver a lição de matemática, Lamont resolveu apenas três de vinte problemas. Ele nem sequer tocou na outra lição de casa. Ao ser pego, ele chorosamente confessa que passou a tarde escrevendo *fanfics* (ou "ficção criada por fãs") – narrativas baseadas em personagens conhecidos e publicadas em determinados sites. A ideia é depois postar a sua história na internet, para que outros usuários leiam e comentem. Felicia, que costuma acompanhar de perto a vida on-line de Lamont, não tinha ideia de que seu filho estava tão obcecado por esse site em particular.

Ela poderia ter perdido completamente a paciência. O seu cérebro reptiliano estava gritando: *Que garotinho mentiroso!* E quem pode culpá-la? Que pais não ficariam enfurecidos e talvez até assustados ao ver o seu filho visitar uma "zona" desconhecida no ciberespaço? Mas em vez de dar uma bronca, gritar, ameaçá-lo ou envergonhá-lo por ter mentido *de novo*, Felicia controlou o seu Eu e acionou o seu cérebro racional. Ela também se lembrou do que o psicólogo escolar havia lhe dito recentemente: "Sempre que um garoto de 12 anos abre a boca, ele mente!"

"Mostre-me o que você ficou escrevendo durante a tarde", disse Felicia, na voz mais calma que ela conseguiu. Controlar a sua própria negatividade a permitiu entender a situação pela perspectiva de Lamont. A história estava bem escrita e criativa. Obviamente, Lamont tinha se dedicado, porque era algo que ele queria fazer. Não era a lição de casa, mas também não era tão ruim assim.

Por fim, ela disse: "Lamont, vou dizer como vejo isso. Temos dois problemas. Primeiro, você não fez a lição que deveria ter feito, então terá que pensar em como vai administrar seu tempo para concluí-la até amanhã. Segundo, você mentiu para mim, não apenas uma, mas quatro vezes."

O seu tom era sério, e ela não escondeu sua decepção ou raiva, o que não seria autêntico. Ela foi honesta, mas procurou liderar com amor. "O pior de tudo é que agora você perdeu a minha confiança, e eu não sei quanto tempo ou o que me levará a confiar em você de novo", acrescentou.

Como Felicia simplesmente relatou o problema, Lamont não poderia ficar defensivo. Ele não tinha motivo para se defender, ele tinha que dar uma resposta. Recuperar a confiança da sua mãe era *sua* responsabilidade. Naquela noite, Lamont, uma criança inteligente que estava entediado com a escola e normalmente se recusava a fazer a lição de casa, fez todas as suas tarefas sem que tenha sido necessário pedir. Como a maioria das crianças, ele quer a confiança da mãe.

Interrompa a ação antes que você perca o controle também. Quando você entrar em atrito com uma criança fora de controle, e cada um de vocês quiser do *seu* jeito, acalme o seu Eu primeiro. Depois, traga vocês dois de volta para o relacionamento. Você se lembra como Sara Green lidou com a "crise da pré-adolescência" de sua filha (p. 61)? Ela não agiu de forma presunçosa nem tentou controlar Katy, e também não cedeu, o que permitiria que o Eu da filha dominasse. A sua compaixão e bondade acalmaram os nervos de Katy e lembraram a pré-adolescente da conexão existente entre elas. Katy foi para o quarto, onde teria a liberdade de expressar seus sentimentos sem despejá-los sobre outras pessoas.

Prepare um discurso de retirada. Quando você pedir um tempo para recuperar o seu autocontrole, é importante fazer isso de uma forma que o seu filho não se sinta abandonado. Sugerimos que você se planeje com antecedência, escrevendo e ensaiando um "discurso de retirada" – palavras moderadas e amáveis que expliquem por que é melhor não continuar a conversa naquele momento. Dessa forma, você paralisa a ação e ganha um tempo para se recuperar. Antes de sair, explique: "Vou [fazer ioga, meditar, ouvir música, tocar piano, caminhar/correr, tricotar, ler] para conseguir me acalmar." Além disso, dê ao seu filho alguma coisa para ele pensar. "Você precisa descobrir o que funciona para você."

Você também pode querer introduzir essa ideia em uma reunião de família. É uma forma de toda a família pensar em como *não* se envolver quando os ânimos estiverem inflamados. Use o exemplo do discurso de retirada do quadro "Como escrever seu discurso de retirada" para discutir sobre outras coisas que podem ser incluídas. Depois, escreva o seu próprio discurso. Crianças menores podem ditar para os pais ou um irmão mais velho. No mínimo, você terá uma ideia de como cada membro da sua família lida com o conflito.

Como escrever seu discurso de retirada

Escrito e ensaiado em um momento tranquilo, um bom discurso de retirada é produto do seu cérebro racional. É a coisa certa a se fazer, porque isso preservará o relacionamento. Você não precisa dizer exatamente da forma como escreveu. Mas, no calor do momento, você estará mais propenso a se lembrar do conselho do seu cérebro racional se tiver escrito no papel. A seguir há um exemplo. (As frases em parênteses podem ser incluídas se não for a primeira vez.)

Estou com muita raiva agora e não quero perder o controle (como normalmente acontece). Você provavelmente também está com raiva. Não é legal conversar quando estamos com raiva (porque você grita, e eu grito de volta). Nós dois nos sentiremos mal se brigarmos. Não tem problema sentir raiva, mas atacar um ao outro prejudica o nosso relacionamento. Assim (desta vez), vou para o meu quarto para me acalmar. Sugiro que você também encontre uma forma de se acalmar. Então, quando não estivermos com tanta raiva, poderemos tentar de novo. Nós dois vamos tentar escutar mais e conversar em vez de gritar (o que costuma acontecer quando não concordamos um com o outro). Mesmo que tenhamos perspectivas diferentes em relação a essa situação, não precisamos ser indelicados um com o outro.

Peça desculpas quando perder a paciência. Pode parecer óbvio, mas desculpar-se não significa apenas reconhecer um mau comportamento. Também significa reconhecer quão difícil ou assustador é estar na pele do outro: "Desculpe, Carmine. Eu não deveria ter gritado por você não ter tirado a louça da máquina de lavar. Sei que é um pouco assustador quando pareço estar tão fora de controle. Não quero que nossa casa seja um local assustador."

Observação: ao se desculpar, você *não* está diminuindo as suas expectativas. Carmine aceitou a tarefa de tirar a louça da máquina essa semana. Você não está lhe dando um passe livre porque ele está "muito ocupado" ou porque você perdeu o controle. Você está se desculpando pela falta de autocontrole. Da próxima vez, pense em uma maneira melhor de lembrá-lo de que é uma responsabilidade dele, e não sua.

O autocontrole não vem naturalmente

Mary O'Donahue teve uma epifania quando seu filho, com 5 anos na época, se esqueceu de agradecer a um amigo o presente inesperado que ele lhe havia dado. Pior ainda, o garoto não tentou esconder a sua decepção ao abrir o presente e ver que tinha uma camiseta em vez de um brinquedo, e foi saindo da sala. Mary disse mais tarde:

> *Lembro-me de ter feito a famosa pergunta "Ei...o que se diz?" E ele respondeu com um grosseiro "Obrigaaaado" sem mal olhar para nós. Não foi um momento de muito orgulho para mim, mas provavelmente um momento familiar para muitos pais.*

Quando Mary depois pensou sobre o acontecimento, ela percebeu: "Na verdade, nunca tínhamos ensinado o nosso filho a agradecer. Nunca. Tudo que tínhamos feito foi *treiná-lo* para *agir* com gratidão." Depois disso, ela e o marido começaram a desenvolver uma lista de valores que consideravam importantes para ensinar-lhe explicitamente – um projeto que se transformou em um livro de Mary: *When You Say "Thank You," Mean It* ["Quando disser 'obrigado', diga-o agradecendo de verdade"].

Juntamente com gratidão, Mary incluiu respeito a si mesma, respeito pelo próximo, integridade, compaixão, perdão, sentimento de alegria, compromisso, aprendizagem por toda a vida e força interior. A sua lista pode ser diferente da dela. Mas independentemente dos valores que você queira transmitir para os seus filhos terem uma vida melhor e fortalecerem seus relacionamentos, eles precisarão desenvolver autocontrole, e você precisará ensinar-lhes isso.

O filósofo e poeta do século XXI Rumi escreveu: "Os inteligentes desejam autocontrole; crianças querem doces." Ensinar as crianças a esperar pelo doce é indiscutivelmente uma das tarefas mais importantes dos pais, ainda que você acredite em outras coisas também. Quão rapidamente e quão bem eles aprenderão isso dependerá da personalidade e da idade. Mas eles só aprenderão com a sua ajuda.

Dominar o Eu não é algo natural para as crianças. Nós precisamos ensinar, orientar e dar a elas oportunidades para vivenciar as recompensas. Considere as estratégias a seguir:

Deixe o seu filho praticar. Dizer para os seus filhos "acalmem-se", "esperem a sua vez" ou "dividam" não terá muita importância se você não ajudá-los a entender a razão e a necessidade de exercer autocontrole. Quando o seu filho pequeno lhe pede um salgadinho e você responde: "Espere alguns minutos que já lhe darei", ele não apenas aprende a esperar, mas também começa a perceber que *pode* esperar. *Não* ceda se ele reclamar. Na pior das hipóteses, reduza os minutos de espera. Aumentar gradualmente o tempo de espera à medida que ele for ficando mais velho aumentará sua tolerância à frustração. Se você também sugerir que ele brinque ou desenhe enquanto espera, ele aprenderá a se distrair, uma estratégia essencial para melhorar o autocontrole em qualquer idade.

Quando o seu filho exercer autocontrole, destaque, elogie e converse sobre isso. "Obrigado, querido, por manter a cabeça fria ao não encontrar a sua luva de beisebol. Percebi que em vez de reclamar, você respirou fundo e revisou os seus passos. Como se sentiu?"

Não recompense birras. A birra é o oposto do autocontrole, e a forma mais rápida de extinguir qualquer comportamento é *não* recompensá-lo. Foi por isso que Tracy falou para os pais ignorarem quando os filhos reclamarem, baterem o pé, gritarem, derem uma resposta malcriada ou até mesmo baterem com a cabeça. Quando os pais reagem cedendo, agem de forma exagerada ou ficam congelados por culpa e não fazem nada, a criança se torna cronicamente petulante e exigente. Ao mesmo tempo, Tracy não era a favor de castigos para crianças. Como elas não têm habilidades para lidar com fortes emoções, além de deixar claro que você não tolera aquele comportamento, você também precisa ajudá-las a controlar os seus sentimentos.

Se você estiver lidando com uma criança pequena, retire-a da situação. Vá para outro quarto ou, se estiver em algum lugar público, vá para um lugar tranquilo, nem que seja o seu carro. Coloque o seu filho no colo, virado de costas para você, para que não haja contato visual. Mesmo que você *pense* que ele é pequeno demais para entender, diga alguma coisa mais ou menos nesta linha: "Só vou conversar com você depois que você se acalmar" ou "Não consigo ouvir quando você [choraminga/grita/chora/bate]." Não diga mais nada. Não tente discutir com ele. Quando ele finalmente parar de se debater e gritar, diga-lhe como ele pode lidar com a situação. "Aquele carrinho era do Tommy. Sei que você queria brincar com ele. Mas da próxima vez, em vez de simplesmente pegar, você tem que pedir para ele. E se ele disser não, você não pode bater nele." Considere cada incidente como uma oportunidade de ensinar autocontrole. Uma criança pequena não vai entender de imediato, mas se você for firme, ela aprenderá a pedir (com gentileza), dividir e esperar.

Tirar a criança da "cena do crime" funciona com a maior parte das crianças pequenas, porque elas se distraem muito facilmente, e seus curtos períodos de atenção costumam ajudar a promover pequenos ataques de birra. Infelizmente, no caso dos Grayson, os pais não seguiram esses passos com Quincy quando ele era menor. Hoje, ficar bravo é sua tática apropriada para atrair a atenção da mãe. Tomar Adderal ajuda Quincy a se concentrar, mas não existe uma pílula que possa neutralizar os anos de paternidade acidental ou "diminuir" o poder de uma criança que tenha sido autorizada a tomar decisões importantes. O que a mãe dele pode fazer? Em vez de sentir que ela precisa "aceitar" isso ou, pior ainda, gritar com Quincy e mandá-lo para o quarto, *ela* pode se afastar até que recupere o *seu* autocontrole.

Conte a verdade. "Ele sabe que o medicamento o ajuda a se concentrar. Mas não falamos especificamente sobre o diagnóstico", diz Orin Grayson, em resposta à pergunta sobre o quanto Quincy conhece sobre TDAH. "Achamos que é melhor ele não se rotular." A pergunta é: os Grayson hesitariam se Quincy tivesse um problema físico, como diabetes juvenil ou síndrome do QT longo, uma doença cardíaca infantil? Essas doenças são afetadas pela dieta e pelas atividades e exigem que a criança entenda os riscos. E isso não é diferente quando se trata do TDAH.

As crianças, em especial aquelas que têm dificuldade de aprendizagem e/ou problema comportamental, são mais propensas a desenvolver autocontrole quando somos sinceros com elas, quando elas têm metas claras e alcançáveis e *feedback* imediato sobre as suas ações. Lynne Hacker, uma fonoaudióloga veterana da cidade de Nova York, diz: "Não contar a verdade indica vergonha, que é exatamente o que queremos evitar, visto que a criança já deve sentir vergonha suficiente."

"A meta é remover a vergonha. Se os pais agem como se *eles* sentissem vergonha, fica muito mais difícil convencer a criança de que não há motivos para ela se envergonhar. Normalmente acabo não trabalhando com esse tipo de criança."

Hacker não conhece os Grayson, mas ela já conheceu muitas crianças para dizer com autoridade que "a maioria delas fica aliviada quando descobre que o que elas têm é legítimo, tem um nome e significa que não são idiotas nem que suas atitudes são propositais." E acrescenta: "O importante é ter certeza de que a criança (a) não se sinta defeituosa, (b) saiba que existem estratégias para ajudar a melhorar o problema e (c) tenha alguém próximo que a entenda."

Embora o TDAH de Quincy não seja o único motivo dos conflitos na família Grayson, Quincy *de fato* tem dificuldade de se concentrar, e ele *é* impulsivo. Ser a pessoa mais barulhenta, irritada e mandona da casa também afeta a sua vida fora dela. Alguém precisa lhe dizer: "Você está ficando mais velho, e é muito importante que você aprenda a encontrar uma maneira melhor de lidar com os seus sentimentos quando você não conseguir o que quer. Caso contrário, você vai continuar afastando as pessoas."

Um garoto como Quincy precisa conhecer a si mesmo para começar a fazer escolhas melhores. Ao aumentar a sua consciência, ele conseguirá prestar mais atenção, entenderá o que acontece dentro do seu cérebro e verá as consequências das suas ações. Por fim, ele aprenderá a dizer a verdade a si mesmo, o que também vai ajudá-lo a exercer autocontrole. E isso o videogame não faz.

Dê mais importância para fazer o bem em vez de ser bom. Fazer coisas para os outros e fazer sacrifícios são duas das formas mais gratificantes de autocontrole. Identifique oportunidades para elogiar os seus filhos quando eles fizerem um favor ou algum sacrifício por alguém. Pergunte como eles se sentem quando são generosos – por exemplo, quando dividem um brinquedo, ficam quietinhos assistindo ao jogo ou recital do irmão ou abrem mão de uma festa de aniversário para visitar um parente idoso. Mencione os atos generosos e pequenas gentilezas nas conversas do dia a dia: "Não foi legal Carol ter trazido o jantar quando soube que eu estava com gripe?", "Ainda bem que papai estava no estacionamento quando o Sr. York precisou trocar o pneu furado." Envolva-os em suas boas ações: "Por favor, me ajudem a fazer os biscoitos para levarmos à casa dos Draper quando formos oferecer as nossas condolências. Eles ficarão muito felizes de saber que você ajudou."

Compartilhe histórias sobre sacrifício. Depois da passagem do Furacão Sandy, por exemplo, uma mãe fez questão de contar aos seus três filhos que centenas de voluntários tinham deixado a sua família e o conforto de sua casa quentinha e iluminada para restaurar a energia mais rapidamente em Nova York e Nova Jersey. Ela mostrou artigos de jornal sobre coragem. Pode parecer um ato insignificante – levou apenas alguns minutos. Levará muito mais tempo para absorver a mensagem. Mas conversar constantemente sobre o domínio do seu Eu faz as crianças entenderem e as lembra de que elas não são as únicas pessoas que importam.

A tecnologia e o seu impacto no autocontrole

Hoje, as crianças têm um tempo de tela de mais de 53 horas por semana, de acordo com a Kaiser Family Foundation, que analisa o uso da mídia por crianças desde 1999. A proliferação de computadores, *tablets*, celulares e jogos eletrônicos tem criado o que a jornalista Hannah Rosen identificou em 2013 como "a neurose da nossa era". Os pais, escreve Rosen, "estão se preocupando mais, e não menos" em como a tecnologia afeta os seus filhos.

A competência e a sofisticação tecnológica criaram uma outra esfera em que os pais sentem que precisam navegar exatamente na mesma direção. Por um lado, os pais querem que os filhos nadem habilidosamente na corrente digital em que terão que navegar por toda a vida; por outro lado, eles têm medo de que o excesso de mídia digital, de forma muito precoce, afunde seus filhos. Os pais acabam tratando os tablets como instrumentos cirúrgicos precisos, aparelhos que podem fazer milagres para o QI dos seus filhos e ajudá-los a ganhar algumas competições robóticas interessantes – mas apenas se forem usados com essa finalidade. Caso contrário, seus filhos serão aquelas criaturas tristes e pálidas que não conseguem fazer contato visual e têm um avatar como namorada.

Não há dúvida de que a era digital acarreta alguns problemas. No entanto, quando adultos discutem sobre tecnologia, eles costumam considerá-la uma catástrofe. E, pior ainda, as crianças são consideradas criminosas e os pais, policiais. Além de isso não ser verdade – adultos de todas as idades são seduzidos por esses aparelhos da mesma forma –, também é de pouca ajuda, porque não auxilia as famílias a administrar o tempo de tela nem ameniza as brigas entre gerações produzidas por esses recursos. Uma abordagem melhor é ajudar um ao outro a colocar a tecnologia em perspectiva.

Analise, não entre em pânico. Atualmente, até mesmo os especialistas têm dúvida se a tecnologia interativa é "educativa" ou "perigosa". A revolução digital tem certamente mudado a forma como jogamos, pensamos e nos comunicamos. Mas ler um livro em um dispositivo digital, enviar um e-mail para a vovó ou buscar alguma informação na internet não é a mesma coisa que, pela centésima vez, jogar um mesmo jogo no videogame ou assistir ao mesmo vídeo no YouTube. Mas não pense que a tecnologia não tem coisas boas. Informe-se (ver quadro da p. 320).

Seja sincero quanto às suas dificuldades. Se você é um adulto que verifica o seu celular regularmente por causa do trabalho, joga jogos on-line ou entra em redes sociais, você entende o dilema. Não há uma solução perfeita para adultos *ou* crianças. A tecnologia *é* tentadora; é preciso autocontrole para administrá-la. Uma mãe pediu para os filhos "chamarem sua atenção" sempre que ela pegasse o seu celular dentro do carro. Uma avó admitiu para o neto que estava passando muito tempo jogando palavras cruzadas on-line e precisava parar por algumas semanas para concluir um projeto importante. Além disso, lembre os seus filhos (e você mesmo) que administrar o tempo em frente ao computador/TV não é um novo dilema familiar. "Minha mãe costumava brigar comigo porque eu passava muito tempo assistindo TV. Ela também não me deixava ter uma TV no quarto, ainda que muitos dos meus amigos tivessem."

"Alfabetize-se" tecnologicamente em família. Reúna-se com a sua família em frente ao computador e acessem a internet juntos. Calmamente discuta os benefícios e perigos. Ajude os seus filhos a encontrar formas de mídia que os atraia e que você aprove. Fale dos perigos de clicar em anúncios ou acessar sites desconhecidos. Ajude-os a entender as questões de privacidade e os problemas de deixar um rastro digital desonroso. Peça para eles lhe mostrarem os sites que visitam e aplicativos que usam. Pergunte o que gostam a respeito de cada um. O seu objetivo é desenvolver o que Howard Rheingold chama de "alfabetização tecnológica", habilidades do século XXI que pais *e* filhos precisam para se tornarem consumidores inteligentes e cautelosos.

Estabeleça regras claras para o tempo de tela. Curiosamente, de acordo com crianças entre 8 e 18 anos entrevistadas pela Kaiser em 2010, apenas uma em cada três casas estabelece limites específicos sobre tempo com tecnologia. Entretanto, quando o Pew Internet e o American Life Project perguntaram aos *pais* sobre os limites, mais da metade disse que regula o tempo gasto em videogames e tem regras sobre o tempo na internet. Por que a discrepância? Suspeitamos que alguns pais não definem as regras explicitamente e outros não as levam muito a sério. As crianças, contudo, acham que não existem regras, ou então que essas regras são altamente negociáveis.

Em vez de ceder quando sentir vontade e/ou agredi-los quando estiver estafada – o que sintetiza o princípio Las Vegas – pense bem antes de agir. Quanto tempo você permite que os seus filhos passem em frente a uma tela? Como você decide? É igual para todo mundo? Quando, caso aconteça, você não segue rigorosamente as regras? Quão coerente você é? *Você* pratica as mesmas regras? Novamente, todos os pais cedem *às vezes*. Mas quando as crianças têm limites explícitos, Kaiser descobriu, eles consomem quase três horas a menos de mídia por dia do que crianças que vivem em lares sem regras.

Informe-se

Não tente ser o gênio da tecnologia. Mas se você adquirir a "malandragem da rede" – um termo criado pelo crítico veterano de tecnologia Howard Rheingold –, você poderá pelo menos guiar a sua família de forma inteligente. "O uso consciente da mídia digital significa pensar sobre o que você está fazendo e fazer uma análise interior constante sobre como você quer gastar o seu tempo", adverte Rheingold. Para decidir o que é bom para a sua família, leia livros e artigos e visite sites que ofereçam uma visão equilibrada da pesquisa e as controvérsias. Seguem algumas dicas (conteúdo em inglês):

Livros: *Net Smart,* de Howard Rheingold; *How You See It,* de Cathy Davidson; *Screen Time,* de Lisa Guernsey; *Networked,* de Lee Rainie e Barry Wellman.

Artigos: "The Touch Screen Generation" de Hanna Rosen, *Atlantic Monthly,* 20/3/2013; "Shooting in the Dark", de Benedict Cary, *New York Times,* 11/2/2013; "Wired for Distraction: Kids and Social Media" de Dalton Conley, *Time,* 11/2/2011.

Pesquisas: Pew Internet e American Life Project (www.pewinternet.org/); Children's Digital Media Center (www.cdmc.georgetown.edu/); Berkman Center for Internet and Society, Youth and Media Project (http://cyber.law.harvard.edu/research/youthmedia).

Faça do quarto uma zona sem tecnologia. Uma família que conhecemos, depois de pegar o filho de 9 anos jogando videogame debaixo das cobertas depois da hora de dormir, designou um pequeno recipiente de vime como o "cesto de aparelhos". Fica na cozinha, e toda noite, uma hora antes de dormir (algumas famílias estabelecem um prazo ainda mais cedo), os membros da família depositam nela seus *smartphones,* iPods, *minigames* e outros pequenos aparelhos eletrônicos.

Monitore os monitores. Criar regras para a família não significa abandonar o seu papel como pai ou mãe. Da mesma forma que você autorizaria que seu filho fizesse um passeio diferente e se certificaria de que ele tem as habilidades necessárias para negociar com um novo vizinho, você não quer que eles vagueiem no ciberespaço sem sua aprovação e supervisão. Verifique regularmente o histórico do seu computador, que mostram os sites que foram visitados. Veja se e como eles estão interagindo com estranhos on-line. Faça uma lista com as senhas e avise-os que não é permitido mudá-las sem avisá-lo.

Junte-se a eles. Faça uso da mídia em família. O site Common Sense Media (www.commonsensemedia.org/) é um recurso excelente para dicas, eventos familiares apropriados para cada idade e resenhas. Assistam a filmes juntos. Ouçam músicas durante longas viagens de carro. Encontre boas histórias, ficção e não ficção, para compartilhar e discutir. Ouvir histórias treina as crianças a se concentrarem e dispensarem um pouco de sua total atenção – um antídoto contra aparelhos multitarefas e que atraem a atenção.

Faça reuniões de família sobre a tecnologia. Procure por artigos sobre acordos quanto ao uso de mídias em geral na família e use-os para iniciar uma conversa. A opinião dos seus filhos sobre o que consideram "sensato" provavelmente será diferente da sua, mas ouça assim mesmo. Faça uma lista com os prós e os contras. Fale como é irritante e intolerável ser ignorado porque alguém está enviando mensagens de texto no celular ou não tira os olhos da tela do computador. As crianças também não gostam disso. Você ficará surpreso em ver quão honestos seus filhos são quando não são criticados por suas opiniões. Eles são mais propensos a seguir regras que ajudaram a criar.

Peça a ajuda dos seus filhos. A maioria das crianças tem um talento nato quando se trata de tarefas tecnológicas; e muitos pais não. O seu filho é provavelmente "o especialista" quando você não entende as instruções da tela ou quando a vovó não consegue abrir um anexo no e-mail. Deixar a criança mostrar aos pais ou avós como fazer alguma coisa que o adulto não consegue fazer é uma excelente maneira de "transmitir" uma experiência positiva – um momento agradável que diz ao seu filho: "Você é visto e necessário, amado e respeitado. Você é importante."

A lição de casa também precisa ser uma área de conflito?

A lição de casa marca o início de um aumento das responsabilidades das crianças em relação ao seu primeiro "empregador", o professor. Eles passam a ter um "trabalho", assim como os adultos – tarefas que exigem autocontrole. A pergunta é: de quem é esse trabalho? Em muitas famílias hoje em dia, os pais sentam *com* os filhos para fazer as tarefas escolares diárias. Em alguns lares com crianças mais velhas, a noite toda é consumida pela lição de casa – iniciada, feita e discutida.

Alguns pais sentem que não têm escolha. Todos fazem isso; e muitos sistemas escolares esperam que os pais se envolvam. Também é uma boa forma de saber o que está acontecendo na escola. O problema é que o transtorno da lição de casa pode desgastar o relacionamento entre pais e filhos e causar sérias tribulações diárias no ecossistema. Se a lição de casa for uma área de conflito em sua casa, você deve fazer a sua família toda tentar entender o porquê. Vamos apresentar algumas perguntas que podem ajudar.

De que forma você ajuda? As pesquisas ainda não concluíram se a ajuda dos pais de fato melhora o desempenho escolar. Depende dos pais ou da criança. Ao se envolver, os pais podem ajudar o filho a praticar habilidades e acelerar o processo de aprendizagem, mas se os pais se intrometem de forma muito precoce e ajudam em excesso, isso pode minar a confiança da criança.

O seu filho precisa de uma ajuda extra? Avalie se é necessário realmente sentar com o seu filho, ou se é suficiente estar disponível caso ele precise de você. Quando ele precisa de ajuda, é porque a lição é de fato muito difícil ou você está investindo demasiadamente em seu desempenho? Crianças podem não ter as palavras ou sofisticação para expressar isso, mas elas podem perceber quando o Eu dos pais assume o controle. Ouça a si mesmo quando conversar sobre a lição de casa; talvez você ouça dicas de que a sua ajuda tem a ver com o seu Eu tanto quanto o dela. Uma mãe pensou: "Não quero que os meus filhos entreguem uma lição de casa errada." Outra mãe, ao se lembrar da sua infância e de como ela era negligenciada, disse que queria "ajudar mais o seu filho do que a sua mãe a havia ajudado".

Você se controla e ouve? O seu papel como auxiliador é discutir, esclarecer quando necessário e ajudar a pensar, não *fazer* o trabalho *para* o seu filho. Não forneça a resposta; peça para ele analisar de novo ("Não sei se essa questão está certa") e deixe-o decidir se quer corrigir. Além disso, ouça dicas sobre o que funciona e o que não funciona ("mãe, não foi assim que o Sr. O'Grady nos ensinou").

Você sabe qual é a melhor forma de ajudar? Converse com o professor do seu filho e, se ele tiver problema de aprendizagem, converse com o seu tutor. Aquilo que você vê em casa pode não lhe dizer tudo que você precisa saber sobre como ele é na escola. É importante entender os seus pontos fortes e fracos e a melhor forma de se conectar com ele. Especialmente se toda lição de casa for uma batalha, pergunte-se o que você pode fazer de forma diferente. Descubra como o seu filho aprende melhor e quando é momento de se afastar.

Você aproveita outras oportunidades para descobrir o que o seu filho está aprendendo? A lição de casa não é a única forma de descobrir o que está acontecendo na escola. Leia o livro que ele precisa ler ou a sua pasta de trabalhos para ver o que ele está lendo e estudando. Faça perguntas e discuta ideias durante o jantar, no carro ou ao dar-lhe boa-noite: "Eu vi que sua turma está lendo este livro. O que está acontecendo na história agora?". Compartilhe honestamente as suas próprias experiências de aprendizagem: "Eu demorei muito mais tempo do que o meu irmão para começar a ler, mas depois que aprendi, passei a adorar" ou "Eu ainda tenho dificuldades com matemática". Se você foi um aluno que tirava apenas notas altas e o seu filho não é, você pode preferir falar sobre as dificuldades dos seus irmãos.

Você já considerou uma estratégia para se afastar? Quando você *para* de ajudar? Quando o seu filho desenvolve o autocontrole necessário para executar tarefas difíceis? O pai de uma garota de 12 anos que está "tentando desacostumar a sua filha" a pedir ajuda toda noite lamenta: "Agora ela reclama que se sente 'sozinha' quando não me sento com ela." Talvez ele tenha demorado demais para se afastar. Estabeleça o caminho a ser seguido. Quando o seu filho estiver no caminho de se tornar um estudante independente, afaste-se. Preste atenção quando seu filho disser alguma coisa como "Entendi, pai. Não precisa me mostrar". É hora de deixá-lo se virar sozinho.

Se o seu filho parecer resistente em fazer a lição de casa sozinho, reduza o tempo dedicado a pequenos problemas ("Termine os problemas, e depois eu os avalio"). Estabeleça um local onde o seu *filho* fará a lição de casa. Não ajude com tarefas que ele consegue fazer sozinho. Seja direto – *não saia do quarto de fininho* – e seja honesto: "Você está ficando mais velho agora, e é importante que você saiba trabalhar sozinho e persistir, mesmo quando for difícil. Agora preciso [fazer o meu trabalho/pagar algumas contas/ficar um pouco com seu irmão], mas estarei aqui se precisar."

Como uma nota final para este capítulo e para preparar a transição para o próximo, é importante lembrar-se de se perguntar se as tribulações em relação a lição de casa, tempo de tela e outros conflitos comuns são sintomas de problemas familiares maiores, aos quais você precisa dar mais atenção. Resolva-os rapidamente em vez de negá-los. Use-os como uma oportunidade para conhecer os seus filhos, para ajudar você e eles a praticarem o autocontrole e para aprofundar o relacionamento entre vocês. Mas mantenha-os em perspectiva e não tenha uma reação exagerada. Você precisará de energia e inteligência quando surgir alguma situação que realmente abale o equilíbrio.

Como você lida com os conflitos com o seu filho?

Em um momento tranquilo, reflita sobre os conflitos comuns que ocorrem em sua casa e sobre como você lida com eles.

- O que provoca os problemas e discussões em sua família? Faça uma lista e, ao lado de cada categoria, escreva como você normalmente reage. Você costuma ceder para evitar discussões ou chama a atenção e tenta controlar o seu filho? Você se sente culpado? Tudo o que foi citado acontece com você?
- Quando o problema vem à tona, você tem uma visão de toda a família ou tende a culpar um membro em particular? Se a última opção for o seu caso, considere os Três Fatores e veja como cada pessoa desempenha um papel nesse último drama. (Também pode ser útil fazer as perguntas essenciais para resolução de problemas do Apêndice II, p. 362.)
- Como você se avalia quando se trata de mostrar autocontrole? Se você ainda não fez o teste da p. 78, faça-o agora. Quais são os fatores motivadores? Que tipos de situação e em que momentos do dia você costuma perder o controle? Você tem dificuldade de recuperar a compostura? O que você pode fazer para ajudar a si mesmo?
- Você já ensinou explicitamente seus filhos a exercer autocontrole? Você sabe qual filho precisa de mais ajuda? Analise a sua rotina e pergunte-se se as políticas de várias áreas – especialmente aquelas voltadas para tempo de tela, lição de casa e tarefas domésticas – estão ajudando ou atrapalhando seus filhos a desenvolver autocontrole. Se sua situação for a última, tente encontrar maneiras de ajudar o seu filho a parar, diminuir o ritmo ou esperar, e cuide dos outros.

Anotações sobre conflitos e autocontrole

Capítulo doze

Determinação da família

Como lidar com as dificuldades e com o inesperado

Um dos segredos da vida é construir degraus
com as pedras em que tropeçamos.

—Jack Penn

Toda família está sujeita a ventos de mudança que causam ondulações no ecossistema. Algumas se transformam em grandes ondas. A maneira como vocês encaram e lidam com as situações difíceis mostra quão forte e unida é a sua família.

Coisas ruins acontecem a boas famílias, a todas as famílias – câncer, doença mental, vícios, deficiência, depressão, uma tentativa de suicídio e morte. Uma família R.E.A.L. suporta essas tempestades porque dedica muito tempo, energia e pensamentos para o bom entrosamento da família da família. Elas são criativas e corajosas e, de alguma maneira, conseguem se manter nos trilhos. Elas reconhecem que há momentos em que a vida é difícil e que em alguns momentos elas não conseguem reagir diante de uma situação difícil. Mas, na maior parte do tempo, elas conseguem. Elas se unem. Isso não as destrói; isso as fortalece.

Você já conheceu algumas famílias que passaram por isso e que aprenderam com as dificuldades. Darlene Fournier enfrentou o câncer, recusando-se a deixar a doença destruir sua família. Os Hightower enfrentaram uma mudança dramática no seu estilo de vida e têm aprendido a aproveitar mais a vida como jamais imaginaram. Os Guarini-Suskind, que passaram a maior parte do seu casamento de 25 anos lidando com a depressão do seu filho do meio, conseguiram de alguma forma manter o senso de "unidade", apesar das dificuldades existentes.

"Os nossos filhos estão hoje mais próximos um do outro à sua maneira e mantêm contato independentemente de Barry e eu", explica Kara. "Eles também desviam do seu caminho para passar em casa, e quando não conseguem, eles querem conversar conosco pelo Skype. A nossa relação é muito forte."

"Se você tivesse me entrevistado dez anos atrás, eu teria lhe dito: 'Não tenho certeza se estou fazendo a coisa certa'", admite Kara. "Mas parte da realidade da vida familiar é a mudança. De modo geral, tudo correu bem." De muitas formas, essa família é sortuda; eles têm os recursos para obter bons conselhos e assistência médica, mas tem sido um desafio, sem dúvida.

"Acho importante as famílias lerem isso", diz Kara ao receber os agradecimentos por sua sinceridade em relação a uma situação que outras pessoas podem não gostar de revelar. "Nem todo mundo tem filhos perfeitamente vestidos ou uma creche perfeita, e nem sempre são crianças bem comportadas. Contudo, nós sobrevivemos, e toda família pode conseguir. Quando me lembro onde já estivemos e vejo onde nossos filhos estão hoje, percebo que conseguimos fazer algumas coisas certas."

E fizeram mesmo, porque perseveraram pela longa jornada. Um único padrão é observado nas histórias da família Guarini-Suskind e outras famílias: vemos isso como a "determinação da família".

A verdade sobre a determinação

O dicionário diz que determinação é uma qualidade pessoal: "coragem indomável, firmeza ou decisão". Pesquisadores, ao estudar a determinação em indivíduos, a definem como "perseverança e paixão por metas de longo prazo". Não surpreende que seja um preditor-chave do sucesso na vida.

Por que a determinação não deveria ser aplicada às famílias?

Famílias determinadas conseguem se unir com um objetivo mútuo: construir uma família sólida. Elas aceitam que isso nem sempre será fácil e que haverá problemas assustadores e obstáculos imprevistos. Mas elas estão dispostas a se empenhar, ter paciência e, quando necessário, ajustar as expectativas.

Como uma família obtém determinação? Em alguns casos, é o poder da união. Em outros, a determinação é inspirada por um membro que tem força e coragem suficiente para que os outros não afundem. Uma mãe solteira que mora em uma área urbana perigosa e quer proteger a sua prole do perigo. Um parceiro divorciado que, de alguma forma, exibe maturidade para cooperar, mesmo quando o outro está muito magoado ou bravo para agir com civilidade. Uma criança com deficiência ou uma doença grave que parece ter sabedoria e aceitação além da sua idade e cujo espírito encoraja os outros membros. Em todos esses casos, uma pessoa inspira as outras a ter determinação.

Como uma característica que molda a vida, a determinação é mais importante que os talentos ou o QI. Indivíduos muito talentosos não necessariamente são as estrelas da sua profissão, como mostram alguns estudos. Com maior frequência, são as pessoas determinadas, ambiciosas e trabalhadoras que têm maior probabilidade de chegar ao topo.

O mesmo se aplica a famílias determinadas. Elas sabem que ter os indivíduos mais inteligentes e mais talentosos só as levam até um determinado ponto. Aquilo que uma família acredita é mais importante do que aquilo que a destaca. Na longa jornada, é o *significado* aliado às conquistas que importa para eles, e não as medalhas. Troféus na prateleira representam espírito esportivo, e não apenas talento individual. Dinheiro no banco é o resultado de paixão e trabalho duro, e não significa que se é melhor. E não importa o que esteja acontecendo com eles ou ao redor deles, os membros da família sempre se sentem ligados por algo maior. Juntos, eles podem suportar os mais duros golpes.

Um senso de integridade – um código – guia essas famílias e lhes dá força coletiva. Greg Perlman faz referência ao aspecto da determinação quando diz: "Somos uma família que tem o compromisso de defender os nossos valores e não se preocupar com o que as outras pessoas fazem."

Lanie e Bill Allen, pais de Peter, 16 anos, Kyle, 14, Tom, 12, e Hannah, 10, lembram os seus filhos constantemente: "Vocês têm a responsabilidade de não apenas se defender e defender suas ações, mas também de defender a sua família." Os Allen sempre tiveram uma ideia clara de como querem que sua família seja, e a determinação coletiva permite que eles continuem reforçando essa lição. "Estou sempre lembrando as crianças", diz Bill, "que valorizamos a integridade e as atitudes corretas."

Famílias determinadas conseguem ter uma perspectiva mais ampla. Elas sabem quem são como família e são, portanto, menos propensas a serem pegas pelas preocupações ou dificuldades. Eles veem a família como algo valioso pelo qual devem zelar.

Em resumo, famílias determinadas têm:

- *Força e solidariedade.* Os membros têm as habilidades corretas – boas habilidades de superação – e se comunicam clara e honestamente, então não importa o contexto em que estão, a família tem um forte núcleo espiritual.
- *Foco.* A força e energia coletiva possibilitam que eles ignorem as decepções e outras dificuldades.

- *Boa "gestão".* A cooperativa tem um conselho de diretores cujas "políticas" garantem que o ecossistema se mantenha em equilíbrio. Não importa se há um ou dois adultos na direção da casa.
- *Consciência de família.* Eles raramente esquecem do poder da família. Eles se empenham para estar disponível para o outro *e* ampliam o seu entendimento para ultrapassar suas próprias barreiras.

Famílias determinadas não estão imunes a momentos difíceis. Na verdade, sua honestidade, proximidade, resiliência e persistência ajudam todos a seguir em frente. Mas a determinação absoluta não pode dominar a enfermidade ou a incapacidade, impedir o término de um casamento ou tornar uma comunidade hostil mais aberta. A consciência sozinha não consegue prover recursos que estão ausentes quando uma família está sob estresse. Mas, no mínimo, famílias determinadas dizem a verdade a si mesmas.

A determinação da família é uma forma de *resiliência* – "adaptação positiva em circunstâncias adversas". Uma parte do que sabemos sobre resiliência é bastante óbvia. Por exemplo, algumas famílias têm mais que outras. Mas a resiliência não necessariamente tem o mesmo significado para todas elas. Depende de quem são os membros, do que estão enfrentando e dos recursos que têm à sua disposição. Um estudioso de famílias da Nova Zelândia, que analisou o que a ciência sabe sobre resiliência, concluiu que é "um dos mistérios frequentes que confronta aqueles que trabalham com famílias e crianças."

E, ainda assim, nós normalmente reconhecemos a determinação quando a vemos.

Observe a determinação ao ler as histórias a seguir. As situações são bem diferentes, mas em cada caso, os membros se unem como uma família. A sua determinação, como os tijolos dos três porquinhos, possibilita que o sopro do lobo não derrube sua casa.

Força e solidariedade: a família Burbank

Quando os indivíduos têm boas habilidades de superação e o relacionamento entre eles é saudável, isso cria um senso de solidariedade e conexão. Independentemente do que a vida lhes proporcionar, eles têm fé. Como foi dito na p. 79, a vida espiritual da família pode ou não ter a ver com uma religião organizada. Ainda assim, os membros ganham força e esperança ao fazerem parte de algo maior – a sua família, o universo. Na família Burbank, a fé é um abraço triplo na cama de Holly e Rob.

Holly, que sobreviveu cinco vezes ao câncer, está hoje na faixa dos 50 anos. Ela e o seu marido, Rob, sempre se comunicaram de forma honesta e apropriada com o seu filho, Danny – sobre a vida cotidiana e a condição da mãe. Conforme ele está ficando mais velho, eles continuam explicando a situação e ajudando-o a entender seus sentimentos. Recentemente, os três foram a Chicago para o usual *checkup* semestral.

"Danny estava no quarto quando o médico entrou e disse alguma coisa sobre o ensaio clínico do qual eu tinha participado ter funcionado, apesar de haver uma forte possibilidade de reincidência. Isso foi na sexta-feira, e no dia seguinte, fomos andar de caiaque e nos divertir." Naquela noite, Danny, cuja rotina noturna inclui escovar os dentes no quarto dos seus pais, não apareceu.

"Fui até o seu quarto e disse: 'Ei, Danny, o que foi?'" Ela não precisava de uma resposta, porque entendeu a relevância do que ele tinha ouvido no hospital. "Perguntei a ele: 'Você quer dormir na nossa cama hoje?', e ele respondeu: 'Sim, seria ótimo.' Desde que ele era pequeno que ele não dormia na nossa cama. Eu sabia que ele precisava disso para ficar bem e para que a família permanecesse intacta."

Holly não pode prometer que estará por perto para sempre, mas ela diz que Danny, hoje com 12 anos, "sabe que ela está fazendo tudo que pode para ficar com saúde". Recentemente, quando Danny ouviu que um conhecido tinha recebido um prêmio de uma organização para defesa da saúde, ele disse a Holly: "Você merece ser homenageada, mãe. Você sobreviveu cinco vezes ao câncer."

Em gerações anteriores, a palavra *câncer* era sussurrada. Hoje, em alguns lares, discussões sobre a doença se qualificam como conversas de jantar. Embora sempre haja uma linha tênue entre sobrecarregar as crianças e ser honesto com elas, famílias sólidas acreditam que os seus filhos possam lidar com a realidade. Danny não ficará menos triste se a sua mãe morrer jovem, mas ele certamente estará mais preparado e mais maduro que uma criança de quem a verdade foi escondida, por ser algo muito difícil de se enfrentar.

Foco: a família D'Angelo

Ruby e George D'Angelo são pais de Bethany, 7 anos, e Sheri, 5 anos. Ruby se descreve como "mãe de uma filha maravilhosa, enérgica e dinâmica que, por sinal, tem problema de audição". Ela também é rápida em dizer que a sua sábia atitude evoluiu ao longo do tempo e com esforço considerável a princípio – um padrão comum entre pais que precisam lidar com um filho que é diferente e cuja experiência pode nunca ser entendida por completo.

Bethany não passou no teste de audição do hospital quando nasceu. "Chorei como um bebê. Imaginar que a minha filha seria surda era algo devastador. Entrei em pânico. Sempre imaginei a vida como uma série de corredores e portas que representam diferentes oportunidades e experiências. No momento em que deram a entender que Bethany não ouvia, eu imaginei as portas se fechando. Elas ficariam trancadas para sempre? Será que ela não poderia ouvir música ou ouvir o som da minha voz? O tempo diria." Apesar de Bethany ter passado no teste de audição subsequente duas semanas depois, Ruby admite: "Eu sempre soube lá no fundo que tinha algo errado."

Bethany era uma criança ativa e curiosa. "Ela começou a falar com 9 meses, e tinha um vocabulário maravilhoso e uma forte personalidade." Mas então surgiram alguns sinais, fáceis de reconhecer em retrospecto. Ela nem sempre respondia quando Rubby a chamava. "Às vezes ela puxava o meu rosto em sua direção, e eu pensava: *Sou tão legal e interessante*", confessa Ruby. "Descobri que ela estava na verdade tentando ler os meus lábios." Então nasceu a irmã Sheri. Aos 2 anos, quando Sheri começou a adquirir competências linguísticas, Ruby percebeu que a filha menor falava mais claramente que a sua irmã mais velha, que já tinha quase 4 anos nessa época.

Novos testes confirmaram que Bethany tem uma perda de 55 decibéis, menos de 50% da audição em ambos os ouvidos. É provável que ela já tenha nascido assim, geneticamente derivado dos pais. "Outra vez, as portas do corredor da vida se fecharam", lembra-se Ruby, "mas dessa vez, encaramos o desafio."

A aceitação é difícil. Quando você descobre, ou observa, que seu filho está sofrendo ou de algum modo não é igual às outras crianças, é quase sempre um golpe devastador. É preciso maturidade para *não* reagir exageradamente e determinação para perseverar. Eles estão falando sobre o *seu filho*. Mas se você não disser a verdade a si mesmo, você não conseguirá dar ao seu filho as respostas e a ajuda que ele precisa. Você não conseguirá encontrar ou ouvir outros pais e profissionais que podem ajudar. E quando você não enfrenta a *realidade*, você não consegue ver o que *pode acontecer*. Quer o problema seja físico, emocional, psicológico ou intelectual, muitas crianças não apenas vivem com graves problemas, mas também prosperam.

Quando o seu filho precisa de ajuda

A perspectiva de uma criança ficar doente ou se tornar deficiente é o pesadelo de toda família. Não importa se um diagnóstico parece mais grave que outro – por exemplo, surdez *versus* depressão ou autismo *versus* TDAH. Quando uma criança é diagnosticada com *qualquer* problema, é isso que precisa acontecer para que toda a família possa lidar com a novidade e suas consequências:

- Os pais dizem a verdade a si mesmos.
- Os pais dizem a verdade à criança.
- Todos os membros da família – a criança que está doente ou é deficiente, irmãos, pais e até mesmo parentes – procuram ajuda para aprender a lidar com a nova realidade.
- A situação é periodicamente reavaliada para lidar com a mudança.

"Entender sua perda auditiva", Ruby acrescenta, foi também um pouco mais fácil porque eles já conheciam Bethany como *indivíduo*. "Aos 4 anos, ela obviamente já tinha suas habilidades. Nós já tínhamos muitos outros rótulos para ela – uma criança dinâmica, extrovertida, inteligente, mandona e maravilhosa. 'Deficiente auditiva' era apenas mais um rótulo."

Não se trata apenas de uma atitude politicamente correta. Organizações de defesa aconselham os pais a se referirem à filha como uma pessoa *com* uma condição particular em vez de chamá-la de "surda", porque a linguagem molda nossas percepções. Além disso, as pessoas que lidam efetivamente com a deficiência de uma criança (ou adulto) sabem que nenhum Eu pode ser descrito em uma única palavra. Como Ruby percebeu com Bethany, somos todos formados por muitos Eus – múltiplas identidades que adquirimos dependendo de onde e com quem estamos. Esses vários aspectos do seu Eu não necessariamente levam ao mesmo lugar no panorama capacidade/incapacidade – ninguém é bom em tudo. Um adulto ou criança pode ser descrito como "inteligente", "um bom atleta" ou "surdo", e as três coisas podem ser verdade.

Quando Bethany atingiu a idade escolar, Ruby também teve de lidar com o contexto da sua filha mais velha fora da família. Obter as ferramentas e serviços que Bethany precisava para frequentar a escola pública, Ruby diz, foi "um processo frustrante e exaustivo". Ela teve de desenvolver relacionamentos com todos os envolvidos e diminuir sua ansiedade. "Quando me envolvi nisso com o meu emocional fiquei completamente perdida e percebi que não estava ajudando. Agora, quando entro em uma reunião, não sou a mãe de Bethany. Sou sua advogada. Não levo para o lado pessoal. Vou com uma lista de exigências mínimas e as apresento de uma maneira bem prática." Ao verem o esforço e tempo que Ruby dedica à sua filha, os administradores e professores da escola provavelmente passam a se esforçar mais para ajudar Bethany. "Nunca pedirei para alguém se dedicar mais do que eu estou disposta a me dedicar por ela."

Quando Bethany passou para a primeira série, graças a diversos fatores – entre eles, a determinação de Ruby, a paciência de George, o espírito de Bethany e o suporte e companheirismo da irmã Sheri – Ruby parou de se preocupar com as portas fechadas. "Bethany nos mostrou que ela controla o seu futuro. Ela abrirá as suas próprias portas e entrará por elas."

Boa gestão: a família Martinez-Garland

Roberto Martinez e Allison Garland se divorciaram em 2005. "Todos sempre perguntam: 'Quem terminou o casamento?'", diz Allison. "Fui eu, mas aquele que vai embora não é o vilão. Nunca existe apenas um motivo, é sempre muito complexo. Tive também muita culpa", ela confessa. "Nenhum de nós foi produto de pais divorciados. E eu tinha apenas 35 anos, a primeira de todos os meus círculos sociais a terminar um casamento."

Eles ficaram casados por sete anos. Roberto admite que ficou surpreso e magoado: "Senti como se o meu chão estivesse se despedaçando quando ela me falou do divórcio. A minha preocupação era como lidaríamos com as crianças e quanto tempo eu iria ficar com elas. Ela deixou claro que não queria me tirar da vida delas." Eli tinha 18 meses e Mimi tinha 4 anos.

"Falei com amigos cujos pais eram separados e perguntei o que havia funcionado para eles e o que não havia funcionado", lembra Alisson. "A pior coisa era ver os pais brigarem ou perder um deles completamente."

Allison queria se separar de uma forma que não machucasse as crianças e, tão importante quanto, que ajudasse os adultos a se curarem. "Eu não queria que se tornasse uma coisa desagradável", diz ela. "Eu queria que fôssemos como Bruce Willis e Demi Moore. Eu precisava conseguir me olhar no espelho."

Ela sugeriu que usassem um mediador, em vez de cada um contratar um advogado de divórcio que debateria o caso de uma das partes e enxergaria a outra parte como um inimigo. Um mediador, por outro lado, age como instrutor e consultor jurídico, e defende toda a família. Consequentemente, quando Alisson ou Roberto eram "maldosos", o mediador perguntava: "Qual é a sua motivação?", uma pergunta que os fazia lembrar o que os dois queriam: construir um tipo novo e diferente de família.

Veja a importância da determinação para enfrentar uma mudança! O divórcio não é nada menos que uma revisão total da família. Os pais se mudam para novas casas, possivelmente com um novo parceiro. Os adultos têm de ter consciência das necessidades das crianças e, ao mesmo tempo, devem estar dispostos a começar a ver o seu relacionamento de forma diferente – não mais como parceiros, mas eternamente pais que compartilham a educação dos filhos. A menos que os adultos consigam controlar sua insegurança, dor e raiva, as crianças inevitavelmente acabam sendo atingidas. Na pior das hipóteses, elas sentem que precisam cuidar dos pais.

"Foi preciso muito trabalho", diz Roberto. "Mas todos nós trabalhamos duro. Felizmente, sempre tivemos uma comunicação aberta. Foi o nosso alicerce." Apesar de Roberto ter perdido a esposa, ele ganhou seus filhos. Antes do divórcio, ele era um pai "participativo", mas com Allison à frente da casa, ele normalmente colocava seu trabalho em primeiro lugar. "O divórcio me tornou um pai mais forte. Estou sempre levando-os para os seus compromissos, esperando-os – como uma mãe aplicada! No carro, tenho tempo de conversar com eles individualmente. É muito bom."

O seu conselho para outros pais divorciados: "Quanto mais você se envolve com seus filhos, melhor será o seu relacionamento com eles e mais você vai aproveitá-los. É cansativo, mas você tem que se esforçar."

Quando Roberto e Allison falam sobre a "minha família" hoje, eles se referem a todos – às crianças, hoje com 8 e 11 anos, e aos *três* adultos: Allison, Roberto e a sua nova esposa, Sophie. Sophie e Roberto começaram a namorar um ano depois da separação do casal, adicionando um novo nível de complexidade à organização de seu papel como pais.

As crianças passam hoje metade da semana com a mãe e a outra metade com o pai. A programação funciona porque os três adultos sabem o que está em jogo. Sempre que surge um problema, todos reúnem a coragem para se comunicar com honestidade, a empatia para entender a situação do outro e o autocontrole para impedir que o cérebro reptiliano assuma o controle. "Todos nós tentamos comunicar o nosso ponto de vista diante dos problemas", diz Allison. "Tenho muito orgulho da nossa família moderna. As crianças estão amadurecendo e têm uma mente muito aberta à ideia de família."

Consciência de família: a família Montana-Porter

"Costumo olhar para nós como uma família", diz Matthew Montana. "Esse sempre foi o meu sonho." No seu 12º aniversário, ao assoprar as velas, Matt, hoje com 34 anos, desejou ter um filho. "E em todos os aniversários seguintes, o pedido era o mesmo. Eu sabia que a minha vida não seria completa se não tivesse filhos."

Mas esse desejo também o deixava triste. Aos 20 anos de idade, mesmo depois de assumir que era gay e começar a fazer sucesso como *designer*, ele não conseguia se imaginar adotando um filho sozinho. Então ele conheceu Gavin Porter. Imediatamente, Matt teve certeza de que poderia dividir sua vida com Gavin. Eles tinham experiências e ideias semelhantes sobre a vida. Porém, não havia sentido continuar namorando Gavin se ele não tivesse sequer aberto à ideia de ter filhos "algum dia".

"Isso era prioridade para ele", Gavin lembra-se de suas primeiras conversas. "Sempre tive vontade de criar uma família. Eu não conhecia pais gays na época, mas eu estava aberto à ideia."

Indiscutivelmente, homens gays que se tornam pais *têm* de ser mais conscientes sobre a família. Como um pesquisador concluiu, "os caminhos assustadores da paternidade parecem precisar mais de pontos fortes do que limitações." Além disso, o processo de adoção requer que os futuros pais descrevam por escrito quais são as suas intenções. "As agências forçam as pessoas a considerar sua visão e seus desejos", lembra-se Gavin, "e a pensar sobre igreja, disciplina e suas estratégias como pais".

Vamos ser claros aqui. Não estamos contando essa história sobre a determinação de uma família porque Matthew e Gavin são homossexuais. Eles não têm nenhum problema nem síndrome do pânico. Eles são homens inteligentes e conscientes que se amam e formaram uma família juntos. Eles também vivem em tempos esclarecidos: enquanto a versão em inglês deste livro estava para ser lançada, em 2013, a Suprema Corte dos Estados Unidos anunciou uma decisão histórica ao reconhecer o casamento gay. Mas independentemente de política ou orgulho, algumas pessoas continuarão vendo pais gays como "não tradicionais" ou pior. E quando o contexto da família – país, estado, cidade, bairro, sistema escolar – não é hospitaleiro, os pais e os seus filhos precisam de determinação constantemente.

Matthew e Gavin são sortudos. Eles estão juntos há sete anos e têm um relacionamento sólido, honesto e carinhoso. Eles são como Brian e David, o casal da TV retratado em *The New Normal*. Cada um tem responsabilidades em seus respectivos trabalhos. Ao mesmo tempo, a família é prioridade para os dois homens, que encontram um profundo conforto e orgulho em sua união e nas delicadas decisões que tomam. Eles estavam juntos no aniversário de seu filho Gaylen, em 2009, e, no momento em que este livro estava sendo escrito, eles estavam fazendo planos de adotar outra criança. Felizmente, eles também moram em uma comunidade onde existem outros casais homossexuais, e eles têm um círculo generoso de familiares e amigos que os apoiam.

Até hoje, e esperamos que continue assim, nada sério aconteceu. Mas os dois homens estão conscientemente desenvolvendo habilidades e armazenando lembranças que os ajudarão a crescer como família, independentemente do que vá acontecer no futuro. Ao enfrentar alguma coisa nova ou difícil, eles vão se deparar com a ansiedade e conseguirão suportar o esforço, porque eles terão em suas mentes e seus corações a perspectiva mais ampla daquilo que estão tentando criar. Eles têm determinação de família. Gaylen é pequeno, então ele não acrescenta muitas ideias ainda, mas isso é adequado e bom. O trabalho do seu pai é, gradual e carinhosamente, fazer com que Gaylen faça parte do todo – conhecendo-o, ouvindo-o, pedindo suas ideias e ensinando-o a ser uma parte interessada. É uma missão difícil, mas para uma família determinada, está longe de ser algo impossível.

"A vida familiar me ajuda a ver o que realmente é importante na minha vida", diz Matthew. "Quando você está com problemas no trabalho ou outros problemas pessoais, se você parar para pensar na sua família, você terá a certeza de que tudo ficará bem."

Gavin concorda. "Quando as coisas estão bem em casa, todo o resto começa a se alinhar."

Determinação exigida: quando coisas ruins acontecem com boas famílias

Nunca sabemos o que o futuro nos guarda, e é impossível prever como vamos lidar com uma situação difícil. As situações mais difíceis são quando um membro da família fica doente ou inválido. Quer o seu parceiro esteja prestes a fazer uma cirurgia cardíaca, tendo de enfrentar diversos meses de recuperação, quer você tenha acabado de descobrir que o seu filho pode ter algum tipo de limitação, você precisará de determinação para superar isso. Eis aqui algumas regras básicas para serem seguidas.

Faça agora. A verdadeira tragédia de crianças e adultos com problemas é que tendemos a esperar demais. Aceite o problema e tome uma atitude. Quanto mais você demorar, mais difícil será para todos.

Instrua-se. Leia; encontre outras famílias; faça parte de um fórum que lhe dê apoio. Fale com organizações cujos compromissos tenham a ver com o diagnóstico – por exemplo, instituições de tratamento para crianças com autismo, com problemas mentais, auditivos e visuais. Faça muitas perguntas. Cada caso é diferente, mas você precisa ao menos aprender a conversar sobre a condição com outros adultos e a ter conversas apropriadas para a idade das crianças.

Descubra qual é o tipo correto de ajuda. Procure pessoas que tenham uma experiência considerável com o problema e que possam trabalhar diretamente com a criança ou o adulto e ajudá-los a entender o que você pode fazer em casa. Um bom diagnosticador levará em conta o histórico completo, aplicará testes e revisará a sua rotina e atividades. Procure uma segunda e, se necessário, uma terceira opinião.

Coordene os seus esforços com quem quer que faça parte da vida das crianças e dos adultos. Se os membros da família (ou os parentes) não chegarem a um consenso, pergunte ao profissional qual é a melhor atitude a ser tomada, e siga a orientação. Não prejudique um ao outro ou o tratamento.

Seja sincero. Aceite que o seu filho ou o seu parceiro precisa de ajuda extra e talvez um cuidado diferente daquele que está recebendo. Fale abertamente sobre isso. Como mencionamos na p. 316, crianças com qualquer tipo de problema apresentam melhor desempenho quando seu problema é classificado. E para os adultos não é diferente; só podemos aceitar e trabalhar em cima daquilo que entendemos.

Trate a pessoa normalmente. Entenda as suas limitações, mas não mime, sinta pena ou isente a pessoa das responsabilidades da família. Se for filho único, tratá-lo como "especial" retardará o seu progresso. Se a criança tiver irmãos, eles podem ficar ressentidos. E se for seu parceiro, você pode acabar magoando-o.

Cuide, monitore e obtenha feedback. Não é suficiente delegar o tratamento a um especialista. Veja o que você pode fazer em casa. Aborde o problema nas reuniões de família.

Esteja preparado para fazer ajustes. Conforme o corpo das crianças vai mudando, costuma ser necessário ajustar os tipos de medicamento e dosagem. O mesmo vale para um adulto que ganha ou perde peso. Além disso, quando as pessoas envelhecem, doenças e deficiências se manifestam de diferentes formas – por exemplo, passar de ano ou sair de casa pode significar o surgimento de novos obstáculos para as crianças; gravidez e aposentadoria mudam a vida dos adultos.

Não classifique como "catástrofe". Encontre um equilíbrio sensato entre ser realista sobre quão rápido e até onde a pessoa pode chegar e, ao mesmo tempo, não acelere o processo. Tenha fé no poder da prática e da persistência – e no amor e suporte da família.

Sustente a visão da família. Certifique-se de não abandonar o Nós para o bem do Eu de uma pessoa. Veja como todos recebem uma nova informação. Isso mudou seus relacionamentos? Por fim, ter um forte grupo de indivíduos para ajudar a pessoa a entender a situação e fazê-la sentir que é uma parte interessada importante para a família beneficiará a pessoa tanto quanto a terapia.

Se a sua família está passando por um momento difícil, e uma ou mais pessoas da família se sentem culpadas ou têm dificuldade de aceitar o que está acontecendo, é importante abordar o assunto com honestidade e compaixão. É preciso ajudar uns aos outros a viver com o estresse contínuo. Não deixe de ler o exercício para o seu diário da família, no quadro a seguir.

Você aplica o pensamento de família diante das dificuldades?

Se você já teve de lidar ou está lidando com o diagnóstico de um parente querido, você enxerga isso como um problema da *família*? Você está "paralisado" no modo culpa? Nunca é tarde para mudar e adotar o pensamento de família. Pergunte-se:

- Quantas das regras básicas da "determinação exigida" eu segui? Por que estou tendo dificuldade com algumas delas? Talvez você precise aplicar o mantra DVSM para descobrir a razão e ajudá-lo a seguir em frente.
- Arrependo-me de alguma coisa – de uma decisão, da forma como reagi ou me comportei, algo que eu disse ou uma decisão que eu tomei sem pensar? O que me levou a fazer isso dessa maneira? Culpa? Medo? O desejo de manter a paz?
- O que posso fazer de forma diferente da próxima vez ou (se for uma condição recorrente) daqui para a frente? Seja específico. A pessoa precisa de mais atenção? O seu relacionamento precisa de cuidado? Você precisa ser mais assertivo nos ambientes dos quais faz parte (escola, consultório médico, ambiente de trabalho) para receber o que precisa?

Anotações sobre determinação inspiradora

Abrigo na tempestade

Peça apoio e estenda a mão

> Dada a dimensão da vida no cosmos, uma vida humana não é mais do que um pontinho minúsculo. Cada um de nós é apenas um visitante neste planeta, um convidado, que só ficará por um tempo limitado. Que loucura maior pode haver do que passar esse curto período sozinho, infeliz ou em conflito com os nossos companheiros? Muito melhor, certamente, é usar nosso pouco tempo aqui para viver uma vida significativa, enriquecida por nosso senso de conexão com os outros e a serviço deles.
>
> — Dalai Lama

> Reunir-se é um começo; permanecer juntos é um progresso; trabalhar juntos é um sucesso.
>
> — Henry Ford

"Onde está o limite entre ser solidário e ser sufocante? Entre conectar-se com alegria e ser pegajoso?", pergunta a professora de jornalismo da Universidade de Nova York e mãe de três filhos Mary W. Quigley, na seção "Sobre mim" do seu blog, *Mothering 21*. Mary criou esse blog para funcionar como "um GPS para o novo terreno" da paternidade e maternidade pós-faculdade: "Estamos envelhecendo, e nossos filhos estão atingindo a maturidade em um cenário social que está mudando rapidamente, tornando os relacionamentos intergeracionais ainda mais preciosos e desafiadores."

Por essa razão, Mary e seus colaboradores regularmente divulgam muitas "notícias, pontos de vista e conselhos sobre questões familiares do dia a dia que transformam vidas". Mas no dia 6 de novembro de 2012, isso mudou. Como explica Mary, "Mothering21.com não costuma falar sobre desastres naturais, mas não fazê-lo esta semana seria ignorar um fato muito importante."

Primeiro, Mary detalhou suas próprias experiências com o Furacão Sandy, apropriadamente chamado de "Frankenstorm" e "a tempestade do século", que passou de "notícias sensacionalistas à realidade bem próxima". Reunidos em sua casa em Long Island, uma das áreas mais atingidas da região nordeste dos Estados Unidos, Mary, seu marido e sua filha assistem de forma impotente árvores caindo e faíscas voando. Ela tenta ligar para os seus dois filhos, que não moram mais com ela, mas o telefone está fora de serviço, "trazendo de volta lembranças assustadoras da última vez que isso aconteceu, a manhã de 11 de setembro." Uma mensagem de texto vem do sistema de emergência da Universidade de Nova York. Os dormitórios do centro de Manhattan estão sem energia elétrica, e os alunos são orientados a permanecer onde estão. Mary sente a dor de "centenas de pais que não conseguem falar com os seus filhos presos em dormitórios escuros."

Ao amanhecer de terça-feira, os danos não foram tão graves para a família Quingley, mas muitos vizinhos não tiveram tanta sorte. Alguém reclama que sua filha, o marido dela e os seus dois filhos tinham feito vários reparos na casa depois do Furacão Irene no ano passado e agora a casa deles está destruída. Eles têm que começar tudo de novo.

Com o passar da semana, Mary, perfeitamente a par das interações entre as gerações, vê as consequências através das lentes de *toda a família*.

Somente no meu quarteirão, meia dúzia de famílias estavam ajudando os seus filhos adultos e vice-versa. O jovem casal que perdeu a sua casa está agora morando com os pais da esposa por um tempo limitado, e a vovó de 60 e poucos anos passeia com os dois meninos num carrinho de bebê duplo em vários momentos do dia para mantê-los ocupados enquanto os pais fazem planos para outra reforma. Os vizinhos ao lado estão abrigando sua filha adulta, seu marido, seus dois filhos pequenos e um bebê que nasceu na quinta-feira passada... Os laços familiares ficam mais fortes durante momentos de crise... e mais frutíferos.

Mary segue descrevendo outros atos de bondade e generosidade das famílias. Um casal mais velho vai viver com a filha em uma cidade ao lado. Uma amiga abre a sua casa para a sobrinha e seus cinco filhos pequenos. Um vizinho recebe seus parentes de Long Beach, uma comunidade à beira-mar consumida por um oceano bravo e incontrolável.

Não é fácil abrigar parentes traumatizados, especialmente quando não há previsão de quanto tempo eles precisarão. Mary percebe que aquela família de Long Beach "poderia levar meses" para reparar a sua casa. Os parentes desalojados claramente ficarão lá por um longo tempo.

"Mas é a nossa família", diz a vizinha de Mary. "É o que deve ser feito."

Você não tem que cuidar somente da sua família

Desastres naturais tendem a inspirar o melhor das pessoas, em parte porque a calamidade nos une. Por exemplo, no inverno de 2011, uma nevasca derrubou a energia elétrica na região nordeste dos Estado Unidos, onde a família Sargent-Klein mora. O blecaute inesperado afetou todo o centro da cidade, incluindo supermercados e lojas de conveniência. As famílias tinham que recorrer ao que tinham em sua despensa. No primeiro dia de interrupção, que duraria quatro dias, os gêmeos, Seth e Rachel, foram andar pela vizinhança e começaram a bater nas portas. Eles já tinham entregado jornal e trabalhado para vários vizinhos desde os 13 anos, fazendo trabalhos no jardim e outros pequenos trabalhos. Com neve e gelo cobrindo as áreas, ninguém precisava lhes dizer que haviam entradas de garagem para limpar e galhos caídos para tirar do caminho. Depois de fazer o trabalho pesado, eles foram para casa tomar chocolate quente, e junto de alguns de seus colegas (alunos da escola pública local), as crianças descobriram outra forma de ajudar os vizinhos.

Rachel e sua amiga Ashley passaram de casa em casa novamente, com uma prancheta dessa vez. "Estamos recebendo pedidos de café e *donuts* para amanhã de manhã", ofereciam. "Você deseja alguma coisa?" Chegando em casa, Seth certificou-se de que tinha todos os ingredientes necessários para fazer os *donuts*. Quando estava no ensino médio, Seth era o cozinheiro da família, uma função que ele adorava. O forno a lenha que ele e o pai tinham construído não precisava de eletricidade, então ele estava pronto para começar a atender os pedidos.

Na manhã seguinte, providas de garrafas térmicas e *donuts* de canela assados, as crianças, de pé logo cedo, cumpriram os seus compromissos. Elas perceberam a necessidade e ajudaram como puderam. Foi natural e recompensador para elas, porque tinham crescido em famílias que valorizavam o trabalho duro e a perseverança desde cedo. Elas tinham sido ensinadas a se importar com a desgraça alheia.

Lanie e Bill Allen também ensinaram os seus filhos a estender a mão a outras famílias. Todos eles tinham trabalhado na McDuffie Mission, um projeto da igreja local. "Eles saem por uma semana e fazem o seu trabalho", explica Bill, que viajou com o filho mais velho para Michigan para ajudar a reconstruir uma casa destruída por um incêndio. "Meu filho gostou muito desse trabalho." Perto de casa, o seu filho de 13 anos ajudou a construir uma rampa para cadeira de rodas. Até mesmo uma criança sem habilidades pode ajudar, diz Bill. "Depois do furacão, eu e as crianças fomos tirar os escombros, e o meu filho mais novo ajudou a fazer os sanduíches."

Essas lições trazem boas recompensas, geralmente de forma surpreendente. Bill, que é técnico do time de futebol do seu filho mais velho, lembra-se de um jogo recente em que o seu time estava na frente, por 9 a 0. Peter, que é muito competitivo e talentoso – geralmente o melhor jogador da equipe – poderia ter facilmente feito outro gol. Em vez disso, ele passou a bola para um jogador mais fraco. "Dar a um dos jogadores menos experientes a chance de marcar um gol demonstra um bom espírito esportivo. Não lhe pedi para fazer isso", diz Bill. "Ele fez por conta própria."

Quando crianças e adultos são bons cidadãos e estão dispostos a fazer algo *pelo* próximo, isso não apenas molda o caráter, fortalece o autocontrole e abre o coração, mas também *os* torna pessoas mais felizes e saudáveis. Vários estudos com voluntários, por exemplo, confirmam o poder restaurador e de cura no ato de estender a mão ao próximo ou fazer algo para aqueles que não conseguem fazer sozinho. Você definitivamente vive mais.

Uma pesquisa recente conduzida pelo psicólogo Phillip Zimbardo, professor emérito da Universidade de Stanford, que está atualmente buscando descobrir o que inspira as pessoas a "fazer o bem", descobriu que pessoas que realizam trabalhos voluntários são *três vezes mais propensas* a realizar atos heroicos quando surge uma oportunidade. Como os adolescentes que entregam *donuts* e café depois do furacão, eles buscam oportunidades para ajudar o próximo.

Felizmente, ao longo da última década, muitos sites foram desenvolvidos com a família em mente. Volunteer Family, por exemplo, foi lançado em 2003 por Heather Jack, uma advogada de Boston e mãe que queria ajudar famílias a "encontrar oportunidades que pudessem realizar em conjunto". Trata-se de um fenômeno nacional nos Estados Unidos, que já teve mais de 20 mil famílias voluntárias. Heather tem correspondentes que conectam as famílias com pessoas necessitadas em todos os lugares.

Você não necessariamente precisa depender de uma organização para oferecer tempo e talento. Um de vocês pode dar uma aula grátis de ioga ou ensinar redação em um centro comunitário. Um adolescente que é um ótimo atleta poderia oferecer aulas de beisebol para pais e filhos. Um jovem que normalmente recebe para cuidar de outras crianças poderia oferecer a sua ajuda *como um favor* nos feriados. É uma maneira de agradecer aos seus clientes regulares por contratá-lo e confiar nele. São ideias simples, mas que nos fazem sentir bem por um bom tempo. Você se preocupa com as conexões, é mais aberto e generoso e tende a ser positivo, em vez de viver na negatividade.

Famílias precisam considerar o seu entorno

Brea Heron, uma cabeleireira de 40 e poucos anos, leva a criação do seu filho, Troy, a sério, mas também acredita que, de fato, é "preciso considerar o seu entorno". Algumas pessoas estão cansadas do relacionamento instável de Brea com Anthony, pai de Troy; outros presumem que ela é mãe solteira. Brea não enxerga de nenhuma dessas maneiras. "Tenho um filho *com* uma pessoa. Faço muitas coisas sozinhas? Com certeza. Mas isso não significa que sou 'mãe solteira'. Como posso ser se há sempre outra pessoa a se considerar? Somos uma família, independentemente de qualquer coisa. Mesmo que outras pessoas entrem em nossa vida, continuaremos sendo uma família."

Quanto ao Troy, ela acrescenta, "É isso que ele sabe. Expliquei a ele que às vezes os adultos precisam ficar em lugares diferentes, mas independentemente de qualquer coisa, somos uma família."

Brea escolheu uma profissão que facilita expandir as fronteiras da sua família. O seu salão (como muitos salões de beleza e barbearias) é como a praça amigável de uma cidade. Localizada em um bairro arborizado e decorada com muitas coisas divertidas e esquisitas, com fotos de Troy de várias idades, o salão é a segunda casa do menino. Quando criança, ele rodava o salão, uma criancinha sorridente que todos seguravam um pouco. Quando cresceu, ele se tornou uma figura familiar, deitando-se nas banquetas próximas ao lavatório, jogando videogame, fazendo lição de casa e ocasionalmente virando-se para responder à pergunta de um adulto.

Com o passar dos anos, Troy foi conhecendo esses adultos – os amigos, colegas de trabalho e clientes de longa data de sua mãe. Hoje ele não frequenta tanto o salão – está com 14 anos, e hoje a família mora no subúrbio. Mas os personagens do salão sempre serão parte da sua vida. Ele se sente seguro e amado por algumas pessoas especiais, membros do grupo formado por aqueles que se tornaram suas "tias" e "tios" não oficiais. Brea às vezes o ouve "conversando" com Seth, um dos cabeleireiros, cujo falecimento prematuro há alguns anos chocou o garoto ("Ele o amava, e eram muito próximos"). E quando Toni, outra colega de trabalho, ficou grávida, Brea lembra-se, "ele apontava para coisas de bebê e dizia: 'Vamos levar para o Toni.'" Hoje, ele é um tio não oficial e ama o seu papel.

Brea fica feliz com os vínculos que Troy criou com outros adultos. "Cada uma dessas pessoas oferece *alguma coisa* a ele. Pode ser algo simples, como uma observação que faz a ideia entrar em sua mente", diz Brea. "Não sou a favor do ensino doméstico, porque as crianças não têm esse tipo de interação. Crianças precisam estar perto de pessoas. Elas aprendem a conversar, ouvir e estar disponível para o próximo."

Um número crescente de pais conscientemente cria redes sociais para estender as fronteiras da família. Na correria do dia a dia, pode ser um desafio coordenar a agenda dos membros da família, quanto mais de outras famílias. Mas como Ruby D'Angelo afirma: "coisas surpreendentes podem ser alcançadas por pessoas humildes em grande número". Ruby se uniu à Hearing Loss Association of Amerida (HLAA) e continua participando do programa anual Walk4Hearing para ajudar famílias com problemas auditivos.

Neal e Andrea Gorenflo incluíram nos votos de casamento as suas intenções em estender a mão ao próximo: "Escrevemos a nossa declaração de missão compartilhada", explica Neal, editor do Shareable.net, uma revista on-line inovadora cujo foco são novas ideias sociais e políticas. Os Gorenflo provam isso por meio das suas ações. "Queremos ser uma família preocupada com o lado exterior, uma família envolvida com a sociedade." Ao expor o seu filho, que acabou de fazer 4 anos, a vários tipos de pessoas, eles lhe proporcionam mais experiências sociais, o que reforça o "círculo" da empatia:

> *Você se preocupa com os outros, eles ficam gratos, eles se preocupam com você, e você começa a ver que a conexão humana é melhor do que qualquer recompensa material. Isso o inspira a ser ainda mais empático, corajoso e afetuoso.*

A família Gorenflo faz parte de uma rede de famílias que compartilham ideias e recursos. Neal e sua esposa amam o filho, mas não o colocam no centro do universo – ele é parte de um todo maior. "É impossível conectar famílias centradas nos filhos", diz Neal. Ele e Andrea dividem uma babá com outras três famílias. Deu trabalho, mas eles conseguiram tornar isso possível ao encontrar pessoas que pensam da mesma forma.*

---

* As questões que precisam ser mais detalhadas são abordadas em Shareable, na seção "How to share a nanny" (em inglês). Disponível em www.shareable.net/blog/how-to-share-a-nanny.

"Dividir a babá foi a melhor coisa que fizemos até hoje coletivamente para a nossa família. Conseguimos economizar bastante e criamos um pequeno vilarejo para a nossa família, socialmente falando. Se Andrea e eu quisermos sair para jantar, os nossos amigos ficam com Jake enquanto ele dorme", diz Neal.

Gorenflo, cuja revista geralmente enfatiza novas ideias e acordos que beneficiam as famílias, diz: "Acho que isso está invertido na sociedade moderna. A família deve ser a prioridade, quando comparada com ganhos e crescimento econômico, trabalho e dinheiro. Afinal de contas, famílias reproduzem-se e formam as gerações seguintes. Tudo o que fazemos deve contribuir para isso, e não o contrário."

O seu projeto Encantadora de Famílias

Como dissemos no início deste livro, tudo começa e termina na família. É onde aprendemos sobre intimidade, aprendemos a "ler", respeitar e nos relacionar uns com os outros. É onde os adultos aprimoram a sua inteligência emocional e autocontrole e onde as crianças aprendem a controlar – não reprimir – os seus sentimentos, bem como a monitorar o seu comportamento. É onde todos aprendem a sacrificar em prol do bem maior. A família *é* o abrigo na tempestade.

Este livro foi escrito para ajudá-lo a olhar para o Nós – para ter certeza de que todos são partes interessadas; para colocar os relacionamentos acima de tudo; e ter consciência do bem-estar de cada Eu, especialmente quando novas tribulações atingem o ecossistema da família. Fornecemos histórias, lembretes e estratégias – informações que, acreditamos, ajudarão a sua família a criar adultos e crianças felizes, generosos e dispostos – bons cidadãos.

É muita informação para assimilar! Identifique o que funciona para você. Considere isso o seu "projeto Encantadora de Famílias", uma ideia parecida com o "projeto felicidade" de Gretchen Rubin, que ela define como "uma abordagem para mudar a sua vida". Seu livro *bestseller*, *Projeto felicidade*, diz Gretchen, é a história do *seu* projeto felicidade. Baseia-se em suas experiências, o que ela tentou e aprendeu, seus valores e interesses. "O seu projeto será diferente do meu."

O mesmo vale para o *projeto Encantadora de Famílias*, que é uma abordagem para mudar a vida da sua família para melhor. Mas como já dissemos várias vezes, cada família é única, diferente uma da outra. Mesmo famílias bem organizadas como as mencionadas neste livro não necessariamente entendem isso, nem fazem tudo surpreendentemente bem. Trata-se de perseverar e fazer o melhor possível.

Em todas as famílias há confusão, alegria, dor, decepção, amor, ressentimento e, às vezes, tragédia. Nenhuma família é imune, e nenhuma é perfeita ou ideal. Cada uma representa um trabalho em andamento.

Para conceber o seu projeto Encantadora de Famílias, analise as informações e ideias deste livro para ver o que é aplicável. Faça o "Teste da família" (pp. 360-361) para avaliar quão focado você está em sua família. Decida quanto tempo e energia você quer investir no seu projeto. Isso pode envolver não mais do que a leitura deste livro e a mudança da perspectiva de pensamento de pai/mãe para a do pensamento de família. Isso por si só irá melhorar a vida da sua família. Você pode começar e terminar o projeto olhando para a sua rotina. O projeto pode ser inspirado por uma mudança específica em sua família que exija a adaptação de todos os membros. Pode ser uma resposta a um problema, com o qual você esteve muito cansado para lidar. Ou pode ser um último esforço para resolver um problema de longa data com uma abordagem mais centrada na família.

Você talvez queira juntar mais pessoas – indivíduos e/ou casais – para estudar *juntos* as ideias da Encantadora de Famílias. Comprometa-se a ler um capítulo por mês – uma meta alcançável, considerando as agendas cheias de todos. Ao longo do ano, reúnam-se em um centro comunitário, em uma cafeteria ou na casa de alguém. Há força nos grupos e conforto ao saber que você não está sozinho nas dificuldades. Em conjunto, fica mais fácil olhar pela ótica dos Três Fatores e sustentar o pensamento de família. Quando os membros se conhecerem e digerirem algumas das ideias básicas deste livro, você poderá ampliar o seu círculo. No quinto mês, por exemplo, ao ler o capítulo "Laços familiares adultos", convide os pais ou os irmãos adultos para participar da discussão. Dependendo da idade dos seus filhos, você pode incluir a geração mais nova, especialmente quando se tratar de reuniões de família. E na última reunião do ano, você pode comemorar por ter dedicado tanta reflexão e energia para fortalecer a sua família. (Você pode encontrar mais ideias sobre grupos on-line da Encantadora de Famílias, em inglês, em www.familywhispering.com.)

Independentemente de como ele será, o seu projeto *não* deve fazer você remover o passado. Ninguém pode saber o que teria acontecido se tivéssemos feito as coisas de forma diferente – sendo mais atentos, compreensivos, proativos, coerentes ou preocupando-se mais com a gente mesmo ou com nossos filhos. Outras pessoas e eventos além do nosso controle podem mudar a trajetória da família. Além disso, não podemos desfazer o passado. Então, por que ficar brigando? "Não sabemos quanto tempo teremos juntos", escreveu Tracy em seu diário. "O que é realmente importante está acontecendo agora."

Qualquer tipo de projeto de família, esperamos, o ajudará *agora* a tomar decisões conscientes sobre a sua família e o inspirará a perguntar a outros pais o que eles querem para suas famílias. É uma atitude de equilíbrio constante, certamente, alimentar os talentos dos filhos e ajudá-los a se verem como parte de um todo; proteger seus filhos e deixá-los explorar sozinhos; atender às necessidades diárias da sua família e ajudar outras famílias.

Nada disso é fácil, mas é mais provável atingir o equilíbrio quando pensamos em nós como parte de uma família global. Como diz um velho ditado africano: "Se quiser ir rápido, vá sozinho; se quiser ir longe, vá acompanhado." Se todos nós dedicarmos atenção e energia aos nossos projetos de família, acreditamos que será um bom presságio para o mundo.

Imagine como seria a vida em geral se *todos* os adultos, não apenas pais e avós, se sentissem como partes interessadas na família global. Imagine se professores, terapeutas, legisladores, empreendedores, magnatas corporativos, profissionais da área da saúde, advogados, conselheiros espirituais, políticos e todas as pessoas cujo trabalho afeta famílias e crianças se tornassem R.E.A.L. Imagine o que aconteceria se todos baseassem suas decisões e interações diárias com um senso de **R**esponsabilidade para *todas* as famílias e criassem formas realistas e respeitosas de educar e ajudá-las. Imagine se eles demonstrassem Empatia para entender o que mães, pais e filhos precisam enfrentar no dia a dia. Imagine se eles fossem Autênticos e aceitassem o grande desafio de ajudar famílias necessitadas. E imagine quão melhor seria este mundo se eles – e todos nós – Liderássemos sempre com amor.

Com a consciência vem a mudança. Mais de uma década atrás, quando Tracy Hogg introduziu a noção de encantamento de bebês para uma nova geração de pais, ela aconselhou que mães e pais colocassem o pé no freio e se acalmassem. Assim como ela aconselhou que você respirasse fundo e descobrisse as necessidades do seu filho, o encantamento de famílias começa quando você aplica o mesmo tipo de sabedoria e consciência à sua família. Volte-se para sua família. Veja o que *ela* precisa. Tenha consciência das suas atitudes e de como as suas palavras, comportamentos e gestos afetam as pessoas ao seu redor. Faça como planejou. Perceba que não é apenas entre você e o seu filho. Faça de *todos* os seus relacionamentos uma prioridade. E saiba que a sua família não estará sozinha na dificuldade.

A Encantadora de Bebês: O legado

Lembranças de Sara Fear Hogg

Não posso esquecer minha mãe.
Ela é a minha ponte.

— Roberta Weems

Los Angeles, Califórnia, janeiro de 2013. Todas as pessoas que conheciam minha mãe a consideravam a senhora mais acolhedora, calorosa e amorosa que já haviam conhecido. Ninguém se sentia excluído quando mamãe estava por perto. Ela sempre incentivava discussões de família que envolvessem todos os membros. Quando a minha irmã e eu discutíamos, como fazem os irmãos, ela tentava – da melhor forma possível – nos fazer ver as coisas do ponto de vista do outro. Ela nos ensinou que conversa e comunicação são essenciais para um relacionamento bem-sucedido.

Minha mãe acreditava que ter um núcleo familiar forte e afetuoso era essencial para o sucesso de uma criança. Apesar de ela ter lidado principalmente com bebês e crianças, ela também sabia que era crucial prestar atenção ao mundo delicado e complexo da família. A família sempre teve extrema importância em seus ensinamentos. Ela queria não apenas "resolver" os problemas, mas também ajudar a criar um ambiente de amor e carinho que permitisse que todos dentro do círculo familiar falassem e fossem ouvidos.

Tracy também sabia que criamos uma "família" onde quer que estejamos. Hoje, visto que os nossos parentes estão espalhados por toda a parte, procuramos ter o que chamamos de família por escolha – amigos que fazemos e outros relacionamentos que construímos em nossa comunidade. Mas não importa quão longe estejamos das nossas raízes, disse ela, nosso lar é onde o nosso coração está, mesmo que estejamos a 10 mil quilômetros de distância! O nosso lar é a nossa base. É onde desenvolvemos relacionamentos fundamentados no amor e na confiança com pessoas que nos criam, nos ajudam a crescer e nos dão uma base segura e um senso de pertença.

Uma das coisas que mamãe costumava dizer quando eu era criança era: "Quando você tiver uma família, você vai entender." Com o meu próprio crescimento e o da minha carreira, tenho tido o prazer de vivenciar o que isso significa. Ainda não sou mãe, mas espero ser em breve. Enquanto isso, tenho o privilégio de testemunhar pais fazendo o que for necessário para que as coisas funcionem para o bem de suas famílias. Quando crianças e adultos têm a oportunidade de se expressar e são reconhecidos por quem são, isso faz uma enorme diferença para a sua alma e seu ser.

Hoje, a minha irmã e eu temos muito orgulho do trabalho que minha mãe realizou e dos ensinamentos que deixou. É maravilhoso ver como as suas ideias têm ajudado inúmeras famílias – e que sua voz permanece viva.

Fico feliz de saber que tantas pessoas reconhecem a sabedoria de mamãe e ainda usam as suas técnicas. A Encantadora de Bebês é uma tradição atemporal. Mamãe ficaria muito orgulhosa deste livro dedicado às famílias. Ela queria que fosse escrito, e ele encerra com chave de ouro sua fantástica série de livros.

– Sara Fear Hogg

Agradecimentos

Quando temos uma maior consciência de que o nosso sucesso se deve, em grande parte, à lealdade, à ajuda e ao encorajamento que recebemos dos outros, aumenta o nosso desejo de oferecer um presente semelhante. A gratidão nos estimula a provar que somos dignos daquilo que fizeram por nós. O espírito de gratidão é um estimulante poderoso.

— Wilferd A. Peterson

A minha mais profunda gratidão está reservada para a falecida Tracy Hogg, cujo espírito sempre estará comigo. A Encantadora de Bebês é o seu legado. Ela me ensinou isso e acreditou que eu encontraria maneiras de aplicar os seus ensinamentos à toda família. Ela nunca usou a frase *Encantadora de Famílias*, mas acho que ela adoraria a ideia.

Quero agradecer aos membros da família de Tracy que também deram o seu suporte: Sara, sua filha mais velha e aluna exemplar, e sua irmã mais nova, Sophie, que é mãe; aos irmãos de Tracy, John Hogg e Michelle Gleadhill; à sua mãe, Hazel Dixon; e acima de tudo, à matriarca indomável da família, a avó de Tracy.

Em nossa última conversa por telefone, em novembro de 2004, eu garanti para Tracy que as *suas* "mamães" do mundo todo não a deixariam morrer. E de fato não a deixaram. Elas compartilham as suas dicas no Facebook e no site www.babywhispering.com, bate-papos que tiveram início no site original da Encantadora de Bebês. Essas mães (e alguns pais) têm criado *comunidades* no verdadeiro sentido da palavra. Alguns dos membros que postam dicas diariamente estão lá há mais de uma década, aparecendo para ajudar novas mães mesmo quando os seus filhos estão entrando na adolescência! Eles são como fiéis embaixadores, ensinando e vivendo os princípios mais importantes da Encantadora de Bebês. Tracy iria querer agradecer-lhes por continuar o seu trabalho – e eu também. Enquanto escrevia este livro, tive conversas esclarecedoras – on-line, por telefone e por Skype – com muitas dessas pessoas.

Obrigada também aos ex-clientes de Tracy que se colocaram à disposição para contar suas memórias, e a mães, pais e adolescentes de outras famílias que permitiram que eu observasse a vida deles durante os últimos dois anos. Espero que eu tenha feito justiça às suas histórias.

Sinto-me pessoalmente abençoada por ter uma grande rede de amigos e profissionais (às vezes os dois) que dividem o seu entusiasmo sobre esse projeto e suas ideias sobre famílias. Seus comentários, ideias e pesquisas estão neste livro.

Todo escritor precisa de uma equipe. Devo (novamente) agradecer à minha "agente de Nova York" há mais de 20 anos, Eileen Cope. Ela ressuscitou este projeto, deu andamento a ele e sempre apoiou o meu trabalho.

Também sou grata a Greer Hendricks, que não é apenas uma excelente editora, mas também uma amiga que compartilhou as histórias de sua própria família; Megan Stevenson, que nos deu direção e ideias editoriais interessantes e inestimáveis; e Sarah Cantin, a pessoa em quem eu confiava na Simon & Schuster. E a meu colega e excelente ouvinte Jill Parsons Sten, que levantava o meu moral nos dias em que eu precisava disso!

Como sempre, mas especialmente neste livro, agradeço ao meu Nós – membros da família e amigos próximos que são "de casa". Vocês sabem quem são. O seu amor e carinho iluminam o meu caminho e, onde quer que eu esteja, vocês estarão no meu coração.

– Melinda Blau
Northampton/Manhattan/Miami/Paris

O teste da família

Lembranças de Sara Fear Hogg

O herói da minha família *é* a minha família, por
aquilo que somos juntos.

—"Manny" em *Modern Family*

Famílias *devem* ser a nossa prioridade. Famílias fortes formam sociedades fortes. Melhor ainda se criarmos redes de famílias, conectadas pela geografia, interesses e necessidades. Mas o trabalho começa em casa.

Para ajudá-lo a avaliar quão focado em sua família você é ou se tornou (esperamos), como consequência da leitura deste livro, vamos lhe dar um questionário final: o teste da família. Além de lhe fornecer uma "pontuação", servirá como revisão para você relembrar o que leu neste livro.

Pode ser divertido tirar cópias do teste – e de fato fazê-lo com *toda a família*. (Pode ser uma ótima maneira de introduzir a ideia das reuniões de família; ver pp. 197-203).

Em uma escala de 1 a 5, com 1 significando "de modo nenhum" e 5 "quase sempre" (ninguém faz alguma coisa *sempre*), avaliem-se *como família* em relação aos seguintes itens.

---

1. Nós unimos esforços como uma família para enfrentar momentos difíceis. _____

---

2. Respeitamos e apoiamos uns aos outros como indivíduos. _____

---

3. O nosso foco é a família, e não os filhos. _____

---

4. Ouvimos e aprendemos uns com os outros. _____

---

5. Vemos os problemas como uma oportunidade de descobrir como lidar melhor com isso na próxima vez – e *não* de culpar alguém. _____

---

6. Não discutimos quanto à realidade – aceitamos quem cada um de nós é e assumimos para nós mesmos o que está acontecendo. _____

---

7. Estimulamos nossos filhos, não apenas os adultos, a assumir funções que ajudem para o bom andamento da família. _____

---

8. Temos rotinas e rituais regulares e previsíveis que nos unem como família. _____

---

9. Nós registramos e documentamos nossas boas memórias. _____

---

10. Aceitamos que as pessoas briguem e que coisas ruins aconteçam, mas tentamos não deixar que a negatividade nos domine. _____

---

11. Assumimos projetos em família. _____

---

12. Sabemos que cada um de nós é diferente e acreditamos que isso nos torna mais fortes como família. _____

---

13. Sabemos em que acreditamos como família. _____

---

14. Estamos dispostos a nos esforçar – com a consciência de que o esforço é de todos – para manter o ecossistema da família em equilíbrio. _____

15. Vemos nossa família como parte de um todo maior, tanto em nossa comunidade quanto como parte de uma família global maior. _____

16. Juntamos nossas ideias para buscar soluções, porque o problema nunca é de uma pessoa apenas. _____

17. Fazemos o melhor que podemos, mas não necessariamente precisamos *ser* os melhores. _____

18. Recorremos a parentes e pessoas fora da família quando precisamos de ajuda. _____

19. Mesmo quando perseguimos nossas metas individuais, somos gratos pelo apoio dado a cada um de nós pela família. _____

20. Tentamos expandir nosso alcance a outras famílias e comunidades, para ajudar aqueles que têm menos recursos. _____

Se você marcou entre 80 e 100 pontos, você já enxerga sua família como um conjunto completo. Você está em um caminho que beneficia toda a família.

Se você marcou entre 0 e 20, você pode inadvertidamente estar se focando mais em seus filhos em vez de estar formando uma família forte, ou talvez você tenha passado recentemente por uma série de mudanças e ainda não esteja recuperado.

Provavelmente, sua família ficará entre esses dois casos – e existem oportunidades para melhorar.

As doze perguntas essenciais para a resolução de problemas na família

Em nosso livro que busca resolver os problemas de bebês e crianças, explicamos que resolver problemas é como uma investigação. Quando os pais insistiam que o comportamento do filho surgia "do nada", Tracy respondia: "Não, querido. Você simplesmente não fez as perguntas certas."

A seguir, estão "as doze perguntas essenciais" do nosso livro anterior, reescritas para que se apliquem a toda a família. Quer o problema seja entre adultos, briga entre irmãos, discussões sobre o tempo de tela, sobre a lição de casa ou qualquer outro problema na sua rotina, faça estas perguntas *primeiro*:

1. A criança ou o adulto está passando por um novo estágio de desenvolvimento que pode estar contribuindo para uma mudança interior ou em nosso relacionamento? (Leitor: esse novo estágio e o novo comportamento estão de acordo com suas expectativas? Entram em conflito com sua personalidade?)
2. Nossa rotina diária mudou, fazendo-nos ficar mais ou menos tempo juntos?
3. A alimentação ou os padrões de sono de uma criança ou adulto mudaram?
4. Alguém está realizando alguma atividade nova, dentro ou fora de casa? Em caso afirmativo, como isso está afetando o nosso Nós?
5. Alguém trocou de emprego ou escola ou teve algum problema no trabalho ou na escola, como um problema social ou aumento da carga de trabalho?
6. A família, ou um de seus membros, esteve fora de casa mais que o comum ou fez uma viagem de férias?
7. Alguém está se recuperando de uma cirurgia, uma doença ou um acidente (mesmo que pequeno)?
8. Alguém está excepcionalmente ocupado ou enfrentando um momento difícil emocionalmente?
9. O que mais está acontecendo em nossa casa que pode afetar as outras pessoas e nossos relacionamentos – brigas entre adultos ou irmãos, uma nova empregada, uma mudança de emprego ou de casa ou morte na família?

10. Todos estão desenvolvendo o R.E.A.L. uns com os outros ou estamos acidentalmente reforçando padrões negativos de comportamento que afetam toda a família?

11. Nossa família está sendo influenciada por um relacionamento externo – por exemplo, um parente, um amigo ou grupo de amigos?

12. Existe alguma coisa em nosso contexto – nossa casa, sistema escolar, bairro ou comunidade, país, mundo – que esteja nos afetando direta ou indiretamente? A mudança das circunstâncias forçou nossa família a lidar com o ambiente de forma diferente ou mudou nosso entendimento de alguma forma?

O que nós lemos

Aquele que lê muitos livros tem a chance de
lutar. Ou melhor, suas chances de
sobrevivência aumentam a cada livro lido.

–Sherman Alexie

Nós nos baseamos em diversas fontes – estudiosos de relacionamentos, jornalistas e pesquisadores que estudam e escrevem sobre famílias, juntamente com autores que têm escrito sobre suas próprias experiências como membros de uma família. Se você tiver interesse em ler o que nós lemos, listamos aqui alguns livros e artigos de autores que gostamos, cujas ideias e trabalhos contribuíram para esta obra.

Baumeister, Roy. *Willpower: Rediscovering the Greatest Human Strength*. Penguin Books, 2012.

Bronson, Po, and Ashley Merryman. *Nurture Shock: New Thinking About Children*. Twelve, 2009.

Clarke, Jean, Connie Dawson, and David Bredehoft. *How Much Is Enough?: Everything You Need to Know to Steer Clear of Overindulgence and Raise Likeable, Responsible and Respectful Children*. Da Capo Press, 2003.

Covey, Steven. *The 7 Habits of Highly Effective People*. Free Press, 2004.

Cowan, Carolyn Pape, and Phillip Cowan. When Partners Become Parents: *The Big Life Change for Couples*. Routledge, 1999.

David, Laurie, and Kirstin Uhrenholdt. *The Family Dinner: Great Ways to Connect with Your Kids, One Meal at a Time*. Grand Central Life & Style, 2010.

Davidson, Cathy N. *Now You See It: How Technology and Brain Science Will Transform Schools and Business for the 21st Century*. Penguin Books, 2012.

Druckerman, Pamela. *Bringing Up Bébé: One American Mother Discovers the Wisdom of French Parenting*. Penguin Press, 2012.

Duke, Marshall P. *"The Stories That Bind Us: What Are the Twenty Questions?"* Huffington Post, March 23, 2013. www.huffingtonpost.com/marshall-p-du ke/the-stories- that-bind-us-_b_2918975.html.

Feiler, Bruce. *The Secrets of Happy Families: Improve Your Mornings, Rethink Family Dinner, Fight Smarter, Go Out and Play, and Much More*. William Morrow, 2013.

Gibbs, Nancy. "*The Growing Backlash against Overparenting*." Time, November 30, 2009. http://cdn.optmd.com/V2/62428/415005/index.html?g=Af////8=&r=www. time.c om/time/magazine/article/ 0,9171,1940697,00.html.

Gottman, John. *Ten Lessons to Transform Your Marriage*. Three Rivers Press, 2007.

Guernsey, Lisa. *Screen Time: How Electronic Media—from Baby Videos to Educational Software—Affects Your Young Child*. Basic Books, 2012.

Hendrix, Harville, and Helen LaKelly Hunt. *Making Marriage Simple*. Harmony Books, 2013.

Hightower, Corbyn. *When Life Gives You Crabapples, Make Something Somewhat Palatable*. Kindle Books, 2011. www.amazon.com/dp/B004TNGLFM.

Hochschild, Arlie. *Time Bind: When Work Becomes Home and Home Becomes Work*. Holt Paperbacks, 2001.

Honore, Carl. *Under Pressure: Rescuing Our Children from the Culture of Hyper-Parenting*. Harper One, 2009.

Johnson, Sue. *Hold Me Tight: Your Guide to the Most Successful Approach to Building Loving Relationships*. Piatkus Books, 2011.

Kahneman, Daniel. *Thinking, Fast and Slow*. Farrar, Straus and Giroux, 2011.

Kashdan, Todd. *Curious? Discover the Missing Ingredient to a Fulfilling Life*. William Morrow, 2009.

Kohn, Alfie. *Unconditional Parenting: Moving from Rewards and Punishments to Love and Reason*. Atria, 2006.

Konigsberg, Ruth Davis. "*Chore Wars*." Time, August 8, 2011. www.time.com/time/magazine/article/0,9171,2084582,00.html.

Koslow, Sally. *Slouching toward Adulthood: Observations from the Not-So-Empty Nest*. Viking, 2012.

Langer, Ellen. *Counterclockwise: Mindful Health and the Power of Possibility*. Ballantine Books, 2009.

Lareau, Annette. *Unequal Childhoods: Class, Race, and Family Life*. University of California Press, 2011.

Lerner, Harriet. *Marriage Rules: A Manual for the Married and the Coupled Up. Gotham, 2012. The Dance of Connection: How to Talk to Someone When You're Mad, Hurt, Scared, Frustrated, Insulted, Betrayed, or Desperate*. William Morrow, 2002.

Levine, Madeline. *The Price of Privilege: How Parental Pressure and Material Advantage Are Creating a Generation of Disconnected and Unhappy Kids*. Harper Perennial, 2008.

Marano, Hara Estroff. *A Nation of Wimps: The High Cost of Invasive Parenting*. Harmony Books, 2008.

Milardo, Robert M. *The Forgotten Kin: Aunts and Uncles*. Cambridge University Press, 2010.

Mogel, Wendy. *The Blessing of a Skinned Knee: Using Jewish Teachings to Raise Self-Reliant Children*. Scribner, 2008.

Moret, Jim. "*Still the One on Our 30th Anniversary*." Huffington Post, May 22, 2012. www.huffingtonpost.com/jim-moret/still-the-one-on-our-30th_b_15 36867.html?ncid=w sc-huffpost-cards-image.

Morgan, Jay. *Fingerpainting in Psych Class: Artfully Applying Science to Better Work with Children and Teens*. iUniverse, 2010.

Newman, Susan. *The Case for the Only Child*. HCI, 2011.

O'Donahue, Mary. *When You Say "Thank You," Mean It*. Adams Media, 2010.

Pennebaker, James. *The Secret Life of Pronouns: What Our Words Say about Us*. Bloomsbury Press, 2013. *Writing to Heal: A Guided Journal for Recovering from Trauma & Emotional Upheaval*. New Harbinger, 2004.

Pink, Daniel. *Drive: The Surprising Truth about What Motivates Us*. Riverhead Books, 2011.

Pranis, Kay. *The Little Book of Circle Processes: A New/Old Approach to Peacemaking*. Good Books, 2005.

Quigley, Mary. "*Surviving Sandy*." Mothering 21, November 6, 2012. http://mothering21.com/2012/11/06/surviving-sandy/.

Rabinor, Judith Ruskay. *Befriending Your Ex: Making Life Better for You, Your Kids, and, Yes, Your Ex*. New Harbinger Publications, 2013.

Rainie, Lee, and Barry Wellman. *Networked: The New Social Operating System*. MIT Press, 2012.

Rheingold, Howard. *Net Smart: How to Thrive Online*. MIT Press, 2012.

Rosen, Hannah. "*The Touch Screen Generation*." Atlantic Monthly, March 20, 2013. http://theatlanticmonthly.com/magazine/archive/2013/04/the-touch-screen-gene ration/309250.

Rubin, Gretchen. *Happier at Home: Kiss More, Jump More, Abandon a Project, Read Samuel Johnson, and My Other Experiments in the Practice of Life*. Harmony, 2012. *The Happiness Project: Or, Why I Spent a Year Trying to Sing in the Morning, Clean My Closets, Fight Right, Read Aristotle, and Generally Have More Fun*. Harper Perennial, 2011.

Savage, Dan. *The Commitment: Love, Sex, Marriage, and My Family*. Plume, 2006.

Schnarch, David. *Passionate Marriage: Keeping Love and Intimacy Alive in Committed Relationships*. Norton, 2009.

Seligman, Martin. *Authentic Happiness: Using the New Positive Psychology to Realize Your Potential for Lasting Fulfillment*. Free Press, 2003.

Skenazy, Lenore. *Free-Range Kids, How to Raise Safe, Self-Reliant Children (without Going Nuts with Worry)*. Jossey-Bass, 2010.

Solomon, Andrew. *Far from the Tree: Parents, Children, and the Search for Identity*. Scribner, 2012.

Steiner-Adair, Catherine, Ed.D., and Teresa H. Barker. *The Big Disconnect: Protecting Childhood and Family Relationships in the Digital Age*. Harper Collins, 2013.

Stinnet, Nick, and John Defrain. *Secrets of Strong Families*. Little, Brown and Company, 1986.

Taffel, Ron. Childhood Unbound. Free Press, 2010. *Nurturing Good Children Now (with Melinda Blau)*. Golden Guides from St. Martin's Press, 2000.

Tannen, Deborah. *I Only Say This Because I Love You: Talking to Your Parents, Partner, Sibs, and Kids When You're All Adults*. Random House, 2002.

Warner, Jennifer. *Perfect Madness: Motherhood in the Age of Anxiety*. Riverhead Books, 2006.

Weil, Liz. *No Cheating, No Dying: I Had a Good Marriage, Then I Tried to Make It Better*. Scribner, 2012.

Willet, Beverly. "*Pause in the Name of Love*." Huffington Post, December 3, 2010. www.huffingtonpost.com/beverly-willet/pause-in-the-name-of-love_b_790637.html.

Wilson, Timothy D. *Redirect: The Surprising New Science of Psychological Change*. Little, Brown and Company, 2011.

RR DONNELLEY

IMPRESSÃO E ACABAMENTO
Av Tucunaré 299 - Tamboré
Cep. 06460.020 - Barueri - SP - Brasil
Tel.: (55-11) 2148 3500 (55-21) 3906 2300
Fax: (55-11) 2148 3701 (55-21) 3906 2324

IMPRESSO EM SISTEMA CTP